青少年"创梦"生涯系列丛书

你喜欢的职业是它么？

①

北京华智创梦生涯编委会　编著

主　编：丁　磊

编　委：王春明　王选丽　王荣静　安　子　李　敬

　　　　宋　阳　唐明宏　丁　浩　王选丽

中国原子能出版社

图书在版编目（CIP）数据

你喜欢的职业是它吗？/ 北京华智创梦生涯编委会编著 .
-- 北京：中国原子能出版社，2021.8（2023.1 重印）
ISBN 978-7-5221-1542-9

Ⅰ.①你... Ⅱ.①北... Ⅲ.①职业选择 - 青少年读物
Ⅳ.① C913.2-49

中国版本图书馆 CIP 数据核字 (2021) 第 174101 号

内 容 简 介

　　《你喜欢的职业是它吗？》是一本让青少年认识职业、了解职业，然后选择职业的工具书。本套图书共计有 220 余个常见职业，每一个职业分别从"职业小故事""职业小百科""职业生涯思考"等三个方面介绍，让青少年学生能简单筛选出自己感兴趣的职业，并且为感兴趣的职业做个简单的职业规划。通过本书的阅读，让青少年学生有个明确的目标发展方向，是青少年规划人生前行方向必备的工具书！

你喜欢的职业是它吗？

出　　版	中国原子能出版社（北京市海淀区阜成路 43 号　100048）	
责任编辑	王　青	
责任印制	赵　明	
印　　刷	河北宝昌佳彩印刷有限公司	
经　　销	全国新华书店	
开　　本	787mm×1092mm　1/16	
印　　张	30	
字　　数	944 千字	
版　　次	2021 年 8 月第 1 版　2023 年 1 月第 2 次印刷	
书　　号	ISBN 978-7-5221-1542-9	
定　　价	168.00 元	

目 录

新闻发言人
——机构的代言人

职业·小·故事

"真帅啊！"豆豆一脸钦佩地看着电视里微笑面对一众媒体的新闻发言人，禁不住拍手称赞！

"是啊！"奶奶满眼慈爱地看着自己的孙女，"这是大领导吧！咱豆豆以后也做个新闻发言人！"

"奶奶，新闻发言人不是领导，他们是政府派出来的代表！"豆豆边一脸崇拜地看着电视，边见缝插针地对奶奶解释。

"不是领导怎么在台上讲话，下面那么多人听她讲话呢！"奶奶很是坚持自己的意见。

"他们是在代表政府回答记者的问题，他们说的话，就是政府要对记者和老百姓说的，就像每年开学我们学生代表上台讲话一样。"豆豆见奶奶"执迷不悟"，也认真起来。

"那人家也很棒啊，看着哪哪儿都跟别人不一样。"认真瞅了瞅对着一众媒体侃侃而谈的新闻发言人，奶奶再次强调。

"那当然了，这可是政府的'门面'，选出的代表当然是'美貌与智慧齐飞，机智共风度一色'的啊！人家举手投足那都是有讲究的，还有你看她让记者提问时候的范儿！"豆豆模仿着电视里新闻发言人的动作，向奶奶抬抬手示意可以提问。

"你又知道了！"奶奶笑眯眯地嗔道，"小机灵鬼儿！"

"那当然了，这可是我偶像！"豆豆得意地甩甩头发，仿佛自己也成了电视里的人。

职业小百科

新闻发言人，是国家有关部门、社会团体、企业或者个人任命或指定的代言人，是机构与外界沟通的"润滑剂"和"信息桥梁"。他们代表机构或个人与外界公众特别是新闻媒体沟通，针对有关问题阐述自己所代表机构的观点和立场，帮助机构或个人度过公关危机，使公众拥有事件知情权。新闻发言人背后都有一个强大的协作团队，以确保信息全面、准确和权威。真诚、宽容、沉着冷静、口才卓绝以及良好的沟通能力是新闻发言人所必备的基本素质。

中国新闻发言人俱乐部成立于 2005 年 12 月，它服务于全体新闻发言人。

职业领路人

王旭明：教育部原新闻发言人，政府新闻发布"三剑客"之一。他认为，新闻发言人所必需具备的素养为人品素养，想要当好一个新闻发言人，首先要真诚、善良、宽容。

傅　莹：全国人大首位女性新闻发言人。面对众多媒体，她从容优雅，即使面对敏感问题，她也能面带微笑用轻柔的声音不急不缓地表达自己的坚定立场。

华春莹：外交部发言人。她温婉恬静、落落大方，有着丰富的外交经验以及良好的沟通能力。面对中外媒体的各种问题，她淡定自若、不闪不避，沉着应对。

职业生涯思考

- 你对新闻发言人这个职业了解多少？
- 你喜欢新闻发言人这个行业吗？说说你对这个行业的看法？
- 如果想成为一名新闻发言人，应该具备什么样的素质，需要做哪些准备工作？

老师
——人类灵魂的工程师

职业·小故事

"小时候我以为你很美丽,领着一群小鸟飞来飞去,小时候我以为你很神奇,说上一句话也惊天动地……"木子嘴里轻哼着这首耳熟能详的歌,脚步轻快地走出了教学楼。

天蓝云淡、岁月静好,微风穿过岁月的长河,让人一下子回到了几年前的那个下午。那一天,一个略微驼背的中年人进了山村的农家小院,跟蹲在院子里修车的父亲聊天。

"老哥,木子呢,今天木子怎么没去学校,病了?"刘老师边整理地上的东西边跟木子爸爸搭话。

"没,木子不上学了,她一个女娃,能写自己名字,认几个字就行了,读那么多书干啥!"木子爸爸头也没抬。

"老哥啊,你这话就不对了,女娃怎么了,女娃才更要读书呢!咱不说别的,就说你这种的桃子吧,今年你不是还花大价钱请了技术员吗?怎么样,人家整治过的果树就是不一样吧!这叫科学种植!咱再说卖桃子,你是自己去卖还是等人来收?这都落伍了知道不,现在年轻人都在网上卖东西了。学会了这个,让木子把你家桃子照片往网上一放,不用你操心,在家坐等着收钱就行了。老哥,这年头,还是得让孩子读书,有一技傍身,那是比什么都强呀!"

木子爸爸停下了手里的活计,点点头,对刘老师说:"刘老师,您说得对!木子明天肯定去上学。"随后,他扭头朝屋里喊:"木子,你刘老师来了,出来给刘老师倒杯水……"

老师，是人类历史上最古老的职业之一。唐代文豪韩愈《师说》中说："古之学者必有师。师者，传道受业解惑也。"老师是科学文化知识的继承者和传播者。从幼儿园到大学，老师一直伴随我们左右。对学生来说，老师不仅仅是传授知识，还要开发学生的智力，塑造学生的个性，帮助学生成长。

从前，老师被尊称为"先生"或"夫子"，直至19世纪末20世纪初，中国现代教育家将西学引入中国，创办新式学校后，才开始将教师称为"老师"，并沿用至今。

作为一名老师，需取得《教师资格证》。1985年，国务院将每年的9月10日定为教师节。

职业领路人

孔　子：古代大教育家，他著名的教育名言有"有教无类""学而时习之""温故而知新""因材施教"等。

陶行知：中国近代教育家、思想家。他毕生致力于教育事业，对我国近现代教育事业的创新做出了开创性贡献，他完善了创新教育的理论体系，丰富了教学实践。

慎魁元：被评为"2017年十大最美乡村教师"，他扎根乡村，立志让素质教育的雨露滋润乡村孩子的心田。

职业生涯思考

● 你的老师是什么样子的，你知道他们每天都是怎么工作的吗？

● 你还知道哪些教育大家，他们的教育理念是什么？

● 如果你是一名老师，你要怎么做，才能使你的学生更好地学习文化知识，更好地成长？

救生员
——惊涛中生命的保护神

职业·小·故事

　　夏日炎炎，露天泳池里满是来消暑的人群。浅水区一群戏水的孩童在互相泼水玩儿，晶莹的水滴扬起，在太阳下闪闪发光。岸上，高高的救生看台座椅上坐着一个人，他头上戴一顶太阳帽，手握一枚口哨，穿着泳衣，外罩一件大大的T恤，上面写着三个显眼的大字——救生员。

　　救生员鹰一般的眼睛不停地在水面扫过。突然，一声急促的哨响，在戏水的、游泳的人反应过来前，救生员已经边脱下T恤边跳下了救生看台，三两步跑过去，飞快地跳下了水，双手用力划向一名沉浮不定的游客。

　　"怎么回事？能说话吗？"救生员拍打着游客后背。

　　"咳咳！刚刚小腿好像有点儿抽筋儿，一紧张被水花呛了一下，没大事儿。"游客坐在岸上边咳嗽边揉自己的小腿。

　　"等会儿缓过来再下水！"说完，救生员又爬上了高高的看台。

　　"差不多每天都有类似的事儿。有游泳技术不好的，不小心被水花呛一口，心里一紧张就容易溺水。还有突然小腿抽筋的，有时候看孩子进深水区也得提醒下，免得出危险。我们还要每天打扫泳池卫生，打捞水里的落叶、头发，定期对池水消毒、清理，换水，检查救生设备，练习急救，工作挺琐碎的。坐在上面挺枯燥的，但你不能走神，要时刻观察水里的情况，这样看到有不对劲的才能第一时间赶过去，当然了，有时候看他们玩水也挺有意思的。"下班后，年轻的救生员笑着说，"我还是这里的教练员，我们一般都是身兼两职，我喜欢水，喜欢这个工作。"

职业小百科

　　救生员是指水上活动的救助人员，有泳池救生员以及海上救生队等。他们的工作内容是对游泳场所进行安全检查，排除安全隐患，对在泳池以及海上活动的人员进行观察和防护。在有人溺水或者因损伤需要救助时赶去救助，并在医务工作者赶来之前，对其进行人工呼吸以及心肺复苏等现场急救，或对运动损伤进行应急处理。他们能有效地保障水上活动人员的生命安全，起到了"挽救生命"的关键作用。

　　救生员要有强健的体魄，把保障生命视为己任的责任感，要精于水性，有必要的急救常识。救生员必须持有《救生员证》才能上岗，上岗时要检查救生器材（救生圈、救生衣、救生绳、救生钩、担架、医药箱等）是否齐备可用，并放在固定位置。

职业领路人

　　潘　伟：北海第一救助飞行队队长。他救了四百多人的生命，事迹足可以拍成几部大片，但他从不以英雄自居。他说，这是我的工作，我很渺小，是这份工作伟大。

　　宗志忠：青岛浴场救生队队长。他说，救人是本分，这是件积德的活儿，爱财的你别来！来这里兼职的，都是因为情怀。

　　王会民：秦皇岛河东浴场海上义务救生点发起人之一。他的信念是：做个好人，干点好事儿，尽自己的能力，守护生命安全。

职业生涯思考

- 你所知道的救生员都在哪些场所工作，他们为什么被称为水上生命的救护神？
- 你听说过哪些救生员的故事？看过类似的影视节目或者相关报道吗？
- 想做一个优秀的救生员，要具备什么样的素质和情怀，要做哪些准备工作？

消防员
——危难中的生命之光

职业·小·故事

"爸爸，你快来看，这个视频太好玩儿了！"源源乐不可支地捧着平板电脑跑了过来，凑在爸爸面前。

原来，源源刚看到网上的一则报导，标题是"姑娘要跳楼轻生，消防员用水枪将其喷回屋里！"

点开帖子里的视频，果然紧张气氛中笑点频出。首先是一个姑娘坐在窗台上，双脚悬空，让人很是揪心。消防员边劝说，边悄悄在她侧面的邻居家窗户里探出身来，用防暴钢叉叉住她的腰把她推回了屋里。可是，这个姑娘站了起来，再次向窗外爬去，眼看惨剧就要发生，楼下的消防员急中生智，打开了早已在下方架设好的高压水枪，对着要轻生的姑娘喷了过去，姑娘成功地被水滋进了屋内，等在房门外的消防员和民警将她救了下来。

"好玩儿吧！"分享了视频，源源意犹未尽地点评，"消防员叔叔真是太机智了，高压水枪原来还可以这么用！"

"是啊，难道你以为消防员只能灭火？"爸爸看着源源笑了，"你长大了就知道了，消防员无所不能！"

"爸爸你这就夸张了吧，我知道消防员能灭火，抢险救灾他们也去，像这次救人也需要他们。可是那也不能说他们是无所不能吧！"

"不光这些呢，前些年有个报道，有人捅马蜂窝被蜇得抱头鼠窜，怎么办呢，找消防员；有孩子掉野外机井里了，找消防员；熊孩子淘气，被卡在栏杆中间了，找消防员；有人戒指、手镯摘不下来了，找消防员。还有很多呢，慢慢你就知道了，消防员的作用真的超出你的认知范围。"

旁边的源源已经被爸爸的例子震得目瞪口呆，照这么说，消防员真的是无所不能的奥特曼啊！

职业小百科

消防员是指消防行业的从业人员，具体可分为消防官兵、建（构）筑物消防员、灭火救援员、灭火员、防火员、火灾瞭望观察员等。工作范围一般为灭火、消防安全设施稽查、消防安全知识宣传、救援和社会救助等。

消防员的职业工具一般有救援工具、防护工具、检测工具。救援工具有消防车、曲臂云梯车、直臂云梯车、消防船、艇，有时还会用到直升飞机。防护工具有滤毒空气呼吸器、防化学腐蚀和高温防护衣、有害气体报警器、护目镜等。检测工具包括气体检测仪、有害液体及固体检测仪、非接触型热点探测器。根据险情不同，消防人员要使用不同工具和器械。

作为一名消防人员，需取得《消防员资格证》。每年11月9日为"消防日"。

职业领路人

李长春：参加灭火和救援活动万余次，武汉商职医院大火中，在没有任何防护措施的情况下，搭建了临时逃生通道，救出13名婴儿和20名产妇。

田　彬：休假的他和儿子出去游玩偶遇火灾，面对危险他把孩子托付给路人，义无反顾地拿起灭火器冲向失火大楼。他说，无论何时何地、我身上是否穿着军装，我都是一名消防员，遇到火情，都会勇往直前。

张艺钟：面对高楼上情绪失控的年轻女孩，他凭借自己多年的工作经验，精准计算后，在千钧一发之际向女孩所在楼顶飞身一跃，解除了女孩危险，因此被人们称为"高空救人英雄"。

职业生涯思考

- 你知道消防员都做哪些工作吗？
- 你参加过学校组织的消防演习吗？会正确使用身边消防工具吗？
- 你知道哪些消防英雄？他们都有哪些英勇事迹？

安全保卫员
——无处不在的守护者

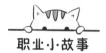

职业·小·故事

"豆豆，怎么了，蔫头耷拉脑的。这么冷的天儿，怎么不回家啊，还是说被妈妈批评跑出来了？"正在小区里巡视的保安刘叔叔看到在楼下溜达的豆豆，笑呵呵地走过去问。

"没，我今天忘带钥匙，进不了家门了！"豆豆踢着脚下的小石子，有气无力地回答。

"没带钥匙啊，那作业呢，写好了没？"

"没！"看到刘叔叔问作业，豆豆感觉更委屈了，"今天放学还早呢，作业比平时要多一倍！"

"好了，好了，没事儿，不就是写作业吗，不要愁，来，到保安室待一会儿吧，你在这里歇会儿，或者你一边写作业一边等你爸妈下班回家好了。这大冷的天儿，闹不好要下雪呢！在外头冻着可不行。"刘叔叔把豆豆领进了保安室，让豆豆坐在木桌前。

刘叔叔转身从暖水瓶里倒了杯水递给豆豆，"这天儿，阴冷阴冷的，先喝怀水暖和下，然后做作业，我看看箱子里还有啥零食没，你先垫两口，别饿坏了。"

外头的空气仍然阴冷，豆豆坐在温暖的保安室，安静地写着作业。看一眼乖巧的豆豆，刘叔叔走出了保安室，继续在小区里巡视着。

职业·小百科

安全保卫人员，简称保安，是第三产业的重要组成部分，是日常生产生活中维护治安的重要组成力量。主要职责为防火、防盗，以保障责任区域内群众的人身安全。按工作类别，保安分为商场保安、银行保安、学校保安、企业保安、活动保安、车站保安等。

保安人员要求上岗期间身着保安制服，佩戴保安标志。他们经常使用的保安器材一般为小型的自卫型武器，如保安胶棍、强光手电筒、防火面具、灭火器、报警器、防身喷雾器、防狼器等，常用于制止犯罪分子继续犯罪。

1992年4月，我国正式注册成立中国保安协会，1996年，中国保安协会正式加入亚洲保安协会，中国保安行业与世界正式接轨。

职业领路人

马宏伟：西单大悦城保安。2018年2月，正在巡逻的他听到喊声，抄起路边的一个凳子，逆着四散奔逃的人群，向着歹徒方向奔去，被网友亲切称为"最美逆行者"。

曾志宁：小区物业保安，热心助人、吃苦耐劳的他被业主誉为贴心卫士，他对自己成为"最美保安"惊讶不已，认为自己只是做了分内的工作。

王红林：获西安市"优秀保安员"荣誉称号。他面对抢劫歹徒，不顾个人安危冲上前，和其他人一起勇擒"9·21"抢劫杀人案嫌疑人。

 职业生涯思考

- 你身边都有哪些保安人员？你曾经向身边的保安人员伸出过求助之手吗？
- 你知道保安工作都包括哪些吗？他们都有什么技能？
- 你还听说过哪些保安人员的事迹？请评选出你身边的"最美保安"。

家政服务员
——平凡岗位上的小棉袄

职业·小·故事

"李阿姨，今天咱吃蒸鱼吧，今天的平鱼很新鲜，个头还大，一个可乐鸡翅，一个蒜蓉菜心儿，再做个西红柿蛋花汤，这些个菜清淡，鱼也不错，不怕有刺，还有营养。还有，形形不是最爱吃可乐鸡翅嘛，今天她过来看您，看有鸡翅肯定高兴。"家政员刘阿姨一边整理房间，一边征求李奶奶的意见。

"可以可以，你最知道我们家这一老一小的口味了！"李奶奶笑得见牙不见眼，又是周末了，自己的宝贝孙女又要过来看自己了。一想到这个，李奶奶就心花怒放。

"那我把这把花扔掉了啊，形形肯定会拿新鲜的来，这孩子，孝顺得很！"刘阿姨一边说着一边把一束已经枯萎的康乃馨从客厅桌上的花瓶里拿了出来，放到了垃圾桶。把瓶子擦了又擦，灌上了清水。

"李阿姨，您的药我已经整理好了，过期的药我就扔掉了。还有衣服，天气说话儿就冷下来了，我把春秋的衣服拿出来了一些，天儿凉了您别忘了加，还有您的护膝护腰，我一起放衣柜格子里了！"刘阿姨手里一边手里的活计不停，一边叮嘱旁边的李奶奶。

"好好，还是你心细！"李奶奶满意地点着头，"要不是有你照应着，我这里还不知道乱成什么样呢！"

"李阿姨您别这么说，街坊谁不知道您是有了名的干活利索啊，这不是上年纪了吗，要是您年轻几岁，也轮不到我来照顾您！"刘阿姨谦虚地说，"这从您这用的东西就能看出来，说实话，我照着您家的坐垫给齐阿姨家也做了个，哎呀，她可满意了，我这还从您这儿偷师了呢！"

"这哪儿算得上偷师呀，是你心灵，手也巧……"

职业·小百科

家政服务员是一个新兴的、根据雇主要求提供服务的行业，又被人们亲切地称为"家庭保姆"。主要工作内容是照顾家庭中的儿童、老人、病人，管理家庭有关事务。

目前家政服务分类有：保姆、月嫂、育婴、小时工、钟点工、保洁、涉外家政、护工、老人护理、养老院、家庭烹饪。

家政服务等级分为三个等级：初级、中级和高级。

随着老龄化社会的逐步到来，家政服务行业蓬勃发展，需要家政服务的家庭日益增多，家政服务员收入也日益增加。但由于目前家政服务业不够规范，因此家政服务员需要进行系统化、专业化培训。

职业领路人

吴根兄：《涉外保姆》中人物，曾是纺织女工，能干泼辣、古道热肠。

金巧云：《涉外保姆》中人物，她文静、忧郁但内心好强。

朱香草：《涉外保姆》，她年轻美丽，淳朴善良。

她们是城市中平凡的下岗女工，她们自尊、自立，在逆境中不畏困难、自强不息。在繁华的大都市中，她们面对困难永不退缩，面对时代变迁大潮勇于进取，用勤劳的双手改变了命运，创造了美好生活。同时，她们也慢慢融入时代，重新找到了自己的人生价值。

 职业生涯思考

- 你了解家政行业的从业人员吗？家政服务员的工作范围内容都有什么？
- 你家里曾经请过家政服务员吗？家政人员曾经给你带来过哪些便利？
- 结合你周围的实际情况试着与家长一起分析下家政行业的前景。

导游
——青山绿水的宣传大使

职业·小故事

"欢迎大家来到美丽的青海，接下来的行程，由我来为大家服务，在这几天里，我就是大家的保姆、管家、简易版随队医生，括弧，需要吸氧了找我。我的任务就是在这几天照顾好大家，让大家玩的高兴、吃的放心、住的舒心，有一个身心愉快的旅行。大家别看我黑乎乎一脸褶子就叫我大哥，我不大，才奔四没几年，你们别看我脸似煤炭黑，其实我心赛婵娟美。"刚刚一上车，风趣的导游小哥就跟游客开起了玩笑，舌灿莲花地介绍起来。

"先告诉大家一个好消息，我这里有上一车游客留下的几半罐氧气。所以大家如果感觉胸闷、头疼、恶心，要第一时间告诉我，可以先吸几口氧，等晚上到了宾馆，边上有一个平价药店。如果你钱不是多得要扔掉，我推荐你去平价药店购买氧气，一罐可以省下一个景点的门票；在景点如果有人向你推销保护动物的纪念品，不要买、不要买，重要的事情说三遍，一定不要买；要尊重当地习俗，这里也要强调一下，请一定尊重当地习俗，入乡随俗。"

"大家在这里一是要吃好，再就是要睡好，晚上不要着凉，洗头后要吹干头发，一定不要感冒，否则一场小感冒会送你回省城医院，进而毁了你这次美丽的青海之行！"

"请大家一定拿好手里的导游牌，因为上面有我的电话、微信、名字，有了它，你暂时走失了才能找到大部队。好了，现在我给大家介绍这次的主要行程。我们的第一站是……"

这是一位从业十多年的专业导游，姓齐，游客们亲切地称他为"齐导"。

"夏天我在青海新疆一代带团，冬天？冬天我就去南方了，海南、云南、广西，走南闯北不敢说，去过几个地方是真的，累是真累，不过也有意思，我喜欢这个工作。"闲暇聊天时，齐导乐呵呵地说。

职业小百科

导游主要工作内容是引导游客感受山川大河之美，按计划安排和组织游客进行参观、游览，负责为游客导游、讲解，介绍地方文化和旅游资源，解决旅途中可能出现的各种突发状况，并给游客提供食、宿、行等方面的帮助，回答顾客疑问。

在中国，导游从业人员需持《导游人员资格证》上岗。

按业务范围，导游人员分为海外领队、全程陪同导游人员、地方陪同导游人员和景区导游人员。按技术等级，可分为初级导游人员、中级导游人员、高级导游人员和特级导游人员。按使用语言划分为中文导游人员和外语导游人员。

随着经济的发展，私人订制导游日益兴起，成为导游服务一项新的服务品种。

职业领路人

文花枝：她是一名普通的导游员。在旅途中大巴车发生了车祸，她对前来救援的人员说"我是导游，先救游客"，被网友称为"最美导游"。

李广志：德国人眼中的"王牌导游"，浴火救人的"英雄导游员"。他说："我喜欢跑来跑去，和各行各业的游客打交道很有意思。"

刘 广：因为喜欢旅游而成为专业导游员的他，与这行结下了不解之缘。他立志做一个学者型导游，既要行万里路，也要读万卷书。

？职业生涯思考

• 你都到哪里去游玩过？你见过的导游是什么样子的？

• 你认为导游员要做哪些工作才是一个优秀的导游？

• 你将来想当一名导游员带领游客徜徉于名川大山吗？为什么？

讲解员
——历史碎片的诉说者

职业小·故事

"各位游客，大家好，我是18号讲解员萧晓，今天由我为大家服务。请往这边走！"萧晓一身黑色职业装，黑色皮鞋，黑色耳麦，做了个手势示意大家跟上来。

"请问，在大家面前的是什么？"萧晓指着几块横七竖八的石头问身边的游客。

"石头呗！"有人好笑地回答。

"没错，它是石头，几块普通的石头，不珍贵、不漂亮，也不出彩，如果我不问，回家你都想不起这里还有几块石头。但是我要告诉你们，这块地方，"他伸出右手，大大地在空中划了一个圈。"是一座庙的遗址，你们看到的这几块石头，就是这座庙的基石。这里曾经也是盛况空前，在很久以前，尤其是干旱的年景，人们都是抬着祭品，郑重地请大师来这里作法祈雨的。直到解放后修建了引水渠，这里才逐渐荒废下来。现在你们能猜到这是一个什么庙了吧？"萧晓停顿了一下，看看竖着耳朵听着的游客。

"龙王庙！"一个十来岁的小孩大声回答。

"对了，回答完全正确！加十分！"萧晓高兴地对着回答积极的小孩子竖了个大拇指。

"大家跟着我继续往前走，这里有一棵树，大家知道这是什么树吗？……"

他说，"以前我不知道讲解员是做什么的，偶尔有次去古动物博物馆。那里的讲解员指着一片片石头碎片告诉我们，这是哪个时代的什么生物，它和我们现在动物的联系。我觉得这些石头残片一下子都鲜活了起来，仿佛是它们在说自己的历史，觉得太有意思了。这是我第三年当讲解员志愿者了，我喜欢这份工作。"

职业小百科

　　讲解员这里指在博物馆、纪念馆以及重要景区用语言为游客提供相关知识点讲解服务的人员，是博物馆、纪念馆以及景区的形象代言人和名片。

　　作为一个讲解员需要良好的职业品德与思想道德水平，广博的知识、良好的文化素养，个人形象良好、仪态大方，具有良好的语音条件和语言沟通能力，以及不断的学习与积累。

　　一个良好的讲解员，不仅要了解相关需要讲解的知识，还要平日多积累，并与原有讲解内容融会贯通，形成自己的讲解风格。

职业领路人

　　郭航宇：中部展区陆军军史馆的金牌讲解员。她带领数万观众穿越了不同的革命历史时期，让观众沿着她编织的"时光隧道"，将远去的记忆变得鲜活，在听者心中播下一颗颗革命的种子。

　　左佳佳：常州博物馆金牌讲解员。她恬静大方，言语生动温润，用通俗易懂的语言替文物诉说着自己的故事。是她，让一件件冰冷的古物有了自己的温度。

　　刘　涛：广州十三行博物馆金牌讲解员。为了能更好地讲解，他还收集了额外十三行史料，"知之为知之，不知为不知，是知也。"他这样勉励自己。

 职业生涯思考

- 你听过博物馆或旅游景点的讲解吗？听了他们的讲解你有什么感悟？
- 你以后想做一个讲解员吗？作为一个讲解员，你认为你应该做些什么准备？
- 试着做一名小小解说员，把你认为有意义的东西介绍给其他小伙伴吧。

天气预报员
——天气密码的翻译家

职业·小故事

"妈妈，你说明天还会下雨吗，老师说如果还下雨就不能出去郊游了。"琪琪小脸紧皱地看着外面渐渐沥沥的小雨问。

"不知道呢，已经下两天了，一会儿看看天气预报吧。等《新闻联播》结束了记得提醒妈妈下。"妈妈边收拾屋子边回答。

"要是有个通向天空的电话就好了，我们打电话问下，'喂？是雨姑娘吗？你今天到我们这个城市来做客吗？'"琪琪一脸憧憬地做了个打电话的手势。

"天气预报员已经替我们打过电话了，一会儿就会告诉我们，耐心等待下吧。"妈妈好笑地对琪琪说，"就是有时候大自然也会对预报员撒谎，哎呀，真愁人呀！"

"妈妈骗人，空中根本没有电话线！"看了看外面，琪琪推翻了自己先前的设定，撅起了嘴巴。

"空中当然没有电话线了！但是有一个'翻译家'，这就是天气预报员，他们能读懂大自然的心情，知道大自然的小秘密。他们先从各地收集大气呀、风啊的各种信息，记得旁边公园里的那个白色的小房子吗，那就是一个监测点。当然了，他们收到的是一堆的数据和奇奇怪怪的符号，不过没关系，他们是密码专家呀，所以他们可以把那些数字和符号翻译成明天的温度啊、阴晴啊、风力啊、穿衣指数啊这些我们能听懂的语言，那就是平常我们在电视里看到的天气预报啦！"

"天气预报员真厉害呀！"琪琪感叹地说。

"是呀，让我们来听听今天大自然的心情怎么样吧！"

熟悉的天气预报前奏音乐响起，天气预报开始了……

生活中，我们把气象预报员和气象播报员或者叫气象先生、气象小姐、气象主持人统称为气象预报员。虽然，在气象局中，两者工作岗位稍有区别：一个是我们看到的气象主持人，另一个则是幕后英雄。

他们每天把各气象观测站、气象卫星、雷达收集的数据用计算机进行准确分析、计算，然后天气预报员根据自己的经验交流意见，给这些数据进行"会诊"，最后得出天气预报结论。他们把这些充满了专业数据的气象信息和符号传给气象编导，然后又翻译为普通老百姓所熟知的语言，由气象播报员准时播出，为广大观众播报第二天的天气情况，以利于人们的生产、生活、出行。

职业领路人

宋英杰：气象专业高级工程师，我国第一位天气预报电视主持人。他的播报通俗易懂、风趣幽默，坚守天气播报岗位 20 年，并于 2004 年获得最佳主持人"气象先生"称号。

杨　丹：她外表甜美优雅，嗓音清脆温婉。在 2004 年"我最喜爱的气象节目主持人"评选揭晓仪式上，获得了年度"气象小姐"称号。

蓝　一：中央电视台天气预报节目主播。她的主持语言清新灵动，主持风格亲切自然，2008 年 5 月曾进行"众志成城·抗震救灾"特别节目天气预报直播，有"美丽新主播"的美称。

❓ 职业生涯思考

- 你经常听天气预报吗？你都知道哪些天气预报员？
- 天气预报员每天的工作内容有哪些？
- 和小伙伴讨论一下，如何才能做一个好的天气预报员。

检察官
——正义的守护神

职业·小·故事

庆庆的舅舅从部队转业回家到了检察院工作，今天是来给庆庆送小礼物的。

"不错不错！"爸爸也高兴起来，"等你再把司法考过了，就能当检察官啦！你以前不总说要当检察官嘛！这下终于如愿以偿了！"

"检察官是什么？"庆庆有点疑惑地问，"检查什么？"

"庆庆觉得检察官检查什么呢？"舅舅在旁边逗庆庆。

"检查身体？检查卫生？"说了两个自己知道的检查项目，庆庆觉得好像不对，因为他看到旁边三个大人在偷笑！

庆庆有点儿急了，"不是要专门检查我的作业吧！"

"哈哈！庆庆太好玩儿了！"舅舅拍着桌子乐的前仰后合，就连爸爸妈妈也哈哈大笑。

"哈哈哈，放心吧，检察官不检查你作业，看把你急的！"看庆庆有要暴走的迹象，舅舅赶紧解释，"检察官是检察院里的工作人员，检察院就是国家的一个工作单位。你看过电视的法制节目吗，比方说庭审节目里有个牌子上面写着'公诉人'，这个公诉人就是检察官。他们把坏蛋做的坏事告诉法官，帮助法官判断坏蛋应该受到什么样的惩罚。像舅舅，虽然马上要去检察院工作，但我还不是检察官，只有考试合格了有资格成为检察官呢。"

听舅舅这么一说，庆庆才偷偷松了口气，原来检察官是专门帮着警察抓坏蛋的啊，那以后舅舅也要成为一个抓坏蛋的英雄了呢！

职业小百科

检察官是依法行使国家检察权的人员。在清末时期，我国即仿效欧美及日本在各级检察院设立检察官。目前，我们所说的检察官包括我国各级检察院的检察长、副检察长、检察委员会委员、检察员和助理检察员。按级别可分为检察官、高级检察官和大检察官。

检察官主要职责为：对刑事案件证据进行复核和查缺补漏，制作审查报告，并决定是否起诉；制作法律文书提起公诉；实行公诉，即在审判日到庭，作为公诉人，在法庭上提出诉状及证据，并与嫌疑人律师进行辩论。

作为一个检察官，首先要符合国家规定的相关要求，通过国家司法考试，有良好的沟通和谈判能力。

职业领路人

唐上阔：他坚守检察岗位二十多年，工作时，为了让群众满意，他甘当群众的"出气筒"；为让年轻人尽快成长，他愿为年轻人当绿叶；他严格要求自己，但对他人却是古道热肠。

背篓检察官：黔江的背篓检察官不是一个人。他们身穿帅气的制服，背着土气的背篓，走出了检察室，走进了大山，一步步走到当地村民的身边，把法治、正义、公平带到了山村的每个角落。

职业生涯思考

- 你心里的检察官是什么样子的？
- 你知道检察官是做什么工作的吗？
- 你想做一个检察官吗？说出你的理由。

你喜欢的职业是它么？

法官
——天平上的准星

职业·小·故事

"我是迷你世界法官，我宣誓……"响亮的声音响起，迷你体验馆里，身着威严肃穆的法官袍，即将入职的小法官们面对国徽，郑重地举起了自己的右手庄严宣誓。

做一名法官，是明明一直一来的梦想，今天，他终于"真的"成为一名法官。"上班"不久，就有两个人吵吵嚷嚷地来到他的面前，要让这位新晋小法官给他们"评评理"。

"我们两个人只有一个苹果，我是妹妹，他是哥哥，哥哥应该让着妹妹，这苹果应该给我。"妹妹理直气壮。

"人家都说孔融四岁让梨，你今年都八岁了，难道不应该给哥哥让个苹果吗？"哥哥也不示弱。

"法官同志，你给我们评评理，你觉得谁应该吃这个苹果？"兄妹两个互不相让，最后一起问起了明明。

"如果你们都想吃苹果，那你们两个人分一下，一人一半呀。"明明用手对着苹果笔划了一下。

"可以呀，可是如果是哥哥切的话，他拿走大的一块怎么办，这就不公平了！"妹妹一脸担心地说。

"我还怕你切苹果然后拿走那一块大的呢！"哥哥也不服气。

"那……"明明皱起了眉头，转转眼珠想了想，拍了下桌子说，"那就哥哥分苹果，让妹妹先来挑，剩下的那块归哥哥！"

一场小小的"财产分配"官司圆满落下了帷幕，兄妹两人满意地拿着属于自己的苹果离开了，明明这位初出茅庐的小法官也得到了"荣誉天平奖"。

走出体验馆，明明回头又看了一眼自己曾经"工作"过的地方，自豪地说道："我是迷你世界法官，我宣誓……"

审判长

24

法官是一个十分古老的职业，古代的法官们有我们耳熟能详的包拯、海瑞、狄仁杰等人。

法官是指依照法律规定的程序产生，在司法机关（一般指法院）中依法行使国家审判权的审判人员。包括人民法院的院长、副院长、审判委员会委员、庭长、副庭长、审判员和助理审判员。法官分为首席大法官、大法官、高级法官、法官四等共十二级。

法官的主要职责是查清案件事实，正确运用法律，作出合理判决，使罪恶得到惩罚，正义得以伸张。法官还要履行法律规定的其他职责，如处理不需要开庭审理的民事纠纷和不需要立案的轻微刑事案件，指导人民调解委员会的工作，对所辖区域群众进行普法宣传等。

作为一个法官，要通过国家司法考试，符合《法官法》所要求的全部条件。

职业领路人

唐奇英：全国优秀法官。她在自己的岗位坚守二十多年，言传身教，以身为镜，带出了全国法院办案标兵；她扎根基层，成为名副其实的"人民法官"。

李其宏：全国模范法官。他主要从事少年审判工作。她以爱为立足点，以帮为切入工作，以挽救为最终目的，因此被人亲切地称为"法官妈妈"。

霍玉山：他在基层法院工作18年，他是法官，更是一个不以判案为最终目的的"和事佬"；他生活清贫，却是一位乐于助人的"无名雷锋"。他说自己没什么远大理想，只是想一如既往地做好本职工作。

 职业生涯思考

- 你心中的法官是什么样子的？你能列出几位出你所知道的法官吗？
- 你想过以后要做一名法官吗？原因是什么？
- 如果想做一名优秀的法官，你要做哪些准备工作？

律师
——法律的维护者

职业·小·故事

"我长大后也要做一名律师！"看着电视里帅气的大律师，已经上六年级的莉莉一脸憧憬。

"嗯，有志气，那你说说，觉得律师是什么样子的呢？"爸爸看着自己女儿笑着问。

"他们，套装干净整洁，头发一丝不苟，表情严肃，男的绅士，女的优雅，还有，要能言善辩。铁肩担道义，为弱者伸张正义。"莉莉用自己刚刚从动画片里学来的金句回答道。

"你说的基本是对的，但是，莉莉，律师的职责是维护自己雇主的合法权利，维护法律公正，可不能只是维护弱者的权益。"爸爸在旁边纠正说，"哪怕是你所说的坏人，如果你作为他们的律师，也是要尽力替他们辩护的。"

听爸爸这么说，莉莉惊呆了，"可是爸爸，律师还要替坏人辩护？那不是在保护坏人吗？坏人得到应有的惩罚不是非常应该的吗？"

"坏人得到应有的惩罚，正义得以伸张，你的这个想法是非常正确的。但是，还有一句话呢，那就是，在法律面前，人人平等。跟我们普通人一样，坏人也有自己合法的权利，作为他们的律师，就要在合法的范围内尽力为他们争取权益，帮助法官作出公正的判决，让坏人受到惩罚和让坏人享受自己应该有的权利不矛盾。"爸爸继续说，"所以想做一个优秀的律师可不容易，不但心中要有正义，还不能有偏见，这样才能真正做到你说的的铁肩担道义。"

职业小百科

律师指为社会提供法律服务的专业法律从业人员。

清末民初，西方的律师制度开始传入中国。辛亥革命后，随着各地审判厅和检察厅陆续建立，首次出现了律师。我国古代的讼师、状师和现在我们所说的律师的职能有所重合，但二者又有所区别。讼师与律师经过长久的冲突、碰撞、继承和发展，才有了我们今天的律师。作为一个律师，必须通过国家司法考试，既有法律职业资格证书，又要有律师执业证书。

律师的工作内容为：有接受个人或企业委托，担任法律顾问、代理人、参加诉讼、提供法律咨询、代理诉讼案件的申诉、参加调解仲裁活动，代写诉讼文书等。

按照工作性质划分，律师可分为专职律师与兼职律师；按照业务范围划分，律师可分为民事律师、刑事律师和行政律师。

职业领路人

朱寿全：他在业务上追求"专业、博学、权威"，他集实力、学者、公益于一体，荣获"中国百强大律师""感动中国十大新闻人物"等一系列荣誉称号。

刘永虎：执业二十多年来，他一直热心社会法律援助事业和社会公益活动，年逾花甲还奔走于多省市偏远山区，把普法活动送到了农民身边。

刘宏伟：影响中国百强大律师。他提笔能成诗，他以宽容心处世，他更是一个无所畏惧的孤胆英雄，在法律界创出了自己的一片天。

职业生涯思考

- 你喜欢律师这个行业吗？说出你的原因。
- 仔细想一想，要想当个好的律师，你要做哪些准备工作？
- 找个"委托人"，给他当代理律师，牛刀小试一把吧！

警察
——人民的安全卫士

职业·小·故事

好长时间了，大人们一直在讨论小清姑姑的工作问题。小清姑姑总是举棋不定，觉得这个工作不错，那个工作也挺好，很是善变！

"小清的工作定了没？去派出所还是交警队？"妈妈一边看电视一边问正在看书的爸爸。

"大概率是派出所。"爸爸摘下眼镜揉了揉眼睛回答。

"派出所？那是挺不错的，女孩子穿警察衣服，帅！"妈妈豪爽地拍了下手，高兴地说。

"爸爸，那姑姑以后就是要去街上抓小偷了吗？"一听到警察，天天来精神了，在刚刚满六岁的天天的小脑袋瓜里，警察抓小偷天经地义。

"这个不一定的，"爸爸耐心地对着天天解释，"警察有很多种，不是所有的警察都去街上抓小偷。有种专门抓小偷的警察，还有户籍警。像邻居家上个月有了个小宝宝，李叔叔就去派出所户籍科找管户籍的警察给小宝宝报了户口。派出所还有民警、巡警啊，有人打110了，他们就过去抓捣乱的坏人，或者看谁需要帮助。还有抓大坏蛋的叫刑警，专门抓电视里演的毒贩的叫缉毒警，有时候如果坏蛋太狡猾了，特警也会去帮忙，还有你常见的交警，他们专门在大街上指挥交通的。另外，咱们上个月坐火车去外地旅游，还记得吗，火车上面也有警察呢，叫铁路警察。现在我们还经常上网，网上也有坏人，所以还有了一种专门把网上做坏事的人抓出来的网络警察。"

"有这么多种警察呀，我都分不清了！"天天摸摸自己的小脑袋瓜，有点发懵。

"你现在不懂没关系，你知道你身边有很多警察在保护你、帮助你就可以了。"

职业小百科

中国警察的说法始于宋代，现代的警察制度始创于清光绪年间，最初称为巡捕，后改为巡警。警察是维持国家安全、社会秩序和治安的武装力量。

从制度上，警察可以分为人民警察和武装警察。

从具体工作性质上来说，警察又可以分为以下几种：交警、刑警、特警、户籍警、巡逻警、治安警、外事警、网警、禁毒警、警务监督、法医、森林警、海关缉私警、铁警、民航警等。另外还有国家安全部门警察、监狱警察，以及法院和检察院的司法警察。其中有些警察要接受双重部门领导，如铁警、航运警察、民航空中警察、森林警察、缉私警察等。虽然都叫做警察，但各警种之间不仅名称有区别，他们的职责和工作大相径庭。

职业领路人

李 伟：面对歹徒他飞身上前一脚踢飞，面对恶势力他毫不手软，面对违法分子他不近人情，他是"李神腿"，他是"黑猫警长"，他是"李铁匠"。他就是获得"全国优秀人民警察"称号的李伟。

宋志勇：他是令犯罪分子闻风丧胆的办案能手，他也是心系百姓的普通基层民警，他就是获得"全国优秀人民警察"称号的宋志勇。

杨 杰：面对要案大案他迎难而上毫不退缩，面对小案他时时紧盯毫不松懈，他身先士卒坚守刑侦一线三十余年。

职业生涯思考

● 你知道有哪些警种吗？你知道他们各自都是做什么工作的吗？

● 你喜欢警察这个职业吗？你想当哪种警察？

● 想一想，如果你是警察中的一员，你要怎么做？

海关关员
——国门卫士

职业·小·故事

"邻居家的哥哥考上公务员了，说是要去海关工作。妈妈，海关是什么，它在哪里？海边吗？"

"海关是国家的一个部门，不只是在海边的港口有海关，全国的很多地方都有海关，有的在边境，有的在内地的城市。比方说我们所在的这个城市，海关就在高新区，税务大楼对面的那栋灰色大楼就是海关大楼，海关工作人员就在那里工作。"

"他们像税务阿姨那样，也穿帅气漂亮的衣服吗？"

"是的，他们上班的时候要穿海关制服，还要戴帽子，佩戴帽徽、胸牌。"

"他们都做什么工作？"

"他们是对要出国或是要进到我们国家的东西收费和收税。另外，他们还要检查要到我们国家来的货物、邮件，看它们有没有违法的，有没有有危害的，或者是不是偷偷运进来的，有没有不允许带的、小动物之类的被带到我国。还要检查有没有带国家不允许的东西带出国的，有没有人带危险的东西出国。就像我们用的苹果手机，需要填好单子，经过海关审批、检查，等一切没问题了，东西才能运进来，这叫入关，然后才能把手机运到各个手机商店里，我们才能买到。他们不光查东西和货物，还会检查人呢，比方说，我们要出国旅游，就要在海关接受检查，看看护照、签证和本人是不是一个人，然后才能出关。即使都是在海关工作，不同部门的人员的工作也不一样，你长大后慢慢就了解了。"

职业·小百科

海关关员指在海关工作的各类人员，常被人们称为国门卫士，服务于各地的海关。

其主要工作为监管进出境的运输工具、货物、行李物品、邮递物品以及其他需进出关的物品，征收关税以及其他税、费，缉查走私，并编制海关统计和办理其他海关业务。按工作性质不同可分为通关、征税、查验、旅检、邮递、快件、加工贸易、稽查、统计等不同工种。

海关制服分海关制服和海关查验服，海关关员在工作场所或公务活动时必须身穿相应配套海关制服，佩戴关衔标志、帽徽、领花、胸号牌等；在查验或缉私时应着海关查验服。

海关关员由国家公务员考试统一招生，是国家公务员的一种，海关关衔设五等十三级。

职业领路人

吴俊璐：他是一名海关查验员。在他看来，高温流汗事小，在口岸积压了货物阻碍了正常通关秩序事大，把风险挡在国门之外是他的承诺。

王宇青："三尺窗口无小事，一问一答总关情。"与企业将心比心，是他的工作态度，企业进出口业务报关有了问题，总是第一时间想到这位耐心细心的"问不倒"。

王　奇：她有一双火眼金睛，通过 X 光机扫描的模糊图像的形状和线条就能判断行李内的物品；面对旅客的不理解和指责，她练就了一颗强大的心脏，成了个温柔的"女汉子"。

**职业生涯思考**

- 你附近有海关吗？你身边有人在海关工作吗？
- 你能知道海关人员都有哪些分类吗？你能举出几个？
- 你想成为海关的一员吗？你知道要达到什么条件才可以穿上帅气的海关制服吗？

飞行员
——搏击长空的雄鹰

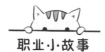

职业·小·故事

看着电视里的飞机在天空一会儿侧飞，一会儿排成一排，一会儿又来个急转弯，飞机方队不断变换着队形和飞行姿态，彩色的烟雾在湛蓝的天空中画出美丽的图案。

"哇哦，真酷！"小源目不转睛地瞅着电视，直到节目结束还意犹未尽。这么酷炫的事情，不找个人说下真是不甘心呀。

"爸爸爸爸，刚才有飞机空中表演，飞机还翻跟头呢！"小源用双手比划着飞机的轨迹。"刷刷刷，真棒！"

"嗯，这种飞机的飞行员是经过特训的，飞机的速度太快，个头也大，不好控制呀。"

"啊，爸爸，当初你怎么不当飞行员呢，要是你是飞行员，那多酷！"

"想当飞行员可不是那么容易的，爸爸条件不够呀！"爸爸遗憾地摘下眼镜擦了下，感叹道。

"你哪里不合格，学习不好吗？"小源凑近了爸爸，锲而不舍地问。

"只是学习好是当不了飞行员的。其他条件也要合格。首先，身体要好，不能太高，不能太矮，不能太胖也不能太瘦，不能戴眼镜，对颜色认得不准或者分不清也不可以。就算身体过关了，你还要不能恐高，大脑反应要快，动作要协调，否则也是不行的。最后这些都没问题了，还要考试，然后到飞行学院学习、训练，最后合格了才能成为一名真正的飞行员呢！"

"爸爸你的意思是，要想当飞行员，我眼睛一定不能近视了，还要锻炼好身体？"小源瞪大了眼睛。

"那当然了，想当飞行员，这些是必须的啊！"爸爸和小源一对手掌，"小飞行员，从今天开始，努力吧！"

职业·小·百科

我们把飞机、直升机等各类航空器的的驾驶员通称为飞行员。多座飞机的飞行员通常只负责驾驶，单座飞机的飞行员除了负责驾驶之外，还要担负领航、通信、射击等多项任务。

飞行员分为民航飞行员和部队飞行员。民航飞行员分为机长和副驾两级。部队飞行员分为三级飞行员、二级飞行员、一级飞行员和特级飞行员四级。

中国飞行院校在全国招生，中专、高中、大学毕业均可报名。飞行员招生标准要求非常严格，首先是身体条件要过关，如年龄、身高、体重、视力等身体体征和以往病史等；其次是心理素质要好，如对飞行要有兴趣，肢体动作要协调，思维要敏捷，反应要迅速等；再次是政治条件要符合相关要求。

职业领路人

雷　强：功勋级飞行员，试飞员中的传奇人物，外号"雷头"。他从事试飞工作17年，和战友协作完成100多项科研试飞项目，填补了我国战机试飞史上的多项空白。

何斌斌：歼击机试飞员，空军特级飞行员。他累计科研试飞时间达2500多小时，人们称他为"中华侧杆第一人""飞机的超级传感器""飞行天才"。

宋　义：空军特级飞行员，我国武装直升机试飞第一人，首创空空导弹击落超音速靶机记录。因技术过硬，被空军特许，三次为他"延寿"，成为中国试飞史上的特例。

？职业生涯思考

● 你喜欢飞行员这个行业吗？说出你的理由。

● 你知道哪些优秀的飞行员，能说出他们的事迹吗？

● 如果你将来想当一名飞行员，你需要做哪些准备？

报关员
——海关与企业的桥梁

职业小·故事

爸爸一回家就高兴地抱起奇奇亲了一口，"来，儿子，让老爸亲下！"

"爸爸，人家是个男子汉，都四年级了！"奇奇有点害羞还有点嫌弃地扭过头去，擦了擦刚刚被亲的侧脸。

"你爸爸肯定是有喜事了。"妈妈从厨房出来和稀泥，"是吧爸爸，有好事要分享啊！"

"我们公司有从国外的单子，第一个国外的单子啊！"爸爸高兴地叉着腰挥手，"这是第一步，终于迈出去了啊，我得招个报关员了，要不东西出不去！"

"什么是报关员，为什么没报关员东西就出不去？"奇奇发挥了他好奇宝宝的天性。

"报关员，嗯，怎么说呢，就是打个比方啊，海关，就是我们国家的大门，每天都有很多人带着各种东西这个大门进进出出。为了保护门里面的人，大门旁边有守卫的士兵，检查这些进出的人和东西。人和东西很多，又没那么多检查的卫兵，但是不能一直排队等，为了人和东西进出大门更方便、快捷，就需要有一个专门的人向海关申报，海关批准了，东西才可以进出大门。原来是书面申请，报告自己有什么东西要进出大门，让海关通过文件就可以做决定是不是批准。当然了，现在网络这么方便了，可以电子申报。这个专门向海关申请报告的人，就是报关员。"爸爸喝了口茶水，问奇奇，"现在你明白了吧？"

"哦，"奇奇感慨地点点头，"报关员原来这么重要啊！

职业·小百科

　　报关员是海关与企业沟通的桥梁，又被称为企业海关经纪人。是指在海关登记备案的，代表有进出口业务的企业或个人，向海关办理进出口货物报关业务的人员。2014 年，海关总署取消了报关员资格考试，改为由报关协会进行报关员水平测试，作为报关行业从业人员的参考。2018 年 8 月 1 日起，海关总署统一部署，企业报关员、报检员可"二合一"，进出口货物也实行一张大表整合申报。

　　报关员必须具备一定的知识水平和业务能力，熟悉进出口货物的报关流程，报关的相关法律、法规、规章，具备办理报关业务的技能、沟通技巧以及一定程度的英语能力。

职业领路人

　　孙鸣杰：欣海报关外高桥保税区分公司经理，2014 年其所带领的分公司，报关单量达到 65000 票，曾连续 5 年荣获公司年度优秀经理称号。

　　欧阳运健：广州市挚联报关报检有限公司员工，精通现场通关和单证制作，只用三年，就从菜鸟晋升为全国优秀报关员。

职业生涯思考

- 找一找，你周围有哪些物品是经过报关员工作才来到你身边的。
- 你身边有人是报关员吗？有的话向他／她咨询一下，看看他们的工作是怎么样的。
- 报关员这个工作重要吗？和家长讨论一下，报关员有什么作用。

保镖
——行走在刀锋的卫士

职业小故事

暑假到了，刚刚一年级“毕业”的田田真的很想去公园放飞自我啊！他的蓝天白云，他的草坪足球，他的迷幻小树林，他的毛毛虫，他的轮滑广场……

“妈妈，我想出去玩儿！”田田扭糖人儿般缠着妈妈不放，他打定了主意，无论如何，今天也要让妈妈答应自己的要求。

“可是，谁陪你去呢？爸爸妈妈要一会儿上班的，你一个人出去太危险了！万一被车撞了呢，被人拐走了呢，迷路了呢，不小心摔破了呢，不行不行！还是去托管班吧。”妈妈也想答应田田的要求，可是想想外面的危险，再看看面前没过肩膀的小豆丁，还是连连摇头。

“这样，我看看能不能给田田找个‘保镖’，找到了就一起去玩儿吧。”“智多星”爸爸拿起了电话。

“保镖？”田田疑惑地看着妈妈。

“保镖，就是在你出去玩的时候，专门保护你，让你远离危险的人。比方说舅舅家的陆林哥哥，他高中二年级了，可以当你的‘贴身保镖’了，在你俩出去玩的时候，保护你。”爸爸边拨电话边跟田田说。

“好啊好啊，我要和林林哥哥互相当‘保镖’，互相监督，互相帮助，保证远离危险，不闯祸。”田田一听爸爸的话就来了精神，拍着小胸脯保证。要知道，林林哥哥的街舞跳得可是一级棒，他还新学了鬼步，如果在广场上让他教自己，简直不能更棒！

职业·小百科

保镖又称侍卫、安全顾问等，指为雇主专业提供私人安全服务，以保护雇主人身或财物安全的人，因此保镖需要有很高的职业素养和安保意识。

作为一名保镖，要赶在人身安全和财产安全受到损失之前发现问题，及时处理，使雇主损失降到最低。因此保镖要有过硬的身体素质，如力量、速度、耐力、灵敏度等，有临危不惧、遇险不惊的气概，体察入微的洞察能力，关键时刻能作出正确的判断，熟练的格斗技能，以及高度的责任感和使命感。

随着经济的发展，我国对保镖人员的需求越来越大，有专业保镖参与的活动也越来越多。目前，"私人保镖"也越来越多元化，很多时候他们不仅是安全护卫，也在很大程度上承担了助理或秘书的角色。

职业领路人

边　梅：她曾被称为中国第一女保镖，她过硬的专业素质，不卑不亢、善解人意的服务态度，给曾接待过的美国、苏联、罗马尼亚等国的第一夫人，以及英国、日本首相夫人等贵宾留下了十分美好的回忆。

李　旭：他出身武术世家，从事保镖行业近二十年，被媒体誉为"中国第一保镖"。多次为国内外要人、商业精英提供专业保护。忠诚、责任、荣誉、勇敢这八个字不仅让他铭记于心，也诠释了他的专业保镖生涯。

职业生涯思考

● 你知道保镖是做什么的吗？在古代，这个职业又有哪些称呼？
● 你知道和保镖有关的电视剧或电影有哪些吗？
● 如果对保镖这个行业感兴趣，找一找有关保镖的相关材料吧。

编辑
——甘为他人做嫁衣

职业·小·故事

马上就是小长假了，源源高兴地放下了书包，拉着爸爸妈妈商量去哪里玩。

"你作业呢，先完成了作业，这样玩得更痛快。"爸爸也非常痛快地说。

"我的作业只剩下根据小长假见闻写一个作文了，这个需要最后才能做。我们老师说我们可以投稿，然后把优秀的作文合成一个小册子。让我们留作纪念呢！"源源心中得意，他已经"先下手为强"地把其他作业完成啦，就卯足了劲儿等着这个作业呢！

"哦，这是要出书啊，这可不得了，你们老师这是要成为专门的编辑啊！"爸爸开玩笑地说。

"为什么说老师是编辑？他把作文放一起就可以了，要怎么编？"

"编辑，就是一种职业，编辑也是一种跟文字打交道的人，他们一般在出版社、杂志社、报社工作。他们的工作就是先找合适的文章，修改文章中不合适或者错误的地方，有时候还需要给文章配上漂亮的插图，排好版，最后再拿去印刷，这才是我们看到的图书呢。你想想你们老师做纪念册要做的事情是什么？"

源源若有所思地点了点头，"老师要先选出优秀作文，修改里面的错误，还要让同学画一些图片放在小册子里。这么说，我们的老师真是'编辑'了！"

爸爸朝源源点点头："没错，你说的非常正确！两个编辑，带着一群小作者，超级棒的组合！"

职业·小百科

编辑是一种工作类别，也是一种专业职称，指具有某种专业素质，并对已有资料或初步写成的作品进行整理、编写、加工，并使其出版成书的专业人员。编辑工作是现代出版行业的中心环节。目前，编辑分为图书编辑、刊期编辑、报纸编辑、广播编辑、电视编辑及电子出版物编辑等。

编辑需要具有某种专业知识，能够读懂某种类别的图书，并正确、客观地评价图书的专业性内容，判断其某部图书、文章等是否有发表或出版的社会或者经济价值。出版机构的编辑负责选题、组稿、审读、加工整理等工作，非出版机构中，一般编辑的工作有文献资料整理、编辑工作通报、专业刊物等。

从事编辑工作需取得相应的编辑职业资格证书上岗。根据《出版专业人员职务试行条例》规定，编辑职务设编审、副编审、编辑、助理编辑四种。

职业领路人

邹韬奋：我国近代著名记者和出版家。1922年在中华职业教育社任编辑部主任，主编《教育与职业》月刊，开始教育和编辑工作。1926年在《生活》周刊担任主编，并对《生活》周刊进行了革新。他创办了三联书店，以他名字命名的"中国韬奋出版奖"是我国出版界最高奖项。

胡愈之：他集记者、编辑、作家、翻译家、出版家于一身，是新闻出版界的"全才"。他编辑出版了《公理日报》，曾与邹韬奋共同主持《生活》周刊，主编《东方杂志》《世界知识》等刊物。新中国成立后，他曾任《光明日报》总编辑，是新中国首任出版总署署长。

职业生涯思考

- 你了解编辑这个行业吗？你对编辑是怎样的理解？
- 你知道作为一个编辑需要哪些方面的知识或素质吗？
- 在你日常做手抄报、黑板报时，你是如何做"编辑"的？

编剧
——剧本的骨架和灵魂

职业小·故事

"妈妈，老师给我们留了个很奇怪的作业，让我们写一个校园小故事，还要选出有趣的，让同学们在周二下午照着故事表演呢！"笑笑地对妈妈说，"以前写作文都没有要求表演的，老师的要求真是奇怪。"

"哟！要你们写剧本？她要培养一批小编剧呀！"妈妈打趣笑笑说。

"老师就是让我们写个奇怪的作文为什么你说是剧本？写故事的人不都叫作者吗，妈妈怎么说编剧呀？编剧是什么？"笑笑有点疑惑地问妈妈。

"写小说或者其他文章的叫作者，但是根据写的作品表演的故事就叫剧本，写这个'剧本'的人就叫编剧。如果这个编剧非常有名，写了很多非常优秀的剧本了，那人们就叫他剧作家了，比方说莎士比亚，他就是非常著名的剧作家呢。"妈妈微笑着对笑笑说。

"可是作文写故事和剧本有什么不一样呢？"笑笑仍然有点儿不明白。

"写作文或者写小说，主要是刻画人物，还记得作文的三要素吧？人物、情节和环境，写叙述文要有文学性和艺术性，语言和用词要恰当、优美，写的时候以叙述为主。但是剧本不一样，剧本是要表演的，所以剧本要以讲故事为主，要用场景和对话把故事讲好了。比方说，教室的窗台上放着两盆鲜花，这就是简单的场景；对话要精彩，让表演的人通过对话表现这个人的性格和特点，同时把你要讲的故事告诉观众。"

"哦，我明白了，"笑笑若有所思地点点头，抓住了关键词，"用写场景和对话讲故事，谢谢妈妈！"

职业小·百科

编剧指以用文字叙述节目内容或影视剧情的整体架构设计的人。编剧用文字创作的作品叫剧本，是电视节目、影视剧、话剧表演的依据。有突出成就的编剧又被称为剧作家。

根据所行业领域不同，编剧分为影视剧编剧、电视节目编剧和话剧 / 戏剧编剧等。

编剧是整部电影、电视剧的骨架和灵魂，剧中的故事走向、演员台词对白、剧中场景安排等，都出自编剧之手。他们所创作的"剧本"就是演员表演或节目主持人推进节目进程的依据。因此，对编剧的艺术素养要求较高，如要有较强的文字表达功底，熟悉电影、电视剧、戏剧、专题片等作品的创作流程、表现手法和规律等。编剧既可以独立创作自己的作品，也可以把已经存在的其他形式的作品改编成能够拍摄的剧本，如根据小说、回忆录、传记等改编成可以表演的影视剧或舞台剧形式。

职业领路人

威廉·莎士比亚：文艺复兴时期英国最杰出的戏剧大师，世界最著名文学家之一。他的作品自然表演、情节生动，剧中人物个性鲜明。其代表作有《罗密欧与朱丽叶》《哈姆雷特》《奥赛罗》《李尔王》《麦克白》《威尼斯商人》《仲夏夜之梦》《皆大欢喜》等。在《第一对开本》中的献诗中，琼森称他为"时代的灵魂"。

萧伯纳：西欧批判现实主义文学家代表之一，英国现代最伟大的戏剧家、评论家。他创作 60 多年，共创作了 5 部长篇小说和 50 个剧本，他的戏剧传播范围广、流传时间长。戏剧的主要代表作品有：《卖花女》《圣女贞德》《魔鬼的门徒》《鳏夫的财产》《华伦夫人的职业》《巴巴拉少校》等。

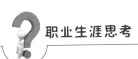 职业生涯思考

● 你对编剧这个行业有哪些了解？你知道哪些著名的剧作家呢？

● 你最喜欢哪个电视剧或电影的故事？你知道它们的编剧是哪个吗？

● 你自己编过小故事吗？试着自己做一次小编剧，自己编一个小故事来表演吧。

玻璃工匠
——指间火舞者

职业·小故事

面前琳琅满目的玻璃工艺品让琳琳眼花缭乱，晶莹别透的水晶苹果摆件、荷叶花边造型的顶灯、造型别致的炫彩玻璃罐，真漂亮呀！

"妈妈，这个苹果好漂亮，它也是苹果树上结的果子吗？"琳琳胖胖的小手指着苹果摆件问。

"当然不是了，它虽然也是苹果，但它是玻璃做成的，是玻璃工人们用自己的巧手做出来的。"妈妈跟琳琳解释道。

"它们都是玻璃做的吗？还有，妈妈，什么是玻璃工人？"琳琳好奇地歪着他的小脑袋看着妈妈问。

"现在我们看到的这些漂亮的工艺品都是玻璃做的，因为亮晶晶的像水晶，所以人们又叫它水晶玻璃。玻璃工人呢，就是把熔化的玻璃原料加工成各种各样的玻璃制品的人，比方说做成这种漂亮的工艺品啊，还有家里窗户上的玻璃啊，汽车上的玻璃啊，大楼外面上的玻璃墙啊，玻璃栈道上的玻璃啊，都是玻璃工人做成的呢。"

"这里的玻璃和玻璃栈道上的还有家里窗户上的一样？"琳琳很是吃惊地睁大了眼睛，"可是妈妈，它们除了都是透明的，看起来一点都不一样啊！"

"是呀，那是因为在制造玻璃的过程中的工艺不太一样，中间加的原材料也不同，所以，玻璃的颜色呀、硬度呀、性能呀、用途呀也就有很大差别。"

"玻璃的用处真多呀！玻璃工人叔叔们太伟大了！"琳琳感叹道。

玻璃工人，指在玻璃制造行业从事玻璃制品生产工作的人。

玻璃的生产工艺包括配料、熔制、成形、退火等工序。在每个工序，都需要有丰富工作经验的工人操作。在成形、退火过程中，玻璃先由黏性液态转为可塑态，再转变成固态。在此阶段，经过玻璃匠人的吹、拉、压以及其他操作，使平淡无奇的玻璃成了精美的艺术品。

玻璃是一种古老的建筑材料，随着现代科技的迅速提高和应用技术进步，各种功能独特的玻璃纷纷问世，在兴旺玻璃家族成员（如钢化玻璃、磨砂玻璃、喷砂玻璃、压花玻璃、夹丝玻璃、中空玻璃、夹层玻璃、防弹玻璃、热弯玻璃、玻璃砖、玻璃膜、光电玻璃、节能玻璃等）的同时，也使玻璃的应用范围日益广泛，如应用于建筑、日用、艺术、医疗、化学、电子、仪表、核工程等领域。

职业领路人

刘崇军：在这位从事这个行业已30多年的老匠人眼里，四周的高温熔炉和中间的工具台，就是他的舞台，他挥汗如雨穿梭其中。他一直秉承"色彩"和"独创"的理念，在他这里，没有机器、没有模具，然而就是他，源源不断地创造出精美绝伦的玻璃工艺品。

郝寿恒：他是一个从未接受玻璃制造系统化理论培训的普通车间工人，经过十多年在实践中的摸爬滚打与不断学习，他终于成为公司的高级工艺技师。对作品的精雕细琢不仅让他有了优秀的作品，也让他获得了"张家口大工匠"的美誉。

❓ 职业生涯思考

- 你知道玻璃工人是怎么工作的吗？你知道精美的玻璃制品是怎么生产出来的吗？
- 仔细观察下你生活中有什么玻璃制品，并列举一下。
- 出去看一看，哪些建筑或哪些地方用了玻璃，你还知道玻璃有哪些用途？

播音员
——让耳朵享受盛宴的人

职业·小·故事

笑笑的学校社团要招新了，两页的名单目录，要报哪个呢？可真愁人呀！

"妈妈，你给我参考下，我报哪个好？"笑笑看看这个不错，看看那个也挺好，都好想报呀！

"你喜欢什么呢？喜欢画画，就报画画社团，喜欢跳舞就去拉丁舞社团，喜欢音乐，就去乐团。"妈妈很是民主，她还是想让笑笑自己拿主意。

"我喜欢朗诵诗歌，可是这里没有朗诵乐团！"笑笑撅起了嘴巴说。

"喜欢朗诵啊，咱们看看啊，看看有没有相关的。"妈妈顺着名单往下看，果然她发现了目标，"这里有个播音主持社团，都是练习朗诵、发声之类的，要不要报？"

"播音主持是做什么的？和朗诵有关系吗？"笑笑不解地问。

"播音主持，是培养播音员的，比方说，你们学校有广播节目吧，节目里的主持人就叫播音员，还有电视里的播报新闻的主持人，有时候我们坐车，里面电台里播报各种信息的主持人，他们都叫播音员。他们要练习怎么让声音更标准，学习怎么发声更清晰，还要练习怎么吐字，怎样控制说话时的语速语调，让你说出的话更有感情，能够感染别人。你看，播音员要学习的是不是和你喜欢的朗诵很像？"

笑笑高兴地直点头："好啊好啊，我要学朗诵，也当播音员，我要让同学们就能在我们学校广播里听到我主持的节目！"

职业·小百科

播音员，也叫播报员，是指在电台、电视台等单位工作，进行新闻播报或播音工作的人员。播音员是随着无线广播的发展而出现的，后有了电视新闻播报这一工作环节。

播音员主要是通过自己的声音将信息传达给听众，推进节目进程，因此，对播音员的声音要求较高，如音质、音色，要专业、有特色，播报声音要准确规范、清晰流畅、字正腔圆，同时也要色彩丰富、形象生动感染力强。

播音员是广播电台和电视台的台前人物，他们素质的高低、形象的优劣，也是人们衡量节目水准的重要参照物。目前，广播电视播音员分为三级：初级、中级、高级。从事播音员主持人行业的须有持《播音员主持人证》。

职业领路人

李　易：著名播音员、配音演员、语言艺术家，作品有大型新闻纪录片《周恩来外交风云》《改革开放二十年》，电视专题片《再说长江》《大明宫》《孙子兵法》《欧洲中世纪文明》《走进巢湖》《中国航母第一舰》等。

铁　城：著名播音员、朗诵艺术家、中国广播电视协会播音主持委员会常务副会长。原中央人民广播电台播音指导，曾到多所主持专业院校讲学。1983年他主持的《边疆万里行》受到国家民委和广播电视部嘉奖。

卢　静：原中央电视台著名播音员、主持人，曾担任全国普通话水平测试国家级测试员。1983年9月起，卢静在中央电视台新闻部播音组任新闻播音员并兼任各类节目主持人，并主播《新闻联播》等节目。

职业生涯思考

● 你了解播音员这个行业吗？
● 你知道哪些优秀的播音员？他们各有什么特色？
● 拿一篇稿子，试着做一个小播音员吧。

不动产经纪人
——买卖双方的桥梁

职业小·故事

外面蓝天白云，微风拂面，莉莉太高兴了。在去小公园的路上，她看到小区门口那间小房子换了招牌——原来的打字复印的小店面换成了一家房产经济公司。

一个帅气的小伙子走过来往莉莉妈妈手里递名片，"您好，租房买房换房吗？我们这里有优质房源，价格公道收费合理，这是我名片！"

莉莉欢快地接过了名片，并认真地看上面的字。要知道，她可是已经幼儿园大班了，认识不少字了呢！

"房产经……，妈妈，这个字读什么？"莉莉指着名片上的那"纪"字问妈妈。

"这个字读ji，四声，房产经纪人，就是刚才那个帅哥哥的工作。"妈妈耐心地指着名片上的字跟莉莉说。

"什么是房产经纪人？他为什么要给我们他的名片呢？"莉莉仍然不明白。

"房产经纪人为人们提供和房子有关的服务的人。如果人们需要买房子，或者觉得现在的房子不满意，想要换一间更好的，或者，暂时没房子需要租一个房子用，又或者家里有多余的房子，想要卖掉或者租出去，都可以找房产经纪人帮忙。给人们名片是为了方便人们联系他。有了他们，人们生活就方便多了，否则，自己要去找哪里有合适房子，或者自己去找需要买房或者需要租房的人，很浪费时间的。"妈妈拉着莉莉的小手慢慢边往前走边解释，"当然了，他们也不是免费提供劳动，所以是要收取一定费用的。"

"我知道我知道，任何人付出劳动都应该得到报酬！"莉莉在一边补充。

不动产经纪人指沟通买卖双方，以获取佣金为目的，促成不动产的买卖、抵押、租赁等经济活动的专业人士，又称中间人、联系人、经理人或介绍人。这里的不动产指土地和附着于土地上的改良物，如建筑物、采矿权和探矿权以及土地上生长的植物等。通常我们所说的不动产经纪人多指房产或建筑物类经纪人。

不动产经纪人是不动产买卖／租赁双方之间的纽带和桥梁，他们与上下家沟通，以促进交易的达成。因此他们要掌握大量的有关不动产信息，如不动产的市场价值、交易／租赁对象、与之相关的法律法规、政策信息。除此之外，不动产经纪人还要熟悉转让、抵押、租赁的程序以及具体规定，有一定的对不动产的评估理论知识和实践，懂得与不动产交易相关的金融知识，拥有娴熟的谈判技巧。

职业领路人

李　红：她总是从客户角度出发去考虑，不怕程序麻烦、多变，尤其是一次多家转换房产涉及的客户竟然达 14 家，她把顾客需求列成了表，不厌其烦地进行匹配，奋斗三个多月，最后终于大功告成，这不仅让她赢得了顾客的信任，同时也获得了业界的好评，她也终于成长为一名名副其实的金牌经纪人。

梓　涵：他从事房地产经纪行业已经三年多。他说，做业务就是做人，所以要先做人再做事，态度决定一切。他为自己制定了人生目标，并一如既往地向着目标前进着。

刘伟智：美国房产金牌经纪人，长隆集团销售冠军，特别擅长南加州豪宅买卖，专精学区房销售专家。

 职业生涯思考

- 你身边有哪类的不动产经纪公司？
- 你觉得不动产经纪人的工作内容是什么？他们会为人们生活提供哪些方便？
- 想成为一个优秀的经纪人，需要懂得哪方面的知识？

采矿工人
——"黑暗世界"的坚守者

职业·小故事

源源早就想跟着爸爸回老家了，爸爸以前说过，他们那里有个神秘的山洞，说他 8 岁的时候就带他一起去那个山洞探险。

"这个山洞旁边是一个天然的小矿井，据说有玛瑙或者玉石，所以我们要像采矿工人一样准备一些东西。"爸爸对源源说。

"像采矿工人一样？什么是采矿工人？"源源好奇地问爸爸。

"采矿工人，就是在矿场工作的工人，他们用工具把有用的矿石从地下的矿井里采下来，有的时候也在露天矿采掘，像我们要去的地方就是露天的小矿场，然后再运到指定的地方，由专门加工的人员加工，最后就是我们平常看到的东西啦。比方说，有煤啊，铁啊，金子啊，玉石啊。我们要去的地方就是一个很小的小玉矿。运气好的话，真的能采到玛瑙或者玉呢！来，让我们列个物品清单出来吧，这样才能准备得齐全。"

"好的爸爸！"源源高兴地拿过来纸和笔。"我觉得我们需要一支可以做记号的粉笔，一条绳子，一个装宝贝的口袋，还有手机，食物和水。"源源一口气说出了好几条，然后扳着手指头停了下来。

"还得有铲子、锤子和照明的东西啊，"爸爸笑着对源源说，"要知道那里还有个山洞，我们要去探险的。"

"那我们拿手电筒？"源源提议说。

"NO，"爸爸对源源摇了摇右手食指，"我们需要的是采矿工人戴在头上的矿灯，这样我们的双手就可以解放出来了。"

"爸爸，我也要一盏矿灯，这样才是一个真正的采矿工人！"

职业·小百科

采矿工人，在矿区从事矿产采掘（地上或地下采掘）工作、维护矿井运行行业的工人，统称采矿工人。这里的矿包括煤矿、玉矿、铁矿、铜矿、金矿、锡土矿等。采矿工人包括在井下从事工作的技术人员和从事体力劳动的工人。

采矿就是从地面开凿一系列井巷，到达矿床，然后用现代化技术把含有矿物的矿石挖出来，并把它们送到地面，或用化学方法把有用的矿物分离出来。采矿有穿孔、挖掘、装运、废石分拣、配矿、采矿等多项工作。矿工工作有一定危险性。与以前相比，当代的采矿工人素质有了很大提高，工人的工作环境也有了很大改善，井下作业有了良好的安全保障。目前，我国大型矿区的一般配有先进的机械设备，如综采工作面设备（采煤机、刮板输送机、运载机、破碎机等）、运输设备（胶带运输机、筛分破碎机）、提升设备、通风设备、中央变电设备、中央水泵房设备、掘进设备等。

职业领路人

王本学：他扎根基层二十年。这二十年里，他从一名扒装翻斗工做起，稳扎稳打，逐渐成为黄金生产行业的行家里手。2011年，他获得"十一五期间全国黄金行业劳动模范"荣誉称号，主持完成的《挖掘机履带涨紧系统简便维修工具与技术》获2013年度中国黄金系统一线职工科技成果奖三等奖。

傅昌旺：他的名字是一段历史，也是一个传奇。他曾在1985年获得"全国五一劳动奖章"；他负责的综采工作面，被命名为"龙田工作面"；他管理的综采一队，连续十年安全生产无事故；1989年、1995年，他两次当选全国劳动模范。

？ 职业生涯思考

● 你知道采矿工人都包括哪些吗？
● 你知道现在矿场都有什么设备帮助采矿工人们工作吗？
● 想一想，如果没有了采矿工人，我们的生活会是什么样子。

乘务员
——平凡的岗位也闪光

职业·小·故事

傍晚，坤坤爸爸拎着一个旅行箱进了家门。

"坤坤妈，我要出差几天，家里你就多照顾些了。"转过头，坤坤爸爸又对坤坤嘱咐，"坤坤，爸爸出差了，你就是家里唯一的男人了，妈妈就交给你照顾了。"

"好的爸爸，保证完成任务！"坤坤站起来，握紧小拳头保证。

"这次去哪儿？临时决定的吗？"妈妈有点奇怪，马上过年了，怎么还要出差呢？

"这不马上春运吗，我们部门临时抽调几个人去跑车。"

"爸爸，什么是跑车？"旁边的"好奇宝宝"问。

"我就是去火车上当乘务员。"爸爸边收拾自己的东西边回答坤坤。

"可是，不是公交车上才有乘务员阿姨吗，你怎么去火车上当乘务员呢？"坤坤仍然疑惑不解。

"不光公交车上有乘务员，火车上也有呀，记得火车上查票的、打扫卫生的那些叔叔阿姨吗，他们也叫乘务员，还叫列车员。在动车、高铁上面工作的叔叔阿姨也叫乘务员。在飞机上工作的叔叔阿姨还是叫乘务员，不过人们还叫他们'空少''空姐'。有了这些叔叔阿姨为我们服务，我们出去旅行才方便又安全，在车上或飞机上遇到什么急事了才能得到帮助！明白了吗？"

"哦，我明白了，那爸爸你要当好乘务员，好好为旅客服务啊！"

"好的儿子，保证完成任务！"爸爸伸出手掌来，郑重地跟坤坤击了一下掌。

职业小百科

乘务员指所有在交通运输工具上工作的服务人员，其工作职责是为乘坐公共交通的乘客提供热情、周到、细致的服务，处理旅途中各种突发事件，负责交通工具的卫生清洁和简单的维护保养，确保乘客出行安全舒适。

按照交通工具一般可分为列车乘务员（包括高铁）、公交乘务员、空中乘务员。铁路乘务员包括列车长、列车乘务员和驾驶员。公交车乘务员包括公交车司机和乘务员（内勤）。飞机乘务员包括座舱长和空中服务员（空姐、空少）。

乘务员是各种交通行业的窗口，他们的服务态度、服务水平和个人形象，正是有了他们默默的奉献和坚守，我们的出行才更方便快捷，生活才更美好。

职业领路人

李素丽：她是一位公交车乘务员，她把自己的热忱周到的服务和暖心的微笑奉献给了乘客，她的模范事迹广为流传。至今，她还带领姐妹们奉献于公益服务热线96166。

吴尔愉：她31岁参加首批"空嫂"招聘，42岁推出《吴尔愉服务法》，如今她已是55岁的"空外婆"。

陈美芳：她二十多年初心不改，一直用最饱满的热情，服务于南来北往的乘客，"从爱心百宝箱"到"美芳亲情服务团队"，真正发扬了"以服务为宗旨，待旅客如亲人"的中国铁路精神。

职业生涯思考

- 你都乘坐过哪些公共交通工具？上面都有乘务员？他们都为人们提供哪些服务？
- 你都知道哪些优秀的乘务员？和小伙伴们分享下他们的感人事迹吧。
- 你觉得哪种乘务员对你最有吸引力？说出你的理由。

你喜欢的职业是它么？

出国咨询顾问
——走出国门的桥梁

职业小·故事

元元这几天有点情绪低落，因为他的小伙伴新新说她就要跟着爸爸妈妈移民到国外了。

"妈妈，新新还会回来吗？我们还能在一起玩吗？"元元问妈妈。

"能在一起玩儿，等有时间了，新新会回来看她爷爷奶奶的。到时候，你们就能再在一起玩了呀！"妈妈轻声地安慰着元元。

"也不知道他们去的那个地方怎么样，他们怎么要去那么远的地方呢？"听到自己以后还有机会和小伙伴一起玩，元元感到安慰了点儿，但是，她还是有点儿担心的。

"他们去之前肯定是咨询过的，要移民的地方应该很不错，很适合他们在那里生活。"

元元有点疑惑地问妈妈，"新新他们是问外国人吗？"

"不一定要问外国人，我们这里有专门的出国咨询公司，公司里的咨询顾问就可以帮我们的忙，告诉要到国外去工作、生活、投资的人们，他们要去的那个国家怎么样，让他们知道他要去的那个国家的情况，比方说是不是安全啦，政治、经济情况怎么样啦，平常说哪种语言啦，那个国家的风俗习惯是什么啦，对外国人友不友好啦，等等。你想知道的他们都会告诉你，还有出国需要什么办理什么文件、手续，如果要移民需要达到什么条件，如果想去国外读书需要怎么申请学校、要通过那些考试、怎么才能申请奖学金，等等，他们都可以帮忙呢！"

"那真是太好了！"元元一下子高兴起来，"我想新新了也可以先咨询一下，然后去国外找新新去！"

"当然可以呀，你不但可以去看新新，还可以出国旅游、读书呢！"

职业·小百科

出国咨询顾问，指向客户提供海外投资移民、海外投融资、海外劳务、出国留学、出国旅游、出国就医、出国商务等方面咨询服务从业人士。一般包括海外业务咨询和协助客户办理出国所需手续两方面的服务。

他们需要根据客户需求，向客户提供目标国家的政治、经济环境，投资环境、就业信息、医疗环境、教育政策、所需资格要求，以及投资／留学／移民的条件、流程和优惠政策等方面的咨询服务，并协助客户准备所需材料、文书以及办理与出国相关的各种手续。

有了出国咨询顾问的帮助，想走出国门进行海外活动的人能很快清晰自己目标国家的相关信息，能够最大程度地规避风险，简化出国流程和手续，大大节省时间和精力，为所需人群打开了方便之门。

职业领路人

北京新东方前途出国咨询有限公司：它是新东方旗下唯一一个从事出国留学服务的专职机构。它业务范围广泛，在全国三十个城市设立了分公司，并与世界多个国家和地区的众多教育机构建立了良好合作关系，指导众多学子实现了留学梦想。

金吉利出国留学咨询服务公司：它以"发展民族教育、促进国际交流、建立留学行业服务"为己任，在行业内首家推出留学服务"金诺计划"，公开留学服务十大承诺，为规范留学中介行业的发展作出了重大贡献。

职业生涯思考

- 说一说出国咨询行业的业务可能都有哪些。
- 想一想，如果想要做一名优秀的出国咨询顾问要掌握什么知识？
- 近期你有出国的打算吗？如果有，你打算如何让出国咨询顾问帮你圆梦？

船长
——惊涛中的定海神针

职业·小·故事

"哈威尔船长，他屹立在舰桥上，一个手势也没有做，一句话也没有说，犹如铁铸，纹丝不动，随着轮船一起沉入了深渊。人们透过阴惨惨的薄雾，凝视着这尊黑色的雕像徐徐沉入大海……"

朗读完课文，林林停了下，看向在旁边看书的爸爸。"爸爸，生命很可贵的，哈威尔船长和他的船员为什么不弃船逃生呢，他们是有机会的。"

拿过书扫了几眼，爸爸拍了拍林林的肩膀，说，"儿子，来，咱爷俩今天谈个话。爸爸先给你讲下，什么是船长，什么是船长精神。"

"首先，船长是一艘船上的最高指挥官，在他的船上，他有至高无上的权力，船上的所有人，都必须听他的指挥。在古代，航海技术很落后，每次出海远航都至少需要几个月时间，那时候通信也不发达，航海期间船是与世隔绝的。在大海上，远离了陆地的船就显得非常渺小，尤其是在船遭遇险情的时候，船上全体人员必须团结一致，才能抵御来自大自然的险恶，也只有这样，才能生存下来。因为船长是最了解自己艘船的结构、人员配备、食物补给的，所以不管是需要求援、疏散还是维持秩序继续坚持，都需要船长在船上。也因为这个原因，船长是最后一批离船的人。"

"再一个就是船长精神。因为船长往往是最后一批离船的，遇难的机率最大，所以船长精神也是一种献身精神。还因为船长有绝对的权力，因此他也肩负着最大的责任，'船在人在，船亡人亡'的信条不光是道义，更是一种担当。一个合格的船长，不但要具备以上两点，他还要沉着、冷静、有勇气、有智慧。能在千钧一发之际作出正确的判断。"

爸爸又语重心长地拍了拍林林的肩膀，"儿子，从一个男人的角度，好好自己体会下什么是船长吧！"

职业小百科

　　船长是受船舶所有人聘任，负责船舶的驾驶和管理的人，他的职责是维护船舶的安全航行和保障船舶航行时的日常运转，是船上的最高指挥者。现在，船长必须通过专门考试，由国家相关机关颁发证书。在我国，船长的证书由中国海事局颁发，分为甲、乙、丙、丁四类，分别为远洋船长、近洋船长、沿海船长和内河船长。

　　因为船长在船上的特殊地位，因此船长也是"责任、勇敢、睿智、权威"的代表。"船长与船共存亡"是船长最古典的荣誉。由于有着船长最后一个离船的光荣传统，因此铸就了人们心中永不放弃、坚守岗位、勇于献身的船长精神。

职业领路人

　　萨尔蒙德：1952 年，英国皇家海军运兵船在南非开普敦海岸触礁，船长萨尔蒙德指挥士兵将妇女儿童送上仅有的三艘救生艇，而所有士兵则甲板上列队待命，最后船长以及所有高级船员全部遇难。

　　爱德华·史密斯：1912 年，英国超豪华游轮"泰坦尼克号"在大西洋撞上冰山沉没，爱德华船长镇静地指挥人们撤退，拒绝登上救生船，最后和"泰坦尼克号"一起沉没在大西洋。

　　郭　川：第一位参加克利伯环球帆船赛的中国人，曾创造了 10 英尺级帆船单人不间断环球航行和北冰洋东北航线不间断航行的世界纪录。《帆船与航行》杂志说，"郭川团队用超乎想像的能量创造了历史，谱写了人类航海史上的新篇章……"

职业生涯思考

● 你读过《船长》这篇文章吗？为什么说哈威尔船长的灵魂是伟大的？

● 你还知道哪些船长的故事？讲给小伙伴们听下，总结下什么是船长精神。

● 思考一下，要想成为一名船长，需要具备哪些知识和良好品质？

你喜欢的职业是它么？

导演
——艺术创作的总设计师

职业小·故事

电视里很温馨的一个小故事讲完了，最后男女主角的手握在了一起奔向太阳的方向。

"好温馨，好感动！"妈妈差点就要热泪盈眶了。

爸爸对此却有点儿不赞同，"很温馨也很让人感动，可是，这个导演不太过关啊，这是个广告片，可是你知道这个广告是卖什么的吗？"

"故事好看就行了，你管那么多！"妈妈仍坚持自己的意见。

旁边的小伟却有点不明白爸爸妈妈为什么好像意见不一致了，明明刚刚他们还很要好的样子，"爸爸你为什么说导演不过关？还有，导演就是刚刚电视里人吗？"

爸爸用手摸了摸下巴，回答小伟，"电视里那个男人叫男主角，他不是导演，导演就是让电视里那两个人演这个故事的人。这两个人怎么演，要讲什么样的故事，都要听导演的指挥，我说导演不过关是因为……"爸爸沉吟了几秒钟，啧啧了两声又摇摇头说，"因为刚刚这个小故事是个广告，广告是要让观众知道它的产品是卖什么，这个产品有多好，然后大家才能去买。可是你看，广告都演完了，我们只知道故事很感人，最后却不知道它是给什么产品做广告的，这就像你要去文具店买一支铅笔，文具店老板对你又唱歌又跳舞，最后让你却空着手回来了一样。不能完成任务的导演就不是好导演。"

"哦！"小伟似懂非懂地点点头，"这么说，导演不但要把故事讲的好听，还要完成任务啊！"

56

职业小百科

导演，是制作影视作品的组织者和领导者，在艺术创作过程中，他是"最高统帅"和总指挥。

导演是把文学剧本搬上荧幕或表演舞台的总负责人，他们的任务是挑选合适的文学剧本，与制片人员组织和寻找需要作品的主创人员（如演员、摄像师、灯光师、录音师、美术、化妆师、服装师、道具师等），挑选合适的外景、搭建所需内景、制作道具等各种准备工作，然后领导现场的拍摄工作和后期的制作。

他通过演员的表演来把文学剧本呈现给大众的方式，表达自己的思想和要讲的故事。

职业领路人

迈克尔·贝：美国著名电影导演、制片人、编剧、特效师。他导演的作品《绝世天劫》获得美国土星奖最佳导演奖，《逃出克隆岛》获土星奖最佳科幻电影提名，《变形金刚》系列获多种大奖。

詹姆斯·卡梅隆：好莱坞著名导演、编剧。他因自导自演《终结者》而成名，后又自编自导《异形 2》。他导演的《终结者 2》获第 18 届土星奖最佳导演奖及最佳编剧奖，《泰坦尼克号》在第 70 届奥斯卡金像奖上获得 11 个奖项，包括奥斯卡奖最佳导演奖。2005 年，被英国杂志《Empire》评为"世界最伟大的 20 位导演之一"。2009 年他导演了科幻电影《阿凡达》。

斯蒂芬·斯皮尔伯格：美国著名导演，被业内称为"电影奇才"，他导演的《辛德勒名单》《侏罗纪公园》在第 66 届奥斯卡颁奖晚会上共囊括了 9 个奖项。其导演的作品有《大白鲨》《E.T.》《回到未来》《第三类接触》等。

职业生涯思考

- 你对导演这个行业有哪些理解？
- 说一下你最喜欢哪个导演，他们有哪些作品？
- 想一想，如果想做你们班上联欢会表演的小导演，你需要做哪些准备工作呢？

道具师
——巧夺天工的妙手

职业·小·故事

"宝贝们，快来看，这个太好玩了！"爸爸把妈妈和孟小源拉到电脑旁边看一个"拍摄穿帮镜头"的帖子。

原来，里面有个战斗英雄往下扔石头砸日本兵的镜头，第一块大石头下来，砸在了日本兵的头上，日本兵倒下了，第二块石头下来的时候，意外发生了——这块石头砸在了日本兵手里枪的刺刀上，然后，那"石头"竟然像糖葫芦一样串在了刺刀上！

"哈哈哈！"电脑前顿时响起了爆笑声。

孟小源被惊得目瞪口呆，"爸爸，为什么石头会被串在刺刀上，石头不是硬的吗？"

"哦，这当然不是真的石头了，是道具师做的道具啊！否则砸伤了演员可不得了！"妈妈给孟小源解释。

"道具师？就是做这个'石头'的人吗？"孟小源似懂非懂地问。

"嗯，这几块石头就是道具师做的道具，不过他们不光做石头，他们还做其他的东西，拍电视或者电影的时候，里面的屏风啊，椅子啊，桌子啊，扇子啊，都是道具师们做的呢。

"还有你看的魔术表演，"妈妈接着说，"那里面也有很多道具呢，有了那些道具，我们才能看到魔术师的精彩表演啊！"

"那些都是道具师做的？"孟小源突然像开了窍，"那我的过家家玩具是道具吗？"

"当然是了，包括你的小汽车、大铲车，那都是你的道具啊！"爸爸妈妈异口同声说道。

职业小百科

道具师，是电影、电视、舞台表演的道具部门的创作人员，他们负责设计、制作影视拍摄或舞台表演所需要的各种道具，进行道具预算和控制，以及负责定制和验收特殊需要的特殊道具。道具指拍摄电影、电视剧或进行舞台表演的时候所用的各种装饰性、布置用的可以移动或拆除的东西。如桌、椅、屏风、茶杯、文具、书、画、古玩、扇子、眼镜，甚至飞机、大炮、汽车等。

道具可以体现场景的环境气氛，深化表演主题，提示剧中所处地区、时代和人物身份，推动情节向前发展，或者为后面的情节做铺垫或暗示作用。有时道具还能使表演显得更真实，以引起观众共鸣，增强剧中故事情节的感染力。

职业领路人

张　伟：中国香港资深道具制作人，圈内人称"道具全"。他入行近30年，曾参与《明月几时有》《春娇救志明》在内的70多部电影，他制作的道具钞票，曾被多部影视剧应用。

王水利：我国知名影视道具师，《鬼吹灯之寻龙诀》《杀生》《泰囧》《北京爱情故事》《杜拉拉升职记》《双食记》《火锅英雄》《八百壮士》等影视作品道具师。

 职业生涯思考

- 你知道道具师是做什么的吗？
- 你见过电视剧或电影中哪些道具？它们做得像吗？
- 看看你的玩具箱子，你都有哪些"道具"？

电子竞技选手
——游戏界的强者

职业·小故事

"奶奶，我要加入战队了，向您汇报下，谢老佛爷恩准！"陆鸣一边朝奶奶打躬作揖一边就要打开平板电脑。

"哎哟，鸣鸣啊，你功课复习好了吗，可不能只玩游戏。"奶奶看着想玩游戏的孙子有点儿发愁，这孩子！

"我都是完成功课才玩儿的。好奶奶！"鸣鸣看奶奶犹犹豫豫的样子，干脆撒起了娇。

"这游戏有什么好的，又当不了饭吃！"奶奶还是不太赞同。

"哎哟奶奶大人，您可不能这么说，我这是玩的不好，真玩的好了，是真的可以拿来当饭吃的！"说到这里陆鸣不乐意了，很认真地反驳奶奶，"奶奶您还不知道吧，现在大学里已经有电子竞技专业了，和体育特长生差不多，人家那也是运动员呢。每年我们国家都举行好多场比赛，还有CPL、WCA和ESWC，那可是全世界范围的比赛。对了，2003年的时候电子竞技在咱们国家就是正式体育竞赛项目了。等到了2022年，您看杭州亚运会的时候，说不定还能看到他们登上亚运会冠军的领奖台呢！"

一见孙子说玩游戏竟然还成了为国争光的大事了，奶奶也有些发蒙，这么说，这玩游戏，还真是正事了？

"当然了，也不是人人都有那天分去当职业选手的。奶奶您放心，我就是玩玩儿小游戏放松一下，我现在的主业肯定还是学习，不会成为网瘾少年的。"

电子竞技选手，又叫电子竞技运动员，指那些技术精湛、经过层层选拔筛选，在中华全国体育总会秘书处进行过电子竞技运动员注册的、有资格参加电子竞技赛事的玩家。按选手性质，一般分为职业选手和业余选手。和传统体育运动员一样，选手们也要对某一款游戏或某个竞赛项目进行长时间练习。

电子竞技是电子游戏比赛达到"竞技"层面的活动，是随着网络游戏的发展而新兴起的赛事。2003 年 11 月国家体育总局正式批准，电子竞技被正式列为体育竞赛项目。2022 年，电子竞技将成为杭州亚运会的正式比赛项目。2016 年，我国高校首次出现电子竞技专业。2016 年，教育部增补了"电子竞技运动与管理"，并归类到体育类专业。

目前，国内外知名赛事有 CPL、WCA 和 ESWC（并称为当今世界三大竞技赛事）以及 NEST 等。

职业领路人

李晓峰： 他的另一个名字 WE.IGE.SKY，被称为魔兽"人皇"。2005 年 WCG 魔兽世界总冠军，中国魔兽争霸第一人，钛度科技创始人。他经历了我国电子竞技职业的从无到有，是我国电子竞技游戏的元老级玩家。

Faker： 他年少成名，是电竞赛场上的迈克尔·乔丹，他夺得过多个英雄联盟的世界赛冠军，如 IEM、全明星赛、季中邀请赛以及世界总决赛。他是第一个被 ESPN 选作杂志封面的电竞选手。也是他，让电竞业向全世界进行了扩张。

职业生涯思考

- 你知道电子竞技这个行业吗？说一说你对电子竞技的了解。
- 你知道都有哪所学校设有电子竞技相关专业？
- 试着和爸爸妈妈一起讨论下，电子竞技选手和普通运动员有哪些区别。

翻译
——文化交流的使者

职业·小·故事

明明的班上来了个外教，可他只会说英文，所以这几天他上课的时候还需要英语张老师在旁边帮忙。

"妈妈，你知道吗，那个迈克老师只会说'拟豪'和'谢谢'，"明明对妈妈"吐槽"，"幸亏我们英语张老师在旁边，否则我们都不知道他在说什么。"

"哟，那你们张老师是充当你们的临时翻译啦！"妈妈打趣道，"等过几天你们习惯了，张老师就可以'功成身退'了。"

"翻译？"明明小手托着下巴小大人儿似的思考几秒钟，"那是什么？"

"翻译就是把你们听不懂的话转成你们能听懂的话。"妈妈解释说。"这个转换的过程，也叫翻译，这里翻译是个动词哦！"

"把英语转成普通话就是翻译吗？"明明打破砂锅问到底。

"翻译不光是把英文转成普通话，只要是不同语言之间的转换，都可以叫翻译，"妈妈耐心地对明明说，"把古代的话换成现代的话，把你听不懂的地方方言转成普通话，都叫翻译呢！"

"他们只转人们说的话吗？"明明继续问妈妈。

"当然不是了，还有翻译书的。比方说《哈利·波特》，是一位英国作家用英语写的小说，翻译给我们转成中文以后，我们才能在书店买到中文版的书。还有很多国外拍的电影，也需要翻译。有了翻译，我们的生活和工作才更加方便了呢！"

"我知道了妈妈，我也要好好学外语，以后咱们出国旅游，我就可以给你和爸爸当翻译啦！"明明高兴地说。

职业小百科

翻译，是指从事把一种信息或符号准确地转变为另一种形式或表达方式的活动的人。我们通常说的翻译多指语言在两种或多种文化之间进行的转换。翻译活动有助于促进不同文化的人群的交流、融合和发展。

翻译的原则和标准是信、达、雅。即译文要准确，不偏离、不遗漏，内容没有增减，不拘泥于原文形式，译文通顺明白，译文时选用的词语要得体、简明、优雅。翻译过程包括对原文的理解、转换发酵和表达输出三个环节。

翻译分为口译（包括同声传译）和笔译，翻译方式有直译、音译和意译。在我国《礼记》中已有翻译的记载，称为"译"，后佛经译者创了"翻译"一词，使宗教资料翻译活动广泛传播，并使"翻译"一词沿用至今。直至鸦片战争以后，翻译活动在中国才又进入了新高潮。

职业领路人

季羡林：国际著名东方学大师，语言学家、文学家、国学家、佛学家、史学家、教育家和社会活动家。他通晓英、德、梵、巴利文，能阅俄、法文，精于吐火罗文（当代世界上分布区域最广的印欧语系中的一种独立语言），是世界上仅有的精于此语言的几位学者之一。其著作已汇编成《季羡林文集》出版。

叶君健：著名作家、文学翻译家、外国文学研究家。他创办的《中国文学》在我国文学翻译的文化交流工作上占重要地位。他以翻译丹麦文版的《安徒生童话故事》而享誉世界文坛，与美国译本同被评为"当今世界上两个最好的译本"。

职业生涯思考

- 你读过哪些由外文翻译成中文的读本？
- 你知道哪些翻译家？他们都有哪些代表翻译作品？
- 你喜欢翻译这个行业吗？说出你的理由。

工程车操作员
——钢铁的舞者

职业·小故事

"哇！好多的车啊！"刚上幼儿园大班的小源看着摆在自己面前的一堆工程玩具车两眼放光，"真酷！"

"妈妈，这个和咱们家东边工地上那个大吊车一样。还有这个是大铲车，它能把很多很多的土铲起来放到别的地方去。还有这个叫挖掘机，有一天我看到它在工地上挖土，一小会儿它就挖出了一个大坑呢！"小源看看这个，又摸摸那个，打不定主意到底要哪个了。如果要求都买回去，妈妈会同意吗？

"小朋友，这里还有个更高级的，可以遥控哦。来，过来先'考试'，把这个'水泥管'抓起来，放到前面那辆车上去。'考试'合格了就能成为一名吊车操作员！"看小家伙对自家的产品这么感兴趣，旁边的促销员忙过来展示自家的"高科技产品"。

果然，自己动手更有吸引力，小源拿到了遥控器开始操作起来。吊车的抓手一会儿向前，一会儿向后，一会儿偏左了，一会儿偏右，左调右拨，抓手终于准确地抓到了地上的"水泥管"。

初战告捷，小家伙兴奋地直叫，"成功了成功了！我抓到它了！"

他兴奋的叫声吸引了一群小朋友围观，旁边的促销员也给他鼓起掌来，"真棒真棒！把它放到前面的大车上，加油！"

小源全神贯注地操作着遥控器上的手柄，小心翼翼地把"水泥管"往大车方向移动，先调整远近，再调整方向，促销员叔叔说了，"水泥管"要放得规矩才行，否则运输的时候会掉下来的！

终于，"水泥管"被放到了它预定的位置。

"祝贺你，经考试合格，成为一名合格的小吊车操作员！"促销员叔叔拿过一枚"吊车操作合格证"字样的牌子别在了小源的胸前。

职业小百科

工程车操作员又叫做工程车司机，是建筑工地上大型工程车设备的操作人员。

目前，大型工程车现已广泛应用于是建筑工程，是建筑工程的"骨干"。它们的出现使得建筑进度大大加快，大大减少了人力的工作。大型工程车主要用于运载、挖掘、抢修，甚至作战。

常见的大型工程车有起重机械、大型吊车、重型运输车、挖掘机、叉车、推土机、压路机、装载机、混凝土运输车、混凝土泵车、工程抢险车/抢修车（电力、水、煤气等）、工程抢险车、越野工程车、装甲工程车等。

有的大型工程车仅有普通驾照是不能操作的，必须去专门的工程机械培训学校培训，取得特种作业证、机械操作证和安全培训证方可上岗操作。

职业领路人

欧　欢：他们的指令员命令准确，塔吊操作工手上动作"稳、准、快"；他们以塔吊为"枪"，以水桶为"子弹"，准确命中地面靶心，在规定时间圆满完成了任务，取得了优异成绩。

吴振泰：他是在中考落榜后"逆袭"的广州最年轻的五一劳动奖章获得者。在他看来，劳模不仅要不怕苦不怕累，还要懂得改革创新，能够提高工作效率。他用自己的成果告诉大家，只要肯拼搏，能用心，读中专做技工，照样能闯出自己的一片天。

 职业生涯思考

- 查看下自己的玩具箱，或者仔细回忆一下，自己曾经拥有哪些工程车。

- 你见过哪些大型工程车？你知道它们都是干什么的吗？

- 观察下工地的大型工程车有多能干，想一想如果它们的工作用人工来做需要多长时间？

公关专员
——社会关系的润滑剂

职业·小·故事

孟孟今天从学校回来就一直不高兴。吃过晚饭，他竟然还煞有其事地叹了口气。

"孟孟怎么啦？和同学闹矛盾了还是被老师批评了？"爸爸看不下去了，在旁边问。

"都不是。"见到爸爸问起了，孟孟很委屈地诉起了苦，"上周老师说我们班要发行班币，自己钱多了可以存在老师那里，他给我们'利息'，存在老师那里超过50元班币，利息就比不到50高50%。如果自己没钱了但又被罚款，就可以去老师那里贷款，贷款也要付给老师利息。我想开一个'公司'，让同学们把钱存到我的'公司'，凑够50元了我再存到老师那里，这样大家的利息都会比原来高。"

说到这里，孟孟更加委屈了，"可是，他们竟然不相信我，不肯把钱存在我的'公司'来。"

"原来是这样啊，"爸爸摸了摸下巴，"看来，你是需要一个公关专员给你公关啊！"

"公关？那是什么？我为什么需要它？"孟孟很奇怪，公关专员又是什么？

"公关啊，就是你要用行动或语言游说大家，让别人知道你要做什么，然后，让大家相信你会言出必行。或者，在你犯错的时候，让大家原谅你，相信你会改正错误，甚至会比以前做的更好。"

"让大家相信我？"听到爸爸这么说，孟孟一下子来了精神，"这样大家就肯把钱存在我的'公司'里了对吧！爸爸，我需要公关，你能教我怎么做吗？"

"没问题啊，还记得爸爸以前给你讲的'商鞅变法'的故事吗？商鞅就是一个非常棒的公关专员，想想他是怎么让人们相信他的。"

孟孟恍然大悟，高兴得抱住爸爸亲了一口，"啊，爸爸，我明白了，谢谢老爸！"

职业·小百科

公关专员指为雇主做宣传、咨询、策划、协调关系以及管理、塑造形象的从业者。公关专员共分五个等级：初级公关员、中级公关员、高级公关员、公关师、高级公关师。

公共关系属于新生事物，具有强大的生命力，它于 20 世纪 80 年代由西方传入内地。目前，公共关系已经成为现代管理的一部分，作为处理竞争中不可避免出现的纠纷和危机的一种手段，它能为机构或者个人带来巨大的社会效益和经济效益。因此，在社会日益多元化的今天，公共关系越来越受到各类组织以及机构的重视，也越来越多的人所认识、接受和欢迎。作为公共关系核心的公关专员，也将越来越发挥不可替代的重要作用。

职业领路人

商　鞅：秦孝公年间，商鞅在秦国的改革一触即发。他担心百姓不信自己，于是在国都集市门外立木为信，使变法得以顺利展开，也因此使秦国发展成为战国后期最富强的国家。

张瑞敏：20 世纪 80 年代，张瑞敏带头向质量欠佳的冰箱砸下了第一锤，从而取得了公众对企业的谅解和对产品的信任。三年后，海尔人捧回了中国冰箱业的第一块国家质量金奖。

艾维·李："现代公关关系之父"，1903 年开始竞选助理工作，为雇主提供公关宣传。后和朋友合伙开了世界上第一家真正意义上的公关顾问公司，为雇主提供专业公关服务并收取费用，因此被称为现代公关公司的"鼻祖"。

职业生涯思考

- 你现在明白了公关专业是做什么工作的吗？
- 和爸爸妈妈一起，列举下你所知道的我国历史上成功的"公关案例"。
- 找个正受困扰的小伙伴，发挥你公关小专员的作用吧。

公证员
——公平公正的守护者

职业·小故事

"妈妈妈妈，咱们的出国手续办好了吗？"妈妈刚一回家，豆豆就扑过去边接下妈妈的包边问。暑假他要跟着妈妈出国玩儿了，现在对护照啊、签证啊等一系列手续关心着呢！

"没，那边说要出国旅游声明书和'亲属关系'公证书，明天需要找个公证处，让公证员给出份公证书。"妈妈摊摊手，表示自己也很无奈。

"你带自己儿子出国玩儿，还得办公证书？"爸爸也奇怪了，这又是什么道理？

"是啊，因为你不去，豆豆又不满十八岁，所以需要这两份证明配合用才可以，当务之急，是要找一下离家最近的公证处在哪里。"说干就干，妈妈打开了电脑上的搜索引擎。

"妈妈，什么是公证书？？"豆豆的兴趣点永远都是那么奇怪，于是开启了他的"十万个为什么"模式。

"公证书就是咱们先申请，然后公证机构的公证员证明这些材料是真实的一份证明书。"妈妈回答道。

"那什么是公证员呢，为什么要他们证明才可以，我们自己说不可以吗？"豆豆仍紧追不放。

"公证员是在公证机构给需要的人写公证证明书的工作人员，因为他们是代表国家来证明的，也就是说，他们的证明书国家法律也是承认的。所以让他们的证明书比我们自己说更权威，也更有说服力。"

职业小百科

公证员，指符合法定条件，在公证机构从事公证业务的执业人员。公证员经过政府执行机构认可并授权，执行确认、宣誓、担保、见证签名，或者核准文件等特定职能。公证员出具的公证文书具有法律效力。

担任公证员，一般需要通过司法考试，并在公证机构实习二年以上，经考试合格，由公证机构推荐，经所在地司法部门报省审核同意后，报请国务院任命，并由省司法部门颁发执业证书。公证员内部评为三级：初级公证员、中级公证员、高级公证员。

随着社会科技的日益发展和生产、生活的多元化，公证活动将进一步普及，公证的范围也有了新的拓展，如与互联网有关的电子商务经营方面的公证、微信公众号方面的公证等，这给公证人员提出了新的挑战和要求。

职业领路人

黄洁玲：面对当事人，她总是心怀公正、耐心十足，从事公证行业30多年来，她反复摸索，推出了上门服务、延时服务、开通绿色通道等多项便民措施，她先后荣获"全国司法行政系统先进工作者""全国优秀公证员"等荣誉称号。

霍良伟：他是行业的"拼命三郎"，每年公证上万件无一质量事故。随着社会发展和科技进步以及公证业务的拓展，他不断学习新理论、新业务，以实际行动诠释着对公证事业的热爱和执着。

肖　巨：他是单位里资格最老的那批公证员，从业以来，他用火一般的工作热情把公证事业做成了公证人的标杆，也为自己赢得了"全国优秀公证员"的美誉。

职业生涯思考

- 说一说你是怎么理解公证这个行业的？它的发展前景如何？
- 你身边有从事法律的工作者吗？向他们咨询下公证员的作用吧。
- 想一想，想做一个优秀的公证员，除了考试合格，你还需要具备什么品质呢？

古玩鉴定师
——慧眼识金的伯乐

职业·小·故事

蓉蓉正在屋子里翻箱倒柜地"寻宝"。今天，她终于前进了一步，翻出了角落里那个掉了漆的小箱子，箱子里面一个带花纹的双层木头盒子被她拿了出来。

"奶奶奶奶，这里有个漂亮盒子！"蓉蓉高兴地跑到奶奶那里邀功，顺便展示一下自己的"寻宝"成果。

"这个盒子好漂亮，有花纹，还有一点点的香味儿！"蓉蓉把盒子凑到奶奶鼻子底下，好让让奶奶仔细闻下。

"是有点儿香味儿！"奶奶点点头，"这个东西可有年头了，是个首饰盒，这还是我的妈妈给我的嫁妆呢！"

"这是什么木头的，为什么会有香味儿？"蓉蓉很好奇。

"这个呀，我也不清楚呢，等有空了，咱也到古玩市场去，让那里的文物鉴定师给咱也鉴定一下。"奶奶笑着回答。

"什么是古玩市场？什么文物鉴定师？为什么让他们鉴定呢？"蓉蓉更奇怪了。

"古玩市场啊，是一个专门买卖老物件儿的地方，那里的文物鉴定师，是专门研究这些老物件的人。这些鉴定师知道的可多了，他们知道这些老物件儿是哪个年代的，是用哪种材料、用什么工艺做的，是做什么用的。他们能给这些老物件儿做一个名片出来呢！"

"鉴定师可太厉害了，奶奶，等咱们有时间了，也让鉴定师看一下这个盒子，给这个盒子也做个名片吧。"

职业小百科

古玩鉴定师，又称为"文物鉴定师"，是指通过专业培训，并取得相应的文物鉴定与修复等专业证书，通过对文物的综合研究和分析，准确地对文物（陶瓷、玉器、字画以及竹、木、牙、角、文房四宝、漆器、绣品、铜器、佛像、鎏金器物等杂项）的真伪、制作年代、制作材料、艺术价值、在当时社会的地位、优缺点，以及国家是否限制流通等方面做出判断，并给出鉴定意见，同时对文物进行估价的专业人士。

文物鉴定师设为两个等级：鉴定估价员（国家职业资格四级）和鉴定估价师（国家职业资格三级）。

文物鉴定师是文物的伯乐，需要很好的基础知识和丰富的实践经验。随着人们对各种艺术收藏品热情的高涨，文物鉴定有着广阔的发展前景和市场。

职业领路人

段剑利：我国当代著名玉器研究、鉴赏专家，极大推进了我国的玉器文物收藏工作。他尤其对和田玉情有独钟，并创建了玉颜会所。被收藏界人士誉为"中华大地最具权威玉器鉴定专家之一"。

张　宁：首都博物馆原常务副馆长，国家级自身陶瓷鉴定专家。他从事文物研究四十多年，是资深文物鉴定专家，CCTV2 鉴宝节目专家评委、《CCTV 艺术品投资》栏目资深专家。著有《首都博物馆藏瓷选》《官窑名瓷》《北京历史文化》等多部著作。

职业生涯思考

● 你看过 CCTV2 的鉴宝节目吗？你对哪类藏品感兴趣？

● 你是如何理解鉴定师这个行业的？

● 想一想如果你将来想做一名古玩鉴定师，应该进行哪些方面的准备？

环卫工人
——城市的美容师

职业·小·故事

"妈妈，昨天晚上我们回家的时候这里还有一大堆很脏的垃圾，现在怎么没有了呢？"一个四五岁的小女孩抬起头问旁边的妈妈。

"哦，是环卫工人运走了！"妈妈拉着小女孩回答。

"可是现在是早上，他们什么时候运走的呢？"小女孩锲而不舍。

"在我们睡觉的时候。"妈妈摸摸小女孩的头耐心地解释，"环卫工人很多都是晚上在我们睡得正香的时候工作，他们要在我们起床出门前，把大街上、小区里的垃圾扫干净，把路边的垃圾桶清理好，然后还要运到固定的垃圾存放点。所以我们会发现小区里的垃圾桶、街边的垃圾桶都是空的，大街上小区里每天也都干干净净。人们给这些环卫工人起了个很美好的名字呢，叫城市的美容师！"

"他们每天都要这么做吗？"

"是呀，每天，不管春天夏天秋天还是冬天，刮风还是下雨下雪，也不论是不是节假日。如果有一天环卫工人休息了，我们的城市就会变得又脏又臭。尤其是下雪天，他们的任务会更重，工作也更重要，因为环卫工人要撒融雪剂，还要铲雪，这样路上的雪才不会结成冰，我们走在路上才不会摔跤，车跑在马路上才不会打滑。我们上学、上班才更方便。"

"那环卫工人叔叔阿姨们好辛苦啊，他们的工作也很重要！"

"对，所以我们要尊重环卫工人的劳动成果，更要尊重每一位环卫工人！"

职业小·百科

不论春夏寒暑，我们非常熟悉的街道、小区、公园、广场等场所每天都会有环卫工人勤劳的身影。他们工作的工具主要有笤帚、簸箕、夹子、清扫车、扫地机、洒水车、垃圾压缩车、垃圾运输车、铲雪车等。有了他们，我们生活的环境才能保持干净整洁，我们才能尽情享受美好生活。不仅如此，在下雪天环卫工人还肩负着撒融雪剂、铲雪的伟大使命，以应对雨雪天气。

环卫处的工人一般会面向社会公开招聘，也可以社区推荐。

环卫工人的制服通常是橙黄色为主，因此又被人们赞称为"城市的美容师""马路天使""城市中的黄色玫瑰"。每年的10月26日为环卫工人节。

职业领路人

时传祥：全国劳动模范、掏粪工人，在1959年曾受到国家主席的亲切接见。"宁肯一人脏，换来万户净"，就是著名的时传祥精神。

岳成新：全国劳模。"俺要到最艰苦的岗位上干活！"是他常说的一句话。

赵玉平：全国劳模。"只要干上这工作，就一定要干好它。"是她认的一个理儿。

 职业生涯思考

- 你了解环卫工人的工作了吗？
- 动动脑筋思考一下，如果没有了环卫工人，我们的城市会变成什么样子？
- 把你所知道的环卫工人的故事分享给身边的小伙伴们吧。

剪辑师
——故事拼接妙手

职业·小故事

"妈妈快过来看，诸葛亮穿越到奥特曼里了！"孟祥拉着妈妈的手让妈妈看他看到的视频。

果然，这边诸葛亮摇着鹅毛扇坐在四轮车上，远观司徒王朗变身的奥特曼和司马懿变成的小怪兽在山里鏖战。

"好玩吧！就是不知道是怎么做的，他们一个是《奥特曼》一个是《三国演义》呀，都不是一个片子，这怎么会到一起呢！"兴奋过后，孟祥还是有点疑问。

"这个呀，是剪辑师把两个片子接到一起的。"妈妈看了这个视频也笑了，这个视频果然好玩。

"剪辑师？"孟祥很是奇怪，"他们是做什么的？"

"剪辑师，是制作电影电视节目的工作人员。剪辑师就像裁缝师傅，做衣服的时候，裁缝师傅先用剪刀把布料剪成我们需要的样子，然后再按顺序缝到一起。当然了，剪辑师剪的不是布料，而是已经拍好的一段一段的视频。他们根据需要先剪掉视频多余的部分，然后像缝衣服那样，把剪好的视频连接到一起，再配上音乐和对话，就是我们看到的电影、电视剧了。"

"剪辑师想接哪个视频都可以吗？"孟祥震惊了。

"是呀，不过要根据他想要讲的故事来剪和接。就像你玩积木一样，剪辑师用手里已经有的视频，剪剪接接，再配上音，就可以是一个新故事呢。"妈妈笑着回答。

"那如果我会剪接视频了，是不是可以让大头儿子（《大头儿子小头爸爸》主人公）和小新（《蜡笔小新》主人公）一起玩儿呢！"

"当然可以呀！你让诸葛亮坐着飞船遨游太空都可以！"

职业小百科

　　剪辑师是影视创作的主创人员之一。他们对影视制作中用分镜头拍摄的大量原始素材，用蒙太奇手法进行分解、选择、组合、连接，最后形成完整的影视作品。

　　剪辑师对素材的剪辑过程是影视制作过程必不可少的一环，也是影视后期制作中的最后一次再创作。一个优秀的剪辑师，能够对素材进行合理、准确的剪辑，以完善故事情节，突出影视作品的主题，使影视作品连贯流畅、节奏合理、富有感染力。

　　剪辑分为画面剪辑和声音剪辑。因此剪辑师要懂音乐、懂摄影，有良好的剪辑思维，使声音和画面节奏一致，忠实体现导演的创作意图和整体构思。

　　剪辑师需持证上岗，其职业资格共设三个等级：四级、三级、二级。

职业领路人

　　沃尔特·默奇：美国最知名剪辑师之一，1996年因《英国病人》获奥斯卡最佳画面和最佳音响两项大奖。其代表作品有《教父三部曲》《现代启示录》《人鬼情未了》《冷山》等。

　　盖尔·钱德勒：美国剪辑大师，实战剪辑的代表人物，剪辑过不同类型的影片。她两次获CableACE提名，代表作《剪辑圣经：剪辑你的电影和视频》是目前世界上电影剪辑最前沿的教程。

　　许宏宇：著名剪辑师，其代表作品有：《投名状》《十月围城》《建国大业》《赵氏孤儿》《建党伟业》《绝地逃亡》《夏洛特烦恼》等。

 职业生涯思考

　　●你看过经过拼接的影片或视频吗？你知道为什么不同时代的人物可以出现在一个片子里？

　　●你怎么理解剪辑师的工作的？他们的工作好玩吗？

　　●自己找个可以编辑的小软件，试着自己做一个小剪辑师吧！

军人
——最可爱的人

职业·小·故事

刚刚从职业体验馆回来的源源意犹未尽，幼儿园大班的他动作敏捷，时不时地就做个抱着冲锋枪的动作"哒哒哒"地扫射一通。

"呦，这么喜欢枪啊，那以后当兵去算了。"奶奶笑着看着宝贝孙子说。

"好啊，好啊，我要开飞机，我要开坦克，我要开军舰！"见奶奶理解自己，源源更是来了劲头。

"你到底要开什么啊，选一个！"爸爸笑着也过来凑热闹了。

"我都要！我都喜欢！等我长大了，成了解放军，我就可以开它们啦！"

"那可不行，"爸爸笑着摇头，"必须要选。"

爸爸把源源抱在怀里对他解释："解放军是对咱们国家所有军人的称呼。解放军分好几种呢，有陆军、海军、空军、火箭军。你想开坦克，就得去陆军，想开飞机呢，就要去空军，想要开军舰，就要去海军。记得去年大阅兵的时候的天安门广场前面过的那些威风又酷酷的导弹车吗，那要到火箭军才能开呢。不过，不管选哪种，他们都是解放军，都能保护老百姓保卫国家，都非常伟大，都被人叫做最可爱的人！不管你以后要开飞机坦克还是军舰，都需要有很好的文化知识和健康的身体，否则是当不了解放军的。"

"哦！"源源点点头，"谢谢爸爸，我明白了，我一定好好学习，将来当上解放军！"

军人，通常也成为解放军，是指所有在解放军部队中服役的军职人员，其主要职责是对外抵御侵略，巩固国防，保卫国家安全，保护我国领土、领空、领海不受侵犯，保卫人民安危、社会安定。必要时，军人也会参与抢险救灾工作，保护人民生命财产及安全。

解放军由陆军、海军、空军、火箭军以及战略支援部队组成。其中，陆军是陆地作战的主体力量，各军历史最久的兵种，同时也是抢险救灾的中坚力量。海军主要保护我国领海安全。空军主要保护我国领空安全。于 2015 年 12 月 31 日成立的"中国人民解放军火箭军"（即以前的二炮），是我国大国地位的战略支撑，是维护国家安全的重要基石。战略支援部队，成立于 2015 年 12 月 31 日，是维护国家安全的新型作战力量，是我军新质作战能力的重要增长点。

职业领路人

邓稼先：他一生功勋卓著，获奖无数。他参与设计了我国的原子弹和氢弹，是我国自卫性核武器理论研究的开拓者和奠基者，由于他对我国核科学事业作出的伟大贡献，因此被称为"两弹元勋"。

雷　锋：原名雷正兴，1960 年参加中国人民解放军，1962 年 8 月 15 日，他因公殉职，年仅 22 岁。现在我们经常提及的雷锋精神就是以他的名字命名的。随着社会进步，雷锋精神在实践中不断丰富和发展，影响并感动着我们一代一代的中国人。

？职业生涯思考

- 说一说你对军人有哪些基本的了解。
- 你周围有军人吗？你想以后成为哪种军人？说说你的理由。
- 列举下你所知道的军人的感人事迹，和爸爸妈妈以及小伙伴分享吧。

你喜欢的职业是它么？

魔术师
——百变神通的幻化师

职业·小·故事

西西正在和爸爸妈妈在公园里溜溜达达地走着。突然，西西发现前面围着一大群人，其中还有从那边走过来的小朋友在问旁边的家长，"啊，刚刚那个爷爷可真是神了！他是神仙吗？"

"不，那个爷爷不是神仙，是魔术师！"家长回答的时候和西西擦身而过。

"妈妈，我也要去看魔术表演！"西西说完撒腿朝人群跑了过去。

果然，里面有位爷爷正要表演。"小朋友们都睁大眼睛看好了啊，这个小红球会自己从左边跑到右边。"爷爷举起了手里的小球和小碗大声说道。果然，他把小球放进小碗扣在台子上，再掀开，小球真的自己"跑了"！

"哇哦！"周边是一帮小朋友吸气的声音，西西也不例外。这位爷爷的魔术真的是花样百出，转眼就到了爷爷说"今天晚了，下周再见"的时候。

"妈妈，魔术师都是这样表演吗？"西西意犹未尽地问妈妈。

"当然不是了，像爷爷这样表演的叫街头魔术，是在人们身边表演的魔术，观众们还可以摸摸他手里的东西是不是真的呢，这种魔术一般都比较简单，爷爷手里的魔术道具也很简单。还有一种是在舞台上表演的，道具很大也很复杂，魔术师离观众比较远，像非常著名的大卫·科波菲尔表演的就是大型魔术，他们表演的时候离人们都比较远。现在又有了一种新型魔术，叫视频魔术，是用摄像机还有光配合着表演的一种新型的魔术。"

"魔术太好玩了！我也要学爷爷表演的这种魔术，等元旦的时候给同学们表演！"西西握起小拳头说。

"好呀，西西加油！"

职业小百科

　　魔术师，在我国古代又被民间称为"变戏法的"，指利用特制的道具，综合、巧妙利用光、声、心理学、表演学等方面的知识，为观众提供惊奇体验表演服务的人。

　　魔术是一种综合性的表演艺术，魔术师需要准确把握现场以及现场观众的心理，他们通常会用其他事物转移观众注意力、利用灯光效果等使观众产生错觉，给观众以不可思议、新奇的艺术体验，从而达到魔术表演的目的。魔术能够激发观众的想象力，使观众增长知识，丰富人们的娱乐生活。

　　魔术在我国周成王时期已有记载，到了汉代，甚至出现在"百戏"中，至唐宋时期，作为一种表演技艺，魔术已非常流行，并开始向外流传，进而影响了世界其他地区的魔术发展。根据表演方式不同，魔术分为街头魔术、舞台魔术，以及与现代科技相结合的视频魔术。

职业领路人

　　大卫·科波菲尔：美国著名魔术大师，他12岁在魔术界崭露头角，是当时美国魔术师协会最年轻的会员。之后，他曾表演过让飞机消失、让自由女神像消失、穿越长城、从美国监狱逃脱、从爆破大楼逃脱等多项惊人魔术。他曾在1985年当选为"全美十大杰出人物"，并于2000年被评为世纪FISM魔术家，并被美国国会图书馆评为"世纪传奇"。

　　克里斯：美国街头魔术师，他2005年创立的《街头魔术》在美国开播，被奉为"世界魔术师之神""逃生术表演艺术家"。2001年到2004年连续获得"世界最佳魔术师"称号，2005年获得美国好莱坞魔术艺术学院颁发的"年度魔术师"大奖。

 职业生涯思考

- 你看过魔术表演吗？觉得魔术神秘吗、好玩吗？
- 你对魔术师这个行业了解多少？知道哪些著名的魔术师？
- 学几个简单的小魔术，让你周围的小伙伴惊艳下吧！

配音师
——声音的化妆师

职业·小·故事

"麻麻，今天粑粑打电话说不回来吃饭了，麻麻你不用做饭了，咱俩去吃披萨吧！"一放下电话，小源就跑过来跟妈妈提要求了。

"源源，你又学小新（蜡笔小新中的主角）说话了！好好说普通话不好吗？！"妈妈觉得叫"麻麻"有点奇怪。

"可是麻麻，我喜欢小新啊，就是要学他说话。"小源仍然"不知悔改"地继续。

"好吧好吧，不过妈妈告诉你哦，小新的声音是配音师配给他的，可不是动画片里的小新自己的声音，他是动画人物，可是不会自己说话的。"看小源仍然叫"麻麻"，妈妈开始了她的"精准打击"。

"配音师？那是神马？"小源一如既往地用"小新语"问。

"配音师，就是给一些动画片啊、外国的翻译片里的人物配音的，这样才能让动画片里的人物还有小动物说我们能听懂的话。我们能听到外国的片子里的人说我们听得懂的普通话，还有动物世界之类的片子里有人，也就是旁白，那也是配音师在说话呢！"妈妈耐心地给小源解释。

"哦？那都是配音师的声音？"小源惊讶了，眼睛也瞪得圆了。

"那当然了，他们是对着电视里人物的口型配的音呢，还有你爱玩的游戏，里面的人和小动物也说话对不对？那也是配音师的功劳呢！"

小源的嘴巴已经成了"O"型，配音师真是一群神奇的人啊！

职业小百科

配音师又称为配音演员，指运用自己的声音和语言为动画、外语译制片、纪录片、游戏中的人物或幕后旁白配上声音的人员。他们以自己的声音进行表演。

在动画片，配音演员是制作过程的重要一环，配音的优劣直接关系到动画片的整体质量。在外语译制片中以及现场收音不佳的片子中，配音也不可或缺。

在日本，配音师又被称为"声优"，主要为动画片配音。目前，声优在日本已经偶像化。随着我国互联网以及二次元文化的发展，大型活动及主流媒体的报道中也频繁出现了"声优"这个词。

一个合格的配音师，需要能说标准的普通话、有很好的模仿能力和表演能力、声音定位准确，能够根据情景需要变声。从事配音相关工作，需持有配音相关的执业资格证书。

职业领路人

乔　榛：我国著名配音演员、导演。配音代表作品有：《魂断蓝桥》《叶塞尼娅》《安娜·卡列尼娜》《罗宾汉》《追捕》《哈利·波特》系列、《铁面人》《天书奇谭》《苔丝》等。

沈晓谦：我国著名配音演员，配音代表作品有《亡命天涯》《福尔摩斯外传》《勇闯夺命岛》《美丽人生》《西游记》《精灵鼠小弟1》《谁陷害了兔子罗杰》《鸭子侦探》等。

姚锡娟：话剧配音演员。曾获中国话剧金狮奖、第五届全国优秀电视剧"飞天奖"优秀女配音演员奖、第三届大众电视金鹰奖最佳女配音演员奖，1993年荣获广东省"鲁迅文艺奖"。

❓ 职业生涯思考

- 你看过哪些经过配音的动画片？最喜欢哪个人物的配音？
- 你模仿过影视中人物说话吗？模仿的如何？
- 想一想，如果没有了配音师，你喜欢的动画片会是什么样子？

潜水员
——海洋守护者

职业·小·故事

"妈妈，大白鲨好漂亮！"在海洋馆的巨大水族箱前面，优雅地游过来的巨大白色身影一下子就吸引了笑笑的目光。

妈妈拉着笑笑的小手放在玻璃壁上，"那等它游过来了，看看笑笑能不能摸到它！"

笑笑目不转睛地盯着游来游去的大白鲨，真想和它握握手啊！正在这时，一条蓝色的鱼游了过来。咦？这条"鱼"好奇怪啊，怎么还戴了眼镜？背上有个小罐子，还拖着一条尾巴？

水族箱旁边一下子充满了欢声笑语，"美人鱼，美人鱼！"

妈妈也忍不住笑了，"笑笑，这条'美人鱼'漂亮吧？"

"是啊，可是它怎么和鱼不太像呢？"笑笑有些疑惑地看着妈妈。

"因为这是潜水员穿上了美人鱼的衣服，扮成的美人鱼呀！"妈妈"揭穿"了美人鱼的真相。

"潜水员？那是做什么的？"笑笑奇怪地问妈妈。

"潜水员，就是带着潜水设备在水下工作的人。潜水设备，就是他背上的那个罐子，里面是让潜水员呼吸用的空气。还有他穿的衣服，叫潜水衣，那个眼镜，叫面镜，那个管子，也是呼吸用的管子。"妈妈指着潜水员一一跟笑笑解释着。

"妈妈，潜水员就是专门在水里跟大白鲨玩的吗？"笑笑觉得，这个工作很是不错的。

"他们不光是陪水里的鱼玩，潜水员的工作很多，有时候大海里或者湖里有东西需要打捞了，或者水下有东西需要修理了，或者有矿藏需要勘探了，都需要潜水员来帮忙呢。不过，也有让大家体验的潜水游戏，等我们笑笑再大一点，妈妈也可以让你带上戴水装备跟大白鲨玩了。"

职业小百科

潜水员，指使用潜水装备从事水下工作的人员。由于他们潜水装备中有形似青蛙的脚蹼，并且可较长时间在水下活动，因此又被称为"蛙人"。

根据能力、资历和职责不同，可分为非教练级潜水员和教练级潜水员两级。

从潜水性质上可分为专业潜水和休闲潜水。其中，专业潜水员多存在于海军或打捞局，其中水下施工、水下探勘、水下安检、水下堵漏、警方侦破、水下清洁、水下搜救、水下考古等工作都少不了专业潜水员的参与。而休闲潜水是以水下观光和休闲娱乐为目的的潜水。我们看到的在海景旅游区的潜水多数是休闲潜水中的潜水体验。

职业领路人

金　峰：每当遇到艰难重大的任务，他总是冲锋在前。他带领他的团队一起，实现了我国氦氧饱和深潜水作业"零"的突破，成为我国饱和潜水领军人物。

王　淼：在潜水过程中，她见证了大海中脆弱的生物和难以愈合的创伤，于是，她成为了一名海洋守护者，成立了Diver for A Better Ocean公益组织，给大众普及保护海洋的意识，让人们减少日常生活中可能伤害海洋的行为。

威廉·特鲁布里奇：他18次打破纪录，不依靠任何辅助器械可下潜至102米，有"最强自由潜水员"（指不带空气瓶，只通过自身肺活量调节呼吸屏气深潜）之称。

 ## 职业生涯思考

- 你知道潜水员这个行业吗？是怎么知道的？
- 你见过潜水员工作吗？他们装备是什么样的？
- 将来你想当一名潜水员吗？说出你的原因。

摄影师
——光影诗人

职业·小故事

今天彤彤回家的脚步格外轻快，要知道，他的包里可是有一张校园小摄影师比赛一等奖的奖状呢，他拍的照片被放在展览区供大家参观不说，更重要的是，这张照片可是他千辛万苦才拍到的！

"妈妈，哥哥得了一个奖状！"刚刚上幼儿园中班的妹妹首先发现了哥哥的宝贝，于是赶紧向爸爸妈妈"邀功"。

"哟，我们的小摄影师回来啦！"爸爸过来拿起奖状调侃着祝贺儿子。

"我知道摄影师，就是给新娘子拍照的人！"妹妹赶忙举手说，"哥哥你也要给新娘子拍照吗？"

"咳，我这是业余的，业余！"看着妹妹崇拜地看着自己，彤彤又骄傲又有点不好意思。

"影楼里给新娘子拍照的是摄影师，不过，摄影师可不光给新娘子拍照呢，他们还给影星拍广告或者宣传照片，这是拍人物的，还有人专门拍自然风光的，拍动物的，拍建筑物的，拍新闻图片的。你们非常喜欢的《国家地理》杂志上的照片，就是专业摄影师拍的呢，漂亮吧？还有你喜欢的动物世界，也是摄影师拍的呢！"爸爸在旁边说。

"摄影师可真能干！"妹妹赞叹道。

"是啊，摄影可是一个非常专业的工作呢，摄影师要善于观察，能发现生活中的美，还要有毅力有耐心、不怕吃苦。努力吧，未来的摄影师同志！"

摄影师，指使用摄影器材为各种事物或人物提供静态或动态摄像、摄影服务的专业人士。他们的工作器材包括照相机、摄影机、摄像机，辅助器材有各种光源、反光板，以及各种造型设施。

摄影师分为照相摄影师和影视摄影师。照相摄影师主要拍摄人像、自然风光、动物、商业广告和新闻图片等；影像摄影师主要进行影视方面的艺术创作以及录制各种新闻或历史纪录片等。

一位成熟的摄影师要有自己的艺术风格和特性，这些艺术风格和特性是摄影师文化素养、人生观、审美观、人生经历等方面的外在反映。摄影师通过所拍摄的影像留住重要时刻，因此，摄影师要善于发现生活中的美，让自己的创意得以实现，能够通过影像说出自己的故事，以及帮助别人发现自己的美丽，使瞬间成为永恒。

职业领路人

曼　雷：超现实主义摄影的开创者，美国达达主义奠基人，实验派摄影师，"光束图像"的发明人之一。他集画家、摄影家、雕刻家、导演、诗人等身份于一身。他首先使用的中途曝光、实物投影法等暗房技巧与实验手法，广泛影响了后来的艺术创作。

尤金·阿杰特：法国摄影家。他擅长拍摄生活照片，他在巴黎拍摄了30年，完成了《旧巴黎的艺术》（1053张照片）和《独特的巴黎》（1568张照片）两部摄影集。他拍摄的《橱窗》深受业界人士青睐，后来他的作品被收入现代主义作品展。

职业生涯思考

● 你见过哪些摄影师？你知道他们是怎样拍照的吗？

● 你喜欢摄影吗？你自己拍过哪些非常棒的照片？

● 将来你想成为一摄影师吗？说一说你的原因。

你喜欢的职业是它么？

诗人
——让心灵飞翔

职业·小故事

天天已经是小学三年级的同学了。这一天，一回到家，天天放下书包就缠住了妈妈问："妈妈，今天老师告诉我们，网上有位阿姨说'世界这么大，我想去看看'，是真的吗？"

妈妈忍不住笑了，"是真的呢，这是位很有想法的女老师！而且一首歌中也说'这世界不止眼前的苟且，还有诗与远方'呢！"

天天一下子找到了"知音"，"对对，我们老师今天也这么说的，所以妈妈，老师让我们学着写一首诗呢，说写什么都可以。"

妈妈惊喜地瞅着天天，"哟，你们老师很棒哦，她这是要培养一群小诗人呀！"

天天大吃一惊，"诗人？我们写诗就是诗人了吗？和李白、杜甫他们一样？"

妈妈笑了，"一般来说呢，写诗的人就叫诗人，但人们这么说也有点开玩笑的意思。实际上，写了很多好诗的人才能被人们称为诗人呢。比方说古代的诗人，有屈原啊，李白啊，杜甫啊，孟浩然啊，苏轼啊，还有现代诗人，徐志摩啊，戴望舒啊。想成为他们那样的诗人可不容易，需要加倍努力。不过，现在你可以先学习、背诵他们的诗，然后模仿

着写。人们常说'熟读唐诗三百首，不会作诗会吟诗'，说的就是要先学习、理解，然后你自己就能试着写诗了。心中有了诗，才能生活得更幸福、更充实。"

天天郑重地点点头，他一定先好好学习，将来成为一名诗人。

职业小百科

一般我们把写诗歌的人，通称为诗人。从文学概念来讲，是指从事诗歌（诗词）文学体裁的创作，并在诗歌创作上取得一定成就、有一定知名度的人。

"诗人"一词，战国时期就已出现。后人们常用"诗人""骚人"代指进行诗歌题材创作的人。

诗人一般借助诗歌创作表达自己内心的情感和愿望，通常有借景抒情、咏物言志、怀古咏今、即事感怀等。

我国历史上涌现过众多杰出诗人。如屈原、陶渊明、李白、杜甫、白居易、李商隐、孟浩然等古代诗人，以及徐志摩、冯至、戴望舒、舒婷、席慕容、郑愁予等现代诗人。

职业领路人

屈　原：我国历史上第一位伟大的爱国诗人，是我国浪漫主义文学的奠基人，"楚辞"的创立者和代表作家，被誉为"辞赋之祖""中华诗祖"。主要作品有《离骚》《九歌》《九章》《天问》等。《楚辞》与《诗经》并称"风骚"，对后世诗歌产生了深远影响。

李　白：唐代伟大的浪漫主义诗人，被后人誉为"诗仙"。他的诗豪迈奔放、清新飘逸，有开创性意义和艺术价值，对后代有极为深远的影响。

戴望舒：现代诗派"诗坛领袖"，他的诗《雨巷》代表了新月派向现代派过渡的趋向，《我底记忆》是现代诗派的起点。

职业生涯思考

- 数一数，你知道我国哪些著名诗人？
- 你最喜欢哪种风格的诗歌／诗词？说出你的理由。
- 试着写一首小诗，来表达自己的情感吧。

手语翻译师

——无声世界的"妙语连珠"

职业·小·故事

又到爷爷喜欢的《共同关注》时间了，鸣鸣很自觉地拨到了新闻频道，然后把喜欢这个节目的爷爷叫了过来。

突然，鸣鸣注意到了一个奇怪的现象——怎么屏幕下方角落里，有一个阿姨在那里不停地比画啊？而且，她好像还在喃喃自语？

"爷爷爷爷，你看下面那个阿姨，她为什么在那里，在做什么？还是家里的电视有问题了？"鸣鸣拉着爷爷的手指着电视问。

爷爷微笑着回答，"哦，那个啊，咱家电视没问题，那个阿姨是手语翻译师，她在用双手'翻译'节目里播的新闻呢！"

"什么是手语翻译师，她的'翻译'我也看不懂呀！"鸣鸣仍然很奇怪，看电视听声音不就好了吗，为什么要翻译呀？

"她不是为我们普通人翻译的，而是把主持人说的话是翻译给听力有问题的人看的，这样，即使有人听不到主持人在说什么，也能通过她的手势，知道节目的内容，就好像我们在读书一样。"爷爷很有耐心地给鸣鸣解释。"手语也是需要学习的，就好像你要到学校学习汉字、英文一样，这也是一门特殊的语言呢，现在，只有到特殊的学校或者培训机构学习手语，才能明白她在'说'的话！有了他们，我们才能和有听力问题的人'对话'。"

"那她嘴巴也在说话吗？"鸣鸣观察得很仔细，一个疑问都不肯放过。

"是在说话，不过她是不出声的，会唇语的人也会读懂她在'说'什么，当然了，唇语也是需要到特殊学校学习的。"

职业·小百科

手语翻译师，指以手语（手指语、手势语）、口语为手段，为有听力障碍人士与普通人之间提供"翻译"服务的人员。

手语翻译师是听力障碍人士和普通人之间有效沟通的桥梁，手语翻译用途非常广泛。目前，美国、英国等国家建有一套比较完整的手语翻译、测试和鉴定体系，有的国家还有国家级手语翻译机构。目前，我国仅在少数特殊教育专业中开设有手语课，手语翻译人员严重不足。因此，大力发展手语翻译人员，对与国际接轨，创造无障碍交流的社会人文环境将有很大的推动作用。

手语翻译员的就业潜力颇大，从事手语翻译行业需经过专业培训并取得职业资格证书。

职业领路人

韩清泉：中国残疾人体育运动管理中心手语翻译，中国残奥管理中心手语翻译、第二届首尔亚太区聋人运动会中国国家队手语翻译，手语精灵文化交流中心创办人，培养专业手语翻译员400余名。多次带领团队为聋人就医、听课、面试等提供非常重要的帮助。

周　晔：北京市东城区特殊教育学校校长，中央电视台《共同关注》栏目手语翻译，2012年全国两会、党的十八大手语翻译。在十九大电视直播担任手语翻译时，她连续翻译三个多小时，创下了国内媒体直播手语翻译时间的最长纪录。

职业生涯思考

- 你注意过电视里新闻联播下面角落里双手比画的人吗？你知道她在做什么吗？
- 你接触过听力有障碍的人吗？想一想手语翻译对他们有什么用处。
- 自己找资料，学几个常用的手指语吧。

同声传译
——戴着镣铐的舞者

职业·小·故事

爸爸总爱看新闻频道，路路可不觉得那有什么好看的，瞧，今天的新闻又是在开会，一个人在用英语讲着什么！

突然，他发现了奇怪的地方，"爸爸，为什么开会的人戴着耳机，他们也觉得在那里开会太枯燥，所以在听音乐吗？唉呀，这也太不礼貌了吧！"

听了路路这么说，爸爸乐不可支地揉了下路路的头，"路路，电视里那些戴耳机的人可不是听音乐，而是耳机里有同声传译的声音，这样那些人才能更好地理解知道台上发言的人讲的内容呀！"

"同声传译？那是做什么的？为什么听到他们的声音开会的人就能知道台上发言人说了什么？"

"同声传译，就是把台上讲话的人说的话翻译成参加会议的人听得懂的话，再通过专业的设备传到耳机里，这样参加会议的人戴着专门的耳机就知道讲话的人在说什么了。要知道，不是所有人都和会议发言人说同一种语言的。"

路路似懂非懂地点点头，又问，"那不就是翻译吗？为什么叫他们同声传译？"

"他们是翻译加强版，不是所有的翻译都能叫同声传译呢。像电视上这样，不打断别人讲话，还要把讲话人说的内容用别的语言翻译给需要的人听，这样的人才能叫同声传译。这可是翻译中顶尖的，是很紧缺的人才呢。"

路路点点头，原来人家不是在开小差，而是戴了耳机才能认真地听讲呀！

职业小百科

同声传译简称"同传"，又称"同声翻译""同步口译"，是指翻译人员在不打断讲话者讲话的前提下，不间断地将讲话内容翻译给观众的一种口译方式。

同声传译通过专用设备给现场的人提供即时翻译，有效率高、能使会议或演讲连贯、不影响发言者讲话等优点。目前，同传已成为世界普遍流行的翻译方式，广泛应用于国际会议、外事活动、国际商务、新闻发布等领域。

同传是一种严格受时间控制的语言转换活动，它需要译员在极短时间内完成信息在大脑内的理解、转换、表达过程，因此它对译员素质要求极高，需要译员经过大量的技能训练和实践练习。

同声传译是各种翻译活动中难度最高的一种翻译，它的进入门槛很高，同时也被称为"21世纪第一大紧缺人才"。

职业领路人

卢嘉祥：我国著名同声传译专家，曾为我国多位领导人担任翻译，在1997年给访问中国的联合国秘书长安南担任翻译，并在400多个大型会议和高峰论坛上担任多国元首、政府首脑、国际领导人的同声翻译。

李 军：兼职外交部翻译、商务部同传、中央电视台同传、外交部高翻培训中心副主任，曾在2016年CCTV体育频道欧洲杯担任法语同声传译工作，已完成重大国际会议同声传译近500场。

仲伟合：中国翻译会理事，多次为国家及省市领导人担任翻译，培育了一批"九段翻译"学生，承担了广东"广州申亚评估"等大型国际会议现场同声翻译，被誉为"南粤同声传译第一人"。

 职业生涯思考

- 注意一下，电视上哪些地方需要有同传呢？
- 你对同传这个行业有什么样的理解？
- 你知道作为一个同传，需要做哪些准备工作吗？

无人机操纵员
——空中机器人的大脑

职业·小故事

"嗡嗡嗡！"眼看马上就要到达山顶，源源就听到一阵嗡嗡声传来。

"妈妈，你听到'嗡嗡'声了没有，那是什么声音？"源源越来越觉得奇怪，便回头问紧随其后的妈妈。

"听到了，是……蜜蜂？"妈妈也有点迟疑。

"蜜蜂声音没这么大吧，"爸爸也跟上来插话道，"我觉得像是飞机的声音！"

"飞机？"源源一听就来了精神，加快了上山的步伐，"它是正在山顶上飞吗？"

果然，山顶平台处，有几位二十多岁的青年正在那边熟练地摆弄着无人机的遥控器。源源凑了过去，好奇地问一个戴眼镜的大哥哥，"大哥哥，你们的飞机飞得好好啊，这个好玩儿吗？"

"玩儿？"戴眼镜的青年转头看看源源，"小同学，我们可是专业的，到时候我们是要拿着无人机的驾驶执照和适航证书去工作的，这可是我们将来的工作！"

"就是找一个操作这种飞机的工作？它能干什么呀，我也有个小飞机，它只能飞着玩儿啊。"源源锲而不舍地问道。

"哟，看不出来你也有个小飞机呀！我告诉你，它能干的活儿可多了，比方说以前打仗侦查，早就用无人机了，还有现在航拍、测绘、救灾救援、运送东西、给农田和森林喷农药，表演有的时候也用它，前些时候还有个人用小无人机运一个戒指跟女朋友求婚呢。怎么样，它能干吧！而我们，很快就是无人机飞控师啦！这一行可是前途无量！"眼镜青年自豪地对源源说道。

听到大哥哥这么说，源源很是向往无人机飞控师啊……

职业小百科

无人机操纵员，证件名称为无人机飞控师，即地面上操纵无人机的工作人员，又被称为无人机的大脑。

无人机操纵员需要找 AOPA 官方授权的单位培训并考试合格后颁发证书。无人机操纵员分为：航模飞控员、初级（助理低空无人机飞控师）、中级（低空无人机飞控工程师）和高级（低空无人机飞控高级工程师）。

目前，我国对无人机的需求现集中于军事领域，如侦察无人机和靶机。随着科技的进步，无人机操纵员正成为一个新兴的行业，蓬勃发展，无人机也正进一步广泛应用于航拍、航空测绘、电力高压线的巡查、地质勘探、救灾救援、农林业喷洒农药、商业表演、快递物资等民用领域。

职业领路人

于　新：他是航天三院无人机研究所无人机操纵员。操纵上的每一个按键他都了然于心，操纵杆如同和他的手指血脉相连。他十年操纵零失误，百次试飞保安全。有了他，试飞就有了保障。

陶文斌：他原是一名来自边远山区的普通快递员，一场无人机操纵比赛，让他把自己工作的交通工具由小三轮变成了高科技的无人机。这是他个人在科技下的重生，也是科技改造物流行业的开始。

 职业生涯思考

- 你知道无人机都可以做什么用吗？举几个例子吧。
- 你会简单操纵无人机吗？在学习过程中你遇到了哪些困难？
- 试着和爸爸妈妈一起讨论下无人机操纵员这个行业吧。

烟火特效员
——震撼场景的幕后英雄

职业·小·故事

"快快快，马上离开！"电影中，在队长带人撤出大楼的瞬间，后面一连串的爆炸让他们身后火光冲天。

"哦！"孟祥的小嘴巴张得老大，他太替队长他们紧张了，"爸爸，这么大的爆炸，万一把他们炸伤了怎么办？"

"没事儿，是拍电视呢，不会炸到他们的。"爸爸气定神闲地回答孟祥。

"可是，那是爆炸呀，还离得那么近！炸得那么厉害！"孟祥就是不放心嘛！队长他们可是英雄，英雄可不能出事。

"那爆炸是烟火特效员弄出来的爆炸效果，不是真的有那么大的爆炸，否则大楼真的炸掉了可是不得了！"爸爸耐心地回答道。

"还有烟火特效员？专门放烟花的人吗？"孟祥一听到烟火就想到了过年的烟花，他觉得，这份工作可真不错！。

"烟火特效员不是专门放烟花的人。是拍电影、电视剧的时候，专门制造出烟啊、失火啊、爆炸啊这些场面的，做饭的炊烟啦，庆祝的礼花啦，他们也可以做出来呢。"

"制造烟火也那太好玩儿了！"孟祥拍着手说。

"他们可不是在玩儿，那是一项有一定危险的工作呢。他们一般用雷管啊、炸药啊、棉絮之类的作为工具，这可都是专业人才能做呢。他们要先想有哪些场景，然后计算用哪种炸药或点火的东西、用多少，还要仔细查看爆炸的点，再做好各种安全措施。我们看到的让人震惊的场面背后，可都是他们的心血和汗水啊！"

职业小·百科

烟火特效员，又称烟火师，是指在电视、电影拍摄过程中或舞台演出、庆祝活动时，营造出所需的烟火、爆炸效果和风、雨、雪等环境气氛的人员。雷管、炸药、棉絮是他们的常用工具。凡涉及爆炸、枪战、炊烟、礼花、失火、雨、雪等场景，以及所有和"烟""火"有关的场景，背后都写着同一个名字——烟火特效员。

烟火特效员包括爆破员、安全员、保管员和爆破工程技术人员。烟火特效员须持证上岗，如爆破工程技术人员须取得《爆破工程技术人员安全作业证》，爆破员、安全员、保管员须取得《爆破作业许可证》。影视烟火特效员职业资格证共分为五级：初级（国家五级）、中级（国家四级）、高级（国家三级）、技师（国家二级）、高级技师（国家一级）。

职业领路人

尹星云：八一电影制片厂技术部特技车间主任，主任烟火师，从事烟火效果工作近30年，曾参与创作的影视剧百余部，3次获中国电影金鸡奖最佳烟火奖，被称为"中国第一炸"。

于　泽：电影烟火专家。长期从事电影烟火工作，曾担任《黑山阻击战》《垂帘听政》《火烧圆明园》等影片的烟火设计与指导，被誉为"烟火大王"。1983年获第三届中国电影金鸡奖最佳烟火奖。

朱文选：我国著名烟火师，从业已近40年，曾参与多部影视剧烟火师，近期曾在《白日焰火》里担任烟火师。

 职业生涯思考

● 你注意过影视剧中宏大的战争场面里的炮火连天的场面吗？

● 说一说，你对烟火特效员这个行业有哪些理解？

● 想一想，除了影视剧中，还有哪里需要烟火特效员？

野生动物保护员
——自然精灵的守护神

职业·小·故事

斌斌妈妈是一位野生动物保护员，斌斌很为他的妈妈自豪，可是，同学们却有些不太理解这是一项什么工作。这不，今天又有同学在问了。

"斌斌你说妈妈是野生动物保护员，那是做什么的？"田田边喝水边问。

"嗯，我妈妈是保护野生动物的人，不光保护它们，还给这些动物检查身体、治病，到一些地方去做宣传，让当地的人一起帮助野生动物，不让那些偷偷打猎的坏人得逞！"说起妈妈的工作，斌斌一脸的自豪，"老虎啊，大熊猫啊，豹子啊，还有大海里的鲸鱼啊，都是保护动物。野生动物是人类的朋友，我们要珍惜它们，尤其是快要灭绝的珍稀动物，它们是大自然生物链的重要组成部分。一种动物的灭亡会对别的动物也产生影响，有时候会有一连串的反应呢，后果很严重的！"

没错，每种动物都有它存在的意义：旁边的林林理解地点点头。

"对，我们去青海旅游的时候听一家地质博物馆的讲解员叔叔说过，说因为气候变暖，所以一种在雪山上生活的羊灭绝了，这种羊又是另一种食肉动物的食物，这种羊没有了，所以另一种食肉动物也就灭绝了。"田田在旁边也机灵地插话。

"对，妈妈还说，每一种动物都很特别，是地球妈妈创造出来的的精灵，我们善待动物，就是善待我们自己。"

职业·小百科

野生动物保护员，是指对濒危及珍稀野生动物以及有重要生态、科学、社会研究价值的野生动物和它们的栖息地，进行保护、救助、驯养、繁殖、合理开发利用的工作人员。

他们主要的任务是保护野生动物。一是保护野生动物的种群，再就是给野生动物足够的福利，使它们能更好地生存、生活。

他们的工作主要为：在自然保护区及野生动物栖息地进行巡护、检测、收集数据，制止并及时报告发生的非法猎捕野生动物和破坏野生动物栖环境的行为，协助有关部门打击针对野生动物的违法犯罪活动。另外，他们还积极进行科学研究，广泛进行宣传，使广大人民群众树立保护野生动物的意识，同时加强人们的环保意识，为野生动物的生存和繁殖提供适宜的条件。

职业领路人

扎西平措：西藏色林错自然保护区工作人员，他说自己有两个家，一个家里有自己的妻子和活泼孩子，另一个家里有他的宝贝——藏羚羊、藏野驴、藏原羚以及各种珍稀鸟类。他说："能够保护野生动物，功德无量！"

向秋拉姆：少女时的一次"邂逅"，让她与野生马鹿结下了不解之缘，从此，她与这些高原生灵相依相守近半个世纪，昔日的妙龄少女成了饱经沧桑的老人。她的儿子在她退休后子从母业，继续着她与野生马鹿的无声约定。

职业生涯思考

- 数数看，你知道哪些濒危或者珍稀的野生动物？
- 说一说野生动物在大自然生物链中的重要性。和爸爸妈妈一起，列举几条生物链。
- 你听说过哪些野生动物保护员的感人故事或事迹？

艺人经纪人
——长袖善舞的达人

职业·小故事

林宇虽然才是个三年级的小同学，可是由于他能朗诵、会跳舞、能主持，还写得一手漂亮的毛笔字，所以一到节假日，他就别提多忙了。

"妈妈，小宇哥哥又被咱们社区'十一'联欢的人借走当主持人了，说周末彩排，"亮亮撅着嘴巴对妈妈抱怨，"还有，社区还要开书法展览，也告诉小宇哥哥要写两幅字，我想跟他玩儿都找不到他的人！"

"是啊，你小宇哥哥是咱们这里的小明星啦。明星都有经纪人，如果你的小宇哥哥也有个'经纪人'就好了，这样，你就可以跟他的经纪人预约跟小宇哥哥一起玩的时间了。"妈妈开玩笑地跟亮亮说。

"什么是经纪人？为什么跟他玩要跟他的'经纪人'预约？"亮亮挠挠大脑袋上的呆毛，困惑地问妈妈。

"经纪人啊，是帮助明星们联系各种演出活动的人。他们会帮助明星们排列要参加活动的日程表，给他们搭配演出的衣服，提醒他们参加各种活动需要注意的事情。如果有这样一个人帮他，小宇哥哥就轻松多啦！"

"哇哦！"亮亮惊叹一声眼睛也亮了，"也就是说，如果当小宇哥哥的'经纪人'，就还可以帮助他？那我干脆当小宇哥哥经纪人啊！"

"可以啊，努力吧，少年！"妈妈举起手来和儿子对了一掌，鼓励道。

职业小百科

艺人经纪人，指代表艺术家、演员与潜在雇主（通常为演出、影视、娱乐等领域）接触、沟通、交涉，并收取佣金的专业人士。

艺人经纪人这个职业是艺人或者明星身边的"达人"，他们负责与潜在雇主接洽沟通、处理与艺人相关的法律、税务问题，管理艺人团队，规划艺人的演艺风格，开发艺人潜质，帮助艺人的宣传推广，进行与艺人有关的公关活动，安排艺人日程通告等。因此，经纪人除了取得相关的从业资格证进行备案外，其他方面的才能更为重要，如擅长与人打交道的高情商、良好的谈判沟通能力、对演艺市场有良好的判断力和敏感度，有自己的人际网络资源、业绩和口碑等。另外，他们还需懂法律、会计、心理学等方面的知识。

职业领路人

王京花：中国内地第一代文化经纪人，也被称为中国内地"第一经纪人""金牌经纪人"，她是艺人的贴心"保姆"。从1991年涉足歌坛经纪开始，她打造了中国第一个歌手组合——兄弟brothers（楚童楚琪），曾与多名知名歌手与著名演员合作。

邱黎宽：知名经纪人和电影制片，她的代表作品有《父子》《新天生一对》等，其中她监制的《父子》荣获2006年第43届金马奖最佳影片、最佳男主角及最佳男配角三项大奖，隔年的香港电影金像奖亦获得最佳导演和最佳编剧。

 职业生涯思考

- 说一说，你对艺人经纪人有哪些了解？
- 你听说过哪些优秀的艺人经纪人？
- 思考一下，如果想成为一个优秀的艺人经纪人，需要具备哪些素质和资源？

音效师
——声音世界的魔术师

职业小·故事

　　一个人蹑手蹑脚地走在光线幽暗的楼道里，突然，"嘎"的一声，电视内外同时传来"啊～"的叫声。

　　"呜呜～爸爸，这也太吓人了！"平日里无法无天的小伟带着哭腔抱住了爸爸。正在这时，电视里又传来了大鸟"桀桀"的怪叫。

　　"啊啊啊啊！"小伟简直要吓破了胆，"爸爸，怪鸟要出来了，要出来了！"

　　"哈哈！"爸爸看着缩成一团的儿子哈哈大笑，不过，他还是很人道地关掉了电视安慰儿子。

　　"放心啦，这是假的，假的！都是音效师做出来的。"

　　"音效师？是做怪叫声的吗？"喝了水的小伟明显被安慰到了，胆子也找了回来。

　　"音效师就是做电影电视里各种声音的，比方说刚才那'嘎'的那声，还有'桀桀'叫的声音，有时候还有吃薯片的'咔嚓'声，走路踩在地上的'咔咔'声，都是他们用软件或者工具做出来的。这种声音按照画面放到电视里，你就会觉得这个场景很真实，刚刚你是不是就觉得那鸟很可怕？"

　　"是很可怕，那音效师就是制作各种怪声音的吗？"小伟觉得有点不可思议。

　　"是啊！他们不光做怪声音，像流水声啊，洗衣服的声音啊，鸟叫声啊，表示人们很高兴的音乐啊，人们需要的各种声音他们也都可以做出来呢！所以人们又称他们是'声音世界的魔术师'呢！"

职业小百科

音效师，指利用声音合成原理和技术，制作出场景要求的各种声音的人。

通常，电影、电视剧以及新兴起的各种游戏以及各种情景节目中，音效师都扮演着极为重要的角色。音效师通过人工合成或把声音加强，形成各种声音、音乐，把它们放入剪辑完成的影视剧、游戏剧中，以配合剧情或画面节奏，从而起到增强剧情的真实感、烘托剧情气氛的作用，并赋予影视剧或游戏剧情以感情色彩。逼真的音效是影视剧及各种游戏不可或缺的一部分，它使观众有更强的代入感。尤其在一切声音都需要创造出来的动画片中，音效团队就更重要。

音效师主要负责日常录音、对音频文件进行剪辑、制作，维护录音室设备等，它们需要熟练操作常用的音频软件，能合成各种场景所需音效，熟悉画面对位和拟音。

职业领路人

斯基普·里夫赛：美国好莱坞最有才华的人之一，是科恩兄弟唯一指定的音效师。他曾为《盗亦有道》《沉默的羔羊》《为所欲为》操刀音效，2014年为《地心引力》混音，并因此在奥斯卡上一展雄姿，2015年全美电影音效剪辑工会授予他终身成就奖。

Formosa interactive 工作室：美国最大的音频供应商，代表作有《环太平洋》《钢铁侠3》《星际迷航》以及《最后的生还者》《战神3》《寂静岭6》等游戏，目前火爆的《王者荣耀》的音效、背景音乐等均出自该团队之手。

职业生涯思考

- 你知道音效师是做什么的吗？
- 你看电影、电视剧、玩游戏的时候，注意过里面的声音吗？知道它们怎么形成的吗？
- 找一找资料，看音效师们是如何制造出那些很特别的声音的。

影评人
——光影世界的风向标

职业·小·故事

马上又是一年一度的六一儿童节了，每到这时候，陆路就格外高兴，要知道，这两周，电影院里的片子可都是适合小同学小朋友们看的呀。六一节看电影，几乎是固定节目了，唯一让人发愁的就是，这么多的片子，看哪个好呢？

爸爸一回家，陆路就蹭了过去，"爸爸，我要看电影。"

爸爸对陆路大手一挥，"没问题，打开电影院的网站，你选好了，爸爸教你怎么付款订票！"

陆路皱着眉头瞅着爸爸，"可是爸爸，六部片子呢，我也不知道看哪个好！这怎么选呢。"

爸爸愣了下，然后笑了，"对哦，这么多呢，又不能同时都看，过来，打开豆瓣评分网页，看上面的影评人推荐哪部片子。"

"影评人？"陆路奇怪地看着爸爸，"为什么要看他们的推荐呢？"

"影评人是专门对刚刚上映的电影进行评价并打分的人，他们一般会先看电影，然后对电影的剧情、电影里的人物特点、音乐、拍摄场景之类的很多方面进行分析，得出一个这部电影是不是值得人们去看。一般他们会用星级表示，五星是最值得去看，零星就最不值得去看。有了他们的评论和推荐，我们就更清楚这部电影什么地方好看，哪里有不足，是不是值得看。"

"哦，那他们会不会撒谎？"陆路仍然不放心。

"放心吧，影评人都是独立存在的，也是专业的，除了个人审美和见解有差别，可信度还是非常高的！要知道，世界上很多电影节的评奖还让一些著名的影评人做评委呢！"

"好的爸爸，我现在就去看影评人的推荐！"

职业小·百科

影评人，指专职或兼职对一部电影主创人员、情节构思、剧情、社会意义、镜头表现、剧中音乐、拍摄技术、光线色彩、艺术风格等方面作出专业分析和评论的人。

电影评论（影评）是电影产业中的一个重要环节，也是一项非常专业的工作，是电影与观众的纽带。影评人通过在报纸、杂志或网络发表评论文章、推介或评论，可以帮助电影主创人员拓宽思路，促进电影艺术的进步和繁荣，同时也能影响观众的消费行为。因此影评人的专业水准、诚信力、独立性、公正性非常重要。

在西方很多国家，影评人已经成为一个行业，影评人在电影节选片与电影评奖中举足轻重。如北美广播影评人协会奖、美国国家评论协会奖、洛杉矶影评人协会奖、纽约影评人协会奖、金球奖，并称为"五大奥斯卡风向标"。

职业领路人

罗杰·伊伯特：美国影评人、剧本作家，普利策奖获得者。他的电影评论曾在200多家报纸发表，撰写了至少15本书（包括他写的电影年鉴）。2007年，他被《福布斯》杂志评为美国最有影响的评论家。

周黎明：双语作家、文化评论人、影评人。曾任第37届蒙特利尔世界电影节评委、乌镇戏剧节评委、上海国际电影节和北京国际电影节的选委。在《看电影》《中国日报》（英文）《Famous》等刊物设有专栏。他的评论涉猎的范围广，如电影、电视、戏剧，被《洛杉矶时报》称为"中国的罗杰·伊伯特"。

职业生涯思考

- 你知道影评人这个行业吗？对影评人有哪些了解？
- 你看电影习惯参考哪些影评人的推荐呢？
- 你想做一个影评人吗？想一想，做一个优秀的影评人应当具备哪些条件呢？

航天员
——太空的探索者

职业小·故事

在科技馆参观的豆豆无比兴奋，他一会儿跑去看有着最漂亮光环的土星，一会儿又去看八兄弟中个头最大的木星。

"好有趣啊爸爸！"看看这个瞅瞅那个，没一会儿豆豆就看花了眼，"要是真的能到这些星星上去看看什么样子就好了！"

"想到星星上看看可不容易，"爸爸和豆豆的一边往前走一边跟他讲，"只有航天员才可能去呢！"

"爸爸，什么是航天员？"豆豆问。

"航天员，就是乘坐飞船到太空进行探索工作的人。你刚刚说想到星星上去看看，那只有宇航员才能去。到现在为止，人类也只到过月亮上去，其他的星球都是无人飞船载着探测器过去的。苏联的加加林是世界上第一个'太空人'，也就是航天员，他乘坐飞船绕地球转了一大圈。2003年，我们国家的'神舟'5号飞船载着杨利伟到了太空。再就是人类曾到火星上探测过，但是都是无人飞船载着探测器过去的。"

这时，爸爸看到旁边有个航天员的模型立在那里，好多小朋友、小同学正在那里排队准备钻进去拍照。

"豆豆，要不要你也拍一张照片，先成为一个小'航天员'？"

"好啊好啊！"豆豆高兴地直拍手，他将来可是要驾驶着飞船去探索太空的人，怎么能不先拍张照片呢！"飞船、太空、星星，我来了！"

职业·小百科

航天员的意思是"太空航行者"，也叫宇航员，全称为"宇宙航天员"，指驾驶着飞船在太空飞行或进行太空探索的人。在中国香港以及东南亚某些国家，也称航天员为"太空人"。

截至目前，全世界仅有苏联／俄罗斯、美国和中国拥有发射载人航天飞船执行任务的能力。自1961年人类首次飞天以来，共有38个国家的宇航员先后飞天。由于航天活动的职业特殊，因此，对航天员的选拔要求也异常严格，如具备健康的身体、良好的心理素质，对特殊的航天环境有高度的耐受力、抗压能力好、具备渊博的知识和对各种环境很强的适应能力等。

职业领路人

杨利伟：特级航天员，也是我国首批航天员。2003年10月搭乘"神舟"5号飞船首次进入太空，这象征着我国太空事业向前迈进了一大步，有着里程碑式的意义。

加加林：加加林的全名为尤里·阿列克谢耶维奇·加加林，他乘坐"东方1号"宇宙飞船完成了世界上首次载人飞船飞行，成为世界上第一个"太空人"。为纪念他首次进入太空，俄罗斯把每年的4月12日定为了"宇航节"。

艾伦·谢泼德：美国第一位进入太空的航天员，他曾驾驶"自由7号"飞船遨游太空，到达距离地球116.5英里的地方，并在太空停留时间达15分钟之久。

 职业生涯思考

- 你喜欢太空探索节目吗？你对哪方面的太空探索更感兴趣？
- 你知道哪些航天员？能说出他们的事迹吗？
- 认真想一想，如果你将来想成为一个航天员，需要做哪些准备工作？

照明师
——光影魔幻手

职业·小故事

　　欢欢在翻看爸爸的相册，以前的爸爸好年轻啊，有几张照片上的爸爸甚至比自己还小，真是好玩儿！

　　突然，欢欢发现了一张和其他不太一样的照片，这张照片上的爸爸，怎么看起来那么帅呢！简直比现在的大明星也不差了！

　　"爸爸，你在这张照片上怎么这么帅！"欢欢把相册抱过去问爸爸，"其他照片就很一般。"

　　爸爸看了一眼，有点得意地笑者说，"那当然了，你没见这张照片的灯光、色彩都很棒吗，爸爸的五官都很立体，知道为什么吗，因为给爸爸这张照片照明的可是专业的照明师啊！"

　　"照明师？拍照还要照明师？"欢欢也好奇起来，大家不都是拿着手机、相机、摄像机拍就可以了吗？

　　"那当然了，要知道，光线太重要了，比方说光线太弱或者太强，就需要有照明师处理一下，或者补光，或者适当地挡住一点光线，这样才能突出要拍的东西或者人物，拍出来的照片会更漂亮。"

　　"哦，照明师就是帮着拍照的啊！"欢欢恍然大悟。

　　"不光专业拍照需要照明师，我们公园里的照明，广场上的照明，博物馆里的照明，你们学校礼堂里的照明，还有看演出的时候舞台照明和追着演员的灯光，拍电影电视需要的光线，不同的地方需要不同的灯光，这都离不开照明师设计啊！包括我们家房子的灯光，你仔细观察下卧室、客厅、书房的灯，它们的亮度和形状也各不相同，都是很符合我们生活的习惯呢！"

职业小百科

照明师，又称"灯光师"，是指使用各种专业的照明工具，运用其熟练的照明技术，根据要求达到各种光线效果、照明气氛，并能解决照明难题的人。照明师在摄影、电影、电视拍摄、舞台演出、会议、体育比赛、展览时能很好地发挥自己的作用，所以照明师有"光影魔幻手"的美称。

我们的工作和生活都离不开光，尤其是在影视拍摄及舞台表演时，照明师更是已经成为了舞台的一部分，对舞台效果有画龙点睛的作用。他们可以让光线起到渲染现场气氛、烘托拍摄角色、运用光影构图、突出剧情的作用。

照明师是复合型的专业人才，要成为一个优秀的照明师，要有很好的审美基础，有一双明察秋毫的眼睛，熟悉各种光源特性、滤镜效果，有丰富的经验，以处理临时出现的复杂情况。

职业领路人

内原智史：国际著名照明设计师，代表作品有京都今阁寺夜间照明设计、京都平等院凤凰堂照明设计、京都清水寺夜间照明设计、东京羽田空港国际候机厅照明设计。

赖雨农：十聿照明著名灯光设计师，国际灯光设计师协会（IALD）/北美照明协会会员（IESNA），因为他富有想象力的灯光设计作品，他被人称为"灯光诗人"。

齐洪海：北京远瞻照明设计总监，代表作品有中国国家博物馆室内照明设计、故宫保和殿东庑展厅、王府井商业区照明规划设计、杭州城市照明整体规划、西河粮油博物馆、光与时光展厅。

 职业生涯思考

- 你注意过生活中的照明吗？比较一下，你最喜欢哪里的照明设施？
- 你看过舞台表演吗？你觉得舞台上的各种追光有什么作用？
- 利用自己手边的照明工具，自己做一次小照明师吧。

蜘蛛人
——漫步空中的舞者

职业小·故事

"妈妈，快看，蜘蛛侠！蜘蛛侠出现了！"小伟指着窗外对面楼上那几个小小的橙色身影神情激动，连连摇妈妈的手，生怕她忽视自己的话。

"世界上没有蜘蛛侠！那是电影中的人物，是虚构的！"然而，小伟并不相信。

"真的真的，你看他们还在动，啊，他们下来了，下来了！"小伟仍然不放弃，那明明就是蜘蛛侠嘛！他们身上还有蜘蛛侠发射的丝呢。

终于，不胜其扰的妈妈抬头看了看窗外笑了，"哦，儿子，那可不是蜘蛛侠，不过他们的名字倒是和蜘蛛侠有点像，他们叫蜘蛛人。"

"名字差不多啊，他们还都有蜘蛛丝呢！"小伟得意起来，就说自己没认错嘛！

"那不是蜘蛛丝，是保险绳，是保障那些工人安全的。他们手里的还有铁桶和抹布，是清洁大楼外表墙面和玻璃的。有了他们，我们的大楼才会更安全、更干净，也更漂亮。"

"他们还能像蜘蛛侠一样做其他的工作吗？"既然都是"蜘蛛"系列的，小伟总是觉得蜘蛛人应该不止这点本事才对。

"当然他们也做其他工作了，比方说，电视塔啊，电信信号塔啊，卫星发射塔啊，电力塔啊很多高的建筑物上，都需要工人上去检查、维修，还有景区里在悬崖边上捡拾游客丢的垃圾的清洁工，修玻璃栈道的工人，他们都叫做蜘蛛人呢！"

"蜘蛛人果然和蜘蛛侠一样威风能干，真是太棒了！"小伟高兴地拍起手来。

　　蜘蛛人，指那些攀爬在各种电视塔、电力塔、电信塔、卫星发射塔、城市高楼、建筑工地以及在悬崖峭壁等场所，进行建设、检修、清洁作业的工人。他们的基本装备是保险绳、作业绳、木板以及工作所需的建设、检修、清洁所必备的工具。他们工作状态时像空中的蜘蛛一样，所以人们称他们为"蜘蛛人"。

　　由于工作的特殊性，他们上岗前要经过严格的身体筛查，如患有恐高症、高血压、心脏病等人员不能从事此项工作。另外，蜘蛛人对体重也有一定要求。

　　根据不同行业需求，目前有电视塔蜘蛛人、电力高塔蜘蛛人、卫星发射塔蜘蛛人、通信塔蜘蛛人、栈道工蜘蛛人、绝壁清理垃圾的蜘蛛人、高楼／烟囱墙外维修／清洁蜘蛛人等。

职业领路人

　　钟志勇：他是一名塔工，他一直告诉家人自己的工作是施工设计，实际上，项目组在青藏高原的那29座通信高塔上都有他留下的足迹。他常说，人要乐观，要善于调节自己，唱着歌儿上塔，感觉很爽。

　　胡　军：他和工友们在寂寞的大山里一干就是十几年，他喜欢称自己是"捅山队的"。他们的工作就是用保险绳悬在悬崖上，清除铁路两侧可能掉落的山石，确保山区铁路安全和畅通。对于这项危险的工作，他开玩笑说自己是在"免费攀岩"。

　　高压电线上的蜘蛛人：和其他的蜘蛛人不同，他们穿梭于高压电线之间检修、抢修、维修，真可谓步步惊心，所以需要"步步经心"。他们的汗水，凝结成了我们美好生活的保障。

❓ 职业生涯思考

- 你见过蜘蛛人工作吗？他们工作时是什么样子的？
- 设想，如果没有了蜘蛛人，我们的生活会变成什么样子？
- 开动脑筋想一想，还有哪些地方有蜘蛛人的存在。

主持人
——节目的灵魂

职业·小·故事

马上就要元旦了，已经是三年级的李彤被老师委以重任——让她和另外两位同学在班里的元旦欢庆会上当小主持人。

"妈妈我好紧张啊，"李彤又是高兴又是紧张地对妈妈撒娇，"这是我我第一次做主持人，万一做不好怎么办？"

妈妈有些小惊喜地对女儿说，"不用担心，你们三个小主持人相互配合，应该没问题的。关键是我们要做好准备。"

"可是我们都做哪些准备呢？"李彤找来了纸和笔，"妈妈我们要不要记下来？"

"要的，首先，主持人要有台词，就是你们在台上要说的话，按照同学们要表演节目的顺序，把引出节目的台词写好。你们一定要把这些台词背熟，然后再根据现场小状况随机应变。"妈妈在纸上先写上了"台词"，还在后面打了个五角星。

"老师说台词让我们自己写，她修改。"李彤皱着小眉头咬着嘴唇冥思苦想，"第二我们是不是要打扮的漂亮点？我看电视上的主持人都是穿的很漂亮。"

"对，节目主持人的衣服要得体，还要化个漂亮的妆，这些妈妈来准备。还有，你们说话声音要洪亮，语速不能太慢也不要太快，要面带微笑，手势、上下台的时候动作要大方，"妈妈在纸上一一写下了小主持人需要注意的事项。

"最重要的是，你们三个一定要多配合着练习几次，不但是主持人台词，还有走位，就是你们从哪里上台，从哪里下台，以免出差错。"妈妈继续叮嘱。

李彤郑重地点点头，她一定会认真练习，当好元旦欢庆会的小主持人。

职业·小百科

主持人，是指在相对固定的节目中，集采、编、控、播等业务能力于一身的人。主持人要参与节目的策划方案、编辑节目内容，有主导节目进程的功能。

广播或电视中的主持人叫做节目主持人为听众或观众主持固定的节目，是嘉宾和观众沟通的桥梁和纽带。一个优秀的节目主持人在主持的节目中举足轻重，他们决定了节目的风格。尤其在谈话节目中，主持人就是节目的灵魂和核心，他不但要串联节目内容、引导节目发展、调动谈话嘉宾的谈话热情，还需要根据现场嘉宾的反应，随机应变即兴决定项目的走向，承担起导演、编剧的角色。

世界上最早的节目主持人起源于美国，中国的广播和电视节目主持人出现于1981年。按主持内容不同，有新闻节目主持人、经济节目主持人、文艺节目主持人、文化节目主持人、体育项目主持人等，随着社会的发展，涌现出了很多新行业的主持人，如婚庆主持人、游戏解说主持人等。

职业领路人

奥帕拉·温弗丽： 第一个黑人也是第一个女性新闻播音员，她言语犀利妙语连珠，她和以她的名字命名的《奥帕拉·温弗丽脱口秀》共获得35项艾美奖，是名副其实的艾美奖专业户，也是第一个"鲍勃·霍普人道主义奖"获得者，被誉为"谈话节目皇后"。

敬一丹： 曾任《焦点访谈》节目主持人，《经济半小时》《一丹话题》《东方时空》《新闻调查》等栏目主持人。曾获得第一、二、三届全国十佳电视节目主持人金话筒奖。获得第16届上海电视节"电视主持人30年，年度风云人物"称号。

 职业生涯思考

- 数一数，你知道哪些主持人，他们分别都是主持什么类节目的？
- 你最喜欢哪个主持人？说一说你喜欢他／她的理由。
- 你当过学校或班级的主持人吗？为了当好主持人，你做了哪些准备？

足球评论员
——球迷的导航员

职业·小故事

六一趣味运动会正在社区公园如火如荼地举行。加油声、鼓掌声、笑声，响成了一片。

"加油！加油！"在公园一角响亮的加油声传来。原来是几个小家伙在进行抱球跑。

"东东加油！你不是一个人在战斗！"东东的同学在旁边跳着脚替他使劲儿。

旁边的几个家长默契地哈哈大笑起来，其中一个对着跳脚喊的明明说，"明明，不错啊，你还知道这句呢！"

"这……这大家不都这么说嘛？！"明明有点发懵了，这句加油的话很奇怪吗？

"这是一个著名的足球评论员在一届世界杯上说的啊，是很经典的名句。"看到明明疑惑的样子，另一位家长给他科普这句话的来历。

"足球评论员？"明明仍旧有点不明白，"足球这有什么好评论的？"

"哈哈，足球评论员不评论足球，他们是解说和评论足球比赛的。"明明爸爸在旁边搭腔，"还记得今年世界杯吧，看比赛的时候有个人一直在说，球到了谁的脚下了，谁带球过人突出重围了之类的，那就是足球评论员。"

"哦，我记得啊，原来那个说话的人叫足球评论员啊！"明明恍然大悟。

"是啊，他们的点评和解说都是非常专业的，能引导你这样的小球迷看球，让你知道赛场的现场情况，比赛哪里很精彩，裁判为什么那样裁决。足球比赛没有了评论员，看球赛的氛围和乐趣就要少一大半呢！"

听了爸爸的话，明明点点头暗下决心，等下一次球赛，一定要好好跟着评论员叔叔好好感受看球的乐趣！

职业小百科

足球评论员，也叫足球解说员，指专门对各种足球项目／赛事进行讲解、介绍、分析、评论的人员。足球评论员有很多种，如在直播间的主持人式评论员、比赛现场评论员以及幕后评论员等。

足球评论员要对足球比赛规则以及参赛球员了然于胸，对正进行的球赛进行客观讲解和点评。讲解或点评要专业、到位，语言通俗易懂、有激情，能够捕捉到赛事细节和典型动作，并对此作出解说和评论。

足球评论员的解说和评论可以使观众感到球赛的精彩之处，很好地引导球迷观看比赛，激起球迷对的热情，带动比赛气氛。同时他们的解说或评论还能带动体育文化潮流，使某些体育商品或纪念品热卖，促进体育商业的发展。

职业领路人

詹　俊： 中国内地体育赛事解说员，英超风靡我国他居功至伟。他的解说语速快、数据准，尤其能结合赛场上的突发状况，将场景、数据和观点巧妙融合，为球迷带来极致的观赛体验。

韩乔生： 他主持解说过全运会、亚运会、奥运会、世界杯都多项体育节目，发明了意识流解说法——现代电视时代的解说法，在解说中无厘头的调侃方式受到广大观众的喜爱。

贺　炜： 中央电视台体育频道足球评论员及主持人，先后解说了2004年美洲杯、2005年联合会杯、2006年女足亚洲杯、2008/2012年欧洲杯、奥运会、2006/2010/2014年世界杯等比赛，有"诗人解说员"的美称。

职业生涯思考

- 你看过足球赛吗？注意过比赛时评论员的话吗？
- 你最喜欢哪个足球评论员？
- 和爸爸看一场球赛，看看里面的评论员是如何评球的吧。

作家
——滋润人类灵魂的艺术家

职业·小·故事

"妈妈，周六上午有位我喜欢的作家要去图书大厦签名售书，我想去让他给我的书签个名。"路平拿着自己刚买的小说跟妈妈商量。

"是这本书的作者吗？"妈妈看了眼路平手里的小说。

路平看了看书，很奇怪地问："妈妈，这里写的是著，不是作者呀，也不是作家，真奇怪！"

妈妈皱着眉头想了下，对路平说，"是这样，一般来说呢，用文字写文章的人，我们都叫他们作者。比方说，你写了一篇作文，那你就是这篇作文的作者，如果发表了，作者署名的地方就会写你的名字，如果是你写了一本书，那你的名字后面就会写个'著'字。"

"那我就是作家了吗？"听到妈妈说到发表了作文就是作者，他兴奋地问。

"不，只有一篇文章发表或只有一本书出版，只能叫作者，如果在网上写的自己发表，现在你们流行叫'写手'吧。他们也能用写文章获得报酬，但不能叫做作家，只有正式出版了很多部非常受欢迎的图书，这些图书还要能够流传很久，这样的作者才能被人们称为作家，比方说鲁迅啦，老舍啦，巴金啦，路遥啦。"妈妈耐心地边解释边给路平举例子。

"这么说我还知道很多作家呢，曹文轩、郑渊洁，还有《哈利·波特》的作者罗琳！"路平补充道。

"没错！他们都是作家，有的还是大作家呢！"妈妈笑着说。

"那这本书的作者肯定是作家，"路平笃定地说，"书店里还摆着他很多书呢，我想去看看再买几本。所以，亲爱的老妈，我要申请购书经费！"

作家指专门从事用文字进行创作的人，也特指在文学创作上有一定成就和影响力的人，他们用文字来表达自己的情感、反映当时的社会、丰富人们的精神生活、陶冶人们的情操。

一般来说，作家一般有多部有影响力或有一定学术价值的作品出版发行，并能在社会上长久、广泛传播。"作家"还是一种敬称，一般的进行文字创作的人通常被称为"作者""自由撰稿人"，新兴的网络上的文字创作者则通常被称为"写手"。

按文学作品，作家可分为综合型小说作家、严肃文学作家、通俗作家、言情小说作家、谍战推理小说家、儿童文学作家、科普作家、家庭教育作家，以及另类作家。

在各省／市一般设有地方作家协会，以帮助和指导作家写作，它的最高组织即中国作家协会。

职业领路人

鲁　迅：中国现代文学家、思想家和革命家。他的作品题材广泛、形式多样、语言犀利幽默，作品体裁有小说、杂文、散文、诗歌，其《鲁迅全集》共20卷1000余万字。他的作品多篇被选入中小学语文教材，对我国"五四"以后的文学有深远影响。

茅　盾：是中国现代著名作家、文学评论家、文化活动家以及社会活动家。代表作有《子夜》《春蚕》《夜读偶记》等。他用稿费设立了"茅盾文学奖"，鼓励当代优秀长篇小说的创作。

巴　金：中国作家、翻译家、社会活动家。他的创作生涯达半个多世纪，代表作品有《激流三部曲》《爱情三部曲》《抗战三部曲》《寒夜》《随想录》等，著有多篇中长篇小说、短篇小说、散文集，以及多篇文学译著及理论作品。

 职业生涯思考

- 你知道我国近现代有哪些著名作家？知道他们的代表作吗？
- 你喜欢哪些作家？他们的哪些作品吸引了你？
- 你将来成为一名作家吗？如何才能成为一名作家？

词作者
——为音符穿衣的王子

职业·小故事

公园里几个年轻人正在抱着吉他和贝司边弹边唱，周围已经围了一圈儿听众。

"明月几时有，把酒问青天……"

"妈妈，这个哥哥唱的是苏轼的诗词呀！"曼曼惊喜地叫起来，"真好听，我还不知道这样也可以！"

"现在我们经常把诗词在一起称呼，但是诗和词在古代是有区别的，诗一般是来朗诵的，词都是配着曲子唱的！你如果仔细点看一个歌谱，就会发现上面写着谁谁词，谁谁曲。这个词前面的人名，就是写这个歌词的人，我们又叫他们词作者或者词作家；曲前面的人名就是谱曲的人，又叫曲作者，或者作曲家。"一曲完毕，曼曼和妈妈聊起天来。

"长亭外，古道边……"又一曲新歌开始了。

"这是《送别》，是李叔同写的。"曼曼拍手对妈妈说。

"对，是不是也很好听，因为他写的歌词很有画面感，意境好，歌词还非常押韵，这也是写词人要掌握的基本功，这样写出来的词唱出来才更好听。"

"我们同学还有人改歌词呢，是不是那也算词作者？"曼曼转转眼珠问妈妈。

"算呀，有些是谱好了曲子再填词，有些是先写词再配曲，如果改的歌词能和曲子配得好，当然算是个小词作者了！"知女莫若母，妈妈笑着问曼曼，"不会是你改了哪首歌的词吧？"

"啊！是……是和同学一起改的。"曼曼吐了吐舌头，看来以后给歌改词要认真点儿了，否则自己怎么对得起"词作者"或者"词人"这个名字呢！

词作者，古时称"词人"，现代又称"作词人""词作家"，指专业从事各种歌曲的歌词创作，并有一定成就的人。词作者可以先自由写词然后配曲，也可以在已有曲调的前提下，根据曲调的风格、节奏填出与之相得益彰的歌词。

在文学领域里，词作者和诗人常一起出现在人们的视野里。在音乐领域，词作者和曲作者在一首歌曲中并驾齐驱，有时，词作者和曲作者也可以是一个人。

一首动人的歌曲不但要旋律优美，还要有精炼优美、让人意犹未尽的歌词。词作者是伴随音乐而生的，他们从远古时代的传唱，到唐宋时期作词的巅峰时期，再到现如今为流行歌曲或民间戏曲的作词，词作者都是为"歌"而作。他们有诗人的情怀，用文字来表达自己的情感。

职业领路人

王洛宾：中国民族音乐家，主要从事西部民歌的创作和传播，有"西北民歌之父""西部歌王"之美称。他的主要作品有《在那遥远的地方》《半个月亮爬上来》《大阪城的姑娘》《掀起你的盖头来》《在银色月光下》等。

阎　肃：著名文学家、剧作家、词作家。于2016年被评为"感动中国2015年度人物"。代表作品有《江姐》《红梅赞》《敢问路在何方》《我爱祖国的蓝天》《说唱脸谱》《雾里看花》等。

乔　羽：著名词作家、剧作家，他发表过诗歌、小说，写过秧歌剧，创作了大量脍炙人口的歌词，如《让我们荡起双桨》《我的祖国》《人说山西好风光》《牡丹之歌》《大风车》《爱我中华》《难忘今宵》等。

职业生涯思考

- 你喜欢听歌、唱歌吗？你有注意到歌曲里的词作者是哪位吗？
- 你知道哪些有名词作家？你喜欢他们的哪些作品呢？
- 找一首简单的歌曲，试着自己填一下新词吧。

船员
——海上的乘务员

职业小·故事

"妈妈你知道吗，小豆包是有爸爸的！"刚刚看到妈妈来接，路路就跑到妈妈身边宣布这个令他震惊的消息。

妈妈看着儿子的小脸忍不住笑了，摸摸他毛茸茸的头发说："当然了，谁都得有爸爸呀，小豆包有爸爸很奇怪吗？"

"当然了，路路转到我们班好几个月了，这是第一次见到他爸爸呢！"路路理直气壮地对妈妈说，"妈妈，路路说他爸爸是个船员，可是和老师聊天的时候他爸爸又说自己是个'跑船的'，小豆包爸爸到底是干什么的呀？"

妈妈想了想，对路路说，"船员，就是在船上工作的人，人们也叫他们'水手'或者'跑船的'，这三个词是一个意思。"

"就是'我爱吃菠菜'的那个大力水手吗？"路路从脑海中搜出了个熟悉的动画人物。

"对，就是那种工作。他们的船在大河、大江，或者在海上航行。因为船走的很慢，他们的船从一个地方走到另一个地方需要的时间很长，船员们也就很久才能回一次家，就像小豆包的爸爸那样。"

"飞机跑得快，船跑得慢，为什么还要用船运东西？"路路很奇怪。

"因为飞机虽然快，但它运的东西少，而且很贵呀，船就很不同了，它一次可以运很多东西不说，运费还非常便宜。在以前没有飞机、汽车、火车，人们都是坐船漂洋过海到很远的地方去呢，当然也可以把别的地方的东西运过来。不管在哪里航行的船，都需要船长和船员们的辛勤工作，是他们为我们带来好用、好玩的东西，让我们生活美好呀！"

广义上说，被雇用在船上任职或工作的所有人员，统称为船员，狭义上的船员不包括船长。船员，以前也叫做水手或者跑船的。我国船员必须持有海事局颁发的海员证。他们主要负责船上货物或人员的安全，保证船只的正常航行和日常运作。

船员按职务划分为高级船员和普通船员。高级船员包括船长、大副、二副、三副、轮机长、大管轮、二管轮、三管轮。普通船员包括水手长、水手、机工长、机工。

按专业分为船舶驾驶和轮机管理。船舶驾驶（船长、大副、二副、三副和值班水手）负责船舶的航行和甲板机械的维修保养，轮机管理（包括轮机长、轮机员、值班机工）负责船舶主机等机器设备的维护保养。

职业领路人

洛朗·布尔尼翁：驾驶者他的"珍宝号"帆船，他和他的家人在 2008 年开始了环球航海旅行。一路上，他们见识了海洋的神秘，亲临了世纪冰川，拜访了鼎鼎大名的"鲁滨逊岛"。他集船上所有工作人员于一身，让家人感受到了航海的乐趣。

翟　墨：21 世纪以来，他多次自驾帆船扬帆南太平洋。他曾用两年多时间，完成了自驾帆船环球一周的壮举，成为"单人无动力帆船环球航海中国第一人"。2015 年，他领航"2015 重走海上丝绸之路"大型航海活动。

职业生涯思考

- 你知道船员都有谁吗？他们都是做什么工作的？
- 你知道哪些船？它们都是做什么用的？
- 你都听说过哪些航海家，或者哪些航海故事，给周围的小朋友讲一讲吧。

影视演员
——在镜头中尝尽人生百态

职业·小·故事

牛牛可喜欢看警察的片子了，他下定决心，以后也要当个威风凛凛的警察。这不，每次打开电视，他总是要调到有警察的电视或电影上去。

"咦？妈妈，快来看快来看，我是不是眼花了？这个人以前是个警察，他已经牺牲了啊！他怎么又复活了，还成了个老板？"正看着电视，牛牛突然大惊地叫起来。

"这个？"妈妈指着其中一个帅气的年轻人问，"是他吗？"

"对，我记得很清楚的，他因为救一个小姑娘被坏蛋打死了！"牛牛记得可清楚了，要知道，这个又帅气又勇敢的警察叔叔牺牲的时候他可是还哭了一鼻子呢！

"啊，这个叔叔是个电视演员，他的工作就是在不同的电视剧里扮演不同的人物。上次那个电视剧里他扮演的是警察叔叔，是'警察叔叔'这个角色牺牲了，不是这个叔叔真的牺牲了，现在他在这个电视剧里扮演的是老板，并不是那个警察叔叔复活成了老板！"妈妈耐心地给牛牛解释，看牛牛还是有点儿疑惑，妈妈接着说，"就好像你玩过家家游戏，你是'爸爸'，你的玩偶熊是'孩子'，你的奥特曼是'英雄'，有一次'英雄'为了救被'外星人'抓走的'孩子'牺牲了，下次你再玩的时候奥特曼是不是又成了另一个'英雄'呢？"

"嗯！"牛牛恍然大悟地使劲儿点点他的大脑袋，原来是这样呀，让妈妈这么一说，电视演员的工作真的和自己玩过家家游戏很像，"妈妈，这么说，那我和我的玩偶熊还有奥特曼也是'演员'了？"

"是呀，你们都是小'演员'！"妈妈摸摸牛牛的头笑着说。

影视演员是演员的一种，他们是表演类的表演人员，通常是指在电视剧或电影节目中扮演某个角色人物。

影视演员通过出演剧中角色，推动剧中故事情节、娱乐观众身心，使观众获得精神食粮。瞬间表演是影视表演的特性，并因此区别于其他类型的表演，如此种表演是不连续的、表演时要和其他拍摄部门密切配合以及表演后要依靠导演或剪辑人员对拍摄好的镜头进行拼接，才能形成完整、连贯的人物形象。

影视演员大多来自各地的电影学院或戏剧学院，也有在各种大型选秀上表现优异或获得成功的人进入影视行业成为影视演员。目前，影视演员的社会地位已提升到了国家层面，如人大代表、政协委员中都有影视界人士的身影。

职业领路人

奥黛丽·赫本：英国电影和舞台剧演员。她在荷兰风光纪录片《荷兰七课》的出境拉开了她的电影生涯，她一生共获得五次奥斯卡女主角提名，1999年她被美国电影学会评为"百年来最伟大的女演员"之一。她的代表作品有：《罗马假日》《美人鱼》《龙凤配》《盲女惊魂记》《修女传》《蒂凡尼的早餐》等。

西尔维斯特·史泰龙：美国著名电影演员、编剧、导演、制片人。他1970年进入演艺界，他曾多次获得电影最佳男主角或最佳男配角奖项，凭借电影《洛奇》和《第一滴血》成为20世纪80年代好莱坞动作明星的代表，并于2009年被威尼斯电影节授予电影人荣誉最高奖，2010年获得好莱坞事业成就奖。代表作品有：《洛奇》系列、《敢死队》系列、《第一滴血》系列、《奎迪》等。

❓ 职业生涯思考

- 你知道影视演员是做什么的吗？他们的工作是什么样的呢？
- 你最喜欢哪些影视演员？说出他们扮演的角色。
- 你将来想做一个演员吗？你的理由是什么？

天然气工人
——捧出金娃娃的天使

职业·小·故事

琳琳一到姥姥村子就发现村子里有了变化，奇怪，是哪里不同了呢？以前，好像墙的外面好像没有橙黄色的管子，对，就是这里不对劲了。

"姥姥，这是水管吗？可是家里已经有自来水了呀，为什么还要安水管？"琳琳指着墙上的管子问姥姥。

"这不是水管，是天然气的管道，到了今年冬天，姥姥家做饭、取暖也能用天然气了呢！"姥姥高兴地回答。

"天然气不是从煤气灶里出来的吗？为什么还要管道？"琳琳更奇怪了，自己家没见到这些管子呀。

"煤气灶里的天然气也是管道送进家的呀，但是咱们家的管道被埋在地下了，所以你看不到。天然气是一种气体，埋着天然气的地方叫气田，要由天然气开采工人先把它采上来我们才能用呢。之后要净化，就是把天然气里面的杂质去掉，然后还要用输气管道把它从净化厂送到储气站，最后才能送到用气的地方。"妈妈在一边补充说。"不管是采气，还是送气，还是净化天然气，都需要天然气工人师傅的辛勤工作。"

"那万一管子漏了怎么办？咱家的水管就漏过水！"看着这些管子，琳琳有点担心。

"有专门的工人师傅定期查看、管理这些管子，他们叫巡线工，肯定会保证天然气安全输送的！"妈妈给琳琳解释着。

琳琳惊叹地说，"真没想到，天然气来到家里这么不容易呀，需要那么多工人师傅的工作！"

职业·小百科

天然气工人，是指从事天然气采气、净气、输气、储气、配气工作的人员。从天然气的开采到把天然气送到最终用户过程中的天然气工人包括天然气采气工、天然气净化操作工、天然气管道工以及天然气配气工等。

天热气不仅是一种清洁、高效的燃料，可以驱动汽车、取暖、发电，而且是重要的工业原料，可以生产甲醇、化肥、乙烯等。它无毒且易挥发，是比较安全的燃气。管道输送是天然气从开采地到用户的唯一途径。近年来，它在我国能源结构中的比重在逐步上升。目前，我国很多地区已由天然气代替煤采暖、生产、发电，这大大降低了燃煤发电的比例，减少了环境污染。天然气开采、使用也必将迎来一个崭新的时期。

职业领路人

贾爱林：中国石油勘探开发研究院气田开发研究所所长，长期从事天然气开发储层、地质模型建立、随机模拟开发方案的研究工作，曾获得国家科技进步一等奖。

大港油田天然气管道巡线工：他们管理着油田及周边地区400多公里的输气管道。在荒郊野外的"搓板路"上，在车辆进不去的地方他们就要徒步巡，脚底出泡是家常便饭。他们要24小时开机，不论刮风下雨下雪，他们都要带好工具，仔细检查天然气管道的每个零件，确保能够及时处理隐患，为天然气的安全输送保驾护航。

职业生涯思考

- 你家里有天然气管道吗？你知道天然气是怎么到你家里来的吗？有没有见过修天然气管道的工人？
- 你知道哪些地方可以用天然气呢？
- 想一想，如果没有了天然气和天然气工人，我们的生活会变成什么样子？

舞蹈演员
——给心灵插上飞翔的翅膀

职业·小·故事

妈妈一回家，就高兴地宣布了一个好消息："我这里有三张舞蹈演出门票，周末咱们可以一起去看！据说来表演的是很有名的舞蹈演员呢！"

"舞蹈演员？形形看着妈妈，就是跳舞的人吗？"形形抓住关键词问妈妈。

"嗯，对，他们是专门跳舞的演员。"妈妈笑着说。

"邻居王奶奶也每天去跳广场舞，她也是舞蹈演员吗？"形形问妈妈说。

"不是的！虽然王奶奶也跳舞，但她跳舞是为了锻炼身体，和真正的舞蹈演员的表演是不同的。舞蹈演员表演的舞蹈是一种艺术，表演的时候动作要和音乐融为一体。要知道，舞蹈演员可是不能说话的，他们只能用各种动作告诉观众他表演的舞蹈讲的是什么。"妈妈耐心地说。

"那他们怎么能跳的好看呢，还要告诉人们舞蹈讲是什么呢？"形形睁大了眼睛说。

"当然他们是训练出来的啊，当个舞蹈演员可不容易，你看姑姑家的丽丽姐是不是经常要压腿、下腰？那就是最基本的训练了。除了身体条件要好，他们还要学习音乐，理解了音乐才能更好地跳舞！"

"妈妈我知道，丽丽姐姐刚刚开始压腿的时候还哭了呢，说很疼。"形形想起丽丽姐哭的样子忍不住打了个机灵，"她为什么要学舞蹈呢，压腿那么疼！"

"学习跳舞有很多好处呢，第一，它可以让人身体更健康，身体更柔软有韧性，你们体育考试也有体前屈这一项啊，这也是考察你们身体柔韧度的呢。还有，跳舞可以让人气质变得更好、有信心，你看丽丽姐姐现在是不是跟美丽的小天鹅似的非常漂亮？"

形形点了点头想，那自己是不是也去学舞蹈，好变得更漂亮呢？

职业小百科

舞蹈演员又称为舞者、舞蹈员，指用充满美感的、优雅的、富有节奏感的肢体动作向人们传递或表达一定思想内容或丰富感情的专业人士，舞蹈演员通常以舞蹈演出为职业。

舞蹈表演一般有音乐伴奏，是一种表现性很强的艺术，它集诗、画、音乐、书法于一体。舞蹈演员的表演能给观众以美的享受，使人身心愉悦，提高观众的审美，还可以提高人们的道德品质、陶冶人们的思想情操。另外，它还有如社交、运动、祭祀、礼仪等多重社会意义和作用。因此，作为一个优秀的舞蹈演员，需要具有良好的身体素质和艺术素质。根据舞蹈种类不同，舞蹈演员需要接受不同的专业训练。他们要理解音乐，以舞蹈动作为表现形式表达音乐作品的内容和感情。在所有演员中，舞蹈演员是真正诠释了"沉默是金"这句话。

职业领路人

杨丽萍：中国舞蹈艺术家，国家"一级演员"。她的舞蹈纯净柔美，以"孔雀舞"而闻名，是我国第一个举办个人舞蹈晚会的舞蹈家。她的主要舞蹈作品有：独舞《雀之灵》、大型原生态歌舞集《云南映像》及《云南的响声》、民族舞剧《孔雀公主》、舞蹈剧《十面埋伏》等。她曾获得日本大阪国际艺术节最高艺术奖、蒙特利尔国际电影节的评委会大奖、第四届中国舞蹈"荷花奖"舞蹈诗金奖、中华艺文奖等。

伊莎多拉·邓肯：美国著名舞蹈家，现代舞创始人，是世界上第一位披头赤脚在舞台上表演的艺术家。她的舞蹈动作自由奔放，随兴而发，是一位划时代的舞蹈家。她的代表作品有：《伊菲革涅亚在澳里斯》《马赛曲》《斯拉夫进行曲》《前进吧，奴隶》等。她的著作有《邓肯自传》和《论舞蹈艺术》。

❓ 职业生涯思考

- 你喜欢看舞蹈表演吗？你喜欢哪种舞蹈？
- 你们学校在联欢会的的时候有人上台表演舞蹈吗？你知道他们跳的是哪种舞吗？
- 你知道哪些有名的舞蹈家？他们都是跳的哪种舞蹈呢？

钢琴师
——指尖上的舞者

职业·小故事

隔壁王奶奶今天参加的社区退休人员老年合唱团正式开始活动了。

"王奶奶，你们终于'开工了'啊。"妈妈开玩笑地对王奶奶说。

"是啊，这不是一直没有合适的场地吗，好不容易，有个大厦的多功能厅能借给我们用了！"说起这个合唱团，王奶奶就高兴地合不拢嘴。

"就是唱个歌，在小公园草坪边上找个空地儿不就行了吗，还要专门找个多功能厅？"妈妈吃惊地说。

"哎，这次我们可是很正规的合唱团，还有个专门的钢琴师给我们伴奏呢！"说到这里，王奶奶一脸的骄傲。

"钢琴师？就是弹那个大钢琴的人吗？"旁边的豆豆问。

"是呀，就是弹那个的钢琴师。哎呦，我们也没想到领导会找个钢琴师来，这个钢琴师是正经音乐学院的研究生呢。你别说，有了钢琴给我们伴奏，我们唱歌的时候调子准多了。还有，这个钢琴呀，声音真的很洪亮，也好听，我们听着那声音就觉得带劲！"王奶奶越说越满意，"休息的时候她给我们弹了几首曲子，我就记住有个叫什么'爱丽丝'的，可真好听！"

"是《献给爱丽丝》吧，这可是很有名的曲子了。"妈妈在一边也啧啧称赞。

"对，就是你说的这个名字。我们的钢琴师弹琴的时候，那十个手指头，'哒哒哒哒'，飞快。听她说，弹琴能让左右手协调、灵活，还能开发孩子大脑的智力，让人变聪明，就算不会弹琴，经常听听曲子心里也会很高兴，人家说叫什么'陶冶情操'呢！"

"妈妈，我也要学弹琴，我也要当钢琴师，我也要变聪明！"

职业小百科

　　钢琴师指专业从事的钢琴演奏的人，具有很高成就的钢琴师又被人们称为"钢琴家"。钢琴师可以独奏、和乐队一起协奏，或为演唱进行伴奏。

　　钢琴具有音域宽广、音量洪亮、音色优美、刚柔并济、音律准确、弹奏灵敏、转调方便、表现力丰富等优点，被称为"乐器之王"。因此，钢琴家往往比其他乐器演奏家有更多的举行个人音乐会或表演机会。经常听钢琴曲能缓解压力、提高韵律方面的艺术修养、陶冶个人情操、有助于激发大脑潜能，全面提升人的记忆力、理解力、思维力和审美能力。

　　想要成为一名优秀的钢琴师，要有很好的音乐天赋、对音乐有浓厚兴趣以及持之以恒的训练。有位大师曾经说过，钢琴演奏就是技术、表演和风格的统一，是一种结合了演奏者的耐心、激情、理解和思想感情的艺术。

职业领路人

　　贝多芬：德国著名音乐家，维也纳古典乐派代表人物之一，也是浪漫主义风格的开创者，他的作品对世界音乐有重大影响，被人们尊称为"乐圣"。他的最突出的作品是九部交响曲。代表作有：降 E 大调第三交响曲《英雄》、c 小调第五交响曲《命运》、F 大调第六交响曲《田园》、A 大调第七交响曲、d 小调第九交响曲《合唱》（《欢乐颂》主旋律）、序曲《爱格蒙特》《莱奥诺拉》、升 c 小调第十四钢琴奏鸣曲《月光》、F 大调第五小提琴奏鸣曲《春天》、F 大调第二浪漫曲、《月光曲》等。

　　郎　朗：中国著名钢琴家。他被誉为"世界最年轻的的钢琴大师""中国的莫扎特"等。他曾获得古典音乐类多项权威奖项，多次在世界瞩目的重要场合演出，2015年他的专辑《莫扎特》获奥地利白金唱片认证，2018 年获得"利兹大学音乐荣誉博士"称号。主要作品有：《黄河》《哥德堡变奏曲》《柴可夫斯基第一钢琴协奏曲》《拉赫玛尼诺夫第二钢琴协奏曲》等。

职业生涯思考

●你喜欢听钢琴曲吗？你喜欢哪些曲子？你知道它们的演奏者是哪位吗？

●你知道哪些知名的钢琴家？他们都有哪些代表作品？

●找一些你喜欢的钢琴曲，闭上眼睛，好好欣赏一下吧。

美发师
——毫末技艺的顶上功夫

职业·小·故事

社区公园广场上一群小朋友、大朋友围了一小圈儿。

"哎呦，这小弟弟的头，有个性，酷！"一个初中生模样的男孩子摸着下巴惊叹道。

"是呀，这是奥运五环吧！太精致了。让人一看就喜欢！"一个带孩子的妈妈也羡慕地看着小朋友说。

"这是在哪家理发店弄的啊？这手艺，盖了！"一位老大爷也过来凑热闹。

"这是孩子爸爸一个朋友帮忙理的，说是个有名的美发师呢。"看自己儿子成了焦点，孩子妈妈一脸的骄傲。

"原来是美发师的手笔呀！这手艺真正要的，你家宝宝留这发型真精神。"一个带着孩子的爸爸竖起大拇指。

"哎，我觉得也不错。他说我家孩子头型很圆，剃光头会很好看，但光头又太秃没个性，就设计了这个图案。"妈妈乐滋滋地对周围人说。

"对，这个头型是要求头型要好看才行，头型不好看剃光头就不好看了。不过留这个发型没几天就得修吧，要不周边的头发长出来了图案就乱了。"另一个小年轻问道。

"是啊，最多一周就要修，或者把图案用推子推了重来，酷是酷，就是麻烦啊！"孩子妈妈半是发愁半是自豪地说，"好在这个朋友会的图案多，他说过一阵再给宝宝换个图案。"

"妈妈，我也要图案，我要找美发师给我弄个'Yeah'的图案。"旁边一个四五岁的小男孩儿也羡慕地对妈妈要求。

"好的好的。"旁边的孩子妈妈答着，然后转头问，"宝宝妈妈，能给我们也联系一下那个美发师朋友吗，我家宝宝也要酷一下！"

职业·小百科

美发师，有人也叫发型师，指专为顾客提供基础的修、剪、吹、烫发、染发、接发、头发的养护以及对发型进行设计服务的人员。

美发师是从以前的理发师的基础上衍生而来的，早期人们一般称其为理发师，后来叫美发师，但不管名称如何，他们的工作都离不开利用美发工具和用品以及"洗剪吹烫染护"项目。他们为顾客提供头发／胡须护理服务，会根据顾客的头型、脸型、年龄、职业、发质等，为顾客设计适合顾客个人相貌、气质及头发特性的发型。一个优秀的美发师，要热爱美发这个行业，有精湛的基本功、审美意识、开拓创新的兴趣和精神，以及从生活中发现美发的灵感。

职业领路人

徐　凯：中国著名美发师，他从业多年，接受过法国 HCF、英国 Saks 等美发学院的培训，1999 年获"世界华人杯"美容美发大赛冠军，1999 年开始担任"中国美发美容协会"国际评委，2000 年创办个人发型发布会并获"美容美发国家级评委"称号，2002 年入选法国 HCF 高级发型师协会中国区主席，2001 年入选中国发型艺术研创中心成员。

李彩文：美发导师，北京鲍豪斯美发学校创办人，他率先提出了"中国美发杂交优论"的概念。他 2009 年担任亚洲美容美发协会秘书长，2010 年被我国文化部世界美发协会授予"金牌教练"称号，2012 年美容美发协会颁发教育行业领军人物奖，2013 年获得高级美发培训讲师证书。主要作品有《国际美发大师是怎么炼成的》《国际染发技术概论》《沙宣技术总览——方圆三角》《几何修剪之路》等教材。

 职业生涯思考

- 你了解美发行业吗？你认为什么样的理发师才能被称为美发师？
- 你的家人做过美发造型吗？你认为哪家美发店的美发师技术最好？
- 你喜欢美发这个行业吗？想一想，如果你是美发师，你会给自己设计个什么样的发型？

化妆造型师
——美的使者

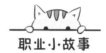

职业·小·故事

离东东家不远的一个地方新开了一家店。漂亮的花篮摆在门口，上面挂着吉庆的字幅。

"惊艳时光工作室。"东东小声读着店门口招牌上的字。

"新娘妆、舞台妆、宴会妆、日常妆，我们有一流的化妆造型师，一流的摄影师，帮您留住美好时光，新店开业八八折优惠。"店里促销的漂亮姐姐对来店里的人热情地介绍着。

"妈妈，这里这个小宝宝的照片，他成了一个长翅膀的小天使！"东东惊喜地指着一张照片对妈妈说。

"嗯，这是我们的造型师给宝宝设计的呢，非常棒吧！"旁边的促销员姐姐自豪地说。

"姐姐，造型师是做什么的？"东东很好奇地问。

"哦，造型师就是让小宝宝'变成'小天使的人呀。你看小宝宝身上的这套长翅膀的天使衣服和头上的这个花冠，都是我们的造型师给设计的呢，是不是很神奇？"促销员姐姐耐心地给东东解释着。

"他会把每个人都变成小天使吗？"看着漂亮的小天使东东有点动心了。

"哦，不但可以变成天使，还可以变成其他样子的呢，"促销员姐姐热情地回答，"新娘子来了我们可以让她成为最美丽、最特别的新娘，有人上台表演，我们也可以帮着化漂亮的舞台妆。对了，万圣节马上要到了，如果你想变成天使、蜘蛛侠、超人、撒旦或者其他什么，我们的造型师都可以帮你，保证让你在小朋友们面前又酷又帅，独一无二。前几天，我们的造型师就让一个小朋友变成了舞台上的'火爆辣椒'呢！"

"妈妈，我要让造型师帮我在万圣节那天变成钢铁侠！"东东高兴地说。

职业小百科

化妆造型师也叫造型师，指具有一定艺术造诣，具有良好的审美素养、绘画知识，熟练掌握并运用化妆技术和技巧，能够完成顾客需求的专业人士。

化妆造型是一门综合艺术，化妆造型师必须具备扎实的专业技术、良好的文化素养、敏锐的审美眼光。他们服务的对象是人，在个人的相貌和形象的基础上，以弥补缺陷、塑造、改变人的外在形象和气质为目的，充分挖掘人的个性魅力，展现个人的独特韵味，使顾客个人形象与周围环境、出席场合相协调。

随着社会经济的发展和人们消费观念的改变和提高，越来越多的人更加注重自己的外在形象，追求个性化造型，因此，化妆造型行业飞速发展，其消费群体也从原来单纯的影视、舞台领域发展到社会各个层面，在逐步成为普通大众生活、消费的一部分。

职业领路人

毛戈平：著名化妆造型师，当代中国化妆师行业标志性人物，被人称为"魔术化妆师""化妆巨匠"。他的化妆理念是"审阅美、塑造美、传播美"。他第一个推出了化妆艺术教学VCD，第一个创办了毛戈平形象设计艺术学校，第一个创建了毛戈平"MGPIN"透明彩妆系列品牌。曾获多个化妆造型业大奖。

李东田：国家级造型师，东田造型创始人，中国"彩妆教父"，德国哈苏公司高级客座讲师。他曾担任《有话好好说》《雷雨》《红粉》等影视作品首席化妆师，资生堂的首席彩妆顾问。获得荣誉有：1999年度最佳发型大奖，2000年中国国际美容时尚周中国十大时尚化妆师，2001年最佳造型师奖，2014年搜狐时尚盛典年度时尚贡献师等。

 职业生涯思考

- 你是怎么理解化妆行业和化妆造型师的？
- 你见过哪些有个性的化妆造型？你喜欢哪种造型呢？
- 你喜欢别人化妆吗？设想一下，你曾经做过哪种化妆造型，分别都是在哪种场合呢？

拓展训练师
——成长路上的磨刀石

职业·小·故事

小涛凑在妈妈跟前一起翻妈妈微信群里的照片。

"哇，老妈，这个戴着头盔的人是你吗？这么高的云梯你也敢上？还有这个，这个秋千一样的桥，这下面是水吧？这你也敢走？老妈你的小宇宙爆发了呀？什么时候胆子这么大了！"小涛一脸震惊地瞅着一副弱不禁风的妈妈问。

"之前我是不敢上啦，但是，有拓展训练师指导我就敢了啊！"妈妈有点骄傲地回答。

"拓展训练师？"小涛沉惊讶了一下，"他们怎么训练你们？像游泳教练那样？这么高，万一掉下来可不是闹着玩的。"

"当然不是了，拓展训练师告诉我们要怎么做，需要注意的事项，检查我们的防护装备，我身上有安全带的，即使踩空了也不会掉下来的。"妈妈用手指着照片上的保险带对小涛说。"人家还会急救呢，像什么小磕碰呀，小擦伤呀，崴脚了呀，他们都能处理的。"

"这是全才呀，这得什么来历呀？"小涛明显有点不信。

"我还真看了下，有几个退伍军人，其中一个还是前特种兵呢，两个攀岩队员，一个专业登山队的。"

"看起来这个活动挺不错啊，起码老妈你的胆子上去了好几个台阶。"往后翻着照片，小涛也越来越惊讶。

"那当然了，活动的目的就是让我们放松身心，锻炼我们的胆量和意志力，培养队员之间的信任感和团队向心力的。一起摸爬滚打过来的感觉真是不一样的。"妈妈对小涛说。

"嗯，看来确实不错，等暑假了，我也要找个拓展训练营去试试！"

拓展训练师指为需要进行野外生存训练的人提供拓展训练服务的人员。他们会针对学员的需求设计训练课程，在训练过程中保护学员的安全，训练结束后对学员进行心理引导，以达到拓展训练的目的。

拓展培训师需要熟悉各种拓展项目的环境、器械以及拓展训练项目的流程，需要具备管理能力、组织能力、心理学、教育学等方面的理论知识和专业知识。他们集指导员、保护员、救生员于一身，在训练中要告知学员训练的注意事项并保障学员安全，起到引导、提升、保护的作用。通过分享和训练，磨炼学员意志，陶冶学员情操，调适学员身心，提升组织团队凝聚力、向心力。

目前我国拓展训练师组成有：受过专门野外训练的退伍军人和体育教练、对拓展训练感兴趣的人士，以及登山、攀岩领域的专业人才。

职业领路人

杜　葵：北京众人拓展训练有限公司高级培训师，YBC 中国青年创业国际计划创业学院院长，中国十佳培训师，体验经济专家，"商战特训营"高级管理课程认证讲师。曾为荷兰飞利浦、中国网通、法国达能、UT 斯达康等多家公司进行拓展训练，是我国拓展训练的代表人物。

锦程拓展团队：它是国内首家将"提升组织绩效"作为体验式培训核心课程的培训机构；国内大型团队活动的领军团队；是国内主题、情景式体验培训的先行者；国内外多个权威、知名机构的合作伙伴。

职业生涯思考

- 你了解拓展训练吗？你参加过拓展训练吗？
- 如果你参加拓展训练，会对你有哪些方面的改变呢？
- 你喜欢拓展训练吗？为什么？

你喜欢的职业是它么？

职业规划师
——职场丛林中的向导

职业·小·故事

乐乐这几天有点儿小心事。妈妈在感慨孩子长大了的同时也有点儿担忧。

"乐乐，有什么心事吗？"在公园闲逛的时候妈妈问。

"前几天老师让我们说'我将来做什么'，"一说起这个来，乐乐更委屈了，"他们都说自己要当医生、科学家、老师，可是我都不想做他们说的那些！也不想撒谎，就说'我不知道'，有的同学就嘲笑我。妈妈，我将来要做什么好呢？"

"乐乐原来是为这个不高兴呀！"妈妈摸摸乐乐的头表示安慰，"现在不知道自己做什么没关系，我们可以请职业规划师来帮忙啊！"

"什么是职业规划师？就是电梯里播放的给人们找工作'猎头'吗？"乐乐每次坐电梯都可以看到"职位高、薪水多、老板帅"的广告，对猎头这俩字记忆深刻。

"不是的。猎头是为企业寻找特别能干的人才的。职业规划师不一样，他们是你职业生涯的'向导'。他们会根据你个人的特长、天赋、爱好、能力还有你上过哪些学这些情况，让给你做一个测试，这样你就知道自己有哪些优点和特长，对什么有兴趣，更适合做哪些工作，或者做什么才能发挥你的特长和潜力了。他们还会根据你将来要做的工作或行业，制定一些学习计划，这样，你就能一直朝着已经定好的目标前进，不会走弯路啦！"妈妈边走边给乐乐解释。

"也就是说，有了职业规划师帮忙，我就知道自己将来适合做什么了？那可真是太棒了！"

134

职业·小百科

职业规划师，又被称为职业生涯规划师（CCDM）。根据客户的个人兴趣爱好、性格、天赋、教育状况、工作经验等具体情况，运用科学、系统的测评工具和方法，对客户进行测试、咨询，诊断、规划，引导客户客观认识自己，使其了解自己潜能和职业兴趣，清楚自己的职业定位和职业方向。帮客户制定合理的职业发展规划和合理的培养方案、找到走出职场困惑的途径和方法。

职业规划师实行持证上岗制度。随着国内、国际人才市场的发展，无论个人还是企业对专业的职业规划人员的需求也日益强烈，职业规划师成为黄金职业之一。

职业领路人

弗兰克·帕森斯：被人们称为"职业指导之父"。他的"人职匹配理论"提出，每个人都有自己独特的特点和气质，每个具有这种特点和气质的个人都有与其相匹配的职业。1908年，他设立了第一个职业咨询机构，让人们有了"职业咨询"的概念，从此，职业咨询指导走向系统化。

唐纳德·舒伯：美国著名职业指导专家，"超级思想家"，最重要贡献为"生涯彩虹图"。他创办了美国人事与指导协会（现美国咨询会），并担任第一、二任主席。美国全国职业指导协会（现美国职业生涯发展协会）第50任主席。1972年获美国全国职业指导协会杰出事业奖。出版著作有：《职业适应动力学》《职业生活的心理学》，其《职业发展理论》于1953年在《美国心理学家》杂志发表。

职业生涯思考

- 你知道职业规划师是做什么的吗？
- 你以后准备从事哪一职业？需要职业规划师帮忙吗？
- 如果将来你想成为一名职业规划师，要做哪些准备工作？

钢铁工人
——赤火烈焰下的裁缝师

职业·小·故事

车子在快速路上奔驰。涂涂小脑袋贴在窗玻璃上看着路边不断闪过的景色和车辆。突然，他眼睛一亮，指着外面又高又大的烟囱喊："妈妈快看，大烟囱大烟囱！"

妈妈朝窗外看了一眼，原来是到钢厂的地段了。"嗯！这是钢厂的大烟囱。不过现在钢厂已经迁走了，只剩下了这些大烟囱和厂房了。"

"妈妈，什么是钢厂？为什么它的烟囱这个比咱家旁边的取暖的大烟囱还大？"大烟囱已经过去了，涂涂仍意犹未尽地说。

"钢厂就是钢铁工人炼钢铁的地方！"妈妈回答道。

"钢铁工人炼钢铁？"涂涂很奇怪，"山里没有钢铁吗？为什么还要炼？"

"山里是没有我们经常看到的钢铁的，只有各种金属矿石，比方说铁矿啦，锰矿啦，铬矿啦。要先把这些矿挖出来运到钢厂，然后就是钢铁工人叔叔们大显身手的时候啦！他们先把这些矿石放到刚才你看到的大烟囱里炼成铁，再把铁放到另一个大炉子里变成钢水，然后再把钢水注到模子里，让它成了钢锭，最后加工成各种能用的钢铁材料。"妈妈耐心地给涂涂解释。

"钢铁工人叔叔的工作听起来好复杂啊，钢铁有什么用呢？"涂涂坚持不懈地问。

"钢铁的用处可多了，我们的大楼里有钢筋，鸟巢是钢结构的；我们坐的汽车是铁的，还有火车和铁轨、海里的大轮船都是铁的呢，就连我们家炒菜的锅和你的好多玩具汽车，也都要用到铁呢！"妈妈掰着手指头一样一样跟涂涂说着。

"哇！"涂涂惊叹了一声，"钢铁的用处这么多！钢铁工人叔叔们可真能干！"

职业小百科

钢铁工人，是从事金属冶炼、加工行业人员的统称。具体包括炼铁炼钢工、轧钢工、机械工、划线工、模型工、清理工、熔化工、锻造工、型砂工、焊工、冷作工、起重工、金属热处理工、起重工、焊工、天车工等。

钢铁工人把铁矿石、铬矿石、锰矿石等原材料通过焙烧、熔炼、电解，或者使用化学药剂等方法把矿石中的金属提取出来，炼成粗钢（冷却固化后称为钢坯或钢锭），然后再通过铸、轧、挤等方式加工成各种钢材。

随着工业社会的进一步发展，钢铁材料已经成为现代社会生产、生活不可或缺的一部分，它可广泛应用于建筑、机械、造船、通信、农业、交通、军工、化工等领域。作为钢铁材料的生产者，钢铁工人的作用也举足轻重。

职业领路人

王　军：他是著名的工人发明家，机械设备点检技能专家。他从一个普通的剪刀组装工做起，一步一个脚印，用自己的汗水和智慧诠释了"当代工人"的价值和担当，成了技术型领军人才。他曾获国家发明奖 14 项，国际发明奖 4 项，先后两次荣获国家科技进步二等奖，2016 年他荣获第十三届中华技能大奖荣誉称号。

肖国昆：炼钢厂冶炼工，高级技师。他从一点一滴出发，立足自己的岗位，勇于探索和创新，练就了转炉炼钢绝技，成为炼钢厂生产骨干，并凭自己实力走上了炉长岗位。先后荣获"全国冶金系统青年岗位能手""全国青年岗位能手""全国技术能手""全国劳动模范"等荣誉称号。

 职业生涯思考

- 你了解钢铁工人的工作吗？看过他们工作的相关报道和资料吗？
- 你读过哪些关于钢铁工人的文章？人们是如何赞美钢铁工人的？
- 想一想，在现代社会，没有了钢铁工人，哪些东西会消失不见？

房地产估价师
——房产价值的裁判员

职业·小·故事

明明可喜欢玩"大富翁"这个游戏了。可是，明明发现了一个奇怪的现象：同样大小的地和房子，怎么价格不一样呢？有时候同样大小的两栋房子，价格能差一半啊！

"妈妈妈妈，为什么我这个房子比上次卖掉的那栋房子少卖了好多钱？"明明简直要愤怒了，难道是电脑欺负小孩吗？

"因为房地产估价师对它们的估价不同呀。"妈妈瞄了一眼游戏说。

"房地产估价师？那是做什么的？"明明仍然不明白。

"房地产估价师是专门对'你'的房子进行调查，然后给出一个让大家参考价格的人。这个价格可不是随便就有的，房地产估价师要先调查房子的情况，然后根据房子的大小、地理位置，周围的配套设施、交通状况，算一算在这里如果要买一个或盖一栋同样的房子，需要多少钱，然后写一个调查报告，给出调查结果和价格。比方说，一个房子，如果周围有公园、商场、银行、学校，交通也很方便，那么大家就会抢着去买，价格就会高些。如果把这套房子放到沙漠或者大山里，喜欢它的人就会少些，价格也就低些。"妈妈跟明明解释说。

"我们真实的世界里也会有'房地产估价师'给房子评一个价钱吗？"明明问。

"是呀，"妈妈点点头，"我们换房子住或者买卖房子的时候也需要有一个参考价格的，这样我们才能更清楚我们房子的价格是不是合理，大家买卖房子的时候才更放心！"

职业小百科

房地产估价师，指受过专业的教育或培训，具有房地产估价经验、通过全国统一考试，取得房地产估价师《执业资格证书》、在政府有关部门注册登记，从事房地产估价业务的专业人士。

房地产估价师要根据委托方的要求，到现场对要进行的估价对象进行实地勘察，收集估价所需要的资料和信息，进行分析、整理，然后考虑评估对象的地理位置、周边交通情况、基础设施状况、市场发展趋势和政府规划以及相关政策调控情况。并参照周边类似房产的市价或重置成本，对评估对象进行周密分析，拟定估价方案，确定其评估对象的合理价值，然后撰写评估结果和估价报告。

房地产评估是房地产流通环节不可或缺的组成部分，在经济发展过程中有非常重要的作用。随着房地产市场的进一步成熟和规范，房地产评估行业日益成熟，房地产估价师也将更有作为。

职业领路人

中国房地产估价师与房地产经纪人学会：它是由从事房地产估价或房地产经济活动的专业人士、机构及相关单位组成的全国性行业组织。它的前身是"中国房地产估价师学会"，后更为现名。它主要开展房地产估价、房地产经纪的研究、教育和宣传，制定有关房地产估价与房地产经纪行业的标准和规范，提高业内人员的服务水平，维护和促进本行业健康、良性和和持续发展。

孟宪利：土地估价师、注册房地产估价师。他原来是一位普通的小瓦工，在1984年，他以第一名的成绩通过了房管局的转干，从此以后他就不断学习房产方面的相关知识，1995年，他一举拿到了土地估价师、房地产估价师两个证，成了北京市延庆区第一名房地产估价师。

职业生涯思考

- 你知道房地产估价师这个行业吗？知道他们是做什么的吗？
- 在看到一个房子的时候，你知道怎样确定它的价值吗？
- 想一想，如果想做一名优秀的房地产估价师，你要有哪些知识，如何做呢？

培训师
——前进路上的及时雨

职业·小·故事

西西妈妈用一个袋子拎回来了三大本厚厚的书。

"儿子，以后这个书房分我一半，咱俩要一起做作业啦！"把书放在桌子上说。

"妈妈你不是已经毕业很多年了吗，还要做作业？"西西听妈妈说要一起做作业，又是好奇又是高兴，独自做作业四年多了，现在终于有了个"难兄难弟"。

"我们公司要创新、要改革，所以，妈妈需要再学习！"妈妈有点儿自豪地说，"妈妈是公司第一批参加培训的，我得告诉爸爸，从明天起我也是学生了，也要享受学生待遇。"

"Wow！"西西吃惊地张大了嘴巴，"妈妈你也要去学校上学吗？"

"不是，是公司请了培训师到公司上课，我不用去学校。"妈妈麻利地收拾着书桌。

"培训师，就是学校的老师吗？"

"培训师是讲课的老师，但和你们学校老师不一样，他们是社会上培训学校的老师，是为公司啊、企业啊解决各种难题的。现在的技术发展太快了，公司的设备需要换新的，公司管理方式也落伍了，现在都讲究用科学管理，还要用'互联网＋'开展业务。公司还上了个什么ERP系统，这些要经过培训、学习才能适应的。培训师在我们公司待了有差不多一年了，每天一边看我们工作一边在小会议室讨论。前几天说培训方案定了，教材也有了，就等着给我们培训了！"妈妈把西西当成了小大人，说起来就停不住。

"欢迎妈妈重新成为学生，战友，我们一起加油吧！"西西握住妈妈的手郑重地说。

　　培训师分为企业培训师和职业培训师，是指根据新技术的发展、经济状况以及不同时期的就业市场需求，或者为使企业适应新技术、市场状况和企业自身需要而制定和实施培训项目的人员。培训师要研发适时的培训项目，制订培训计划，为企业或个人提供符合新技术和市场需求的咨询服务和教学活动。

　　一名优秀的培训师，首先，要用心观察和思考，有共赢思维，从客户角度考虑制定合适的培训项目；其次，培训师讲课内容要有针对性，培训结果要有效；第三，要思维敏捷和有为人师表的台风，讲课生动有趣，课堂气氛活跃，讲授知识要深入浅出，能引导听课人积极思考和参与，加强培训效果。

　　随着经济技术不断发展，大量行业也推陈出新，企业和个人出现了诸如观念陈旧、知识过时、技能缺乏等问题，这就需要进行培训以适应新技术和新需求，培训市场和培训师队伍也日益成熟壮大。

职业领路人

　　俞敏洪：新东方教育集团创始人，英语教学与管理专家，2009 年获得 CCTV 年度经济人物，《财富》2012 年中国最具影响力的 50 位商业领袖第 45 位，被评为 20 世纪影响中国的 25 位企业家之一。其励志著作有：《永不言败》《生命如一泓清水》《从容一生》《大河奔流的精神》等。

　　戴　东：著名亲子教育专家，培训师，中国关心下一代教育基金会"圆计划"创始人，艺博教育创始人。他 2009 年荣获"国际十大培训师"称号，2001 年中华讲师网把他收录进《家庭教育、亲子教育著名讲师大全》，2012 年被中国公益培训联盟授予"中国十大公益教育家"称号。主要著作有：《这样培养孩子才优秀》《要相信人生从来没有太晚》《时间管理》《105 学习成长训练手册》等。

 职业生涯思考

- 你是如何理解培训师这个行业的？
- 你都在哪些培训机构上过课？你喜欢那里的培训师吗？
- 将来你想进行哪方面的培训？你要怎么寻找合适的老师呢？

石油工人
——液体黄金的发掘者

职业·小·故事

中秋节到了，贝贝的学校又是举行趣味运动会又是猜谜语，可热闹了。不过，有一个谜语他怎么都猜不出。

"妈妈，我这里有一个谜语不知道，不是水，哗哗流，不是泉，喷个够，地下有，海底有，建设祖国跑前头。"贝贝说了谜语期待地看着妈妈。

"这个……"妈妈听了贝贝的谜语停顿了一下，"是石油？"

贝贝恍然大悟，对嘛！就是石油啊！"谢谢妈妈！可是，石油不是在加油站里吗，怎么是地下和海里呢？"

妈妈笑着摇摇头说："加油站里的油是燃油，是加工过的石油。石油是远古时代的生物死了以后，它们的尸体沉在海底，骨骼变成了化石，它们身上的脂肪和蛋白质就慢慢变成了液体，也就是石油，这样，石油就被埋在海底啦！后来地壳不断运动，原来是大海的地方有的变成了山脉，有的地方变成了草原，有的变成了沙漠，所以，你会发现除了海底还有很多地方有油田呢！"

"可是妈妈，那它是怎么跑到加油站里去的啊？"贝贝不解地问。

"这都是石油工人的功劳啊！石油工人要先研究哪里有石油，然后再派人去把石油从地下弄到地面上来，这叫采油，采了油以后还要运到专门的炼油厂加工冶炼，然后才能成为我们见到的柴油、汽油、润滑油。还有你的衣服，如果是化纤的，那就是石油加工成的，还有家里塑料的东西、篮球、汽车轮胎、路上的沥青。这些都是石油加工的呢！"

妈妈说一样，贝贝的嘴巴就张大一分。"天啊，妈妈，石油这么重要啊！"

"是啊，所以石油又被叫做'工业的血液'！石油工人可是'采金子'的人呢！"

职业小百科

石油工人指在石油行业从事石油开采（包括天然石油、页岩油和天然气）、加工冶炼、运输储存等工作人员的统称。具体包括在油田地质勘探、油田开发和石油开采、石油输送、石油储藏、炼制加工等部门工作的员工。

石油被现代社会誉为"液体黄金"，是重要的工业能源和燃料，它提炼出来的柴油、汽油、润滑油、重油、石蜡等油品可以广泛应用于工业。没有了石油，我们生产生活中的很多工具就无法使用，人类工业社会进程会大大减缓。因此，它又被称为工业的"血液"。日常生活中常见的沥青、塑料、衣服面料（涤纶、晴纶、锦纶等）、合成橡胶、清洁用品、农业肥料等产品，都有石油的影子，就连制药、食品、化妆品也离不开石油的贡献。因此，石油工人也越来越不可或缺。

石油的勘探开采工作都在野外进行，工作环境恶劣和工作条件艰苦。为了保障工业的发展，一代代石油人战斗在一线，奉献着自己的青春，也造就了石油人不朽的"石油精神"。

职业领路人

王进喜：大庆油田石油工人。他率领钻井队打出了大庆第一口油井，创造了当时世界钻井纪录；他用"人拉肩扛"的方式奋战三天三夜让井架耸立在荒原上，带头跳进泥浆用身体制服了井喷。他说，"一个人没有血液，心脏就停止跳动。工业没有石油，天上飞的，地上跑的，海上行的，都要瘫痪。"他留下的"大庆精神""铁人精神"已成为我们宝贵的精神财富。

吴吉林：采油厂高级技师，新时代的铁人。只有初中学历的他，一边工作一边自学专业书籍，摸索着搞创新发明。他共完成技术创新成果73项，2015年被评为长城润滑油杯第二届"感动石化"人物，"最美职工""全国劳动模"等荣誉称号。

职业生涯思考

- 石油有什么用？你知道生活中哪些东西是石油提炼出来的吗？
- 想一想，如果没有了石油工人生产石油，我们的生活会成为什么样子？
- 你听说过王进喜的"铁人"精神吗？让爸爸妈妈给你讲一讲"铁人"王进喜的故事吧！

维修电工
——光明的使者

职业·小·故事

"啪！"电视闪了几闪，突然黑了屏。正在姥姥家津津有味看动画片的玲玲一下子呆住了。还有，空调吹风口也慢慢合拢。

"姥姥！"玲玲反应过来飞快地跑向姥姥求救，"咱家电视和空调坏了！它们不工作了！"

看了几眼空调和电视，姥姥摇摇头笑了，"玲玲啊，这是停电了，可能又是哪里的电路出了问题！"

"那怎么办？我的动画片，还有，没有空调会很热！"玲玲都要哭了，一夏天都要没有空调没有电视？

"不要着急，咱有救星！姥姥给'老郭'打个电话，他很快就会回来了！"姥姥不紧不慢地拿过电话打了过去。

"姥姥，'老郭'是谁，你为什么要给他打电话，妈妈说有困难找警察！"玲玲好奇地问。

"'老郭'不姓郭，"放下电话，姥姥对玲玲说，"我说的这个'老郭'是维修电工，因为也不知道他们姓什么，反正一打电话他们就过来帮咱修变压器修电线修保险丝。一问姓啥，他们就说：'哦，我们是国家电网的'，所以老百姓就叫这些维修电工'老郭'啦。停电了给'老郭'打电话，比给警察打电话管用多了。"

"维修电工'老郭'是专门给咱们安装线路、检查电线故障的人，就像是医院的医生给病人看病，他们是专门给电线、配电站、变压器'看病'的。有了他们，停电也不怕。"

玲玲高兴起来，"那'老郭'叔叔真是好啦！我也要告诉妈妈，以后家里停电了就给'老郭'打电话！"

职业·小百科

维修电工，以前统称为电工，指从事机械设备和电气系统及器件的布局、安装、故障检测与排除、电气设备的维护保养、固定装置、电路控制、调试、优化、改造、维修等工作，使电气装置正常运行的专业人员。

维修电工必须参加专门的安全教育和培训，熟练掌握电工基本的知识和安全操作规程后才能进行电工实际操作。维修电工属于高危工种，从业人员要责任心强，动手能力强。其从业人员所持有的《维修电工职业资格证书》也叫电工等级证，它一般分为五个等级：初级、中级、高级、技师、高级技师。

在当今社会，人们对电能的依赖日益增强，因此维修电工也越来越重要。一名优秀的维修电工，要能在日常检修与调试中及时发现电路中存在的问题，并在最短时间内消除故障，确保设备安全、稳定运行。

职业领路人

窦铁成：中铁一局集团电务公司供电安装分公司电力工，高级技师，知识型"金牌工人"，2010年被授予全国劳模称号。参加工作30多年来，他从一名只有初中文化的普通工人成长为优秀的高级技师，从普通员工成长为全国劳模。从业以来，他自学了大量电力学知识，做的学习笔记达100多万字。一路走来，他成了工友的"主心骨"，被工友亲切地称为"电力专家"。

陈新益：他被公认为浙江电力公司配电线路上的杰出人才，被授予浙江省首批"浙江工匠"称号。他的拉线制作曾在全国配电线路竞赛中取得最高分，在立杆、架线方式上打破了传统方式。2009年他成立了"陈新益工作室"，开始把自己的一线工作经验倾囊相授，为企业培养出一代又一代的"电力工匠。"

 职业生涯思考

- 你了解维修电工这个行业吗？见过他们冒着严寒或酷暑工作吗？

- 你家里停过电吗？你知道爸爸妈妈是向谁打电话求救的吗？

- 想一想，如果没有了维修电工，我们的生活会变成什么样子？

公务员
——为人民服务的公仆

职业·小故事

马上就要期中考试了，已经是六年级学生的楠楠，这几天忙得不可开交。

"想取得好成绩是那么简单地吗？为了开学之初自己立的'军令状'，拼了！"楠楠暗暗握拳。

可是，已经研究生毕业的小姨是怎么回事儿？这些天，她为什么也每天捧着书啃啊啃？

"小姨，你不是已经毕业了吗，怎么还在拼命看书？你也要期中考试吗？"终于，楠楠忍不住问了出来。

"哦！"小姨头揉揉发酸的脖子对楠楠诉苦，"我不是期中考试，我就要参加公务员考试，这可是号称'国考'，今年的报名人数又创新高了，啊啊啊，压力好大呀！"

"什么是公务员，为什么还要考试？是升学考试吗？"楠楠仍然不明白。

"公务员呢，就是国家的公职人员，是有编制的、国家给发工资的，是在国家的一些单位工作的人，像政府部门、税务部门、公安部门、法院、检察院，这些单位里都有公务员。不过呢，想当公务员就得通过国家公务员统一考试，据说，今年有资格参加考试的人和录取人数的比例是95比1。"小姨忍不住仰天长叹，"95个人录取一个人，这比当年高考录取率可低多了呀！"

听到95个人录取一个人，楠楠吓了一跳，"小姨，这就是传说中的百里挑一了吧？不过你一定行的小姨，我在精神上支持你！"

楠楠暖心地抱了下小姨，"加油加油！"

职业小百科

公务员全称为国家公务员，《公务员法》对其定义为：依法履行公职、纳入国家行政编制，由国家行政负担工资福利的工作人员，以及法院、检察院、政协工作人员等非国家行政机关公职人员。公务员应对国家的社会秩序和公共资源进行统筹管理，维护、执行国家法律法规。

按照职位不同，工作性质的特点和管理要求，公务员分为综合管理类公务员、专业技术类公务员和行政执法类公务员。根据《公务员法》，对于特殊职位的公务员，实行单独增设职位类别的管理方式。

公务员是保障一个国家维护社会秩序和正常运转的重要组成部分。他们工作相对稳定，收入有保障，对就业人群来说较有吸引力。目前，我国公务员由国家人力资源和社会保障部进行管理，采取公开考试的方式向全社会公开招考，并建立了相应的升降和退出机制。

职业领路人

焦裕禄：兰考县委书记，干部楷模，在 2009 年被评为"100 位新中国成立以来感动中国人物"。在兰考工作期间，他忍着肝癌的剧痛，和干部、群众一起面对恶劣的自然环境，总结出整治"三害"（内涝、风沙、盐碱）的具体策略，找到了大规模种植泡桐的办法。他的这种无私奉献、不怕困难、科学求实的精神被人们称为"焦裕禄精神"。

孔繁森：援藏干部，时代先锋，领导干部的楷模，在 2009 年被评为"100 位新中国成立以来感动中国人物"。在主动报名援藏时，他请人写下了"是七尺男儿生能舍己，做千秋鬼雄死不还乡"的条幅。在西藏工作期间，茫茫高原到处都有他为当地百姓奔波的身影，1994 年他不幸以身殉职，赞颂他的歌曲有《走进西藏》《公仆赞》《等你回家》。

职业生涯思考

- 你听说过公务员吗？知道公务员都有包括哪些人吗？
- 现在公务员考试竞争很是激烈，你知道现在的公务员考试被称为什么吗？
- 你想做一名公务员吗？你知道如何才能成为一名公务员吗？

你喜欢的职业是它么？

钢琴调音师
——钢琴的白衣天使

职业·小·故事

晴晴家新添了个大家伙。

"我家黎黎当年说学钢琴、学钢琴，买了也没坚持几年，这还是名牌呢，放着可惜又占地方，你家晴晴要学，就先凑合这个得了！等她练好了再买更好的。"舅舅这么对晴晴妈妈说，"就是放了五六年了，不知道音准不准，你看找谁给调下。"

钢琴刚刚安顿好，晴晴就迫不及待地跑到跟前，掀开琴盖，轻轻把小手放到了琴键上。

"邦～"的一声响让旁边聊天的几个大人吃了一惊。

"声音怎么听着有点儿怪？你们觉得呢？"晴晴妈妈问。

"听不大出来呢，也许有点儿？"晴晴舅舅哑哑嘴不大确定地说，"关键是咱也不懂呀！改天找个调音师过来看下吧，这放好几年了，不知道什么情况呢！"

"舅舅，什么是调音师？"晴晴放下琴盖跑了过来问。

"调音师，嗯，就是，那个……"晴晴妈妈沉吟了下，最后终于找到了合适的措辞，"给钢琴看病的医生。"

"钢琴也会生病，需要看医生吗？"晴晴很疑惑，钢琴怎么生病呢？

"是呀，钢琴弹的时间久了，或者移动过了，各种原因，就有可能音不准了，哪怕长时间放着不弹，也是需要调音师定期给钢琴检查一下的。还有，别看钢琴从外面看很简单，实际上它里面有很多小零件，不管哪个小零件有问题了，都是需要调音师给它'治疗'的。当然了，调音师可不是给钢琴打针吃药，而是用专门的调音工具，先边敲边听，然后再校正。如果检查到有不合适的小零件也要处理一下，这样钢琴弹出来的声音才更准，也更好听"。

"哦，那先让调音师给钢琴看病，等它完全好了我再弹吧。"晴晴懂事地对大人们说。

148

职业小·百科

钢琴调音师又称钢琴调律师，指用专业从事钢琴音质、音色调整，检查钢琴机件、音准，并用专业的调音工具对钢琴进行调试、维修，使其达到国际标准音的人员。除了给钢琴调准音，钢琴调音师还可以处理钢琴的其他问题，如钢琴修理、处理音色问题、进行机件调整以及解决用户的疑难问题。因此，有人也成调音师为"钢琴华佗"。

一个合格的调音师，要有很好的声音分辨能力，具备相应的钢琴理论知识，能熟练使用各种调音工具，懂得专业的钢琴调试技能。目前，我国已成为世界钢琴产业大国，我国钢琴市场也日益扩大和成熟。经过系统化、专业化培训，具有较高素质的钢琴调音师也成为行业的宠儿，具有良好的就业前景和较高的经济收入。钢琴调音师职业技能证书分高级、中级、初级三级。

职业领路人

陈　燕：一级钢琴调音师，中国音乐家协会钢琴调律分会会员，是我国第一位女盲人钢琴调音师，她2002年创建了北京钢琴调律网。同年，她被评为《感动2004》十大真情人物。她开通了全国第一条钢琴公益服务热线于广大钢琴用户。她不仅有娴熟的调琴技术，同时她也为自己调出了生活的精彩，为自己调出了光明的未来。

郭　伟：国家高级钢琴调律师。他能够凭借听觉，对钢琴每个琴键的发音有敏锐的感知，并通过专业的调音工具校正。他是第一个在重庆提出国际音高概念的人。他曾为美国钢琴大师托马斯，以及国内各位钢琴家担任过首席钢琴调音师。现在，他是重庆大剧院首席钢琴调音师，社会劳动部职称考评官。

职业生涯思考

- 你了解钢琴调音师这个行业吗？他们主要做什么工作？
- 你家里或学校有钢琴吗？有机会仔细观察下，看它是如何发出悦耳声音的？
- 想一想，你如果想成为一名钢琴调音师，要如何去做呢？

音乐指挥
——音乐演出的灵魂人物

职业小·故事

公园的湖边，每个周六上午都有很多人在那里唱歌，他们每人拿一个歌本，唱得可认真了。每次去公园，小叶子都要停下来听一小会儿。

"咦？妈妈，为什么有个奶奶不唱歌也不拿乐器，就在那里来回挥胳膊，她在干什么呀？"小叶子突然在唱歌的人群中发现了个"异类"，"啊，她右手还拿着个小棍子，你看你看，她还对那边敲鼓的爷爷点了两下！"

"哦，你说那个面对着小乐队的奶奶呀？她是这个乐队的指挥！她右手那个小棍子就是她表演的工具，叫指挥棒。她挥胳膊、用指挥棒点乐队的人，那都是在指导乐队演奏呢。"

小叶子有点不明白了，"可是妈妈，乐队的人都会自己演奏呀，为什么还要人指挥呢？"

"因为乐队每个演奏的人对曲子的快慢啊、节奏啊都有不同的理解，有人在这个地方会快一点，而另一个人在另一个地方会慢一点，或者力度也有轻有重不一致。这时候就需要有个人给他们统一一下，按照这个人的指挥来演奏，这样演出来的曲子才更协调一致、更好听。你看她的胳膊有时候挥得慢，有时候挥得快，指挥棒也是有时候轻轻点一下，有时候很重地划下去，那都是专门的指挥语言呢，乐队演奏的人都能看懂。"

"哦，大家看她的手和那个指挥棒吗？她让怎么演奏就怎么演奏？"小叶子似乎明白了点儿。

"对呀，你听说过一句话吗？'火车跑得快，全靠车头带'，指挥就是这个乐队的'车头'。乐队演奏的效果怎么样，和指挥的水平有非常重要的关系呢！"

音乐指挥，指在各类管弦乐队、交响乐队、合唱队等音乐表演时，站在乐队或合唱队前面手拿指挥棒，用肢体语言指示乐队演奏或合唱队成员演唱的人。

音乐指挥右手持指挥棒（一般情况下合唱队不用指挥棒），提示演奏的演员演奏的速度和节拍，左手表示乐曲的强弱。同时，不同的面部表情、头部动作或用身体动作也是指挥的一部分。

音乐指挥是乐队或合唱队的灵魂人物，他对乐队的指挥也是理解演奏作品和对演奏作品再创作的过程。他要组织和训练乐队，在演出时控制整首曲子的速度、节奏和演出效果，使乐队演奏人员能够统一、正确地演奏作品。同时，指挥也有一定的表演性质，能够让观众感受到自己的激情，增强演出的感染力。

职业领路人

伦纳德·伯恩斯坦： 美国著名指挥家、作曲家，有"桂冠指挥家"的美称。他1943年在乐坛上崭露头角，并于同年担任纽约爱乐乐团客座指挥，1959年担任该乐团音乐总监，是第一位获得指挥国际乐团的美国本土指挥家。他在任期间，带领乐团走向了巅峰，也从此确立了一流指挥家的地位。

小泽征尔： 日本著名指挥家，被誉为世界三大东方指挥家之一。他是指挥界中著名的"全身都在说话"的指挥家，他的指挥动作生动、有激情，极具感染力。他先后在芝加哥交响乐团、旧金山交响乐团、波士顿交响乐团、多伦多交响乐团担任常任或客座指挥，2015年他荣获肯尼迪中心荣誉大奖，2016年获得美国音乐界最高荣誉——格莱美大奖。

 职业生涯思考

- 你知道什么是音乐指挥吗？知道他们有什么作用吗？
- 你知道哪些著名的指挥家？
- 你将来想做一名音乐指挥吗？你准备师从哪位指挥家的指挥风格？

模特
——引领时尚的达人

职业·小故事

奶奶发现这几天孟源可"忙"了，整天神神秘秘的。对了，奶奶还发现他把家里的废旧光盘和扑克牌翻出来了。这孩子，拿这些干什么呢？

"奶奶，看我的衣服怎么样？"终于，孟源穿着一身扑克牌和光盘连成的"衣服"出现在奶奶面前，"我们'麻豆'在下周二就表演了，奶奶你给我提下意见。"

"你穿的这是什么呀？你还'毛豆'？"奶奶看着孟源的打扮大吃一惊。

"奶奶，我是'麻豆'不是'毛豆'，是模特的意思，英文就是model。老师让我们用家里的废旧物品设计表演穿的衣服，再自己当模特表演。怎么样，我这是古代将军穿的盔甲，酷吧！奶奶你看我的表演啊！"说着，孟源又拿起了旁边一柄"长剑"，迈着大步昂首挺胸地从卧室走到客厅，在奶奶面前，随手做了几个舞剑的动作，挽了几个剑花，高声说"黄沙百战穿金甲，不破楼兰终不还"，然后摆POSE站定。

奶奶看着孟源的表演笑得腰都直不起来了，这孩子，怎么这么多鬼点子！

"你这孩子，这几天做作业都不踏实，就为了这个呀！人家电视上都是女模特，哪有男模特呀！"

"奶奶，你看到的电视上的女模特那只是模特界的沧海一粟啊！"孟源用自己刚刚学到的成语反驳奶奶，"模特有很多种呢，除了电视模特，杂志上封面上也有模特，购物网站上还有各种服装模特、手模、脚模呢。人家这是个很大的行业，模特们都是时尚达人呢！"

"好了好了，时尚的'毛豆'先生。"

职业·小百科

　　模特，由英文"Model"的音译而来，人们又昵称其为"麻豆"，主要指经过专业训练，从事展示时尚前沿的产品、协助广告主进行产品宣传、为观众提供审美服务或者表现某种艺术理念的人士。

　　模特可分为影视模特、平面模特（如杂志、海报上的人物）、商业礼仪模特、网络服装模特、T台模特、摄影模特、试衣模特，以及特种模特，如手模、足模、腿模等。模特一般是时尚达人，很多时候模特能够在一段时间内引领时尚潮流。因为模特主要功能是展示和表演，因此对模特的个人气质、文化素养、体型、相貌、展示能力、表演能力等方面，不同类型的模特有不同的要求，如T台模特身高、个性、个人特色有要求较高，平面模特则对相貌颜值及身材比例要求较高，对身高要求一般。广告主一般通过模特对产品进行展示来扩大产品的影响和知名度，激发潜在客户的关注度和购买欲望。

职业领路人

　　米兰达·可儿：澳大利亚著名模特、演员。她13岁时荣获《Dolly》杂志举办的全国模特大赛冠军，从此步入模特行业，后因代言美宝莲产品被关注。2006年获得模特界最高荣誉——成为维多利亚的秘密的"天使代言人"，从此她步入全球"超级名模"行列。

　　吕　燕：国内著名女模特、服装设计师。1999年拍摄时尚杂志封面，在时尚圈崭露头角。2000年获得世界超级模特大赛亚军，2005年获得中国风尚大典风尚星光大道奖，2007、2009年获得第一届、第二届模特大典国际风尚模特奖，2009年获得中国60年十大时尚人物奖，2010年获得第14届华语榜中榜亚洲最具影响力模特奖。

职业生涯思考

- 你了解模特这个行业吗？你都知道哪些类型的模特？
- 你见过服装模特或者素描模特吗？他们有什么不同？
- 自己练习下模特的台步，试着在班级联欢会的时候给老师和同学们露一手吧！

拍卖师
——一锤定音

职业·小·故事

社区里每年的六一儿童节都有花样百出的项目。这不，今年在公告栏里贴出了"庆六一小小拍卖师招聘启示"。上面说，让小朋友们把自己家里闲置的书本、玩具，在六一那天拿到小区广场进行拍卖，卖得的钱要捐给福利院的小朋友们。

"妈妈，什么是拍卖师呀？"乐乐好奇地问。

"拍卖师就是拍卖会上主持拍卖东西的人。你们捐出去的书本玩具今年要换一种方式卖出去了，这样得到的钱会更多些。"妈妈微笑着回答说。

"哦，原来拍卖师就是销售员啊！"乐乐"恍然大悟"地说。

"拍卖师不是销售员，普通的销售是把东西写好价签放在一个地方卖，但是拍卖是拍卖师在上面喊价，下面喜欢这个东西的人可以出价，谁出的价钱最高，就由拍卖师敲槌决定这个东西归谁。"妈妈耐心地给乐乐解释。

"哦，那做拍卖师很容易呀，敲槌子我也会！"乐乐跃跃欲试。

"拍卖师当然不是简单地敲槌子了。真正的拍卖师，要做的准备工作可多了。他要先寻找要拍卖的东西，和东西的主人签订委托合同，找到喜欢这些东西的人，也就是竞拍人，告诉他们拍卖的时间地点。他还要好好研究这些要拍卖的东西，这样才能很好地向人们介绍。当然了，拍卖的时候才是拍卖师大显身手的时候呢，拍卖师喊价的时候要有技巧，还要有激情，要让大家积极出价，这样才能把东西拍到最好的价格。他喊三遍价格，仍然没人加价的时候，他就可以敲槌子决定最后的胜利者是谁了。所以人们又说拍卖师的工作是'一锤子买卖'。"

"妈妈，我要当拍卖师，让我们的玩具卖到最高价！"乐乐信心满满地说。

职业小·百科

拍卖师，又称注册拍卖师，是有职业资格的主持拍卖活动的主持人。

拍卖师的主要工作职责是主持拍卖会。除此之外，他们还要参与拍卖会的策划、招商，收集拍卖物，与客户签订委托合同，了解拍卖品的情况。一个优秀的拍卖师，要在拍卖前做大量功课，如预测哪些拍品会受欢迎、充分了解拍卖的标的物、竞买人的情况，有很好的把控现场的能力，将拍卖物信息传递给现场竞拍者，能调动现场拍卖气氛，激发竞拍者的积极性，控制拍卖会的报价节奏。

随着拍卖业的高速发展，拍卖师也逐渐进入大众视野。拍卖师须通过相关考试并获得《拍卖师职业资格证书》，服务于拍卖行。"白手套"是拍卖师行业的最高荣誉，它代表拍卖专场成交率达到100%，是对拍卖师的高度认可。

职业领路人

高德明：我国第一位获得"白手套"殊荣的拍卖师，也是国内第一批拿起拍槌的艺术品拍卖师。他于2003年主槌的中国嘉德秋季艺术品拍卖会"集珍三家藏张大千、黄宾虹、齐白石等中国书画专场"和中国嘉德"俪松居长物王世襄、袁荃猷珍藏中国艺术品"专场均是"白手套"专场，使他成为后来拍卖师的楷模。

刘新惠：国内第一批注册认证的拍卖师，历任保利、瀚海、荣宝斋等多家拍卖公司首席拍卖师。他虽已淡出艺术拍卖一线，但他曾主持近千场全国性的艺术品拍卖，其手中槌曾拍出多项艺术品成交纪录，拥有众多"白手套"荣誉。

职业生涯思考

- 你了解拍卖行业吗？它有什么特点？
- 你的印象中，拍卖师是怎样的形象？
- 将来你想做一名拍卖师吗？说出你的理由。

155

"报考一起走"升学服务中心简介

自 2009 年踏入高考报考这个行业以来，截至 2021 年，由《高考报考专业指南》《美术报考指南》《高中生生涯规划指南》等系列图书编辑人员组建的"北京高考资讯编委会"团队，以及由 300 余名咨询师组建的"报考一起走"团队，线上采用直播的方式，线下携手全国近千所高中，成功地帮助近千万考生踏入理想的大学校园。

随着我们报考产品的使用量增加，在每年的高考志愿填报期间，我们的网站、微信公众号、QQ 群、小鹅通、千聊等平台都有数以百万计的考生和家长进行咨询。

尽管我们投入了大量的人力，在线上进行详尽的志愿填报咨询服务，但是仍有广大考生和家长希望我们能提供面对面的线下报考辅导。

所以，从 2019 年起，为了让考生更好地使用我们的报考产品，以及解决考生和家长在填报志愿过程中遇到的各种问题，"报考一起走"的咨询师团队将联合我们全国的图书销售机构和著名的学科辅导机构，共同打造集高考报考、生涯规划、高中选科、职业体验等为一体的高考升学服务中心。

服务中心的主要功能：

1. 提供由省考试院和全国各大院校公布的最新招生信息；
2. 普及高中选科、生涯规划和高考志愿填报的知识、方法与技巧；
3. 为考生提供霍兰德职业兴趣和 MBTI 性格特长的测评服务；
4. 为购买《高考报考专业指南》或《高中生生涯规划指南》的考生提供产品的使用方法；
5. 对有个性化报考需求的考生和家长，提供专业的咨询和方案的定制；
6. 寒暑假期间，根据考生的职业兴趣，提供职业体验服务等。

服务中心的师资简介：

服务中心的主要师资均由"报考一起走"咨询师团队选拔，并经过了强化培训，具有丰富的高考报考实战经验。

特别提醒：考生在升学服务中心进行咨询前，请要求咨询师出示"'报考一起走'咨询师"资格证书，并按证书上的编号，在"www.bk179.com"进行查询。如若没有，可拨打举报电话：010-61805641，或者是 15611788816 进行投诉。

各地服务中心地址及咨询流程详情请关注官方网站 www.bk179.com 及公众号"报考一起走"的公告和通知。

"报考一起走"升学服务中心，祝您早日获得心仪大学的录取通知书！

《高考报考专业指南》系列图书简介

如果说高考是人生命运的一场比赛，那么分数只是比赛的入场券，接下来的志愿填报才是真正决定命运的时刻。志愿填报成功与否，不仅关系到你能否被录取，还关系到你未来的职业发展，乃至影响到你未来整个人生的发展。所以，如何选择一所适合自己的大学和专业，已成为考生和家长最大的难题！

为了让考生选择一所适合自己的大学和专业，今特为考生提供由北京高考资讯编委会编写的《高考报考专业指南》图书，供考生和家长参阅！

书名	功能	章节	主要内容	定价
《高考报考专业指南》（模块一）	选院校	第一章：××省高考志愿填报须知	让你了解最新的招生政策有哪些？什么是平行志愿？平行志愿的风险有哪些？如何填报平行志愿等。	90元 注：不同年份和省份，价格略有差异
		第二章：××省普通批次各分数段对应可报考院校及专业统计表	根据招生专业的类别，以5分一段进行排序，让你快速找到哪些院校适合"冲一冲"？哪些院校适合"稳一稳""保一保""垫一垫"？	
《高考报考专业指南》（模块二）	选专业	第一章：全国院校现状及报考分析	让你了解什么是985大学？什么是211大学？什么是双一流大学？什么是省部共建大学？什么是中外合作办学？什么是跨校辅修院校？等等。	100元 注：不同年份和省份，价格略有差异
		第二章：全国本科院校招生专业解读	详细介绍了每个招生专业的专业背景、学习门槛、主要课程、毕业去向、毕业生规模、就业率统计、开设院校等，让你清楚的了解每个专业能学什么？将来能干什么？	
		第三章：全国本科院校介绍及招生录取	详细介绍了本科院校的发展历史、基本概况、优势专业、特色办学项目、加分政策、特殊要求、转专业政策等招生信息，让你清楚了解每个大学的办学实力、研究方向以及录取要求等。	
《高考报考专业指南》（模块三）	选专业	第一章：知识要点篇	让你了解什么是专科？如何选择高职高专院校？如何选择专科专业？等等。	100元 注：不同年份和省份，价格略有差异
		第二章：全国专科院校招生专业解读	详细介绍了每个招生专业的培养目标、主要课程、职业方向、院校推荐，以及未来专升本的专业等，让你清楚地了解每个专业能学什么？将来能干什么？	
		第三章：全国专科院校介绍及招生录取	详细介绍了本科院校的院校概况、优势专业、录取原则等招生信息，让你清楚了解每个大学的办学实力、研究方向以及录取要求等。	
bk179高考志愿填报卡			是考生身边的报考专家，其主要功能有：①性格测评系统。通过性格测评系统，可以测评出考生的性格特长、职业兴趣等，从而为考生推荐适合从事的职业和建议报考的专业等。②模拟填报系统。通过模拟志愿填报系统，可以让考生查询自己的模拟成绩适合报考的院校范围。③智能报考系统。通过智能报考系统，输入真实高考成绩，可以为考生推荐冲一冲、稳一稳、保一保、垫一垫的院校有哪些？④志愿检测系统。志愿填好后，通过检测系统，就可以检测你的志愿合不合理？有没有失误的地方等。	360元 注：不同年份和省份，价格略有差异

志愿填报是关乎每个考生前程非常重要的一个环节。由于时间紧、任务重，希望大家能认真对待！本套图书既不会让你的分数吃亏，又不会让你出现退档或滑档！使用起来就像"查字典"一样，简单，易用！

最后，祝广大考生都能选到自己喜欢的院校和专业！

《高中生生涯规划指南》图书简介

2014年，教育部《关于加强和改进普通高中学生综合素质评价的意见》中指出："全面实施综合素质评价，有利于促进学生认识自我、规划人生，积极主动地发展；有利于促进学校把握学生成长规律，切实转变人才培养模式；有利于促进评价方式改革，转变以考试成绩为唯一标准评价学生的做法，为高校招生录取提供重要参考。"

所以，开展生涯规划教育，就是要落实这三个"有利于"，改变当前学生只是被动地学习，对自我兴趣和发展方向并不了解，对社会发展与职业需求一片茫然的现状；转变学校以应试教育为中心，不顾学生需求和成长规律的办学模式；转变以考试成绩为唯一评价标准的做法，建立以学生自我认知、自主选择为基础的适应学生全面且富有个性地发展的学校课程结构、管理机制和评价体系。

今为了各高中学校更好地开展生涯规划课程，特推荐由北京高考资讯编委会编写的《高中生生涯规划指南》图书。该书的主要特色是从探索社会和行业需求出发，结合学生的兴趣、性格及价值观等，从而确定最终的奋斗目标。

书名	章		节	定价
《高中生生涯规划指南》-上册、下册	第一章　正确地认识自己		第一节　高中生需要生涯规划吗？ 第二节　高中生该怎样做生涯规划？	150元
	第二章　认真地研究行业		第一节　行业决定方向 第二节　行业解读（IT、电子、制造、建筑、能源、钢铁、材料、化工、纺织、环保、包装、农业、海洋资源开发、食品、医疗交通运输、文化娱乐、金融、咨询、会计、律师、会展、广告、动漫、旅游、物流等行业）	
	第三章　仔细地研究专业		第一节　哲学 第二节　经济学 第三节　法学 第四节　教育学 第五节　文学 第六节　历史学 第七节　理学 第八节　工学 第九节　农学 第十节　医学 第十一节　管理学	

没规划的人生是拼图，有规划的人生叫蓝图；没目标的人生叫流浪，有目标的人生叫航行！

蜜蜂忙碌一天，人见人爱；蚊子整日奔波，人人喊打！多么忙不重要，忙什么才重要！

一次重要的抉择胜过千百次的努力！今天的生活是由三、五年前的选择决定的，而三、五年后的生活是由今天的选择决定的！

通过本书，希望广大考生能成功找到自己的人生赛道，书写精彩人生故事！

青少年"创梦"生涯系列丛书

你喜欢的职业是它么？

②

北京华智创梦生涯编委会　　编著

主　　编：丁　磊

编　　委：王春明　王选丽　王荣静　安　子　李　敬

　　　　　宋　阳　唐明宏　丁　浩　王选丽

中国原子能出版社

图书在版编目（CIP）数据

你喜欢的职业是它吗？ / 北京华智创梦生涯编委会编著 .
-- 北京：中国原子能出版社，2021.8（2023.1重印）
ISBN 978-7-5221-1542-9

Ⅰ . ①你... Ⅱ . ①北... Ⅲ . ①职业选择 - 青少年读物
Ⅳ . ① C913.2-49

中国版本图书馆 CIP 数据核字 (2021) 第 174101 号

内 容 简 介

　　《你喜欢的职业是它吗？》是一本让青少年认识职业、了解职业，然后选择职业的工具书。本套图书共计有 220 余个常见职业，每一个职业分别从"职业小故事""职业小百科""职业生涯思考"等三个方面介绍，让青少年学生能简单筛选出自己感兴趣的职业，并且为感兴趣的职业做个简单的职业规划。通过本书的阅读，让青少年学生有个明确的目标发展方向，是青少年规划人生前行方向必备的工具书！

你喜欢的职业是它吗？

出　　版　　中国原子能出版社（北京市海淀区阜成路 43 号　100048）
责任编辑　　王　青
责任印制　　赵　明
印　　刷　　河北宝昌佳彩印刷有限公司
经　　销　　全国新华书店
开　　本　　787mm×1092mm　1/16
印　　张　　30
字　　数　　944 千字
版　　次　　2021 年 8 月第 1 版　　2023 年 1 月第 2 次印刷
书　　号　　ISBN 978-7-5221-1542-9
定　　价　　168.00 元

目 录

花艺师
——美丽花仙子

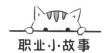

职业小·故事

　　周末，嘟嘟家楼下响起了鞭炮声。嘟嘟从窗户向外看，咦！对面小区的底商，新开了一家超市，门口摆满了漂亮的花篮。

　　五岁的嘟嘟赶紧拉了妈妈下楼："妈妈，我要去看花，那些花好漂亮！"

　　到了楼下，嘟嘟看到很多小朋友都围着花篮跳啊，笑啊。她问妈妈："妈妈，花朵是自己长在篮子里的么？"

　　"当然不是了，"妈妈笑着对嘟嘟说。

　　"那是超市的叔叔阿姨把它们插在花篮里的呢？这么漂亮！"嘟嘟抚摸着花朵问妈妈。

　　"不是，这是花艺师的杰作。"

　　"花艺师？什么是花艺师？"嘟嘟好奇地问妈妈。

　　"花艺师是花篮、花束，酒店、大厦和庭院花卉的设计师"。

　　"哦？花卉的设计师？"嘟嘟一脸迷惑地看着妈妈。

　　"是啊，花艺师就是将美丽的花朵，通过不同的摆放，让花朵们看起来更美丽，让我们的环境看起来更美好。"妈妈说完，指了指花篮："嘟嘟，不同的花朵代表不同的含义。这朵粉色的是康乃馨，代表妈妈的爱；这朵白色的是百合花，代表纯洁和天真。不同颜色不同形状的花，那么这些美丽的花朵怎样组合在一起，才更漂亮呢？这就是花艺师的工作。"

　　"哦，好棒的工作啊，天天可以摘花、看花、闻花！"嘟嘟一脸兴奋。

　　妈妈笑了，拍了拍嘟嘟的小脑袋，"如果嘟嘟喜欢花，将来也可以做花艺师，把大自然的美，更好的呈现给这个世界哦！"

职业·小百科

花艺是创作花型的造型艺术，花艺师就是花艺设计师。花艺不仅仅是把花插在瓶、盘、盆等容器里，还包括花卉的摆放、搭配和种植等。花艺师的工作并不简单，要根据植物本身的寓意、形状和颜色来构思，遵循一定的创作法则，组合成一个优美的造型，借此表达一种主题，传递一种感情和情趣，使人看后赏心悦目，获得精神上的美感和愉快。花艺源于古代民间的爱花、种花、赏花、摘花、赠花、佩花和簪花。

我国古代就有花艺，还有花艺专著流传于世，比如《瓶花谱》《瓶史》等。中国的花艺在明朝时期尤为鼎盛。如今在国际上，不仅有花艺世界杯大赛，还有不同的花艺流派，花艺已经成为生活、商业和娱乐空间不可或缺的元素之一。

职业领路人

秦　雷：中国插花花艺协会常务理事，2006年获得中国首批插花花艺大师。曾经在2007年、2009年、2011年连续担任第六届、第七届、第八届中国园林博览会插花组评委；作为特邀插花艺术家，参加第29届奥林匹克运动会和第13届残疾人奥林匹克运动会举办的插花艺术表演。

王路昌：上海市插花花艺协会副秘书长，常务理事，中国插花花艺大师，日本池坊圣流花道一级正教授，上海植物园绿化装饰艺术总监，中国牡丹花协会常务理事，曾多次在全国花艺大赛中获奖。

？ 职业生涯思考

• 你看过《剪刀手爱德华》么？这是最著名的一部以"空间花艺师"的身份为主角的影片。虽然德普的一双剪刀手看似锋利，却能削减出令人惊叹的绿植花艺。

• 除了商店开业用的花篮、大厦装饰用的花卉，哪里还有花艺师的作品呢？

• 你有没有想过开一个小花店，自己做花艺师呢？

旧货估价师
——二手挖掘机

职业·小故事

欣欣的妈妈中秋节带欣欣出去吃饭，欣欣抽了两个盲盒，两个手办分别是泡泡玛特的茉莉职业系列的宇航员和小丑。欣欣攥着可爱的手办，开心极了。

妈妈却对欣欣说："小心点，别弄坏了。如果保存的好，你不喜欢的时候，我们可以把它们当二手卖了，然后再买新的茉莉。"

欣欣疑惑地看着妈妈："二手？玩过的玩具不就是旧的了么？"

妈妈笑着对欣欣说："是旧的，旧货就是二手货，但是有些旧货也是可以卖出钱的。如果是绝版或者是限量版的手办，过几年卖二手，可能比你买的时候还贵哦！"

欣欣瞪大了眼睛："是么？"

妈妈笑了："是啊，妈妈有个朋友就是旧货估价师，她的工作就是给二手物品确定价格，也就是估价。"

欣欣看着手里的茉莉手办，问妈妈："那我们把这两个手办给妈妈的朋友吧，让她看看可以卖多少钱吧？"

妈妈笑了："宝贝，不急，等你玩够了再说。"

欣欣又兴致勃勃地说："妈妈，我的自行车小了，我好多衣服也小了，是不是都可以拿给妈妈的朋友去估价？"

妈妈摇摇头："宝贝，不是所有的旧货都能卖上好价钱。旧货估价师的工作就是评定哪些东西可以卖上好的价格，他们就是二手物品的挖掘机，他们挖掘出那些可以升值的二手物品，也给那些不可以升值的二手物品标价。"

"什么是可以升值的？"欣欣一脸疑惑。

"就是可以卖的比买的时候更贵哦！"

旧货评估师是一个新兴的行业，不仅有二手汽车评估师，还有二手家具评估师，二手房产评估师、资产评估师等等。在典当行里，也都有评估师。目前在我国，不管是二手车评估师，还是房地产评估师，都需要经过学习和专业考试，才能够获得从业资格证书。而如果要做一名典当行的评估师，则需要积累更多的知识，了解各种物品的特征，学会鉴别各种物品的真伪。

注释

手办：手办原指未上色组装的模型套件，后指包括完成品在内的所有人形作品，即所有收藏性人物模型的泛称。

职业领路人

马未都：中国著名收藏家，旧货评估师。80年代开始收藏中国古代器物，至90年代，他的收藏已具规模，陶瓷、古家具、玉器文玩等藏品逾千件。1996年10月，在马未都的奔走下和有关部门的大力支持下，观复古典艺术博物馆获准成立。

？职业生涯思考

● 你了解二手交易吗？

● 你知道那些东西可以用来典当吗？

● 你看过日本系列连续剧《万能鉴定士Q》么？剧中"万能鉴定士Q"的店主凛田莉子就是一位杰出的旧货评估师，她可以通过物品的质地、磨损细节和色泽等，准确判断出物品的真假和来源，她所做的鉴定工作，需要有丰富的知识储备和广泛的知识领域，要做一名好的旧货估价师，是必须有海量的知识储备的，你对这个行业感兴趣么？

● 动动脑筋，想一想，你有什么物品可以用来卖旧货，你的什么物品可以卖出高价呢？

画家
——巧手绘浮世

职业小·故事

小雪家附近新开了一家美术馆，周末小雪和爸爸妈妈一起逛街，路过美术馆，她就拉着爸爸的手走进了美术馆。哇，到处都是画，简直到了画的海洋。小雪松开爸爸的手，跑到一副又一副画作前，兴奋地看起来。

这时候，一位留着白胡子的老爷爷走了过来："小朋友，你喜欢看画么？"小雪使劲地点点头。老爷爷说："那你长大以后当画家吧！"

小雪眨了眨眼睛，问老爷爷："画家是干什么的呢？是专门画画的么？"

老爷爷回答："是啊，画家就是专门画画的。如果你当了画家，就可以画所有你想画的东西，把所有你觉得美好的东西都画出来！"

"哇，那真是太神奇了！"小雪开心地叫起来。

"爷爷，你就是画家吗？"小雪问老爷爷。

老爷爷点点头，捋了捋胡子说："小朋友，你在学校里有没有上美术课？"

小雪回答："有上，老师还教我们阴影关系呢！"

老爷爷笑着说："那就是成为画家的基础课程，你要好好上课，学会基础的美术知识，才可能学会画画，成为画家哦！"

这时候爸爸走了过来，对小雪说："对了，小雪，你不是说老师让你们买素描纸么？素描就是画画的基础可能，学好了素描，才能画各种美丽的图画哦！"

小雪开心地点点头："好的，等我学会了画画，将来也做画家，也和老爷爷一样在美术馆里开画展哦！"

职业·小·百科

　　画家古来有之，中国古代有许多著名的画家，比如赵孟頫、郑板桥、董其昌、石涛等。画家泛指专精绘画的人，是专门从事绘画创作与研究的绘画艺术工作者，包括中国画、油画、水粉画、水彩画、油彩画、漆画等绘画艺术类的创作者。以国别分类，如国画家、西洋画家。以作画材料分类，如水墨画家、油画家、素描家。以题材分类，如山水画家、花鸟画家、人物画家、创意画家。

职业领路人

　　齐白石：近现代中国绘画大师，世界文化名人。早年曾为木工，后以卖画为生，57 岁后定居北京。擅画花鸟、虫鱼、山水、人物，笔墨雄浑滋润，色彩浓艳明快，造型简练生动，意境淳厚朴实。所作鱼虾虫蟹，妙趣横生。

　　吴冠中：当代著名画家、油画家、美术教育家。

　　张大千：中国泼墨画家，书法家。20 世纪 50 年代，张大千游历世界，获得巨大的国际声誉，被西方艺坛赞为"东方之笔"。

　　陈丹青：中国当代画家，1980 年以《西藏组画》轰动中外艺术界，被公认为具有划时代意义的经典之作。陈丹青的画，具有一种优雅而朴素；睿智而率真的气质。

❓ 职业生涯思考

● 世界著名的画家有很多，你能说出几个吗？

● 你知道《蒙娜丽莎》《向日葵》是哪位画家的作品吗？

● 你知道国画和油画的区别吗？

● 画家为人类创造的是精神食粮，你愿意为了成为画家花费数年的时间去学习画画、创作作品吗？

陶艺家
——泥土的艺术家

职业·小·故事

小纯放假和同学璐璐一起逛商场，璐璐的爸爸妈妈给她办了一张陶吧的会员卡，璐璐就带小纯去了陶吧。小纯第一次进陶吧，她东看看，西摸摸，那些造型各异的瓶瓶罐罐和陶瓷小人，让小纯颇感新鲜。

璐璐早已轻车熟路，她邀请小纯和她一起做个胖肚子细脖子的花瓶。小纯看着旁边的小朋友们，都坐在一个一直在旋转的机器前，也跟着璐璐，坐在了一台不停旋转的机器前。璐璐告诉小纯，这叫拉坯机。璐璐还说，之前她已经用泥巴捏过茶杯和泥人了，今天用这个机器，可以做出一个漂亮花瓶。

小纯和璐璐一起，将黄泥堆在了拉坯机上，然后跟随拉坯机旋转的惯性，将泥巴捏成了火山形状，然后又小心地改变形状。不过稍不小心，就会把泥巴整个弄倒，两个人就要重新来做。

看着旁边的小朋友，有的做了一个盘子，有的做了一个碗，小纯忍不住对璐璐说："璐璐，花瓶太难做了，我们也做盘子吧。"

旁边的陶艺老师一听，笑了，对小纯说，"不能着急，就是做一个小碗或一个杯子，也要小心地修改，不要贪快，否则一不小心就会毁掉这个好不容易做成的艺术品哦。"小纯一听，吐了吐舌头，不再说话。

过了一会儿，小纯实在坐不住了，就问璐璐，自己能不能去捏泥巴，璐璐没理她。于是小纯又问老师，老师就带小纯到一旁去捏泥了。捏泥巴有什么用呢？老师告诉小纯和璐璐，所有的瓷器，都是陶艺师制作的，如果他们喜欢，将来也可以做陶艺师，制作美丽的瓷器，让人类的生活更美好哦！

职业·小百科

陶艺师是指烧制陶瓷制品的工艺师，陶艺是一门综合艺术，经历了一个复杂而漫长的文化积淀历程，它与绘画、雕塑、设计以及其他工艺美术等有着无法割舍的传承与比照关系。陶艺师所创造的陶瓷制品，不仅仅可以用于日常生活，还可以作为工艺品展示、收藏，以及流传。

职业领路人

何炳钦：中国陶瓷设计艺术大师，景德镇陶瓷美术学院院长，我国著名的陶艺家和陶艺教育家。2011 年 10 月，在北京人民大会堂获颁中国陶瓷设计艺术大师。他为中国的陶艺教育事业作出了突出的贡献，为全国培养了大批的陶艺教育人才和陶艺创作人才。同时他从艺 30 多年，创作了许多优秀的陶艺作品和水彩作品，为中国的陶瓷艺术事业作出了巨大的贡献。

 职业生涯思考

- 你喜欢家里的茶壶吗？有兴趣自己去陶吧做一个茶壶送给爸爸吗？
- 陶瓷艺术是一项古老的艺术，你愿意学习陶瓷艺术吗？
- 你知道家里吃饭用的瓷盘瓷碗是怎么制作出来的吗？

篆刻家
——篆刻之美

职业·小·故事

蓉蓉的爸爸前几天买了两块玉石，蓉蓉觉得很漂亮，就收进了自己HELLO KITTY的首饰盒里。爸爸找来找去找不到，就来问蓉蓉："蓉蓉，你有没有看到爸爸前几天买的两块玉石？"

"玉石？是那两块方方的凉凉的漂亮的粉色和黄色的石头么？"蓉蓉问爸爸。

"对，你看到了么？蓉蓉？"爸爸问蓉蓉。

"在这里。"蓉蓉拿出了她的首饰盒，取出了两块玉石，"可是爸爸，我喜欢这两块石头，真的很漂亮，你可以送给我吗？"

"宝贝，这个石头不是玩的，是用来刻章的，"爸爸笑着告诉蓉蓉。

"刻章？刻什么章？"蓉蓉不解地问爸爸。

"下午爸爸带你去看刻章，爸爸找了一位非常著名的篆刻家，刻一个章给爸爸，再刻一个章给蓉蓉，好不好？"

"好！"蓉蓉高兴地跳了起来。

这天下午，蓉蓉的爸爸带着蓉蓉，去拜访一位篆刻家。路上，蓉蓉问爸爸，什么是篆刻家。爸爸告诉蓉蓉，篆刻家就是专门刻章的人，爸爸还告诉蓉蓉，篆刻也是一门艺术，在中国，篆刻艺术历史悠久，与书法有着密切的联系。

这个下午，蓉蓉第一次见到篆刻的过程，一位老爷爷拿着刻刀，在爸爸买来的一块玉石上刻出了爸爸的名字，在另一块上刻出了四个有着漂亮的弧线的字"山高月小"。爸爸把刻着"山高月小"四个字的章送给了蓉蓉，告诉她，以后再画画，都可以刻上这个章。这是蓉蓉自己的章，蓉蓉开心极了。

职业小百科

篆刻家指擅长篆刻的艺术家。篆刻是中国一种传统的艺术表现形式，有系统的理论，技法和审美取向。篆刻起源于周朝，盛于明清近当代，并广泛流传于日本、韩国等东亚国家。刀法的篆刻艺术与雕刻艺术，与书法艺术都有深刻而广泛的联系。

职业领路人

韩天衡：西泠印社副社长，1940年5月出生，江苏苏州人。自幼酷爱金石书画，现为西泠印社副社长，原上海市书法家协会副主席、上海中国画院副院长、一级美术师，上海市文联委员等。2001年，举世瞩目的APEC会议在上海召开，会议上我国的国礼印章20枚，全部由韩天衡篆刻。

饶宗颐：西泠印社社长，擅长篆刻，中国当代著名篆刻家。

石 开：沧浪书社成员，少年就开始学习书法、篆刻、绘画、诗文，职业篆刻书法家。历任福建省书法家协会副主席、中国书法家协会篆刻委员、中国书法进修学院教授。

 职业生涯思考

- 你用橡皮雕刻过自己的人名章吗？
- 你用萝卜头雕刻过花朵吗？
- 你还能想出来，可以用什么材料雕刻漂亮的人名章或者其他的装饰用章吗？
- 你拥有自己的章吗？你知道章一般用在什么地方吗？

雕塑家
——力量和艺术的结合

职业·小故事

东东每次和爸爸妈妈到家附近的森林公园去玩儿，都喜欢在一座座雕塑前看一会儿，他每次都感到非常好奇，这些石头的梅花鹿、山羊、马和狮子，都是怎样做成的呢？

妈妈告诉东东，这叫雕塑。东东还是觉得很奇怪，这些都是石头，非常坚硬，怎么能够做成这么漂亮，像真的一样的动物呢？

这次，东东和爸爸妈妈又一次来到森林公园，碰巧有几位叔叔正在摆放一座新的雕塑。这次的是一个正在读书的小朋友。东东实在忍不住，就问妈妈这个石头小朋友是怎么做出来的，难道像他画画一样，先画出来，再贴到石头上，然后用刀子一点点刻么？妈妈鼓励东东去问问那些叔叔，于是东东走到了那几位叔叔面前。

"叔叔，我也想做这么好看的石头人、石头动物，您能告诉我，这些是怎么做的么？"东东问其中一位叔叔。

叔叔一听，笑了，指着其中一位留着好笑的山羊胡子的叔叔说："小朋友，你问他，这个石头小朋友就是这个叔叔雕刻的，他是雕塑家。"

"雕塑家？"东东一脸疑惑。

山羊胡叔叔笑眯眯地看着他，"小朋友，你想学雕塑吗？"

东东使劲地点点头。

"好，你见过爸爸妈妈或者爷爷奶奶戴的玉石吊坠吗？"山羊胡叔叔问东东。

东东摇头。

"就像这样。"说着，叔叔拿出一支笔，在一块圆圆的石头上画了一个佛头，"用刻刀，把脸、眼睛、鼻子、嘴都刻出来，多余的地方用刀子剔掉，就像这样……"说着，叔叔从口袋里掏出一个小小的刻刀，一点点在石头上刻了起来。

东东入神地看着，不一会儿，一个佛头刻好了。东东瞪大了眼睛，他觉得叔叔太神奇了。他忍不住叫起来："叔叔，长大我也要当雕塑家！"

叔叔笑了，把刻好的石头递给了东东："好啊，这个送给你，未来的雕塑家！"

职业小百科

雕塑家，是指以立体视觉艺术为载体的造型艺术家。泛指专以雕塑为主要创作手法的艺术家，专门从事立体视觉艺术为载体的造型艺术工作者。在古希腊罗马时代，就有相当多制作人像、建筑外部浮雕的雕塑家。而在中国，青铜器的制造者，也可算一种雕塑家，并不仅限于泥塑，木雕等题材，当代艺术家中的雕塑家，使用的材料更为丰富。

职业领路人

吴为山：生于1962年，江苏人，享誉国际的中国雕塑艺术家，荣获卢浮宫国际美术展金奖、英国皇家"攀格林奖"、首届中华艺文奖、新中国城市雕塑建设成就奖等。从事雕塑创作20余年，创作的400余座名人雕塑遍及海内外，曾先后在美国、日本、荷兰、加拿大、葡萄牙、英国、韩国、中国香港、中国台湾地区、联合国等地举办个人雕塑绘画展。作品被收藏于中国美术馆、荷兰国家美术馆、美国檀香山博物馆、巴黎第四大学、英国菲兹威廉博物馆等处。

韩美林：当代雕塑家中资历最老的一位，生于1936年，是一位在国内外享有盛誉并且用艺术向世界表达中国的伟大雕塑家。其作品艺术风格独到，个性特性鲜明，堪称天才造型艺术家。人尽皆知的北京奥运福娃形象就是其一手设计创作的。

 职业生涯思考

• 每个行业都有苦有乐，雕塑家每日和石头、木头、金属等材料打交道，使用的工具是刻刀、劈刀，甚至是斧头和凿子。雕塑就是力量和艺术的结合，你愿意成为雕塑家吗？

• 你玩过的黏土或者橡皮泥，就是雕塑的雏形，请向爸爸妈妈展示一下你的"雕塑作品"吧！

书法家

——笔走龙蛇书天下

职业·小故事

乐乐家住在北京的宋庄，这里有很多书法家、画家，乐乐的爸爸就是一位书法家。乐乐上小学三年级了，老师给大家布置了一篇作文，名字叫做《我的爸爸》，乐乐就写了一篇名字叫《我的书法家爸爸》的作文。

乐乐在作文里这样写道：

我的爸爸是书法家，每天，他都拿着毛笔，在宣纸上写这样那样的字。爸爸是神奇的"书法魔法师"，他写的字一会儿像规规矩矩坐在桌子前上课的学生，一会儿像调皮的孩子伸胳膊伸腿，一会儿像天上飞舞的小仙女，一会儿又像蒙古大汗一样粗壮。爸爸说那是不同的字体，但在我看来，我的爸爸就是一个"书法魔法师"，他能让软软的不听话的毛笔，服服帖帖地听他指挥，写出这样那样的字来。

第二周，老师让乐乐在作文课上读了这篇作文，很多同学问乐乐："乐乐，你爸爸真的是书法家啊？""乐乐，你爸爸了不起！""乐乐，你爸爸写了很多很多字吧？"

这天下学后，乐乐非常开心地拿着作文本回到了家。他把作文本递给爸爸看，还对爸爸说："爸爸，我也要成为书法家！"

乐乐的爸爸翻开作文本，看到乐乐的作文，笑了，对乐乐说："好，儿子，你喜欢哪一种字体？明天爸爸就教你写字！今天，爸爸先教你学用毛笔！"

　　书法家是擅长书法的人，是具有汉字书写能力，并能将其推至艺术高度的人。简单来说就是以书法为主要创作的艺术家，或者说是精通书法的人。如中国古代的王羲之，其代表作为《兰亭序》；中国古代的颜真卿，其代表作为《祭侄文稿》；中国古代的米芾，其代表作为《蜀素帖》；中国古代的赵孟頫，其代表作为《胆巴碑》。

职业领路人

　　欧阳中石：中国当代著名学者、教育家、书法家、书法教育家。首都师范大学教授、博士生导师。中国书法文化研究所所长、全国政协委员、中国书法家协会顾问、中国画研究院院务委员。

　　沈　鹏：中国当代书法家，曾任全国政协委员、中国文联副主席、中国书法家协会主席、中国美术出版总社顾问以及《中国书画》主编等职。现为中国书法家协会名誉主席，擅长行草，并兼及隶、楷多种书体。

　　王　镛：中国当代书法家，现任中央美术学院教授、书法艺术研究室主任、中国书法协会篆刻艺术委员会副主任、全国中青年书法篆刻展评审委员会副主任。作品曾多次在国内外展出和发表，被多家美术馆、博物馆收藏，并出版专集数种。现任中央美术学院教授、中国美术家协会会员、东方美术交流学会副理事长。

职业生涯思考

　　● 现在电脑、手机的应用，使得用纸笔写字的需要越来越少，成年人很多都提笔忘字。那么作为学生，你是否意识到，写得一手好字依旧是人的"门面"呢？

　　● 在日常生活中，哪里能看到毛笔字呢？春联？书画展？

　　● 你的亲人，比如父母或者祖父母，有人擅长书法吗？

　　● 你听说过"入木三分"的故事吗？

美甲师
——指甲美容师

职业小·故事

今天，刚放学，娜娜就拉着同学倩倩的手，跑进了学校附近的美甲店。娜娜从4岁就开始染指甲，当时娜娜家附近有一家非常漂亮的美甲店，每次从门口过，娜娜都忍不住隔着玻璃门向里面张望，尤其是那些亮晶晶的指甲油，还有各色各样的指甲贴片，让娜娜流连忘返。后来，4岁生日那天，爸爸带娜娜去那家美甲店做了指甲，娜娜选择了自己最喜欢的红色。从那时候起，娜娜就喜欢上了染指甲，她超级崇拜美甲师，她觉得她们可以把美丽带给大家，真的很棒。

然而这一天，倩倩在走进美甲店的时候，却犹豫不决，她说她妈妈说，指甲油有毒，伤害指甲，不让她染指甲。娜娜一听就笑了，说："那是过去的指甲油了，现在的指甲油很先进，都是水性无毒的指甲油哦！"两个人边说边走进美甲店，美甲师听见娜娜的话，忍不住笑了起来，"小同学，你知道的还真多，我们用的就是水性指甲油，孕妇和儿童都可以用，没有毒，而且如果你不喜欢了，不需要洗甲水，只要用手指抠一下，就可以轻松地整块撕下来。"

"阿姨，我要涂彩虹色的指甲，一个手指一个颜色，我还要闪钻，哈哈！"娜娜笑着指着一套五颜六色的指甲油说。

"好！"美甲师边说边拿起指甲油，安排娜娜做好，开始给娜娜清洗指甲，然后涂上缤纷的指甲油。

看着娜娜的手指甲一个个变成了漂亮的颜色，倩倩也心动了，接下来，她竟然看见美甲师用镊子，将一个个闪亮的小钻石贴在了娜娜的指甲上，好美啊！正好一缕阳光透过玻璃门，落在娜娜的手指上，闪亮亮的小钻石反射出五彩的光芒。倩倩终于也坐了下来，向另一位美甲师阿姨伸出了双手："阿姨，我要涂成淡蓝色，要《冰雪奇缘》里爱莎的裙子那样的冰蓝色。"

职业·百科

美甲师是具有一定专业美甲技能的人员。作为一名优秀的美甲师，不仅要掌握娴熟的美甲技能，还应当具备良好的心理素质。美甲是在指甲上画画，要画出精致漂亮的指甲，要掌握基础的美术知识、配色知识，以及勾画的技巧。

当下的美甲师，一般使用无味环保指甲油及美甲贴片，孕妇儿童可用的环保美甲贴纸也广受欢迎。

职业领路人

毛戈平：国家著名化妆师、美甲师，先后为多部电影、电视和舞台剧进行化妆造型设计，享誉海内外，被赞誉为魔术化妆师，曾获中国电影、电视技术学会化装"金像奖"，国家"飞天奖"最佳美术奖。他开设的美甲学校，为中国提供了大量美甲师人才，多名学生荣获中国十大美甲师称号。

 职业生涯思考

• 美甲师是指甲的美容师，它带给人们的是美丽，收获的是笑容，你愿意做一名美甲师吗？

• 美甲师也需要美术知识和配色技巧，你喜欢美术吗？

• 随着人们生活水平的提高，对美甲的要求越来越高，你会选择什么样的美甲用品呢？是不是无味环保的呢？

教练员
——运动员的园丁

职业·小故事

汤米的轮滑课马上要开始了，他今天是班里的值日生，下学后打扫了班级卫生，所以比平时晚出校门半个多小时。他紧跑慢跑，终于在6点的时候跑到了轮滑培训班的门口。

教练员正在门口迎接学生们，见汤米喘着粗气跑来，就招呼他："不急不急，汤米，先坐下休息下，然后去换鞋。"

今天汤米滑的很不顺利，也许是因为一路跑累了，也许是因为前几天十一长假和爸爸妈妈一起去爬山，腿部肌肉劳累。总之他滑了几圈就觉得小腿酸痛，脚腕也觉得很累。在第四圈的时候，趁着教练为别的学生指点动作的时候，汤米悄悄地从场地中间横穿过去，滑了半圈就回到了起点。到了第五圈，汤米照旧趁教练不注意，横穿场地，这一次，当他回到起点的时候，教练已经在起点等着他了。教练拍了拍他的脑袋，问他，"汤米，你今天不够认真哦！"汤米无奈地说："教练，我累！"

这一天，汤米早早就脱了轮滑鞋，教练安排助理教练给汤米讲了很多轮滑的知识，汤米这才知道，原来教练原来是国家队的一级运动员。也意识到，要想学好轮滑，一不能怕苦，二不能怕累，正所谓"容易干不成大事迹"。汤米决定明天一定认真滑，争取获得教练的赞许。

第二天，汤米果真认真地坚持了一圈又一圈，获得了教练的赞许。汤米决心听教练的话，一不怕苦，二不怕累，学好混滑。

职业小百科

运动训练中培养和训练运动员者，其他像驾驶员等一些培训机构中训练学员的人统称教练员。凭自己具有的专项运动的理论知识和较高的技术水平，掌握先进的教学和训练方法，对运动员的思想、身体、技术、战术和道德意志品质等全面设计、培训、引导与督促，促使运动员在原有的水平上得到较快的提高。

职业领路人

袁伟民：江苏苏州人，前中国排球运动员、中国女排前主教练，国家体育总局前局长。1974 年袁伟民出任国家女子排球队主教练，指挥中国女排于 1981、1982 和 1984 年，取得第 3 届世界杯女子排球赛、第 9 届世界女子排球锦标赛、第 23 届洛杉矶奥运会女子排球比赛冠军，使中国女排在世界排坛上首次取得"三连冠"的历史性突破。

郎　平：前中国女子排球运动员，奥运冠军，现任中国女排总教练、中国排球学院院长。1995 年，郎平被聘为中国女排主教练。1996 年，郎平获得国际排联颁发的"世界最佳教练"。2002 年 10 月，郎平正式入选排球名人堂，成为亚洲排球运动员中获此殊荣的第一人。

刘国梁：曾任中国乒乓球队总教练，是中国男子乒乓球历史上第一位集奥运会、世乒赛、世界杯冠军于一身的"大满贯"得主。2017 年 4 月，刘国梁卸任中国乒乓球男队主教练。同年 6 月，刘国梁卸任中国乒乓球总教练，同时出任中国乒乓球协会副主席。2018 年 8 月，刘国梁入围第二届国际奥委会终身教练奖候选人。

职业生涯思考

● 教练员的工作就是教别人学习某项技能，教练员不仅需要有技术，还需要懂教学，有耐心。你愿意帮助别人学习技术吗？你愿意耐心教授知识吗？

● 教练员是一项辛苦的工作，不仅要教授技术，还要陪同训练，然而看到别人的进步，是不是也会感到开心和宽慰呢？

裁判员
——体育竞技中的"执法官"

职业·小故事

睿博的爸爸最喜欢看足球赛，可每次看到他喜欢的球队输球，都会不开心。

睿博就问爸爸："爸爸，你可不可以给裁判叔叔打个电话，让你喜欢的球队赢球呢？"

睿博的爸爸却说："睿博，不可以的，裁判必须是公平的。如果你是球队的队员，明明你赢了，裁判却判你输了，你愿意吗？"

睿博说："不愿意。"

睿博的爸爸笑着说："对了，裁判必须是公平的。"

睿博想了想，对爸爸说："爸爸，你说过失败是成功之母，如果裁判叔叔一定是公平的，你就不要生气了，而要感谢裁判叔叔，让你喜欢的球队知道了自己的不足和缺点，然后可以更努力，争取下一次的成功，对吗？"

爸爸睁大了眼睛看着睿博："哇，睿博说的真对，爸爸怎么没有想到这一点呢？好，下次不管爸爸喜欢的球队输赢，爸爸都不会生气了！"

睿博笑着说："爸爸，我们都要感谢教练叔叔哦！"

爸爸也笑着说："是啊，许多国际比赛中的裁判必须从比赛双方的国家以外的第三国中选出，就是为了表示独立、公正和无利益冲突。足球裁判由于多半穿黑色服装，因此经常称为黑衣法官。球类运动中的裁判又叫球证。公平的裁判值得所有人尊重和感谢！"

职业小百科

运动竞赛过程中，依据竞赛规程和竞赛规则评定运动员（队）成绩、胜负和名次的人员。裁判员既是竞赛中的"执法人员"，又是竞赛进行的组织者和领导者。裁判员水平的高低直接影响运动员技术、战术的发挥，也直接影响比赛的效果。

裁判员应该具备以下条件：第一，有高尚的道德品质，作风正派，坚持原则，公正无私，严肃认真，对所有运动员一视同仁。第二，精通本项比赛的规程和规则，善于把规则精神运用到比赛中去。了解本专项当今世界的技术、战术发展趋势，不断进行观念和知识的更新，以提高裁判水平。

职业领路人

马　宁：中国足球裁判。现为国际级裁判员，并执法中国足球超级联赛等赛事。执法风格以严格、出牌多著称，曾夺得"最佳裁判"奖。

秦　亮：中国国际级足球裁判，曾先后执法过奥运会预选赛、亚青赛决赛、世青赛等，2015执法加拿大女足世界杯，2010年成为国际级裁判。

❓ 职业生涯思考

● 裁判作为运动竞赛的"执法人员"，一定要公正公平，还要有组织能力和领导能力。你愿意成为一名裁判员吗？

● 裁判员需要了解比赛，洞悉队员和教练员使用战术策略的目的，以及了解能影响他们的重负和压力。裁判员还必须理解比赛或指挥受挫的心情。裁判员的工作重要而神圣，如果你要成为一名裁判员，要学习哪些知识呢？

运动员
——绿茵场上的雄鹰

职业·小·故事

电视里在播放锦标赛，茜茜一直在玩皮球，直到国歌响起，茜茜才被声音吸引过去。她看见一个叔叔站在领奖台上，国旗在他头顶升起，她看见那位叔叔激动地掉下了眼泪。

茜茜问爸爸："爸爸，叔叔为什么哭了？"

爸爸说："因为他得了冠军，就激动得掉眼泪了！"

茜茜看着电视上的阿姨，问爸爸："哦，爸爸，当冠军很难吗？"

爸爸回答道："当然了，运动员是一项很艰苦的职业，要想获得冠军，就要艰苦训练，天天训练，才能超过其他的运动员，最终获得冠军哦！"

茜茜若有所思地看着电视上的叔叔："爸爸，那这个叔叔训练了很长时间吗？"

爸爸笑着回答："那当然了，如果茜茜想当运动员，也要天天训练啊！"

茜茜摇了摇头："那我不当运动员了，有点累。"

爸爸拍了拍茜茜的小脑袋："茜茜，有句话叫做'梅花香自苦寒来'，你知道是什么意思吗？"

茜茜摇摇头。

爸爸对茜茜说："就是说，要想得获得成功，就要付出很大的努力，就像梅花一样，要想开出闻起来很香的花朵，就要在艰苦的严寒中成长起来。"

茜茜似懂非懂地点点头："哦，我知道了，要想当冠军，就要付出努力。"

职业小百科

运动员一词，起源于古希腊文"裸体"的意思。从古希腊的雕刻上，我们还可以看到运动员都是赤身的，因为在古代，奥运会的运动员都是光着上身参加比赛的。当然现代奥运会的运动员已经不在"赤身运动"了。运动员在中国一般分为运动健将、一级运动员、二级运动员、三级运动员、少年级运动员五个技术等级。

职业领路人

邓亚萍：原中国女子乒乓球队运动员，奥运冠军，乒乓球大满贯得主。1989年，年仅16岁的邓亚萍首次参加世乒赛就夺得女双冠军。1992年，巴塞罗那奥运会，邓亚萍作为中国队的绝对主力，夺得女子单、双打两枚金牌。1996年，亚特兰大奥运会上，邓亚萍成为中国奥运历史上第一个夺得四枚奥运金牌的人。邓亚萍在14年的运动生涯中，共拿到18个世界冠军。她在乒坛排名连续8年保持世界第一，是乒乓球史上排名"世界第一"时间最长的女运动员。

孙　杨：中国国家游泳队队长，男子1500米自由泳世界纪录保持者，男子400米自由泳奥运会纪录保持者。2012年伦敦奥运会男子400米自由泳、男子1500米自由泳冠军；2016年里约奥运会男子200米自由泳冠军。孙杨是世界泳坛历史上唯一一位男子200米自由泳、男子400米自由泳、男子1500米自由泳的奥运会、世锦赛大满贯冠军得主，史上唯一一位男子800米自由泳世锦赛三连冠，男子自由泳个人单项金牌数居世界第一。他也是中国男子游泳第一位也是目前唯一一位奥运冠军，唯一一位连续在两届奥运会摘金的中国游泳运动员。中国男子游泳在世界大赛上至今共获15枚金牌，孙杨独揽12枚。

 职业生涯思考

● 运动员站在领奖牌上的时候是非常光荣的，然而光荣的背后需要付出巨大的努力。你愿意为了最终的胜利而努力学习和训练吗？

● 你喜欢哪项运动呢？

钟表维修工
——钟表的医生

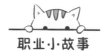
职业·小·故事

这一天，璐璐和妈妈从幼儿园出来的时候，璐璐抓着妈妈的手，要看妈妈新买的手表。妈妈走的急，璐璐拉扯着妈妈的手表，一使劲，就把手表的表带给扯断了。妈妈皱了眉头，璐璐也知道闯祸了，撅着嘴，把手表还给了妈妈。

妈妈叹了口气，也没有责怪璐璐，拉了璐璐的手，走进了一家钟表店。这家钟表店不大，却非常漂亮。在钟表店的一角，还有一个玻璃窗户，窗户里有一个叔叔，面前放着大大小小各种工具。妈妈告诉璐璐，这是钟表维修工。

妈妈把手表交到了玻璃窗里，叔叔就用小镊子，把断了的表带捏了起来，然后把脱落的轴承穿了进去……不一会儿，表带就修好了。

璐璐看着眼睛都直了，没想到叔叔这么快就修好了表带。

妈妈付过钱，拿回了手表，璐璐却还是不肯走，她看玻璃窗里的叔叔拿起了一块手表，然后打开来，将里面那些微小的零件一个又一个地拿出来，精巧地像在给手表做手术，目光怎么也不肯离开叔叔的双手和他手中的手表。

叔叔看璐璐看得入神，笑着对璐璐说："小朋友，你喜欢做手工嘛？"璐璐点头。

叔叔歪这头，冲她笑："那就跟我学修表吧，这可是最精巧的手工了。"

璐璐使劲地点头，她太喜欢那些小工具了，她回头问妈妈："妈妈，我长大可以做钟表维修工嘛？"

妈妈也笑着点头："可以。"

职业小百科

钟表维修工是使用专业工具、检测仪器，对机械、电子钟表进行检测、维修、保养的人员。在我国，钟表维修工也分五个等级，分别是初级，也就是国家职业资格五级；中级，国家职业资格四级；高级，国家职业资格三级；技师，国家职业资格二级；高级技师，国家职业资格一级。

钟表维修工可不仅仅要学手工啊，还要学习各种知识，比如物理中的轴承，齿轮。只有学会了专门知识，才能修好这些精致的手表。

职业领路人

胡张军：钟表维修师，从业 20 余年，业务能力强，擅长各种钟表的"疑难杂症"，修表对他来说就是"救死扶伤"。不止是装卸，必要时还要自己做零件、做工具。他还将所修理的手表都拍照存档，将各种型号的手表的"疑难杂症"留存档案，以备查看和后人学习，是难得的高级钟表维修师。

 职业生涯思考

● 钟表维修工是需要极大的耐心和细心的职业，请问你平时是个粗心大意的人嘛？

● 钟表维修工不仅需要了解手表，修理手表，很多时候还需要自己制作零件，遇到难题要想办法自己解决。如果需要你动手去做没有做过的零件，你愿意一而再、再而三地尝试吗？

锁匠
——锁具维修工

职业小·故事

莉莉的妈妈今天从学校接她回家，到家门口，却发现家门钥匙不见了，打电话给莉莉的爸爸，莉莉的爸爸在上海出差，两三天回不来。无奈之下，莉莉的妈妈只好打电话给110，110听了莉莉妈妈的叙述后，给了莉莉妈妈一个公安局备案的开锁电话，于是半个小时后，一名锁匠叔叔来到了莉莉家门口。

这名锁匠叔叔先看了莉莉妈妈的身份证，然后和莉莉妈妈一起去物业核实了业主身份，然后就开始动手开锁。

莉莉好奇地看着叔叔，只见叔叔拿出了这样那样细小而精致的工具，开始开启莉莉家的门锁。莉莉心想，这不是防盗门吗？难道还能不用钥匙打开？

可莉莉却看见，锁匠叔叔左瞧瞧右看看，敲打了几下防盗门，听了听声音，然后又将工具捅进了锁眼，仔细地听着细微的声音。

莉莉本来充满了沮丧和无奈，以为要和妈妈住在旅馆里了，可此时此刻，却感到非常兴奋和好奇，原来还有锁匠这种职业，有专门帮人开锁的人啊！

大约过了二十多分钟，只听见两声清脆的咔哒声，莉莉家的大门打开了！莉莉欢呼雀跃，拉着锁匠叔叔的手说谢谢。

莉莉的妈妈也非常感谢锁匠叔叔。莉莉今晚的新奇经历，让她了解了一个她从未听说过的职业——锁匠。

职业小百科

锁匠是指具有无钥匙开锁和配钥匙技术的人，部分锁匠能够根据客户要求定制专业的防盗方案并实施，执行客户要求的安保计划。根据中华人民共和国劳动和社会保障部指定的《锁具维修工国家职业标准（实行）》，以往人们惯称的"锁匠"，在我国的职业分类中，标准称谓为"锁具维修工"。随着社会的发展，人们对锁匠的需求快速增加，锁匠已逐步发展成为一个庞大的职业群体，在社会上产生越来越大的影响。特别是近十年来，从业的人员数量大幅增加，一些具备大专以上学历的各种专业人员来到这个行业，为锁匠行业的深入发展和行业规范做出了极大贡献。

职业领路人

王永强：中国著名锁匠，凭着对"锁"的执迷和钻研，将开锁这一技术练得炉火纯青，从一个平平无奇的"锁贩子"变成赫赫有名的"开锁大王"。又因在工作中见尽各类盗窃现场，深感门锁防盗性的缺陷、不足，放下了自己最擅长的开锁业，投身到锁具制造业，多番实践后发明出至今未被人攻破的防盗锁芯。他最大的爱好就是破解锁具，当破解新型锁具时，他"感觉就跟厨师烧出一道好菜一样，特别有成就感"。

 职业生涯思考

• 锁匠在过去是手艺人，是工匠，在中国提倡大国工匠精神的今天，做一名锁匠，也是备受尊重的，也需要刻苦学习技术，而且这是一门需要通过实践才能够掌握的技术，你愿意付出耐心和细心，时间和精力，去学习一门技术吗？

眼镜验光师
——眼镜的医生

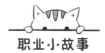

职业·小·故事

宇辰今天下午放学回来，对妈妈说，同学杨乐乐戴眼镜了，像个小青蛙，搞笑极了。妈妈却对宇辰说："宇辰，这个周末，妈妈也要带你去配眼镜。"

"不，我不配，我不要像青蛙，我又不近视。"

"妈妈和你开玩笑哈，不是给你配眼镜，是你陪妈妈去配眼镜。"妈妈笑着说。

周末，妈妈和宇辰来到了眼镜店。满目的眼镜让宇辰眼花缭乱，不过让宇辰感到最神奇的，还是眼镜验光师。

就像在体检中检查视力一样，眼镜验光师先指着视力表，测试了妈妈的视力，然后又让妈妈坐在一个椅子上，面对着一台大眼睛一样的机器，将下巴放在机器上，然后眼睛看着机器的"大眼睛"，然后不一会儿，机器就测试出了妈妈的视力。验光师叔叔说，这是电脑验光。

这是宇辰第一次陪妈妈配眼镜，看着验光师叔叔拿出的那个装满镜片的盒子，他充满了好奇。叔叔给妈妈戴上一个大大的镜框，一会儿塞进去一个镜片，一会儿又塞进去一个镜片……然后妈妈带着这个大大的镜框，四处走了走，叔叔确定镜片的度数合适了，就开始给妈妈制作眼镜了。

叔叔是在眼镜店里面的小屋子里制作眼镜的，宇辰充满了好奇，就跟了进去。他不明白，那么圆圆大大的镜片，是怎么装在那小小的镜框里的。只见叔叔把镜片放在一个机器里，一开机器，镜片就旋转起来，不一会儿，就被磨成了适合镜框的小镜片。

职业小百科

眼镜验光师是指能够使用验光仪器及辅助设备，对眼睛进行视力检查和屈光度检测，开具矫正处方，并能操作光学加工机械设备，进行眼镜研磨、加工和维修的人员。

这份工作看起来容易做起来难，每份工作都是需要学习和锻炼的，要当好眼镜验光师，也不是一件容易的的事情。

行业风向标

眼镜验光师国家职业资格认证是由中华人民共和国劳动和社会保障部颁发的职业资格证书，证书采用全国统一编号，可登录国家劳动和社会保障部官方网站——国家职业资格工作网查询真伪。我国眼镜验光师资格证主要分为五级，初级验光员、中级验光员、高级验光员、验光技师、高级验光技师。技师以上级别（包括技师）的资格考试要求有相关学术论文答辩，通过后经过一定工作年限才可以取得下一级别。

? 职业生涯思考

●行业无好坏，最重要的是兴趣，做一份自己感兴趣的职业，才能够充满热情，感受到乐趣。你戴眼镜吗？你对于眼镜验光师这样精细的工作感兴趣吗？

●不管什么职业，最初从事时，都会有好奇心，但是要想做好这份工作，都需要耐心、认真和努力，没有那份工作是容易的，脚踏实地，才能做好工作。

驯兽师
——野兽的训练员

职业小·故事

十一长假，当当的爸爸妈妈要带当当去看马戏，当当兴奋极了。

真的来到马戏现场，当当发现，哇！那些动物好大啊！更让当当惊叹的是，无论是巨大的大象，还是凶猛的老虎，都乖乖地听人的话，当当都想去摸一摸马戏团里的那些动物了。可爸爸却说："你看这些动物很乖，很有趣，可实际上它们还是野兽，会咬人、吃人，他们只是被训练，学会了服从。"

"哦？谁来训练他们？"

"驯兽师。"

说着，马戏开始了。看到狮子、老虎被乖乖驯服，按照驯兽师的指令做出各种高难度的表演动作时，当当兴奋地小手都拍红了，他觉得驯兽师真是帅呆了！当当对爸爸说："爸爸，我也要当驯兽师，让猛兽听我的话！"

爸爸耸耸肩，"先别说这话，等会儿我带你去后台，和动物合影，你和驯兽师叔叔聊聊天，就知道做驯兽师多难了。"

难吗？当当想，不就是一遍遍喂动物们它们喜欢吃的食物吗？

马戏结束后，爸爸带当当去了后台，和动物们合影之后，当当找到了驯兽师叔叔，他对叔叔说，"叔叔，我也相当驯兽师！"

叔叔笑了，拍了拍他的小脑袋："叔叔最初就是这么想的，可真的当了驯兽师，却发现，这些动物好危险。"

"危险？"

"是啊，我最初以为大象比较温顺，就选择训练大象。"

"嗯，大象好可爱，一定很听话。"当当说。

"大象只是看起来可爱，它们可不好惹，一旦激怒了它们，一脚踩下来或者冲你甩个鼻子，随时都能要人命。

当当听了，吐了吐舌头，回头看了看笼子里的大象，对驯兽师叔叔说："叔叔，我给你颁发一个动物和平奖章，感谢你带给我们这么好看的马戏！"

职业小百科

　　驯兽师是训练动物进行马戏表演的人员，训练大型动物的驯兽师危险性很大，基本每天都要面对死亡。驯兽师平时训练动物的时候是相当枯燥乏味且危险的，因为动物毕竟通人性的不多，能达到马戏的完美效果，靠的就是平时不断地驯化与调教，使其产生条件反射。所以从这些动物幼年时起，驯兽师就和它们待在一起，培养默契。然而，尽管马戏团的动物不是野生猛兽，但它们依然有不可控的一面，需要驯兽师及时观察，及时做出反应，逃避伤害与危险。

　　做驯兽师，既要和动物们建立感情，相互互动，又要让它们感受到驯兽师的威力，乖乖地听从指挥，还要防范危险，因为它们大都有攻击性。观众们只是看到舞台上的动物憨态可掬、聪明乖巧，感到非常可爱，但这些表演是驯兽师花了太多太多的心血，才最终实现的。有句话：台上一分钟，台下十年功，对于驯兽师也一样，枯燥乏味的训练，一遍又一遍的重复，而且要小心再小心，特别是训练大型动物，一不小心，就有生命危险。

职业领路人

　　1954年，苏联列宁格勒电影制片厂就拍摄了影片《驯虎女郎》。在这部影片中，一位女驯兽师威风凛凛，马戏团的老虎们都乖乖地听她指挥。女驯兽师列娜对老虎关爱有加，常常像对孩子一样，和老虎说话。

 职业生涯思考

●驯兽师看起来很风光，实际上充满危险。你愿意挑战这份充满刺激和危险的职业吗？

训犬师
——狗狗训练员

职业·小·故事

聪聪今年上小学三年级，从很小的时候起，聪聪就想拥有一只属于自己的小狗。今天早晨，爸爸突然对聪聪说，让他下学后赶紧回家，有惊喜。

聪聪惦记着爸爸的话，一下学就跑回了家。推开门，聪聪竟然被一只扑上来的大狗给吓懵了，赶紧往后躲。爸爸却从厨房钻出了脑袋，喊道："骑士，坐！"只见那只大狗乖乖地坐在了门前，一动不动。

聪聪小心翼翼地走过去，爸爸笑着从厨房里走了出来，"聪聪，别怕，这是爸爸送给你的礼物，一只拉布拉多犬。"

聪聪皱了小眉头，"爸爸，它会咬我吗？为什么不买一只小狗给我？"

爸爸没回答，对大狗说："骑士，握手！"

只见被叫做骑士的大狗伸出一只爪子，伸向聪聪。爸爸一看，笑了起来，"聪聪，不用怕，这是爸爸训练的狗，退役了，爸爸把它从单位买了回来，送给你做礼物。"

聪聪的爸爸是一名武警战士，工作就是训练部队的军犬。这只拉布拉多犬，是他亲手训练出来的，已经过了服役年龄，所以聪聪的爸爸把它从单位买了回来，送给聪聪做玩伴。

不到半个小时，聪聪就和骑士熟悉起来，他像爸爸一样，吩咐骑士坐、趴下、打个滚。

晚饭之后，聪聪兴奋地带着骑士出去遛弯，爸爸吩咐聪聪，一定要记住口令，一定要拉好绳索。聪聪在小区里，遇到了两位同学，他开心地在同学面前吩咐骑士打滚、捡球……

这一天，聪聪开心极了，他有了一个新伙伴，他对爸爸说，"爸爸，长大我也要像你一样，成为训犬师！"

职业小百科

训犬师是指懂得狗的心理和行为，并且能够训练犬只的人。通过这些人对狗的训练调教，可以让狗进行各种各样的表演，比如站立，握手，跳舞等，还可以让狗从事各种工作，比如搜查毒品、寻找证据、导盲等。

并不是每个人都能成为优秀的训犬师，要成为真正的训犬师，不仅要对犬类充满爱心，有耐心，还要懂得犬类的行为语言，了解并适应它们。

职业领路人

我国著名训犬师刘晓伟，训犬四十余年，与亲驯的狗狗团队应邀15次出演中央电视台，近200次出演各省卫视，是实践型训犬师。2012年，他被世界宠物协会聘为中国区训犬师培训导师，现任国家宠物驯导师高级技师，国家职业技能鉴定高级考评员，国家犬赛事裁判长。

 职业生涯思考

• 你看过电影《导盲犬小Q》《忠犬八公》吗？

• 你喜欢可爱的狗狗吗？

• 训犬技术源于国外，国外许多国家的训练技术相当成熟，训练出的犬只广泛应用于警察、海关、搜救等各个部门。技术细分非常之多，狗狗们所做的工作是人或仪器无法取代的。中国训犬师源于警犬部门、部队军犬部门退役的公安或士兵，也有一些社会人员自学成为训犬师，你愿意成为一名训犬师吗？

私人裁缝

——高级定制

职业·小故事

甜甜的爸爸是一名编剧，他常常在家里看电影。这一天周末，他邀请甜甜和自己一起看电影《魅影缝匠》，甜甜开始还以为是个恐怖片，一直拒绝看，可看到后来，发现是一个私人裁缝的故事，就被影片里那些漂亮的手工制作的衣服吸引了。哇，那些衣服可真漂亮，都是手工制作的，有礼服、有婚纱，甜甜眼睛都看直了。

她问爸爸："中国有这样的私人裁缝吗？"

爸爸笑着回答："有啊，私人裁缝又叫高级定制，现在很流行的。裁缝是一个古老的职业，拥有几千年的历史。尽管如今的制衣行业已发展成为高度机械化的产业，但服装的设计制作依然离不开裁缝。而私人裁缝，也就是高级品牌产品的设计制作，以及给国家领导人等特殊人物提供定制服务的私人裁缝，更是非常重要。"

甜甜想起她喜欢的明星们，常常穿着漂亮的衣裙走红毯，就问爸爸："明星们的衣服也都是找私人裁缝做的吗？"

爸爸点头："很多明星都专门请私人裁缝为他们定做衣服，做出席特殊场合的礼服、演出服、结婚礼服。"

甜甜一脸羡慕地看着屏幕上电影里穿着漂亮礼服的大姐姐，说："爸爸，等我长大了，能不能也请私人裁缝给我做一件漂亮的礼服啊！"

爸爸笑着回答："好啊，只要你好好学习、健康长大，等你18岁的时候，爸爸一定找私人裁缝，给你做一件漂亮的礼服！"

职业·小百科

裁缝是以制作或拆改衣服为职业的人，是以人体为依据，通过测量制定服装号型规格，合理使用原辅料进行服装裁剪、缝制的人员。私人裁缝又叫高级定制，是专门为一些高标准、高消费的人群设计制定服装的裁缝。私人定制一般要经过量身、选布、画线、裁剪、锁边、缝纫、订扣、熨烫等工序。

职业领路人

郭　培：中国高级定制第一人，中国最好的私人裁缝。2016 年，她成为法国高定时装周办秀的第一位亚洲设计师，她是入选《时代周刊》全球百位"最具影响力人物"。她从事服装设计三十余年，是见证中国现代服装发展的"活字典"。到目前为止，郭培连续十年为春晚主持人和演员设计服装，都由她亲自设计。

 ## 职业生涯思考

● 你喜欢自己动手设计服装吗？

● 你会用针线吗？

● 你知道世界著名的金顶针奖吗？

● 中国有句老话，叫做"替人做嫁衣裳"。你愿意成为私人裁缝，为他人缝制衣服吗？

旅游体验师
——职业旅行者

职业小·故事

　　博文的妈妈刚换了工作。博文的妈妈原来是软件设计师，每天有超过10多个小时眼睛不离电脑屏幕，晚上还常常加班，靠咖啡、浓茶提神工作。为缓解工作压力，节假日妈妈总会带博文外出旅行。妈妈带博文游遍了中国大江南北和东南亚等国家。博文非常喜欢和妈妈出去旅行。可妈妈换了新工作后，博文却不能每次都跟妈妈一起外出旅行了，因为妈妈的新工作就是，天天去旅行！

　　当妈妈告诉博文，自己的新工作就是天天去旅行的时候，博文简直不敢相信，她问妈妈："妈妈，怎么会有人掏钱让你天天去旅行？这么好的事情？"

　　妈妈笑了，她告诉博文，这是一家旅游网站，妈妈的工作就是按照公司的安排，到世界各地去旅游，开发新的旅游路线，体验旅程，反馈旅行的感受和乐趣，从而为更多的顾客介绍更好的旅行项目。

　　博文听了，笑着拍手："哈哈，这份工作太好了！天天去旅行，妈妈，长大我也要做这份工作！对了，妈妈，这个工作叫什么名字？"

　　"旅游体验师。宝贝，如果你喜欢，将来也可以去做旅行体验师，很有趣啊！"

　　博文听了非常开心，他对妈妈说："妈妈，你找到了最好玩的地方，放假的时候带我去玩啊！我最喜欢地理课了，等将来我长大了，也要和妈妈一样，到世界各地去旅游，做一名旅游体验师！"

职业·小百科

旅游体验师是一种新兴职业。在国外，澳洲大堡礁曾经高薪招聘守岛员，算是最著名的旅游体验师招聘。旅行体验师不仅可以免费跟随旅行团游山玩水，还能获得不菲的月薪，堪称"美差"。首席旅游体验师没有学历限制，但是要熟悉各地的旅游情况。另外，文字表达能力要强，要会摄影，可以随时在线传播旅游心得。

职业领路人

郝 娜：中国著名旅游体验师，清华毕业的女孩，有着小麦般的健康肤色，与人聊天很有亲和力，她出生在天津市一个知识分子家庭。毕业后进入外企，后来做了专职旅游体验师。当下，她已经成为中国旅游体验师的代表人物。

❓ 职业生涯思考

● 你知道中国古代旅行家徐霞客吗？徐霞客是明朝旅行家、地理学家，著有《徐霞客游记》，被称为千古奇人。足迹遍及今21个省、市、自治区，在地质学、地理学、生态学有独特发现和突出贡献。

● 旅游体验师听起来很有趣，但是常年在旅途中，也是辛苦和艰难并存的。要到不同的地方，一直在旅途中，得不到很好的休息，还要尽快熟悉各个旅游地点的地形、景点和风俗人情，也并不是一件容易的事情。

● 如果不怕风吹雨打，如果梦想周游世界，不妨去做一名旅游体验师！

烘焙师
——烘烤行业的技术员

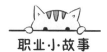

职业·小·故事

麦麦最喜欢吃妈妈做的蛋糕，妈妈做的蛋糕简直比蛋糕店里卖的还好吃。麦麦每天的早点，都是妈妈亲手做的小蛋糕。

然而有一天，麦麦一早醒来，突然看不到妈妈了。麦麦问爸爸，妈妈哪儿去了？爸爸笑着对麦麦说："宝贝，妈妈上班去了，她已经把蛋糕给你做好了，现在，她在蛋糕店里给其他小朋友们做蛋糕！"

麦麦一听，有点着急，"妈妈给别的小朋友做蛋糕？那妈妈以后还能给我做蛋糕吗？"

爸爸笑着说："当然可以啊！妈妈现在是职业烘焙师了，她可以做出更多好吃的蛋糕，给你和所有的小朋友吃啊！"

这一天，麦麦下学后，就去蛋糕店看望妈妈了，她来到妈妈工作的蛋糕店门前，看到橱窗里的那些蛋糕，哇！真的好漂亮，比平时妈妈做给自己吃的，还要漂亮。

她推门进去，问售货员阿姨，有没有一个新来的做蛋糕的阿姨？

售货员阿姨笑着回答麦麦："有啊，小朋友，你是不是想尝尝新来的烘焙师的手艺？来！这是试吃品，尝一尝，这就是我们店心新到的烘焙师做的最新鲜的小蛋糕！"

麦麦从售货员阿姨递过来的小盘子里拿了一小块蛋糕，放到嘴里尝了尝。哇，妈妈做的，就是这个味道！紧接着，麦麦身后排队的小朋友也伸过手来，拿了一块蛋糕，"好吃，好吃！"旁边的小朋友也凑了过来，拿了一块，"真好吃！"

听见这么多小朋友夸赞妈妈做的蛋糕，麦麦开心极了。虽然她没有看到妈妈，但是她知道，妈妈一定在这里做蛋糕。她开心地转身，离开了蛋糕店。

职业小百科

烘焙师是指从事烘焙行业中食品烤制的师傅。烘焙师运用不同的操作技术、成型技巧及成熟的方法对主料、辅料进行加工和创新，制成中式、西式风味面点、点心。现在国家对烘焙师颁发的资格证书有：初级工、中级工、高级工、技师、高级技师、技术能手六个等级。

焙烤食品的起源很早，在古埃及的坟墓中以及古罗马的庞贝古迹中都曾发现木乃伊化的酵母发面面包。经过长期的发展，焙烤食品的生产在西方国家中已发展成为一个重要的食品工业部门。中国发面技术的历史也较早，当下焙烤食品的生产已在食品工业中占有一定的比重。

职业领路人

王　森：本名王吉松，中国著名烘焙师。享受国务院政府特殊津贴，政府记个人一等功，国家级烘焙甜点大师，国际裁判，被业界誉为圣手教父，打造出烘焙世界冠军。同时是美食书作家，出版了200多本美食书籍销往国内外。他将绘画、舞蹈、美食结合在一起，是著名的美食艺术家，被欧洲业界主流媒体称为中国的甜点魔术师。

职业生涯思考

● 甜甜的蛋糕谁都爱吃，但是要做好，也并不容易，以此为职业，也要通过不断的学习和实践。

● 你愿意成为一名烘焙师吗？

● 你愿意天天和面粉、糖、奶油和巧克力打交道吗？好好想一想，首先要喜爱，有兴趣，然后才可能做好这份工作。

酿酒师
——酒类灵魂的工程师

职业·小·故事

皮皮的爸爸在酒厂工作，这一周的作文课，老师布置的作文题目是《我的爸爸》，于是皮皮就问爸爸："爸爸，你的职业是什么？你每天的工作是什么呢？"

爸爸向皮皮解释："皮皮，爸爸是酿酒师，也就是制造酒的师傅，每天的工作嘛，就是酿酒。"

皮皮挠挠头，问爸爸："那爸爸每天怎么酿酒呢？我怎么写呢？"

爸爸笑着回答，"要说酿酒，我国有几千年酿酒的历史了，酿酒师随着酒类产品制造工艺的不断发展，有了非常多的细分。酿酒师的工作，根据酒的不同，工艺的不同，有不同的工作内容。现在有些学校都设立了酿酒师专业，国际上对经过专业学习、从事酿酒生产、具有较高酿酒技术的人员，也由行业协会授予酿酒师称号。"

"那爸爸，你主要从事酿酒中的哪部分工作呢？"

"爸爸主要负责开发酿酒新原料、新工艺及酒类的新产品。"

"哦，那爸爸，你能告诉我，酿酒师工作中最重要的操作流程是什么吗？"

爸爸想了想，说："最重要的操作流程就是利用好微生物，利用微生物发酵生产出更好的酒。"

皮皮想了想，又问爸爸："爸爸，那白酒是怎么做成的呢？"

"白酒是以含淀粉较多的谷物为原料，比如用高粱、玉米、大麦、小麦、大米、碗豆等作原料，用微生物，就是米曲霉、黑曲霉或者黄曲霉，把淀粉分解成糖类，这个过程称为糖化过程。然后用酵母菌，再把葡萄糖发酵，生成酒精。这就是白酒的制作过程。"

"爸爸，那我长大也可以做酿酒师吗？"

"可以啊，你好好学习，将来可以考酿酒师专业！"

酿酒师指酒类酿造过程中，从事指导生产工艺设计、参数控制等工作的人员。工作内容为选用酿酒原料和辅料，选择和使用酿酒设备，制备和选择糖化发酵剂，设计和应用糖化、发酵、蒸馏、贮存、灌装工艺，监控各工艺参数，开发酿酒新原料、新工艺及酒类新产品。

啤酒是以大麦为原料，以啤酒花为香料，经过麦芽糖化和啤酒酵母酒精发酵做成。

葡萄酒是以葡萄汁为原料，经葡萄酒酵母发酵制成的。

绿酒是中国酒文化中独具特色的珍贵酒种，要用绿曲发酵。

职业领路人

季克良：茅台酒酿酒大师，是中国第一代酿酒大师。他是茅台发展史上一个里程碑式的人物，是第一个用科学理论解读茅台酒的人。他是世界级酿酒大师、著名的白酒专家，也是国家级非物质文化遗产传承人。

刘友金：五粮液酿酒大师，他是中国白酒界的传奇人物。他从一个从未接触过酿酒的农民，从一线酿酒工人做起，最后成为中国首届酿酒大师、教授级高级工程师、五粮液传统技艺代表性传承人。

职业生涯思考

• 中国有个古老的打油诗："有儿不进武槽房，熬更守夜命不长。有女不嫁烤酒匠，半夜三更守空房。"说的就是酿酒的辛苦。因为夏季白天温度高，不适合酿酒，要等夜晚温度降下来，才能酿酒。所以要吃得苦中苦，才能学好技术，走好工作。

• 你愿意做一名酿酒师吗？

职业小·故事

周末，卡卡家来了一位客人，这位客人给卡卡家送来了很多花，有卡卡最喜欢的荷花，还有卡卡的妈妈最喜欢的蝴蝶兰。爸爸对卡卡说，这位叔叔是园艺师，也就是园丁。

"园丁？"卡卡好奇地问爸爸："不是说老师是园丁吗？"

卡卡的妈妈笑着说："那是比喻，把老师比喻成园丁，真正的园丁，是种植看护花草的人。他们的工作，就是照顾好漂亮的花草，让这个世界更加美丽。"

"哦？那天天就在花的海洋里工作，真好啊！"卡卡看着叔叔，一脸羡慕。

叔叔苦笑着对卡卡说："小朋友，不是谁都能照顾好那些花草的，比如这盆蝴蝶兰，它就很娇气，如果浇水太多，它就会蔫了，如果浇水太少，它就不开花了……"

"哦，那也很有趣，天天和美丽的花草在一起，闻着他们清香的味道，多幸福啊！"卡卡还是一脸羡慕。

"嗯，是很开心，不过有时候也需要给花草施肥，肥料就不清香了，而是臭臭的。"叔叔笑着对卡卡说。

"叔叔，你从小就喜欢养花吗？"卡卡突然想到了一个问题。

"是啊，小时候我家在农村，家里养了很多花草，房前房后还有树，来到城市以后，就没有这么多的植物了。叔叔就想，要是能够在城市里多点缀一些植物多好，后来叔叔就做了这份职业。"

职业小百科

园丁主要指专门从事园艺的劳动者，负责在公园、花园、果园等植物园区内，负责栽培护理园内植物工作的人。

树、花、草，都会生病，也都需要照料，它们不仅仅需要除草、施肥、授粉，有时候还需要和人类一样输液、开刀……

园丁就是树木花朵的医生。

做一名园丁，不仅需要耐心，还需要专业知识，要对植物有详细的了解。同时对植物生长所需的环境，土壤等有深入的认识，对不同种类植物的习惯有全面的认知，才能成为一名优秀的园丁。

职业领路人

你看过电影《不朽的园丁》吗？影片中脾气温和，温文尔雅的英国绅士贾斯丁在做职业外交家之余，做了一位专业的，只醉心于侍弄小花园的园丁。

职业生涯思考

• 你喜欢花草树木吗？

• 你喜欢大自然中那些多彩的植物吗？

• 如果让你选择自己的职业，你会选择做一名园丁吗？

漫画家
——绘图"作家"

职业·小·故事

飞飞最喜欢漫画，尤其是日本漫画，他几乎收藏了日本漫画家宫崎骏出版的所有漫画。飞飞的梦想就是成为一名漫画家，他的妈妈也很支持他，给他报了一个美术班，让他学习画画。有一次，飞飞做记者的妈妈采访了一位漫画家，采访之后，妈妈和这位漫画家做了朋友。不久，妈妈约这位漫画家到家里来做客，飞飞终于有机会见到漫画家了。

这一天，妈妈的朋友，漫画家王老师终于来到了飞飞家。王老师一进门，就给飞飞一个惊喜，她把自己新出版的漫画书送给了飞飞。

飞飞激动极了，他坐在王老师的对面，竟然一句话也说不出来了。

妈妈见飞飞说不出话来，就笑了，把飞飞准备好的之前的画作，递给了王老师。王老师边看边指导：

"这张想象力很好，但是人物比例关系有问题。

"这张背景透视观察得很好，非常棒。

"这张明暗关系处理的不错，但是透视关系没有处理好。

"这张人物表情非常棒，难得啊！"

王老师一张张地评价，给了飞飞极大的信心，也让飞飞逐渐松弛下来。

飞飞终于不再紧张，他拿出自己写好的那张纸，把想要画的内容一一叙述给王老师听。

王老师听了频频点头，"想法很好，但是孩子，要想真的画好，画传神，光靠想象力是不够的，要有扎实的基本功。你的人物比例，造型都有些问题，有时间多练练素描，注意人物骨骼比例，基本功扎实了，想画什么才能随心所欲！"

飞飞听了连连点头，看来要做漫画家，不仅仅要靠奇思妙想，一定要勤学苦练才行啊！

职业·小百科

　　漫画家是一类以从事漫画创作，并以此为生的人，。他们靠创作的漫画作品在刊物上发表以及出版相关产品所获得的报酬来维持生活，并为创作下一部作品打下物质基础。由于漫画有传统漫画和现代漫画的区别，所以也有专门从事传统漫画创作或现代漫画创作的漫画家。传统漫画家以专门绘制传统漫画为主，而现代职业漫画家以专门绘制现代漫画为主。

职业领路人

　　丁　　聪：中国著名漫画家，舞台美术家，1916 年生于上海，20 世纪 30 年代初开始发表漫画。曾任《人民画报》副总编辑。作品有《鲁迅小说插图》《丁聪插图》《四世同堂》《骆驼祥子》等众多作品的插图。

　　夏　　达：中国知名漫画家。1981 年 4 月 4 日出生于湖南怀化，毕业于长沙理工大学艺术设计系。目前已出版《米特兰的晨星》《同类》《游园惊梦》《四月》《子不语》《哥斯拉不说话》等单行本。

职业生涯思考

　　● 你喜欢看漫画吗？

　　● 你喜欢画画吗？

　　● 漫画和传统绘画不同，很多时候画面更夸张，更具想象力，你是否有兴趣将自己所有天马行空的奇思妙想都画出来呢？

布景师
——舞台背景的创造者

职业小·故事

蕊蕊的妈妈是一名演员，蕊蕊没事的时候，常常喜欢到片场去玩耍。最让蕊蕊感到惊奇的，就是剧场的陈设，蕊蕊总也不明白，明明昨天来的时候还是空荡荡的影棚，今天下学后再来，就看起来像清朝的官宦人家了。那些剧场的陈设是从哪儿来的？又是谁拿来的呢？蕊蕊每次都问妈妈这个问题，后来，妈妈对蕊蕊说："蕊蕊，你看，那边有个叔叔，这些背景就是那个叔叔布置的，他是布景师，你去问问他。"

蕊蕊走过去，问那位叔叔："叔叔，你是布景师吗？"

那位叔叔有点诧异："是的，小朋友，有什么事情吗？"

蕊蕊不好意思地笑了："叔叔，我很好奇，这些背景是怎么布置出来的？"

那位叔叔放下了手中的红木屏风，笑着对蕊蕊说："根据每一部戏的剧本要求，设计适合这场戏的环境。你看，这个红木屏风就是晚清风格的，适合这场戏的风格，而且剧情设计男女主角在屏风后窃窃私语，被偷听的人听到了谈话的内容，所以这个屏风就是这场戏不可缺少的背景之一。"

"那你每天的工作，就是对着这些家具？"蕊蕊问叔叔。

叔叔笑着说："是啊，每天和我作伴的就是红木屏风、铁皮柜子、木桌写字台、木凳、沙包、铁索，他们就是一群贪玩的大男孩，就等着我把它们搬上场，然后它们就可以代替人物说出故事发生的大概时间和地点。当然，还有一些女孩与我作伴呢，白色、粉色、蓝色的床单、苏格兰桌布、火狐毛手套……她们是一群淳朴动人的女孩，每天我总要给她们弹弹灰尘，尽量让她们多见见太阳，她们都很可爱哦！"

蕊蕊笑了起来，"叔叔，你的工作真有意思，将来我也做一名布景师。"

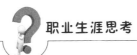

职业小百科

布景师是在电影发展初期，主要负责画幕布景或构筑式布景的设计和搭建任务的设计人员。布景师并非是美术师的同义词，在当代电影美术创作中，布景师只是承担隶属于总体美术设计中的一部分任务。当下布景师的职业越来越广，不仅有电影布景师，还有婚礼布景师、汽车布景师、水族布景师、家庭"布景师"等。

在舞台上，最普通的蜡烛、馒头、红薯、肉、苹果、梨子、橘子、黄瓜、大白菜……它们也是演出好伙伴，少了它，这场戏就不真实了，观众可以看到它们，感受到它们的香味，布景师的工作就是让看似平凡的道具发挥神奇的作用。

职业领路人

迈克尔·福特：英国著名布景师，因《泰坦尼克号》和《夺宝奇兵》两度获得奥斯卡最佳艺术指导布景奖，另因《星球大战：帝国反击战》《星球大战：绝地归来》两次获得奥斯卡最佳艺术指导布景奖提名。

？职业生涯思考

- 你听说过布景师这个职业吗？
- 在大型的婚礼、超市庆典、电影拍摄现场，你见过布景师吗？
- 你能想象布景师的日常工作是什么吗？

营养师
——健康管理专家

职业·小·故事

琪琪的妈妈一个月前，在家附近的一家健康会所门前，遇到了一位营养师，当时，这位营养师向琪琪的妈妈建议，调整饮食，适当减肥。琪琪的妈妈当时没有在意，可这几天，琪琪的妈妈突然觉得身体不舒服，走路没走几步就觉得心跳劳累，去医院做了一个检查，什么问题也没有，医生只是对琪琪的妈妈说："你该减肥了！"

于是这个周末，琪琪的妈妈带着琪琪在小区附近散步的时候，终于走进了那家健康会所，找到了那位营养师。

琪琪看到那位阿姨，忍不住对妈妈说："妈妈你太胖了，你看阿姨多瘦！"

琪琪的妈妈不开心地瞪了琪琪一眼，那位阿姨却笑了，对琪琪说："小朋友，阿姨三年前也是很胖的，你看墙上这张照片。"说着，阿姨给琪琪指了指墙上的一张照片。

阿姨笑着说："健康不仅仅是胖瘦的问题，健康是要吃好，睡好，身体健康，机能强劲。现在很多人都吃的太多、太精，却缺乏运动。身体也是一部机器，用进废退，你不运动，你身体的运动机能就会渐渐减退。而摄入的能量和热量又太多，必然导致肥胖，从而导致身体的代谢紊乱，身体机能的恶性循环。"

琪琪的妈妈，叹了口气说："我的工作就要求我天天坐在电脑前，没时间活动啊！"

阿姨一听笑了起来，"大姐，那是你的借口，你有时间带着孩子散步，就肯定有时间活动，来，我先给您测测您的身体状况……"说着，阿姨把琪琪的妈妈领到了一台机器上，琪琪的妈妈脱了鞋，站了上去，一会儿功夫，有关身体的各项指标就显示在机器的电脑终端上。

阿姨对琪琪妈妈说："大姐，来，我给您分析分析您的身体状况，信得过我的话，我给您设置一套健康合理的营养饮食和健康作息，只要您有耐心和毅力，一年功夫，您就可以重新焕发青春的活力！"

职业·小百科

营养师职业的出现，是适应社会健康的需求而产生的。营养师的职业综合了厨师、保健师、医务、中医、心理师、营销员、管理员等职业的特点于一身，是比较综合的职业。他们不但是食物的专家，更是营养检测、营养强化、营养评估等领域的专家，帮助人们获取健康。营养师的职业要求是专心专业服务于健康。

当下随着生活水平的提高，越来越多的人出现了高血脂、高血糖、高血压等病症；而随着工作压力的加大以及熬夜等不良生活方式的形成，越来越多的人出现亚健康状态，在这种情况下营养师越来越受到重视。

职业领路人

顾中一：注册营养师，清华大学公共卫生专业硕士，北京营养师协会理事，北京市营养学会理事。2017 年十大科学传播人物、微博 2015 十大影响力医疗大 V、健康中国 2012 年度风尚人物。著有《顾中一：我们就该这样吃》《顾中一说：我们到底应该怎么吃》。

职业生涯思考

- 民以食为天，你喜欢美食吗？
- 你见过营养师吗？
- 你知道怎样吃才真的营养健康吗？

健身顾问
——健美身材的专家

职业小故事

圣诞节这天，小超和爸爸一起去家附近的一所健身房参加圣诞活动，在活动的最后，有一个抽奖活动。小超和爸爸凭借入场券，竟然抽到了这次活动的一等奖，一张为期一年的健身金卡！小超开心极了！

于是从圣诞节后，每个周末，小超都和爸爸一起去健身房。小超在健身房，还结识了一位新朋友，那就是健身顾问强哥。小超非常羡慕强哥强悍的身体，他看着爸爸的大肚腩，就问强哥："强哥，我爸爸也能像你一样吗？"

强哥笑着说："没问题！"

作为健身顾问，强哥给小超的爸爸制定了严格的健身计划，首先，他给小超的爸爸安排了基础的锻炼项目，比如跑步、骑动感单车、健身操；然后，又给小超的爸爸安排了锻炼肌肉的有关项目，比如哑铃、杠铃和器械。就连小超，强哥也给他安排了适合他的运动项目，跑步和儿童哑铃。

这天，小超攥着强哥送给他的一对红色儿童哑铃，问强哥："强哥，你觉得做健身顾问有意思吗？"

强哥笑着对小超说："有意思啊！你不觉得运动让你很快乐吗？"

"是很快乐，可也很累啊，我每个周末和爸爸做完健身，回家都恨不得倒头就睡，腿都抬不起来了。"小超哭丧着脸说。

"嗨，开始都这样的，等你锻炼一两个月，不让你来，你都浑身不舒服呢！"强哥笑着举起了杠铃。小超回头看爸爸，爸爸正站在强哥身后，举起一副小一点的杠铃。

小超也试着举起一副儿童哑铃。强哥放下杠铃笑着走走过来拍拍小超，小超，坚持锻炼吧，相信两个月后，你也会有感受到健身的乐趣！"

健身顾问是健身会所的间接销售服务人员，也是健身俱乐部的咨询专家，能给会员提供专业服务，具备销售和教练的能力，不是纯粹的销售人员。主要教锻炼者如何进行系统的锻炼，讲解一些健身时注意的问题，如何才能达到最佳的健身效果，适当时需要在锻炼者锻炼时进行保护。

现在因为伏案工作的人很多，很多人出现腰椎、颈椎问题，很多人是 25 岁的身体，45 岁的腰，所以健身越来越受到大家的重视。

有一部电影，片名为《付出与收获》，影片于 2013 年 4 月 26 日在美国上映，写的就是健美先生的故事，是根据真实事件改编。

 职业生涯思考

- 健身教练这份职业看起来很有趣，锻炼身体，还能够赚到钱，你喜欢运动吗？
- 你有兴趣以此为职业，天天健身，并指导他人健身吗？
- 你看见过电视上的健美先生吗？
- 你身边有人去参加分健美大赛吗？

你喜欢的职业是它么？

赛车手
——风驰电掣极速车手

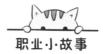

职业·小故事

凯琪今天一下学就跑回了家，既没有在学校附近玩耍，也没有在小区门外的超市逛游，他急切地想要回家，见到自己的表哥徐泰。表哥徐泰是赛车手，凯琪还没有看过赛车比赛，表哥这次来，就是接他去看自己的比赛。

凯琪之前看过电影《急速赛车》，赛车手斯比德·瑞瑟成为世界赛车联盟中最出色的赛车手的过程让凯琪激动不已。想到明天就要观看表哥的比赛了，他这一天，连上课都忍不住走神了。

这一晚，凯琪和表哥聊了很多，他也想成为赛车手。表哥告诉他，要想成为赛车手，最基本的条件就是拥有驾照，这个驾照不是普通的机动车行驶驾照，而是赛车手专类的赛手执照，一般需要去官方培训驾校考取赛车手驾照。学费也不高，学习的也都是赛车的基本技能和条件，和平常的机动车驾驶有一定的区别。

不过就算是你考出了驾照没有属于自己的赛车，那就是英雄无用武之地。赛车需要一定的经济基础条件，毕竟花费真的很贵。不过表哥对凯琪说，即便是买不起赛车，也可以拉到赞助，只要有赞助，赛车手就可以驰骋赛场。

凯琪非常兴奋，"表哥，那我现在还不到18岁，能去赛车吗？"

表哥摇摇头，笑着说："不可以，不过你可以先去玩卡丁车。卡丁车比赛风险小，开销也不大，而且技术要求也不算低，可以满足你的赛车欲啊！"

"那将来我要想成为赛车手呢？"凯琪问道。

"好好学习，将来毕业了，好好训练！"表哥斩钉截铁地回答。

职业小百科

普通人考取普通驾驶本后可以参加中汽联的赛手培训班，分为拉力培训和场地培训。拉力培训出来的是 F 级赛车驾照，场地一般是 C 级赛车驾照，车手参加 6 场以上的比赛后，可以申请更高一级的赛照。以此类推，国内 B 本可以申请国际汽联赛车驾照，就可以参加国际级别的赛事成为赛车手了。

职业领路人

张炜安：1981 年出生于中国香港，是一名摩托车赛车手。2009 年在第四十三届澳门格兰波治大赛上，张炜安驾驶 KAWASAKI 战车出赛，夺得了 600cc 组别的亚军，继三年前夺得第三名之后再度登上颁奖台。

程丛夫：1984 年出生于中国北京，自小喜欢赛车，并多次获得亚洲及全国小型赛车冠军。他是中国内地第一个走出国门加盟欧洲方程式车队的车手，多次获得中国方程式冠军、亚洲雷诺方程式冠军。

张少华：被誉为中国漂移第一人。早前曾是拉力赛车手，随后在漂移赛道上声名大噪，斩获奖项无数。他连续 3 年获得 WDS 世界漂移大赛冠军，是唯一一位击败过日本 D1 冠军熊久信重和美国漂移冠军 JR 的中国漂移车手。

职业生涯思考

● 赛车是一项精彩和危险共存的职业，你愿意在享受刺激和精彩的同时，承担生命的危险吗？

● 赛车需要经过长期的训练和实践，还需要有超强的心理素质，你看过电影《赛车总动员》吗？你想要成为一名赛车手吗？

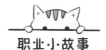

品酒师
——用感官品评美酒

职业·小·故事

露莎的爸爸在酒店工作，他是一名品酒师。从小到大，每天爸爸下班回家，露莎都能闻到爸爸身上的酒味，不过露莎并不讨厌爸爸身上淡淡的酒味。有时候爸爸在晚餐的时候会喝一点葡萄酒，露莎最喜欢蹭爸爸的酒，她每次都会舔一舔杯子底，或者喝上一小口。

爸爸对露莎说，在过去，品酒师是王侯贵族旅行时的随从，在宫廷里的职务就是管理葡萄酒。后来王侯没落了，品酒师就到城镇的餐馆里或其它地方去工作了。现在，露莎爸爸的工作包括葡萄酒的采购、管理、甚至还为宴会订制用酒清单。露莎爸爸每天的工作就是品酒，尽量选择客人们喜欢的酒，选择好喝的酒。

这一天，露莎生日，她问爸爸，能不能在家里举行一个小型的生日派对，爸爸同意了，露莎又问爸爸："那我们要喝什么酒呢？爸爸？你是品酒师，总不会让你女儿的生日派对没有美味的葡萄酒吧？"

爸爸笑了，他拍了拍露莎的脑袋，说："你们还不满18岁，不能喝酒，好吧，爸爸给你们一瓶香槟，非常好喝，还不会喝醉哦！"

露莎开心极了。

在那天的生日派对上，露莎的爸爸成为这次派对的明星，他给露莎的同学们讲了很多有关葡萄酒的知识，还调了一杯又一杯味道独特的鸡尾酒给露莎的同学们。爸爸还跟他们讲，如果他们喜欢喝酒，品酒，将来可以去考品酒师。品酒师这份工作，也不是想象中那么有趣，很多时候是很乏味的。每天要尝十几种酒，不仅仅是不同品种的酒味道不一样，就是同一种酒，不同批次的味道也不一样。

职业小百科

品酒师是应用感官品评技术，评价酒体质量，指导酿酒工艺、贮存和勾调，进行酒体设计和新产品开发的人员。品酒师是一种非常辛苦的职业，平均每年要品尝3000多种新酒。脑子里储存了10,000种以上的味道。

品酒师也是要相关专业毕业的，要先好好学习，将来考上大学，学习了相关专业，才可以去当品酒师。

职业领路人

罗伯特·帕克：世界头号评酒大师，他对红酒独一无二的打分方式，几乎成为一款新酒能否畅销的命运指挥棒。很多法国波尔多列级名庄酒都是先请帕克打分，再定价。罗伯特·帕克1947年出生在美国马里兰的巴尔的摩，他写了《波尔多》一书，1992年，这部书作为顶尖葡萄酒书籍获得"烹饪职业国际协会"奖，而帕克被《纽约时代》评为"世界最具有影响力的葡萄酒评论家"。罗伯特·帕克先生是史上唯一一位被两位法国总统及一位意大利总统授予最高总统荣誉的品酒师、葡萄酒作家兼评论家。

 **职业生涯思考**

• 品酒师不是酒鬼，是品酒、选酒的高手，依靠的是嗅觉、味觉，你自认为自己的嗅觉和味觉灵敏吗？

• 试想，你愿意从事一份每天要喝好多种酒，然后记住味道，相互比较酒的味道的工作吗？

西式烹调师
——西餐厅的大厨

职业·小·故事

　　晓峰最喜欢吃西餐，只要路过西餐厅，他都缠着妈妈带他进去吃饭，什么意大利面、披萨、三明治，他总也吃不够。六一这天，爸爸妈妈带晓峰去了动物园，然后到动物园附近的莫斯科餐厅去吃西餐，晓峰开心极了。

　　这一天，晓峰在莫斯科餐厅吃了奶油烤鱼、奶油松茸蘑菇汤，美味的酸黄瓜，还有沙拉佐鹅肝和超大牛排。晓峰开心极了！他十分好奇，这些美味的西餐是怎么做出来的。爸爸告诉他，这些西餐，是西式烹调师做出来的，也就是西餐厅的大厨做出来的。他们用的烹调方法和中餐的大厨用的不一样，他们喜欢用奶油、黄油、沙拉酱、咖喱等调料来做西餐，所以味道和中餐不一样。

　　晓峰边吃边问："爸爸，我好喜欢吃西餐，等我生日那天，你带我去吃最好吃的西餐好不好？"

　　爸爸拍了拍晓峰的脑袋，笑着回答："等你18岁生日的时候吧，最好吃的西餐在米其林餐厅，那是世界一流的西餐，米其林餐厅的西式烹调师，是世界顶级的西餐大厨。你要想去那里吃饭，先把功课学好，18岁的时候考上一所自己满意的大学，我就带你去吃米其林餐厅！"

　　晓峰一脸憧憬，瞪着爸爸："好！爸爸，你可要说话算数！妈妈作证！"

　　爸爸大声回答："好！一言为定！"

西式烹调师是运用俄、法式等西式传统或现代加工切配技巧和烹调方法，对食品原辅料进行加工，烹制成具有西式风味菜肴的人员。职业等级设有初级、中级、高级、技师和高级技师共五个等级。

职业领路人

最好的西式烹调师，就是米其林厨师。米其林作为世界顶级的餐厅，对厨师要求非常高，在米其林三星餐馆，厨师都是一等一的高手，都在国际上市相当有名。在米其林三星级的厨师眼里他们追求的不仅仅是好吃，而是那种能刺激味蕾的东西，让人吃出那种享受感、娱乐感、舒适感、满足感。

 职业生涯思考

● 你喜欢西餐吗？

● 西式烹调师和中餐的厨师有所不同，所使用的很多调料都是中餐不常用的，比如咖喱、沙拉酱，你喜欢这些调料吗？

● 你喜欢做饭吗？做出美好的食物请人分享吗？

● 你看过电影《米其林情缘》吗？美食不仅仅是生活的享受，也是一种生活追求，做最好的西式烹调师，也是一个值得攀登的职业目标。

调酒师
——风情调酒员

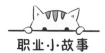

职业·小·故事

图图的爸爸在酒吧里上班，有一次，图图生日，就带了几个要好的同学，一起去爸爸的酒吧里庆祝生日。同学琪琪看见图图的爸爸站在吧台的后面，撇着嘴说，"咦，图图，你的爸爸是酒吧的男招待啊！"

图图哼了一声，不满地回答："谁告诉我爸爸是男招待，我爸爸是调酒师！他调的鸡尾酒，连明星们都争着来喝！"

"调酒师？"琪琪愣了，"是电影里的调酒师吗？"

正说着，图图的爸爸走了过来，图图忙迎了过去："爸爸，爸爸，快调几杯鸡尾酒给我的同学们，他们连调酒师是什么都不知道！"

图图的爸爸笑了，说："我就是来问问，大家想喝什么味道的酒。"

琪琪有点不好意思，红了脸，说，"我们也不懂，您能给我们介绍一下吗？"

"好啊！"图图地爸爸笑着说了起来："调酒师的工作呢，就是从事调酒的专业服务，作为一名调酒师，要掌握各种酒的产地、物理特点、口感特性、制作工艺、品名以及饮用方法，并能够鉴定出酒的质量、年份等。此外，客人吃不同的甜品，需要搭配什么样的酒，也需要调酒师给出合理的推荐。而且因为鸡尾酒都是由一种基酒搭配不同的辅料构成，酒和不同的辅料会产生什么样的物理化学效应，从而产生什么样的味觉差异，对于调酒师而言，是创制新酒品的基础。所以，你们想喝什么味道的鸡尾酒，就需要调酒师来给你们调制。"

琪琪听完，脸更红了，"哇，原来还有这么多的知识啊！"

图图的爸爸笑了，"好吧，同学们，我这就去给你们特别调制一款生日鸡尾酒，女生是红色的，男生是蓝色的，相信你们会喜欢哦！"

职业·小百科

　　调酒师是在酒吧或餐厅专门从事配制酒水、销售酒水，并让客人领略酒的文化各风情的人员，调酒师英语称为 bartender 或 barman。酒吧调酒师的工作任务包括：酒吧清洁、酒吧摆设、调制酒水、酒水补充、应酬客人和日常管理等。

　　只有较好的酒吧、星级酒店和私人会所里才有调酒师。调酒师不仅仅是配制酒水，销售酒水，还能让客人们领略到酒的文化和风情，是非常专业的。

　　连调酒的设备和调酒的动作，都会影响到酒的味道，所以好的调酒师，是非常优雅和高超的。

职业领路人

　　陆　遥：出生在美国休斯顿的美籍华人，是中国最负盛名的调酒师之一，尤其在上海的调酒界可谓是无人不知无人不晓，荣获 2016 年芝华士鸡尾酒大师赛中国区总冠军。

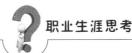 职业生涯思考

　　•调酒师的工作看起来很优雅，很闲适，很安逸，事实上，需要一遍遍调配，一遍遍品尝，也是一份非常枯燥的工作。

　　•你喜爱这种创造性的工作吗？

　　•你愿意做一名调酒师吗？

茶艺师
——茶文化的传播者

职业·小故事

欣欣最近爱上了周杰伦的歌曲，她觉得周杰伦特别酷，而且歌曲的歌词也都特别有意思。欣欣这两天刚学会了一首周杰伦的歌，叫做《爷爷泡的茶》，里面有一句"陆羽泡的茶"，让她对《茶经》产生了兴趣。

这个周末，妈妈加班，爸爸带欣欣去妈妈工作的工业园区接妈妈下班，没想到妈妈又要拖延到晚上9点才下班，于是爸爸带欣欣在工业园区外的一家茶馆等妈妈。

其实，是欣欣要去茶馆的，她想到那句歌词"陆羽泡的茶"，所以看到茶馆，就好奇心暴涨，想进去看看。走进茶馆，有一位漂亮的阿姨走了过来，问欣欣的爸爸，"先生，喝茶？"欣欣的爸爸摆摆手，"小朋友不能喝茶吧，有没有什么茶点，给小朋友吃的。"

阿姨笑着走向了展柜，欣欣也跟了过去，她轻声问阿姨："阿姨，你是茶艺师吗？"

阿姨笑了，点点头。

"那你每天的工作就是喝茶吗？"欣欣好奇地问。

"不仅仅是喝茶，还有好多工作。比如鉴别茶叶的质量，根据茶叶的品质，合适的水质、水量、水温和冲泡器具，冲泡茶叶，选配茶点，向顾客介绍名茶、名泉及饮茶的知识，茶叶的保管方法等茶文化的知识。还要按照不同茶艺的要求，选择相应的音乐、服装，还有插花、熏香的环境等，很多工作啊。"

"哦，这么丰富啊！"欣欣感叹道。

"是啊，小朋友，这个小茶饼，里面有黑芝麻，有核桃碎，还有玫瑰花碎，要不要尝尝？"阿姨指着一个圆圆的小茶饼问欣欣。

"好啊。"欣欣回头问爸爸："爸爸，我可以吃这个小茶饼，然后听阿姨讲茶的故事吗？"爸爸也笑了，"可以，欣欣喜欢茶艺，将来也可以做茶艺师哦。"

职业小百科

茶艺师是指在茶艺馆里、茶室、宾馆等场所专职从事茶饮艺术服务的人员。茶艺师属于新兴的职业，随着经济的发展和大众生活水平的提高，人们更重视健康与保健；作为绿色饮品的茶和修身养性的茶文化将为越来越多的人接受和喜爱。茶艺师是茶文化的传播者、茶叶流通的"加速器"、温馨且富有品味的职业。1999年国家劳动部正式将"茶艺师"列入《中华人民共和国职业分类大典》1800种职业之一，并制订《茶艺师国家职业标准》。如今社会对茶艺表演的认知度和需求量也逐年增加。茶艺师的地位和需求量也将得到大幅度提高。可以说茶艺师是一个具有广阔前景的职业。

职业领路人

朱晓丽：杭州你我茶燕茶馆高级茶艺师，2013"武阳春雨杯"第二届全国茶艺职业技能大赛个人冠军。

王定燕：国家级高级茶艺师。2015年度"中国最美茶艺师"及"四川最美茶艺师"双殊荣获得者；四川新闻网"四川温度"栏目封面人物。

职业生涯思考

- 在中国，茶的历史悠久，你愿意为传承中国的茶文化而做一名茶艺师吗？
- 你知道茶叶的分类和喝茶时的注意事项吗？

你喜欢的职业是它么？

中式烹调师
——中华饮食文化的继承者

职业·小·故事

浩浩的爷爷是名厨师，而且是一名特别有名的厨师。浩浩知道，每个月，爷爷都要外出几次，每次几天，到全国各地的饭店去给人家做饭，浩浩还看过爷爷和很多位国家领导人的合影。

这一天，爷爷在家休息，浩浩问爷爷："爷爷，为什么小区门口的饭店里也有厨师，却不像你这样要经常出差呢？"

爷爷笑了，对浩浩说："厨师有不同的等级，做中国菜的厨师，是中式烹调师，分五个等级呢，不同等级，工作自然不同了。"

"哦？五个等级？"

"是啊，有初级、中级、高级、技师、高级技师五个等级。"

"那爷爷是哪个等级呢？"

"爷爷啊，是最高等级的厨师。"

"哦？那爷爷做饭是不是最好吃的？"

"浩浩，爷爷不仅要做饭，还要策划宴席，编制菜单，爷爷做饭用的材料，很多都是非常珍贵的食材。爷爷定制的宴席，是非常独特的宴席。"

浩浩听了砸吧了两下嘴，问爷爷，"爷爷是说，你做的饭是最好吃的吗？"

爷爷听了笑了，"那当然。"说完，爷爷从桌子上的果盘里拿起一只苹果，然后三下五除二，就用水果刀雕刻了一朵美丽的玫瑰花。

浩浩看了不禁大吃一惊，"爷爷，这是吃的吗？"

爷爷笑着说，"这对中式烹调师来说，是小菜一碟，很多宴席上，都有漂亮的装饰花朵，都是用食物雕刻的。"

浩浩一脸崇拜地看着爷爷，"爷爷，看来高级中式烹调师的技术是非常高超的啊。"

职业小百科

中式烹调师又可称为厨师、中式烹饪师等。中式烹调师是指运用煎、炒、炸、熘、爆、煸、蒸、烧、煮等多种烹调技法，根据成菜要求，对烹饪原料、辅料、调料进行加工，制作中式菜肴的人员。中式烹调师职业资格证书属国家职业资格证书，中式烹调师资格考试分为理论《中式烹调师理论知识》考试和《中式烹调师实操知识》专业能力考核。在各大饭店，厨师必须持证上岗。

在一些涉外场合，特别是国宴，需要将中国最好的菜肴展示出来，就需要高超的烹调技术。要想成为高级中式烹调师，一定要苦练功夫，独创菜肴，才能够真正把中国饮食文化展现出来，才能够将中国的饮食文化发扬光大。

职业领路人

大　董：即董振祥，男，1961 年 12 月出生，北京人。国家中式烹调高级技师，中国烹饪大师，北京特级烹饪大师，北京市优秀厨师，全国最佳厨师。师承高级技师王文昌、烹饪大师孙仲才、鲁菜泰斗王义均先生。现任北京大董烤鸭店有限责任公司董事长、总经理。

王义均：元老级注册中国烹饪大师，北京市特一级烹调师。山东省烟台市人，出生于 1933 年 4 月。1983 年在全国烹饪名师技术表演鉴定会上获"最佳厨师"称号。曾荣获北京市"五一"劳动奖章。

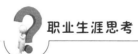 职业生涯思考

● 做一名厨师，不仅需要勤学苦练切菜、配菜、炒菜的技术，还要每日面对油烟的熏烤，任何一个行业，都有苦有乐。你愿意承担所有的辛苦，成为一名厨师吗？

评茶师
——茶文化的推动者

职业·小故事

春节快要到了，珂珂的妈妈带珂珂去茶叶店买茶叶。刚走进茶叶店，珂珂就闻到了浓郁的茶香，她提鼻子闻啊闻，一直来到柜台前。只见一位阿姨，正在柜台前称量茶叶，小巧的秤，精致的秤砣，一小包一小包的茶叶，非常细致。

珂珂忍不住问阿姨，"阿姨，这些也是卖的吗？这么小的包。"

阿姨摇摇头，微笑着回答："不是的，小朋友，这些茶叶是送给评茶师评茶用的。"

"评茶师？什么是评茶师？"珂珂好奇地问。

"评茶师是评定茶叶的好坏，分析茶叶栽培、生产技术对品质的影响的人。他们不仅能够根据茶叶的味道和颜色，分辨出茶叶生长、炒制过程中出现的问题，还能够根据茶叶的问题，对茶叶的改良提出建议。"

哇！珂珂惊讶地看着阿姨，又低头看了看柜台上的茶叶："评茶师太神奇了，能通过茶叶看出茶叶生长过程中出现的问题啊！"

阿姨笑了，然后指了指坐在柜台深处的一位叔叔，"那个就是评茶师"。珂珂往柜台里张望，只看见柜台深处，一位叔叔正在埋头写字。

"那位叔叔就是评茶师？"珂珂忍不住问道。

"是啊，就连茶叶的卫生标准，都是评茶师们制定的呢！"阿姨笑着说。

珂珂的妈妈此时已经买好了茶叶，走了过来，"珂珂，你和阿姨聊什么呢？"

"妈妈，你知道不知道，茶叶店里还有评茶师叔叔，就是那个，他特别牛，不管什么茶叶，只要他闻一闻，看一眼，就知道茶叶的好坏，还知道茶叶生长过程中出现了什么问题呢！"珂珂指着那位叔叔对妈妈说。

"哦？评茶师，妈妈第一次听说。"

"是啊，评茶师是茶叶行业的专业人员，不仅茶叶店需要评茶师，茶厂、茶山上都需要评茶师。"

"哦，珂珂，你又涨知识了。"妈妈笑着摸了摸珂珂的头。

职业·小百科

评茶师是自古就有的职业。近年来随着茶道的兴盛，评茶师逐渐被广大喝茶爱好者熟悉。评茶师能运用茶叶、茶树感官审评基础理论知识，如茶叶生物化学原理、茶树品种学、制茶学知识分析茶叶的品质特征及品质弊病的形成原因。同时，评茶师还能能够根据原料成本、市场销售趋势，制定最佳茶叶拼配方案，降低成本，增进效益。

不管是绿茶、红茶，还是乌龙茶、花茶，只要评茶师闻一闻，看一看，就能说出茶叶的好坏，说出茶叶的大致产地。

职业领路人

高万居：笔名义芳君，国家级评茶师，出生于中国产茶第一县安溪，父辈世代茶农，曾开办原创茶文化自媒体栏目《义芳君说茶》。

张堂恒：我国著名茶学家、茶学教育家、评茶大师、茶叶审评与检验学和茶叶加工学主要奠基人之一。茶学国家重点学科第一任学科带头人，茶学学科第一位博士生导师，培养了大批茶学人才，为茶学教育事业作出了重要贡献。

 职业生涯思考

• 中国唐代有一位著名茶学家叫陆羽，被誉为"茶仙"，尊为"茶圣"，祀为"茶神"。茶文化在中国历史悠久，你愿意研究茶文化，做一名评茶师吗？

园艺师
——植物医生

职业·小·故事

铛铛的表姐在北京上大学，她刚毕业。上班第一个月，她就买了礼物来铛铛家，感谢大学读书期间，铛铛的爸爸妈妈对她的照顾，她自然也给铛铛买了很多好吃的，铛铛开心极了。

铛铛边吃零食边问表姐，"姐姐，你做什么工作呢？"

"我是园艺师。姐姐读的是北京林业大学的园艺专业，所以毕业后就做了园艺师。"

"哦，园艺师是做什么工作的呢？"

"简单地说，园艺师就是给植物看病、防虫、照料花卉树木的园林医生。"

"这个工作有趣，姐姐是不是天天在果园或者花园里上班啊？"铛铛问表姐。

"是啊，我现在刚毕业，是助理园艺师，每天的工作就是给树木花草看病，等几年，我成了园艺师，我就可以研究植物的养护和种植了，等再过些年，我做了高级园艺师，工作就是开发新的花卉或者果木品种了。"

"这个工作不错，天天和植物打交道，轻松自在。"铛铛的妈妈听了，在一旁插嘴。

表姐皱了皱眉头，说道："也不轻松啊，好多果树和花卉，都要人工授粉，人工除虫，还有一些还要人工注射营养液。不过，我很喜欢这份工作，虽然有时候也会很累，但是我一点也没觉得枯燥。"

铛铛晃着脑袋，笑着说："姐姐是园艺师，姐姐是植物医生，哈哈！"

园艺师是指具备园艺科学的基本知识与技能，从事果树栽培、育（制）种、良种繁育、商品化生产、病虫害防治、产品贮藏加工及应用性科技试验、农业技术开发与推广等工作，并具有一定生产管理和经营能力的高级技术应用性专门人才。

园艺师需具备园艺科学的基础知识，其最对口的专业是园艺技术，其核心课程包括植物生长与环境、栽培技术、遗传育种技术等。除了园艺科学知识，还要懂色彩搭配及广博的种植经验。

职业领路人

黎佩龙：男，1947年7月29日出生于湖南省长沙县榔梨镇，唯湘一派花艺创始人。现任中国插花协会常务理事、中国插花协会高级讲师、国家职业技能鉴定高级考评员、湖南省插花协会会长。

吴应祥：广东省平远县上举镇畲脑村人。中国著名园艺专家。中国兰花学会名誉理事长、中国兰界泰斗、中国科学院植物研究所研究员，有"兰花之父"一称，在国内外兰花界有巨大的影响力。

❓ 职业生涯思考

• 你看过电影《宛如天堂》吗？里面的男主角就是一位园艺师，他为自己心爱的人设置了一个美丽的屋顶花园，非常浪漫。

珠宝设计师
——美丽珠宝的缔造者

职业·小故事

静静的妈妈是珠宝设计师，静静从小就拥有各种各样的首饰，有的是珍珠的，有的是金属的，有的是彩陶的，有的是布艺的，还有的是水晶的。静静的手腕上，几乎每天都会有一个新镯子，有的很简单，有的很复杂，有的很怪异。同学们常常被静静的首饰震撼，女生们更是天天围着静静转。

这天静静生日，她邀请几位要好的同学到家里来参加她的生日派对，而且她还非常开心地告诉这几位好朋友，她的妈妈给大家做了非常别致的礼物。

这一天，五个女孩、两个男孩和静静一起回了家，这七名同学一走进静静家，就惊讶地张大了嘴。静静家简直就是珠宝的世界，到处都是各式各样的首饰，有手镯、手链、项链、耳环、耳钉、耳坠、戒指、头饰、胸针、丝巾扣等。就连静静家入户门的门后，都挂了好几个编制的多彩手镯和挂饰，非常漂亮。

静静的同学们忍不住问静静，你妈妈是珠宝设计师吗？

静静骄傲地点头："我妈妈是高级珠宝设计师，她设计的珠宝在各大商场的柜台里都有出售，而且我妈妈还专门给一些明星设计定制款珠宝！"就在这时，静静的妈妈端着蛋糕走了出来，她笑着对大家说，"我把蛋糕切成了8块，每块蛋糕的下面，都有一个漂亮的首饰，大家赶紧吃蛋糕喽！"

同学们一听，兴奋极了，每个人挑选了一块蛋糕。

在每块蛋糕下面，果真都有一个独特的首饰，有的是别致的戒指，有的是闪亮的胸针，还有的是民族风的项链，大家边吃蛋糕边开心地把首饰戴在了身上。

这真是一场别开生面的生日派对。

　　珠宝设计师，是设计师中的一种，就国际范围来说，一般归类为"服装配件设计"行列。他们的工作范围主要有：首饰设计、艺术摆件设计、金银纪念品设计、以及所有与金银、宝石相关的产品设计。

职业领路人

　　白静宜：高级珠宝设计师，在传统技艺的继承和发扬的道路上执着追求 49 年，以扎实的功底和鲜明的个性进行创作，善于运用古老的传统技艺表现现代创意。

　　任　进：中国地质大学珠宝学院副教授。从事首饰设计 17 年，编著中国第一部珠宝首饰设计专业教材《珠宝首饰设计》；招收中国第一个珠宝首饰设计专业本科班。

　　江保罗：上海老庙黄金股份有限公司首饰设计师。从事首饰设计 16 年。借助深厚的中国传统绘画造诣，把中国绘画表现形式自然融入到现代设计中，不仅强调外貌的呈现，还包括内在的精神表现，并逐步形成了自己独特的首饰设计风格，构筑出属于自己的设计语言。其作品多次获得国内外首饰设计大赛金奖。

 职业生涯思考

　　• 几乎每个女孩都会对珠宝首饰产生兴趣，那么你愿意成为珠宝设计师，为这个世界的美添砖加瓦吗？

婚礼顾问
——幸福婚礼制造者

职业·小故事

兜兜的小姨要结婚了。兜兜和小姨关系最好，从小姨确定结婚日期的那天起，兜兜就陪着小姨，开始策划婚礼。当然，策划婚礼，光小姨和兜兜两个人是不够的，小姨找了婚庆公司。婚庆公司的婚礼顾问给小姨安排了各项事宜，这让小姨省心不少。

这天，兜兜又跟着小姨来到婚礼公司，婚礼顾问佳佳向兜兜的小姨建议，举办一场浪漫的花瓣婚礼。原来，婚礼顾问佳佳为小姨设计了一场非常有趣的婚礼，让这场在春天举办的婚礼，从请柬到酒席，都布满了浪漫而美丽的花瓣。

兜兜陪着小姨听了快一天，为婚礼顾问佳佳的设计惊叹不已。这位叫佳佳的阿姨，竟然设计了花瓣请柬、花瓣婚车、花瓣礼炮、花瓣喜糖、花瓣情书、花瓣游戏……兜兜真是惊讶不已，这个佳佳阿姨，哪里来的这么多浪漫的想法。

小姨却对兜兜说："她是婚礼顾问嘛，自然对婚礼的各项事宜非常熟悉，非常精通。"

"婚礼顾问？"

"是啊，我是专业的婚礼顾问哦。"佳佳阿姨给兜兜解释，"婚礼顾问在欧美、日本、港台等地区早就很流行了。婚礼顾问要具备很高的技术要求及职业素养，婚礼顾问必须拥有无数次筹划、举办婚礼的经验，所扮演的角色不仅仅是一个协调者、建议人，甚至是新人最信任的好帮手。"

"那酒席、场地、摄影师、摄像师，小姨就不用操心了吧？"兜兜问佳佳阿姨。

"是啊，这些都是我的工作内容，你的小姨，只要休息好，到那一天，漂漂亮亮来参加婚礼就好了！"

婚礼顾问是专业为新郎和新娘提供整场婚礼咨询的人，帮助新人处理各项事宜，随时应对突发情况，让新人免除紧张心情，从而圆满举办婚礼，给新人留下最美好的回忆。婚礼顾问要拥有从业经历，高度的责任心，过硬的业务技术，真诚的服务态度，才会让婚礼成为人生中最美好的演出。

由于婚礼的筹备过程十分繁琐，再加上99%的新人都是第一次结婚，缺乏经验，所以在整个婚礼过程中，必须要针对各种不同情况作确认、修改以及时间点及其它的提醒，严谨地为新人提醒该做的事、该选购哪些婚礼用品及婚礼礼仪等，让新人不需要担心漏掉任何一项，也不用烦恼会手忙脚乱，让婚礼轻松有序地照计划进行。

职业领路人

蔡　上：婚礼顾问，全国婚礼主持人大赛总冠军，美国WB认证职业婚礼统筹师。

 职业生涯思考

● 大部分人都会在生命的适当时候，举办一场婚礼，而大部分女孩，都有一个瑰丽的婚礼梦。那么你愿意成为婚礼顾问，成为梦幻婚礼的打造者吗？

鞋类设计师

——脚下幸福制作者

职业·小故事

这个周末，玲玲和爸爸妈妈一起去电影院看了电影《寻梦环游记》，看着看着，玲玲的妈妈就掉眼泪了。这部动画片非常感人，写的是一个生长在制鞋世家热爱音乐的小朋友的故事。而玲玲的妈妈，正好也出生于温州一个制鞋世家，所以玲玲的妈妈对于这个故事，特别有感触。

回家的路上，玲玲的妈妈告诉玲玲，我国是传统的制鞋大国，但由于行业在自主设计和产品开发中存在不足，鞋类设计师的培养没跟上，所以中国的很多制鞋企业都是单纯的模仿、照抄，产品款式单一，各品牌之间产品同质化和同类化现象严重。玲玲的妈妈从小就跟着家里学做鞋子，作为一名鞋类设计师，她尤其希望能有更多的途径去学习制作鞋子的工艺，学习国外的制鞋技术。

玲玲问妈妈，"妈妈，中国有专门培训鞋类设计师的学校吗？"

"有啊，中国很多大学已经开设了与鞋类设计相关的课程，但是和国外比起来，还是不够完善和系统，在意大利、法国、西班牙、英国等国，鞋类设计专业已完全融入艺术专业院校中，成为继服装设计后又一被众多艺术类院校看好的设计领域。"

"那妈妈，我长大后，也去做鞋类设计师吧？"玲玲仰着小脸，对妈妈说。

"好啊，中国现在也出现了一些年轻有为的鞋类设计师，中国鞋类设计师的设计水平也在不断提高。等玲玲长大了，一定可以成为很好的鞋类设计师，做出中国最好的鞋子。"

职业·小百科

鞋类设计师指根据人体脚型、运动机理及美学原理，结合制鞋材料的性质和制造工艺，设计各类鞋产品的人员。鞋类设计师还要开展市场调研，收集整理流行元素，把握流行趋势；开展市场调研，收集整理流行元素，把握流行趋势。

东华理工大学、福州大学、厦门工艺美术学院、福建泉州黎明职业大学、福建三明学院、北京服装学院、陕西科技大学等国内很多学校，都有与鞋类设计相关的课程。

职业领路人

世界著名鞋类设计师，大都来自著名的品牌公司，比如耐克。耐克是一家美国跨国公司，是世界上最大的运动鞋和服装供应商之一，在全世界有着很高的知名度。

再比如古驰，古驰是一家意大利时装和皮具品牌，于1921年在佛罗伦萨创立。该公司生产运动鞋、拖鞋，甚至靴子，这家公司同样有着很多款式的皮靴，其耐久性是毋庸置疑的。

 职业生涯思考

- 在鞋类设计师的眼里，每双鞋子都是有生命的，只有热爱鞋子的设计工作，才能成为好的鞋类设计师。
- 你喜欢设计这份工作吗？
- 你愿意成为鞋类设计师吗？

服装设计师
——铸就霓裳

职业·小·故事

妍妍的爸爸最近常常加班，妍妍颇为不满。这天早晨，爸爸刚要出门，妍妍就拉住了爸爸的外套，"爸爸，我今天晚上是不是又看不到你？"

爸爸笑着弯下腰，抱起了妍妍："宝贝，爸爸今天晚上可能又要加班，你先和妈妈睡觉，要乖哦！"

妍妍生气地撅起了小嘴，"又要加班！爸爸到底做什么工作？天天加班？"

"爸爸最近特别忙，冬天要到了，爸爸要赶紧给厂里设计羽绒服，打版制版哦！"

"哼，夏天快到的时候爸爸说要设计裙子，冬天快到了，爸爸又说要设计羽绒服，你就没有不加班的时候吗？"妍妍不满地嚷嚷。

"妍妍，你有没有不穿衣服的时候呢？"爸爸笑着问妍妍。

"没有。"妍妍撅着小嘴无奈地回答。

"对了，爸爸再有一周就忙完了，妍妍听话，爸爸今晚专门设计一款给小朋友们穿的羽绒服，到时候做好了，第一件就拿回来给妍妍穿哈。"

这一天，妍妍在学校，竟然看到有个女同学穿了一件去年冬天，妍妍的爸爸设计的毛绒外套，非常漂亮，非常保暖，妍妍开心极了。她对这位女同学说，"你这件衣服，是我爸爸设计的！"

这位女同学一脸茫然地看着妍妍："你爸爸？你爸爸是服装设计师吗？"妍妍骄傲地回答："是的！"

另外几位女同学听见她们的对话，围拢了过来，"妍妍，你爸爸真的是服装设计师啊？""妍妍，你穿的衣服是你爸爸设计的吗？""妍妍，夏天的时候你穿的那件像新娘一样的红裙子是你爸爸设计的吗？"

妍妍这个开心啊，看来，有一位做服装设计师的爸爸，还是挺不错的。

职业小百科

　　服装设计师是指对服装线条、色彩、色调、质感、光线、空间等进行艺术表达和结构造型的人。服装的式样，必须靠线条完成，如开口、接缝、连续的钮扣等，均为服装上的线条。

职业领路人

　　卡尔·拉格菲尔德：著名服装设计师，是如今在世的最著名的国际时装设计大师。卡尔·拉格菲尔德是现任香奈儿（CHANEL）、芬迪（FENDI）两大品牌的首席设计师，时尚界人称"老佛爷""卡尔大帝"。

　　三宅一生：著名服装设计师，是一名伟大的艺术大师。他的时装极具创造力，集质朴、基本、现代于一体。三宅一生似乎一直独立于欧美的高级时装之外，他的设计思想几乎可以与整个西方服装设计界相抗衡，是一种代表着未来新方向的崭新设计风格。

　　师瓦伦蒂诺·加拉瓦尼：著名服装设计，是时装史上公认的最重要的设计师和革新者之一。他是以富丽华贵、美艳设计风格著称的世界服装设计大师，用他那与生俱来的艺术灵感，在缤纷的时尚界引导着贵族生活的优雅，演绎着豪华、奢侈的现代生活方式。

？ 职业生涯思考

● 服装设计师的最高奖项是什么，你知道吗？

● 你听说过"金顶针奖"吗？

染整工程师
——染出五彩世界

职业·小故事

周六，甜甜的妈妈洗衣服，不小心把甜甜的一件白毛衣和一条牛仔裤一起放进了洗衣机，结果白毛衣被染上了一块蓝色，甜甜不开心地撅起了小嘴。

周日，甜甜的姑姑来家里做客，姑姑问甜甜下个月生日想要什么礼物。甜甜想起了自己心爱的白毛衣，就说，"姑姑，妈妈昨天把我的白毛衣洗花了，你能送我一件新的白毛衣吗？"

"可以啊，洗花了？怎么洗花了？"姑姑问甜甜。

妈妈正好端了果盘走过来，忍不住说："牛仔裤掉色，把她的白毛衣给染了，这孩子最喜欢那件白毛衣，不开心一天了。"

姑姑笑了，说："好办，毛衣干了吗？拿给我，明天我上班给你染一染，后天下班给你拿过来，保准还你一件洁白的毛衣。"

甜甜愣了，"姑姑，白色的怎么染？"

姑姑神秘地笑了："你不知道吧，姑姑就是染整工程师，在服装厂里负责染色技术，这对于姑姑来说，就是小菜一碟！"

"染整工程师？"甜甜还是第一次听说这个职业，"姑姑，还有专门负责染色的工程师？"

"那当然，姑姑每天的工作就是开发新的染色工艺，撰写染色工艺说明书，调配染色，改进染色工艺，解决染色中的技术问题，所以什么染色难题，到了姑姑这里，都不是难题！"

"哇！姑姑好牛！"甜甜一脸崇拜地看着姑姑。

职业小百科

染整工程师是主要对纺织用材料的染色、印花、整理等进行操作、设计、管理、评估的人员。染整工程师要有过硬的染色配色，调色相关技术，能够进行电脑配色；还要了解染整技术发展趋势和最新染整技术；更要熟悉机器操作及生产流程；还必须有良好的团队合作精神及协调能力。

正因为有了染整工程师，才有了五颜六色的纺织品，而染整工艺的不断发展，也对染整工程师提出了更高的要求。要求染整工程师有较高的电脑操作技术，较强的审美能力，以及开发新工艺的创新精神。

职业领路人

有部电视剧叫做《大染坊》，其中的主角陈寿亭就是一名胸怀大志的染整工程师。在剧中，陈寿亭被周村通和染坊周掌柜收为义子后苦学染布手艺，十年苦心经营后与人共同创办大华染厂，踏上了工业印染之路，终使大华染厂发展成为青岛第二大印染厂。

 职业生涯思考

• 你愿意做一名染整工程师吗？

• 你愿意天天和颜料打交道吗？

• 每一份工作都有独特的乐趣，你能够想象把手中的衣服变成五颜六色的无限快乐吗？

• 当下流行服饰中有一种搭配叫撞色搭配，就是对比色搭配，对染整工艺要求较高。你喜欢不同色块的对撞色搭配吗？

花型设计师
——用花型点缀世界

职业·小故事

楠楠最喜欢各种有蕾丝花边的衣服，哪怕衣服上没有蕾丝花边，也要有花朵和花纹，这样她才觉得美美哒。这不前天，楠楠的妈妈新买了一件T恤，上面有一朵布艺的漂亮的玫瑰花，楠楠喜欢极了，就干脆拥为己有，非要当睡裙穿。楠楠的妈妈没办法，只好把新买的T恤送给楠楠当睡裙。

昨天，妈妈刚买了一个包包，包包上有一大朵布艺玫瑰，又被楠楠看上了，哭着闹着要当书包，背到学校去。妈妈没办法，干脆上网上给楠楠选了一系列的花朵布贴，这样，楠楠就可以把各种花朵，缝到自己想要缝的地方了。

今天一早，楠楠抱着妈妈的包包，眨着眼睛问妈妈："妈妈，你要不做花朵设计师吧，这样，我的衣服上、帽子上、鞋子上、书包上，就可以有很多很多的花花了。"

妈妈无奈地摇了摇头，"宝贝，我做不了，有专门的花型设计师做这些。"

楠楠一听，睁大了眼睛，"真的有花型设计师啊！"

妈妈笑了，说："是啊，花型设计师也不是好当的，不仅要收集国内外纺织产品的流行花型的花稿，还要按照流行趋势设计各类纺织产品的花型花稿，完成花型与面料、颜色的组合、搭配。"

楠楠十分兴奋，兴致勃勃的说："那我长大去当花型设计师。"

"好啊，那你要学纺织品设计、印染、工艺美术、服装设计，好多好多知识哦。"

"嗯，我好好学习，将来去当花型设计师，到时候，我把咱们家变成花的世界，所有的东西上都有花花，那该多漂亮啊！"

职业小百科

　　花型设计师是指按照国内外的流行趋势，设计各种纺织产品的表面色彩及图案，以显示该产品的独特性的专业性设计人员，通过手绘以及电脑制图的方式进行花型设计。

　　花型设计师可以通过多种方法设计纺织品上的花型，比如布贴，比如勾花，比如印染，比如蕾丝，再比如刺绣等，实现不同质感不同形式的花朵。

职业领路人

　　金奕奕：清华大学美术学院染织服装艺术设计系2018级硕士生，曾在第十六届国际（嵊州）丝品花型设计大赛中获得"特等奖"。

　　在欧美、日、韩，花型设计师的收入非常可观，是很受人尊敬的职业。在我国，随着纺织产品行业的不断发展，花型设计师的市场潜在需求量很大。花型设计师可以到各大服装、家纺等企业就职，也可以在积累一定的经验和资本以后，自己谋发展。

 职业生涯思考

　　● 花型设计师是一个新兴行业，虽然之前一直有刺绣工人存在，但是真正将花型设计行业化，在中国，还是近十年的事情。所以，要想做一名花型设计师，首先要熟悉花型设计的应用范围，拥有广泛的行业知识，才能将花型设计真正发展为个人职业，并为花型设计的行业发展做出贡献。

　　● 你会刺绣吗？

　　● 你家的绣花枕套吗？

　　● 你见过姥姥、奶奶或妈妈刺绣吗？

　　● 你会十字绣吗？

陈列设计师
——美丽背后的指挥者

职业小·故事

璐璐的爸爸刚刚开了一家新的服装店，这天开业，璐璐和妈妈一起去爸爸的店里。走过彩虹门，走进店里，璐璐禁不住惊讶地四处张望，前几天和妈妈一起来的时候，这些衣服还摆放的乱七八糟，今天怎么就这样整齐有序呢？

璐璐问妈妈："妈妈，你帮爸爸收拾店里的衣服了吗？"妈妈摇头。

于是璐璐就走到爸爸身边，悄悄问爸爸："爸爸，你什么时候学会收拾衣服了？在家里，你从来都不收拾衣服呢，怎么把店里的衣服摆的这么整齐？"

爸爸轻声对璐璐说，"这可不是爸爸收拾的，这些是陈列设计师做的，他负责把这些衣服摆好。璐璐，你看，橱窗里那些漂亮的衣服，还有那些衣服下面的装饰品，都是那位穿黑色马甲的叔叔摆设的。"

"陈列设计师？"璐璐满脸好奇，走向那那位穿黑色马甲的叔叔。

"叔叔，你好。我爸爸说你是陈列设计师，陈列设计师是干什么呢？"璐璐很有礼貌地问马甲叔叔。

"你是璐璐吧？我听你爸爸提起过你。陈列设计师是干什么的？哦，这个，可不容易说清楚。简单说吧，陈列设计师就是负责将展品进行艺术化的陈列。"

"艺术化的陈列？"璐璐疑惑地看着马甲叔叔。

"对，你看，门左侧的橱窗里，有一件黑色的外套和一件红色的外套，两件放在一起，是不是很醒目？"

"嗯，是的。"璐璐答道。

"门右侧的橱窗里，有一件粉色的外套和一件灰色的外套，放在一起，是不是很醒目？"

"嗯，是的。"璐璐答道。

"对，这就是陈列设计师的工作。"

职业·小百科

用美丽背后的指挥者来形容陈列设计师一点也不为过，他们通过巧妙的设计和组合，让商品在道具、辅助商品、装饰品及灯光的衬托下闪亮登场，使呆板的物品立刻变得生动和鲜活。当你经过百货店时，会不禁驻足、侧目，为陈立设计师丰富的创意而称妙！

陈列设计师的工作内容是：进行陈列展览总设计，制定计划和提纲，确定展品，编制陈列方案和展品目录，撰写文字说明。设计陈列展览布局，展品组合，绘制图式。免责品牌商品的规范陈列。

职业领路人

Simon：英国顶级奢侈品牌陈列设计师，LV、Dior、Burberry、Chanel 等世界顶级奢侈品的御用陈列设计师。

 职业生涯思考

- 你喜欢收拾屋子吗？
- 你能够将自己的书桌、屋子整理地整洁而美观吗？
- 陈列设计也是一门艺术，你愿意做一名陈列设计师吗？
- 陈列设计师需要艺术设计、服装设计、整修设计等相关专业大专以上学历。

室内设计师
——舒适生活设计者

职业·小故事

布布家要重新装修房子了，布布的爸爸妈妈，带着好几个设计师来家里看过，还向设计师提出了这样那样的装修要求。这个周末，布布的爸爸妈妈终于拿到了几张图纸。他们围在台灯下，仔细地研究每个设计师提供的装修设计图。

布布也忍不住凑了过来，问爸爸妈妈："你们看什么呢？这是谁画的呢？"

"这是室内设计师给咱们家设计的新家，布布，你也来看看。"布布的妈妈说。

"这有什么好看的？不就是刷墙装灯吊顶吗？我知道。"布布满不在乎地说。

"布布，可没有这么简单，你看，爸爸想把阳台改造成书房，这样爸爸每天晚上就可以在阳台上加班，而不会吵到你和妈妈睡觉了。"布布的爸爸说。

"布布，妈妈想把厨房打个窗户，这样妈妈就不用往外端菜了，直接将菜从窗户递出来，就可以吃饭了。"布布的妈妈说。

"那我也要一个游戏室，我要一个游戏室，可以随便蹦跳，可以拍球，不要任何人来打扰我做游戏！"布布也嚷嚷起来。

"好吧，好吧，布布，明天我们一家三口一起去找室内设计师，看谁能设计出让爸爸妈妈和布布都满意的装修方案，咱们就用谁家装修！"爸爸斩钉截铁地说。

布布歪着头，问爸爸："爸爸，室内设计师真的可以让我们都满意吗？"

妈妈笑着回答："当然，布布，室内设计师就是室内空间的规划师，让我们的生活更加方便和舒适。"

职业小百科

　　室内设计师是一种室内设计的专门工作，重点是把客人的需求，转化成事实，其中着重沟通，了解客人的希望，在有限的空间、时间、科技、工艺、物料科学、成本等压力之下，创造出实用及美学并重的全新空间，被客户欣赏。专业的室内设计师必须经过教育、实践和考试合格后获得正式资格，其工作职责是提高室内空间的功能和居住质量。

职业领路人

　　梁景华：国际著名室内设计师，中国十大顶级室内设计师。PAL 设计顾问有限公司创始人，香港室内设计协会副会长。从业近三十年，在中国室内设计业声名卓著，屡次获得多项国内外大奖。

　　梁志天：香港十大顶尖设计师之一，香港大学建筑学学士，城市规划硕士，有丰富的设计经验。

　　马清运：中国最具影响力的室内建筑师之一，在国际建筑界占有重要席位。

 **职业生涯思考**

　　● 2013 年，我国现有室内设计专业人员 20 多万，还呈增长之势。室内设计是一项需要设计功底和建筑功底的综合性工作。你愿意成为一名室内设计师吗？

家具设计师
——美好家居缔造者

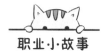
职业·小故事

美美家刚刚装修完新房，要购置一批家具。这天，美美和爸爸妈妈一起来到家具城。

这是美美第一次到家具城来，琳琅满目的家具让美美惊讶不已，她忍不住东看看西瞧瞧，摸摸这个，摸摸那个。她从没想到，家具还有这么多样子这么多颜色，她简直看花了眼。

美美的妈妈对美美说，这些家具都是家具设计师的杰作，美美妈妈有一位朋友就是中国林业大学学家具设计专业的。在中国，有不少学校开设有家具设计专业。所有的家具厂，都有家具设计师。

这时候，有一位阿姨走了过来，笑容可掬地问美美一家："请问需要什么家具？"

美美抢先回答："我要一个漂亮的书桌。"

于是，阿姨带着美美一家来到桌椅专卖区，阿姨说："这些桌椅都是我们厂的家具设计师设计的，是根据人体工学原理来设计的，非常适合读书学习。建议选择这几张，这几张桌椅有升降功能，非常实用。"

美美禁不住问道："阿姨，我能请家具设计师给我制造一张冰雪奇缘的桌子吗？"

阿姨笑了，回答："可以，家具设计师可以根据客户的要求定制家具。不过小妹妹，你要是想要一张冰做的桌子，天一热，就会化掉哦！"

美美的妈妈笑着对美美说："美美，家具设计师不仅会设计各种家具，还能手绘各种家具图纸，对木工技术也非常熟悉，而且对产品的加工工艺，相关材料的工艺都有深入的了解。所以他们可以设计出各种美观、实用的家具。"

职业·小百科

家具设计师是根据室内空间的使用性质，所处环境和要求，结合制造工艺及美学原理，设计各类家具产品的专业设计人员。家具设计师根据国家标准，分为一级、二级、三级、四级，其能力要求依次递减，高级别涵盖低级别的能力要求。

家具设计师需要丰富的知识，不仅需要有关家具制造的知识，还需要家居设计、人体工学等方面的知识。正因为他们拥有丰富的知识和技能，才能设计出非常实用非常美观的家具。

职业领路人

朱小杰：中国著名家具设计师，温州澳珀家具有限公司总经理兼首席设计师，中国家具设计的杰出代表之一。拥有独特的设计思想，新颖的设计作品，用他熟悉的结构材料，丰富着他的另类设计人生。

陈增弼：中国著名家具设计师，中国明式家具学会会长，中国工艺美术学会理事，中国家具学会理事，清华大学美术学院教授。著有《中国建筑艺术史》《红楼梦大辞典器用家具分典》《中华艺术辞海家具篇》《中央工艺美术学院院藏明式家具》，曾参与周恩来总理专机室内家具设计，主持钓鱼台国宾馆第十二号贵宾楼、第十八号贵宾楼、清露堂、养源斋家具及室内设计，主持中南海紫光阁、武成殿、国务院第五会议室家具设计，主持天坛公园贵宾休息大厅家具设计，主持兆龙饭店包氏家庭总统套房家具设计。

职业生涯思考

● 现代的家具设计师，不同于过去的木匠，不仅仅需要动手制作家具，还需要学会使用各种设计软件，在电脑上设计家具的图纸。现代家具的材料也比过去丰富得多。你想成为一名家具设计师吗？

家用纺织品设计师

——织就霓裳

职业小故事

依依的姥姥每天最喜欢做的事情，就是坐在那张宽宽大大的藤椅里编围巾、织毛衣。依依常常笑话姥姥，说现在都没有人喜欢穿家里织的毛衣了，姥姥织一件毛衣，要花掉大概一个月的时间，真的太浪费时间。可姥姥却从来不听依依的，只要有空，就织毛衣。

冬天到了，依依穿上了姥姥给织的毛衣，她心里老大不乐意，打心眼里看不上这种粗粗的毛线，颜色花里胡哨的毛衣。可妈妈一定要依依穿，说这是姥姥的心意。

这个周末，依依穿着“姥姥牌”毛衣跟妈妈一起坐地铁。坐在旁边的一位阿姨问依依：“小朋友，这件毛衣是你妈妈给你织的吗？”依依噘着嘴，无奈地说：“是我姥姥给织的。”

阿姨盯着依依的毛衣，惊讶地说：“哇，还真的有人会织这种复杂的花纹啊！”

“这有什么稀罕？我姥姥还会织好多好多复杂的花纹呢！”依依突然有点小小的自豪，把头上的毛线帽子摘了下来，递给阿姨看。

“小朋友，这顶帽子能卖给我吗？”阿姨拿着依依的帽子，爱不释手。

依依皱起眉头，一脸不解：“阿姨，这种粗毛线织的帽子硬硬的，不好看。”

阿姨笑了，看着依依说：“小朋友，阿姨是家用纺织品设计师，这种漂亮的编织方法我都不会哦，我特别想学，学会了，可以给很多很多人制作漂亮的毛线帽子哦！”

依依摇摇头：“这个帽子这么硬，会有人喜欢吗？”

阿姨也摇摇头：“不，小朋友，这顶帽子很漂亮，只要换成细毛线，就会柔软很多。柔软而保暖的毛线好找，但是会这样的编织工艺的人已经很难找了。”

依依笑了，开心地问：“好，阿姨，照你这么说，我的姥姥是不是也是非常棒的家用纺织品设计师呢？”阿姨点头说：“那当然喽！”

职业小百科

在我国，家用纺织品行业过去一直被称为"针织复制行业"。现在，随着人们生活水平的提高和居住环境的改善，人们开始追求家用纺织品的装饰、保健等多方面的功能。家用纺织品行业因此得到了迅猛发展。家用纺织品设计师逐渐成为纺织行业的重要工种，主要从事纺织品的设计、研发等工作。

纺织品的设计和研发，已经从传统的手工编织，转变为机器生产，这导致很多传统的手工编织技术被遗忘。然而机械终难完全替代人工，很多手机制作的纺织品，正逐渐成为高档纺织品的代名词，受到越来越多的购买者的衷爱。

职业领路人

陈丽芬：1959 年出生于苏南江阴，著名家用纺织品设计师，全国人大代表。现任江苏阳光股份有限公司董事长。陈丽芬与科技人员一起研究攻关，阳光集团连续 4 年获得"全国畅销国产商品金桥奖"第一名。2000 年，"阳光"商标成为我国毛纺行业第一个中国驰名商标。

 职业生涯思考

• 曾经，在学生中流行手工编织，编织围巾、编织手链、编织钥匙链等。你喜欢编织吗？

• 你愿意做一名家用纺织品设计师吗？

玩具设计师
——玩具大咖

职业·小·故事

　　子涵特别喜欢芭比娃娃、泰迪熊等毛绒玩具等。她每天晚上睡觉的时候，被窝里都藏了一大堆的毛绒玩具，枕头旁边也摆着这样那样的毛绒玩具。子涵的双胞胎弟弟子宇就和她不一样，子宇喜欢蜘蛛侠、奥特曼、变形金刚。家里有一个玩具架，上面全部都是子涵弟弟子宇的这些玩具。这姐弟俩一打架，家里就变成了玩具的战场。

　　这天是子涵子宇的生日，子涵的妈妈问姐弟俩："你们想要什么礼物？"

　　"我要一个新的粉色泰迪熊！""我要一个最大个的奥特曼！"

　　姐弟俩抢着说，妈妈笑了："好吧，我带你们到商业街上的玩具店去选。"

　　来到玩具店，姐弟俩开心极了，各种新玩具，让姐弟俩目不暇接。

　　子涵忍不住问妈妈："妈妈，为什么会有这么多我没见过的新玩具？"

　　玩具店的老板笑着回答："因为有玩具设计师啊！"

　　子宇问老板叔叔："玩具设计师？"

　　"对，叔叔就是玩具设计师，这里面的好多玩具都是叔叔设计的。"

　　"哇，叔叔好厉害，那叔叔可不可以给我设计一个穿披风的奥特曼，就像那边的蜘蛛侠一样，披着披风。"子宇说。

　　"可以啊，小朋友的想法真好，将来也可以做玩具设计师了！"

　　他们的妈妈在一旁，笑呵呵地看着这姐俩，问老板："老板，玩具设计师也是一项很有趣的工作吧？"老板笑着回答："是很开心，所以我开了这家玩具店，不论什么时候，只要我投入工作，就会忘记一切烦恼。虽然玩具的开发也非常不容易，但是每次看到一件新的玩具诞生，我都会有一种极大的成就感。"

职业小百科

玩具设计师是指从事玩具产品和玩具类儿童用具创意、设计、制作等工作的人员。作为玩具行业的灵魂人物，在玩具的外来加工到品牌的制作发展都起着不可替代的作用。一名玩具设计师需要学习包括美术设计、电子、机械制造等多方面的知识。

目前国内有一些学校开设了相关专业，学生大约需要一年到一年半的时间，才能取得初级玩具设计师资格，然后可以继续申请中、高级玩具设计师。玩具设计师的工作内容是分析产品的外观和性能，进行打板、打样及工艺排料，手工制作产品样品或模型。

职业领路人

袁文蔚：国际著名玩具设计师，1926 年生，浙江镇海人。玩具设计家，中国工艺美术大师。

国弘高史：玩具设计师，1984 年加入变形金刚设计团队，1986 年开始主刀设计变形金刚。

 ## 职业生涯思考

- 没有一个孩子不喜欢玩具，你知道那些可爱的玩具都是谁制造的吗？
- 你愿意成为设计可爱玩具的玩具设计师吗？
- 你最喜欢什么玩具呢？
- 你是否动手给自己制作过玩具？

高级农艺师
——农业艺术发明家

职业·小故事

　　这个周末，素素的妈妈出差，素素的爸爸加班，无奈之下，素素的爸爸带着素素来到办公室。这是素素第一次到爸爸的办公室来，爸爸的办公室好神奇，里面摆放着各种各样的植物幼苗，还有各种各样的试管和瓶子。

　　而爸爸今天上午的工作，就是研究一个大大的菌棒。

　　这是素素第一次看到菌棒，一个圆圆的长长的东西，上面黑乎乎的。素素问爸爸："爸爸，这个能长出蘑菇吗？"

　　素素的爸爸笑着回答："当然，而且爸爸还要让这个菌棒长出红色、黄色、蓝色的五彩蘑菇哦！"

　　素素惊讶地看着爸爸："爸爸，难道你要发明彩虹蘑菇吗？"

　　爸爸点头，"是啊，爸爸是高级农艺师，爸爸现在的项目，就是研发各色蘑菇，让人们的餐桌五彩缤纷。"

　　爸爸说着，走到一个玻璃容器前，仔细观察里面的菌棒，不一会儿，爸爸兴奋地喊素素："素素，快来看，粉红色的蘑菇长出来了！"

　　素素忙走过去，顺着爸爸指的方向看过去，哇，真的是粉红色的蘑菇，"爸爸，你太棒了！这个蘑菇长大后，能给我吃吗？"

　　爸爸摇了摇头，"这是刚刚研发的五彩蘑菇，第一次食用，要给小动物，比如小老鼠、小白兔，不能给人吃哦，以免有毒性，对人体有害。"

　　素素看着这粉红色的蘑菇，忍不住央求爸爸，"那爸爸能给我一朵这样的蘑菇玩儿吗？"

　　爸爸笑了，"没问题，它会长的很快，下午我们回家之前，爸爸就可以给你摘一朵粉红色的五彩蘑菇了！"

高级农艺师是直接从事农业技术、试验、示范、推广、培训、科技管理等工作的农业技术人员技术职务名称的一种。在我国专业技术人员技术职务序列中，高级农艺师属于副高级职务，其上有正高级的研究员，其下有中级职务农艺师，再往下有初级职务助理农艺师和农业技术员。

职业领路人

魏学勤：1956年生，河南省淮阳县安岭镇人，河南省农业职业学院毕业，大学学历，高级农艺师，河南省先进工作者，全国专业技术人才。主要从事夏粮生产、棉花、土壤肥料等方面研究工作。

赖剑锋：高级农艺师，毕业于江西农业大学。现任赣州地区柑桔研究所党委书记。中国农学会赣州地区分会常务理事赣州地区专家联谊会常务理事、市政协委员。1993年被评为赣州地区"十大杰出青年""新长征突击手"。

❓ 职业生涯思考

• 高级农艺师的工作是从事农业技术、试验、示范、推广、培训、科技管理，高级农业师常常需要出入田间地头，和种子、植物、农药打交道。

• 你愿意做一名高级农艺师吗？

园林景观设计师
——人文景观制造者

职业·小·故事

终于放暑假了，大毛的爸爸妈妈带他出去旅游，这次，他们去的是苏州，而他们去的旅游景点，是著名的苏州园林。这一天，大毛和爸爸妈妈到了拙政园。

踏入道路长长，房屋矮矮的拙政园，大毛感到非常神奇。这里的庭院里有青翠欲滴的竹子，拙政园前还有玲珑馆剔透的潮石，名为玲珑馆。玲珑馆里还有一个横匾，上面写着"玉壶冰"三个字，大毛在这块横匾下拍了一张照片。妈妈告诉大毛，中国古代有句诗，是"清如玉壶冰"，所以这块横匾上写着"玉壶冰"三个字，是指这里环境清幽洁净。更有意思的是，玲珑馆的窗格和地砖，都有冰纹，非常有趣。

走到拙政园的石林里，爸爸妈妈和大毛你牵着我，我扶着你，共同漫步，身后的石头一个叠着一个，呈现出千奇百怪的样子，假山层层。

下午，大毛一家三口又去了狮子林。狮子林里假山环绕，洞壑盘桓，回环曲折，厅堂楼阁装饰宏丽，长廊高低起伏，庭院雅清。

看了拙政园和狮子林之后，大毛满心好奇，他问爸爸，"爸爸，这些园林是谁设计的呢？谁把这些漂亮的石头摆在了这里？把各种各样的树木种在了这里？"

爸爸告诉大毛，这些是园林景观设计师的杰作。园林景观设计师们，在传统园林理论的基础上，用建筑、植物、美学、文学等相关专业知识，对自然环境进行有意识的改造，从而制造了这些漂亮的园林。

大毛问爸爸，"长大后，我是不是可以做一名园林景观设计师？"

爸爸笑着回答："当然可以了，大毛现在好好学习，将来可以考大学的园林设计专业，就可以做一名园林景观设计师了！"

职业小·百科

园林景观设计是在传统园林理论的基础上，具有建筑、植物、美学、文学等相关专业知识的人对自然环境进行有意识改造的思维过程和筹划策略。园林景观设计师是专业进行园林景观设计的设计师。

园林景观的基本成分可分为两大类：一类是软质的东西，如树木、水体、和风、细雨、阳光、天空；另一类是硬质的东西，如铺地、墙体、栏杆、景观构筑。软质的东西称软质景观，通常是自然的；硬质的东西，称为硬质景观，通常是人造的。

园林景观设计师的工作就是将软质景观和硬质景观完美结合，创造出美丽的风景。

职业领路人

伊安·麦克哈格：英国著名园林设计师、规划师和教育家，宾西法尼亚大学研究生院风景园林设计及区域规划系创始人及系主任。他的《设计结合自然》建立了当时景观规划的准则，标志着景观规划设计专业勇敢地承担起后工业时代重大的人类整体生态环境规划设计的重任，使景观规划设计专业在Olmsted奠定的基础上又大大扩展了活动空间。

 职业生涯思考

• 园林景观设计是城市设计的一种，园林景观设计师是一份非常有趣的工作，给城市带来美丽。

• 你愿意成为园林景观设计师吗？

物流师
——物流也是大学问

职业·小·故事

网店大促双十一过后，小区里经常可以看到快递的身影。莎莎好奇地问妈妈，"妈妈，这些快递叔叔都是从哪儿来的呢？为什么小区里有这么多快递叔叔？"

妈妈笑着回答："这些快递叔叔都是物流公司的员工啊。"

"物流公司？"

"什么是物流公司呢？"

"物流公司是从事物流行业的公司。"妈妈回答。

"哦，妈妈，那物流公司里都是快递员叔叔吗？"莎莎又问。

"不，宝贝，物流公司里除了快递员叔叔，还有物流师，负责货物的流转、调配。"

"物流师？"莎莎仰起小脸，一脸好奇。

"是啊，这些货物通过物流师的管理、分配，然后由快递员投递到各家各户。"

妈妈有个朋友就是物流师，他在大学里就是学物流专业的，不仅要学物流学、商品学、物流管理，还要学国际贸易、程序语言设计、软件工程等好多好多课程。"

"妈妈，你说的这些我都听不懂，做一个物流师这么难吗？"

妈妈笑了，"莎莎，你还小，等你长大了，就会了解到，物流学也是一门科学，需要认真学习，才能成为一名合格的物流师。物流师不是简单的收件送件，物流师需要学习数学、管理学、管理心理学、经济学、仓储物流技术等很多知识。就连这些快递叔叔，也都要经过物流培训，才能上岗。"

"哦？原来这么多学问啊！妈妈，等我将来上了大学，就去学物流学，我要发明好多好多机器人，代替快递叔叔送货，这样，快递叔叔们就不用这么忙碌了！"

职业小百科

物流是指货物的流动，物流行业是运输货物的行业。

物流师是一类具体从事供应、采购、运输、储存、产成品加工、包装和回收的安排以及处理物流相关信息等物流行业工作的人员。《物流师国家职业标准》是国家人力资源和社会保障部委托组织制定的，并由国家人力资源和社会保障部颁布实施。物流师国家职业标准于2003年1月23日正式颁布，国家人力资源和社会保障部决定在2006年面向全国开展物流师职业资格统一鉴定工作。从业者必须经过相应培训及全国统一考试，取得劳动部颁发的职业资格证书后方可就业上岗。

职业领路人

世界最权威的物流专业组织是英国皇家物流与运输学会，其现任总裁格兰休尔将军曾任英军三军后勤副总参谋长，英国的安妮公主为该学会名誉主席。

 职业生涯思考

● 在国际上物流师是非常受人尊重的，英国皇家物流与运输学会是目前世界上最具权威性的物流专业组织，在英国，有35所大学开设有关物流和交通的学士、硕士及博士课程。在中国，未来，随着经济模式的发展和改变，物流师越来越受到重视。

● 你愿意做一名物流师吗？

你喜欢的职业是它么？

典当师
——典当行里的专家

职业·小·故事

琪琪今天学了课文《三味书屋》，里面提到了一个词，叫作当铺。课文里是这样写的：鲁迅的书桌上刻着一个小小的"早"字。这个"早"字有一段来历：鲁迅的父亲害了病，鲁迅一面上私塾读书，一面帮着母亲料理家务，几乎天天奔走于当铺和药铺之间，把家里的东西拿到当铺去换了钱，再到药铺去给父亲买药。

琪琪下学回家后问妈妈："妈妈，为什么我们不用去当铺，不用把家里的东西拿到当铺去换钱？"

妈妈听了笑了，"琪琪，现在已经没有当铺了，要想典当东西，就去典当行。不过现在典当行也只收一些昂贵的珠宝，一些老家具了。"

"哦？妈妈，姥爷有把椅子，不是说是他的爷爷留下来的吗，可以拿去典当呢。"

"得看典当师收不收哦。"妈妈笑着对琪琪说。

"什么是典当师？"琪琪好奇地问。

"琪琪，这个问题周末去姥爷姥姥家的时候，你可以问问姥爷。姥爷的爷爷当年就是当铺的掌柜，就是现在典当行里的典当师哦。"

周末，琪琪和爸爸妈妈一起来到姥爷家，琪琪围着姥爷就问了起来："姥爷，什么是典当师？妈妈说老爷的爷爷就是典当师，是吗？"

琪琪的姥爷一听就笑了，"琪琪，你怎么对典当师感兴趣？好吧，姥爷就给你讲讲。当年我的爷爷是当铺里的掌柜，那时候很多人都出入店铺，穷人家当衣服当鞋帽，富人家当珠宝当首饰。姥爷的爷爷特别可怜那些穷人，常常会多给他们几个铜板，而遇到那些典当自己家的珠宝，换了钱去赌博的公子哥，姥爷的爷爷就会压低价格，少给他们几两银子……"

职业小百科

典当师是典当行从事典当交易的核心组织者，决定着典当交易的成败与发展。典当师通常针对动产、不动产和财产权利等标的展开典当交易活动，如贵金属首饰典当、珠宝钻石典当、机动车典当、书画瓷器典当、家用电器典当、房地产抵押、股票质押等。

现在很少有人去典当行了，现在和过去不一样，过去的人连衣服、帽子都可以拿去典当，现在大家生活好了，衣服帽子旧了就扔了，也没人去典当。

而在过去，典当行是穷人们常去的地方。

2016 年，中国上映了一部电视连续剧，名为《典当行》，描写了现代典当行的精彩故事。

职业领路人

朱惠玲：我国资深女典当师，18 岁进入前门信托商店学习评估鉴定，几十年从事典当行业，成为中国典当行业的领路人。

 职业生涯思考

• 做典当师，首先需要深入了解过去的奢侈品，比如手表、珠宝或者是裘皮大衣等。要成为合格的典当师，不仅需要详细了解这些知识，还需要到典当行当学徒，亲眼看到摸到实际的物品，才能成为优秀的典当师。

• 你愿意做一名典当师吗？

• 你喜欢历史吗？你对中国各个朝代的瓷器感兴趣吗？典当师经常需要对送来典当的古董进行判断和估价，你对此感兴趣吗？

银行清算员
——专业银行盘点员

职业·小·故事

年底了，恰恰的爸爸妈妈打算给恰恰买一台钢琴。这天恰恰和爸爸一起到银行取钱，去的有点晚，恰恰和爸爸出门后，银行就关门了。恰恰看到安保叔叔把银行的铁栅栏门给拉了下来，锁上，可里面灯火通明，还有很多叔叔阿姨在柜台后忙碌。

恰恰忍不住问爸爸："爸爸，这些叔叔阿姨都被关在里面了！难道他们不下班吗？我们都走了，他们在忙什么呢？"

爸爸笑着说，"叔叔阿姨们在忙着盘账呢。"

"盘账？"恰恰不解地问。

"年底了，银行要清算。这些叔叔阿姨，也是银行清算员。"

"哦？清算？"

"是啊，恰恰，清算中心是金融科技领域的核心地带，随着经济的发展和业务的扩展，对于银行清算员的需求越来越多。好的银行清算员不仅有资金清算运作的经验，或者会计工作的经验，还可以通过清算，为银行控制风险。"

"哦，爸爸，你的意思是，这些叔叔阿姨还在算账，对吗？"恰恰问爸爸。

"没错，简单地说，清算就是算账。"

"哈哈，天天算账会不会很过瘾呢？"恰恰问。

"哈哈，不是过瘾，是枯燥哦！天天对着一堆数据，稍不小心就会出错，一旦出错，就会造成大麻烦。所以银行清算员是一份需要极大的耐心和信心的工作哦！"

"好有挑战性啊！爸爸，我长大了，去当银行清算员吧？"恰恰对爸爸说。

"好啊，恰恰先把数学学好，将来才有可能算清楚所有的账目哦！"

职业小百科

银行结算员要负责人民币、外币的清算业务，负责银行资金的数据核对，执行清算资金的收付，整理资金清算、会计档案等很多工作。

银行清算员还要负责设置清算系统安全密码使用办法，生成本有清算密钥和更换密钥，接受和审查会计柜台传入的汇划清单等会计凭证，复核确认无误后上网发送，录入或接收会计柜台传来的查询和查复信息，监控清算设备运行状况、网络通讯状况、相邻结点工作状态等。与上下联行和有关部门联系，保证清算数据流畅等工作。

职业领路人

在中国，银行清算的行业组织是中国支付清算协会是中国支付清算服务行业自律组织。它成立于 2011 年 5 月 23 日，是经国务院同意、民政部批准成立，并在民政部登记注册的全国性非营利社会团体法人。协会业务主管单位为中国人民银行，会址设在北京。

 职业生涯思考

- 每个人对数字的敏感度是不同的，你喜欢数字吗？
- 你喜欢数学吗？
- 你愿意每天对着一堆数字，反复进行核查、计算吗？
- 你愿意成为银行清算员吗？

银行信贷员
——把银行的钱借出去

职业·小故事

这个周末，丁丁和爸爸在家看电影，爸爸放了一部有趣的电影，名字叫《好好先生》。这部影片里的好好先生，是一位银行信贷员。

丁丁第一次听说"银行信贷员"这个职业，他忍不住一次次问爸爸，"爸爸，好好先生是做什么的？""为什么那么多人在银行里排队等他盖章？"

爸爸对他说："银行信贷员是银行里负责放贷的人员，他们会测试贷款方所提供信息是真是假，调查贷款公司和贷款个人的实力和潜力，然后确定到底要不要贷款给要贷款的人。"

"哦，那什么是贷款呢？"

"贷款就是借钱嘛！你慢慢看，就会明白的。"

看到后来，好好先生凡事都说"好"，然后同意了很多很多贷款，包括蛋糕房老板的贷款，护士叔叔买摩托车的贷款，还有这样那样的贷款。于是蛋糕房老板就有钱开蛋糕房，护士叔叔就买了帅气的摩托车。丁丁开心极了，他叫嚷起来："我明白了，我明白了，银行贷款员就是负责把银行的钱借给别人花，哈哈！"

爸爸也笑了，"这不就明白了吗？大家要从银行借钱，就要找银行信贷员，只要通过了银行信贷员的审核，就可以从银行借出钱来。"

丁丁兴奋起来："爸爸，我想买个新的平板电脑，能不能找银行信贷员借钱呢？"

爸爸瞪了丁丁一眼，"你？你怎么保证自己能按时还钱？爸爸去贷款还差不多。"

丁丁吐了吐舌头，"好吧，那下个月，爸爸就去找银行信贷员贷款，给我买一个新平板吧！就这样说定了！"

爸爸看着丁丁，"如果你下个月的考试考到全校第一，爸爸就去！"

银行信贷员可说是银行派出的测试贷款方所提供信息是真是假的"测谎仪",主要负责调查贷款公司和贷款个人的实力和潜力,向其提供贷款方面的政策咨询。需具备出色的判断力和敏锐的观察力,良好的倾听力、亲和力和沟通能力。

要想知道银行允许哪些人贷款,贷款的利率多少,也都需要找银行信贷员了解。如果你借钱不还,银行信贷员还会找你要钱。

要成为合格的银行信贷员,需要有财务、经济或相关专业大专以上学历,需要学习金融学、经济学、市场营销学、银行学等课程。

在现代经济模式下,信贷员发挥着越来越重要的桥梁作用,是联系企业等商业机构和银行的纽带。信贷员可能通过一定经验的积累,向银行客户经理发展。

职业领路人

郭伟秀、徐威、蓝海玲、邝杜汉、欧慧、蔡宏楷、麦惠萍、宋俊和、林淑绵和蓝元夫,他们是邮政储蓄银行广东省分行评选出的"最美小额信贷员"。

"最美小额信贷员"因为贷款额度小,面对基层用户,深受百姓欢迎。

 职业生涯思考

● 银行信贷员并不是一个轻松的职业,每天都需要面对这样那样的贷款客户,银行信贷员就是银行的"测谎器",要辨别每个贷款客户的还款能力,才能确定是否可以发放贷款。

● 你愿意做银行信贷员吗?

● 信贷员是与人与钱打交道的工作,需要耐心、细心和亲和力,你有耐心倾听他人的需求吗?

你喜欢的职业是它么？

理财规划师
——为他人之钱做嫁衣裳

职业·小·故事

　　学校的图书室最近新购置了一批书，其中有一本，特别吸引曼曼，名字叫做《穷爸爸富爸爸》。曼曼借了这本书之后，就从书中认识了一个穷爸爸和一个富爸爸。

　　书中的罗伯特·清崎有两个爸爸，一个"穷爸爸"是他的亲生父亲，一个高学历的教育官员；另一个"富爸爸"是他好朋友的父亲，一个高中没毕业却善于投资理财的企业家。清崎遵从"穷爸爸"为他设计的人生道路：上大学，服兵役，参加越战，走过了平凡的人生初期。后来，清崎亲眼目睹一生辛劳的"穷爸爸"失了业，"富爸爸"则成了夏威夷最富有的人之一。于是罗伯特·清崎毅然追寻"富爸爸"的脚步，踏入商界，从此登上了致富快车。

　　曼曼看完这本书，去问自己的爸爸："为什么穷爸爸穷，为什么富爸爸富？"

　　对于这个问题，曼曼的爸爸有点挠头，他盯着曼曼手上的书，想了半天，终于给出一个答案："穷爸爸不善于理财，不善于规划，富爸爸则善于理财规划。"

　　"那什么是理财规划呢？"

　　曼曼的妈妈这时候走了过来，曼曼的爸爸长出一口气，说："问妈妈，她是家里的理财规划师。"

　　曼曼转而问妈妈："妈妈，什么是理财规划师？"

　　妈妈笑着对曼曼说："理财规划师是一种职业，是指运用科学的方法为客户制定切合实际、具有可操作性的财务方案，简单地说就是帮助别人管理好他的钱财，让他的钱财通过恰当的计划，比如消费计划、投资计划，实现最大化增值，并不断提高生活水平。"

　　妈妈讲完，爸爸才又接过话茬，"理财规划是非常重要的，不仅可以帮助人提高生活品质，还可以让客户在年老体弱、没有收入的时候，也能有很好的生活品质。"

职业小百科

理财规划师是指运用理财规划的原理、技术和方法，针对个人、家庭以及中小企业、机构的理财目标，提供综合性理财咨询服务的人员。理财规划要求提供全方位的服务，因此要求理财规划师要全面掌握各种金融工具及相关法律法规，为客户提供量身订制、切实可行的理财方案，同时在对方案的不断修正中，满足客户长期的、不断变化的财务需求。

职业领路人

ChFC——特许理财顾问师。美国 ChFC 是在 1982 年由美国学院创立的，以其考试难度较高、后续培训比较完善、侧重实务操作而获得广泛认可，属理财规划师高级人才的资格认证。

CFP——注册理财规划师。由 CFP 标准委员会考试认证，在美国广受认可，涵盖了保险、投资、财务、会计等基本原理、政策法规及市场投资品种等方方面面的知识，内容广，难度大。

 职业生涯思考

- 理财规划师的工作就是理财。
- 你了解理财吗？
- 你愿意成为理财规划师吗？

理财顾问
——理财专家

职业·小·故事

金宝的叔叔给金宝的爸爸打来电话，金宝的爸爸正在厨房里忙着炸辣椒油，就让金宝接电话。金宝刚刚接通电话，金宝的叔叔就喋喋不休地说了起来："哥，最近有个特别好的理财产品……"

金宝就耐着性子，听叔叔在那边兀自唠叨。

"哥，你别老是看不起我这个理财顾问，跟你说，现在人们对于理财的需求越来越强烈，专业的理财顾问就和律师、会计师、心理咨询师一样，非常有价值。

"我给客户做理财，要先沟通，掌握客户信息，分析客户的基本状况，掌握客户的理财目标和需求，才能指导客户记录财务收支和资产负债账目，对客户财务收支状况进行分析，才能针对客户的需求做出理财方案。你家我太熟悉了，根本就不用那么费劲，就能给你一个很好的理财指导……"

金宝实在听不懂，对着手机说："叔叔，我爸爸在炸辣椒油，你等会儿再打。"

爸爸终于从厨房里走了出来。

金宝问爸爸，"爸爸，理财顾问是什么？"

爸爸愣了一下，随即问金宝："你叔叔打电话来了吧？"

"嗯，他说了好多，说他是理财顾问。"

金宝的爸爸叹了口气，说："我不是不让他做理财顾问，人家做理财顾问，都要学很多知识，金融知识、经济学知识、投资学知识、证券、股票、保险等都要懂，可他什么都不懂，就跑去做理财顾问，怎么让人放心呢？"

"爸爸，那什么是理财顾问呢？"

"简单地说，理财顾问就是根据客户需求，指导客户理财投资的人，比如他可以给你介绍一个很好的理财产品，或者一个理财项目。好了，金宝，喊妈妈来吃饭，等吃完饭，我再给你叔叔打电话。"

个人理财兴起于 20 世纪 90 年代初的美国，成熟于 90 年代末。经过 10 余年的发展，独立理财顾问已经成为一个新兴的职业。而我国内居民储蓄额已超过 10 万亿元。据专业理财网站的调查，有 78% 的被调查者对理财服务有需求；50% 以上的人愿意为理财服务支付费用。未来 10 年里，我国个人理财市场将以年均 30% 的速度高速增长，将成为继美国、日本和德国之后个人理财市场极具潜力的国家。专家介绍，按照 1 个理财顾问服务 100 人估算，国内理财顾问的缺口至少 10 万人。

成为一名理财顾问需要具备专业知识，需是财务或金融相关专业毕业，具有经济学、消费支出、保险学、税收等基础知识。理财顾问是"全才 + 专才"，还要有良好的人品及职业操守。作为客户的私人理财顾问，还应严守机密。

职业领路人

各大银行都有理财顾问。在中国，理财顾问还是一个新兴行业，百姓们对于国有银行的理财顾问相对更为信任。

 职业生涯思考

● 理财顾问是一个新兴行业，它必将随着国民生活水平的提高和财富的增长而愈加受到重视。你愿意成为一名理财顾问吗？

● 理财顾问要时刻为客户着想，而不是以单一向客户推销为目的。如果你做理财顾问能做到一切为客户着想吗？

银行柜员
——银行的窗口

职业·小·故事

新年刚刚过去，小融和小京收了不少压岁钱，这天，姐弟两人相约一起来到了银行，准备把压岁钱都存起来。

银行大厅可真热闹呀，小融领了排队的号码后，就和弟弟小京一同坐在离柜台很近的座位上等待。别看小京在等候区坐的规规矩矩，其实他正竖着耳朵注意四周。这不，有位头发花白的爷爷正和银行柜员说："我把银行卡的支付密码忘了，需要重新设置一下支付密码……"

"支付密码？"密码倒是很容易理解，可"支付"是怎么一回事呢？

小京忍不住凑过去，问银行柜员。

那位叔叔答道："支付，通俗来说就是买东西付出款项，从专业角度来说，是指卖方和买方之间发生的金融交换，是货币债权转移的过程。"

看着依然一脸疑惑的小京，叔叔举例道："比如你去书店，看中一本很有用的书，打算买回家。书原本属于书店，现在要变成你的了，你和书店就形成了债权和债务的关系，于是支付就出现了。你一手交钱，就是支付，书店同时交货，就是物品转移，最后交易完成，这就完成了书的所有权的转移，债权和债务关系也得到了清偿。"

终于轮到小融和小京办业务啦，两人一起来到了银行窗口。

小融："我们想办一张银行卡，把压岁钱都存进去。"

柜员叔叔："是要办一张借记卡吗？"

小京："借记卡是什么卡？除了借记卡，还有其他别的卡吗？都有什么区别呢？"

柜员叔叔看着一脸求知欲的小京，决定好好给两人科普一下关于银行卡的相关知识。

柜员叔叔："总的来说，银行卡分为两种：借记卡和信用卡……"

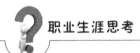

银行柜员一般指在银行分行柜台里直接跟顾客接触的银行员工。银行柜员在最前线工作。这是因为顾客进入银行第一类人就是柜员。他们负责侦察以及停止错误的交易，以避免银行有损失。该职位一般要求受雇者对顾客态度亲切诚恳，为顾客提供银行服务及有关他们银行账户的资讯。银行柜员负责票据交换、内部账务等业务处理及对前台业务的复核、确认、授权等后续处理，要独立为客户提供服务并独立承担相应责任的前台柜员必须自我复核、自我约束、自我控制、自担风险。

行业趣闻

在德国南部一个只有 500 名居民的小村庄，有一家全德国最小的合作银行。银行内只有一名银行柜员，工具只有一台打字机和一个计算器。他靠着半手工的方式（如手写凭条）处理着繁杂的业务，向全村居民和当地一些小企业提供日常的银行服务。

? 职业生涯思考

• 银行柜员的工作需要极大的耐心和毅力，每天重复劳动的次数非常多，枯燥而繁杂，然而却是银行服务的第一线。你愿意做一名银行柜员吗？

• 银行柜员是银行的窗口，代表了银行的形象，负责处理日常的银行窗口业务。然而当下，银行柜员的一部分职能逐渐被自动柜员机代替，他们更多地承担了讲解、引导的职能，有效地减少了银行柜员的劳动强度。

证券从业人员
——证券业的精英

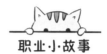

职业·小故事

巧巧的学校布置了一项语文作业，让孩子们回家看一本书，或者一部电影，下周一上课的时候，每个学生给大家讲一个完整的故事。巧巧就缠着妈妈给自己买新书，妈妈却打开了电脑，给巧巧放了一部电影，结果看着看着，巧巧的爸爸也被吸引了过来，一家三口一起坐在电脑前，看这部电影。

这部电影的名字，就叫作《当幸福来敲门》，说的是一个小男孩和失业的爸爸一起度过人生最艰难的岁月的故事。巧巧看着看着就哭了，特别是当爸爸和小男孩一起在车站的厕所里睡觉的时候，巧巧难过地扑进爸爸怀里哭了。

不过巧巧记住了一些从没听说过的词，比如股票经纪人、证券经纪人……

看完电影，巧巧问爸爸，什么是"股票经纪人、证券经纪人"，爸爸告诉巧巧，这些都是证券从业人员。

那么到底什么是证券从业人员呢？

爸爸告诉巧巧，证券从业人员主要指证券公司里获得中国证监会的证券从业人员资格证书，在各项证券专业岗位上工作的。证券从业人员的工作就是为客户进行证券操作，证券从业人员必须准确、及时、完整地执行客户的指令。而且证券从业人员要就客户的投资、资金、持有证券的情况严守秘密，不得随意泄露给他人。

职业小百科

证券从业人员是指被中国证监会依法批准的证券从业机构正式聘用或与其签订劳务协议的人员。证券从业人员必须按照有关规定在中国证监会取得证券从业人员资格证书后方可在各项证券专业岗位上工作；证券中介机构的正、副总经理高级管理人员中至少应有三分之二以上应获得证券从业资格证书；未取得证券业从业资格，除符合豁免规定的人员外，任何人不得在各类证券专业岗位上工作。

职业领路人

杨　骏：中国知名证券业从业人员，曾任君安证券有限公司总裁，2001年创办晓扬投资管理公司，担任公司董事长。

巴鲁克：美国金融家，股市的投机者，政治家和政治顾问。巴鲁克既是白手起家的成功典范，又是善于把握先机的股票交易商，既是手段灵活的投资商，也是通晓经济发展的政治家，投资鬼才，投机大师。

杰西·利弗莫尔：美国最著名的证券人，14岁开始买卖股票证券。杰西·利弗莫尔对股票、期货市场的认识，他的交易策略，他对待投机事业的态度，成为无数证券从业人员行动的基础。

职业生涯思考

• 证券行业是一个充满刺激充满风险的行业，连美国最伟大的证券人、股票大作手杰西·利弗莫尔最后都自杀了。所以这个行业，是一个疯狂的行业。如果要成为这个行业的领袖，需要具备强大的心理素质和极其过硬的专业知识。你愿意成为一名证券从业人员吗？

基金经理
——基金行业的精英

职业·小·故事

明明的奶奶最近常常外出，明明问奶奶出去干嘛，奶奶对他说，"奶奶买了几支基金，要找基金经理去打听打听。"

"什么？买了几只鸡？在哪儿呢？"明明好奇地问。

"不是鸡，是基金。"

"基金是什么？"

"基金是？奶奶也说不清楚，你跟奶奶一起去，问问基金经理就明白了。"

明明跟着奶奶到了证券公司，这才明白，"基金"跟"鸡"一点关系都没有，是一种看不见摸不着的东西，和爸爸之前说的股票有点像。

基金经理很热情地接待了这祖孙俩。

"叔叔，基金经理是干什么啊？"明明问叔叔。

"哦，叔叔就是管理基金的，每种基金都要由一个经理或一组经理去负责决定该基金的组合和投资策略。投资组合是按照基金说明书的投资目标去选择，以及由该基金经理的投资策略去决定。"

"哦？叔叔，那奶奶买的基金，是您负责吗？"明明问这位叔叔。

"是啊，小弟弟，叔叔每天都在研究投资战略，然后对股票市场进行研究，好做出投资决策。简单地说，叔叔每天的工作，就是如何用钱去赚钱。"

"哦，好神秘啊。那究竟怎么用钱去赚钱呢？"

"这一下子可说不清楚。这需要知识，需要经验，需要投资实践，才能做出相对准确的决策哦。"

"好了，小明，这是投资手册，你先看看，该奶奶来问了……"

　　基金经理一般要求具有金融相关专业硕士以上教育背景，具备良好的数学基础和扎实的经济学理论功底，如有海外留学经历或获得CFA证书，则将更具竞争力。每种基金均由一个经理或一组经理去负责决定该基金的组合和投资策略，投资组合是按照基金说明书的投资目标去选择，以及由该基金经理的投资策略去决定。投资的实战能力即投资业绩决定其在行业中的影响力和薪酬回报。

职业领路人

　　沃伦·巴菲特：美国最大和最成功的集团企业的塑造者，一个全球公认为现代"久经磨练"的经理人和领导人。一个比杰克·韦尔奇更会管理的人，一个宣称在死后50年仍能管理和影响公司的人。作为划时代的投资圣人、华尔街的长青树、美国第二大富豪，巴菲特以世界顶尖股票推荐人和惊人的创造财富的能力而为人津津乐道。

　　彼得·林奇：当今美国乃至全球最高薪的受聘投资组合经理人，是麦哲伦100万共同基金的创始人，是杰出的职业股票投资人、华尔街股票市场的聚财巨头。

 职业生涯思考

　　● 基金经理是一个非常神秘也非常高薪的职业，然而与其共存的，是风险和压力。只有具备强大的心理素质和专业知识，才可以成为优秀的基金经理。你愿意成为一名基金经理吗？

你喜欢的职业是它么？

证券投资顾问
——证券行业的投资专家

职业·小故事

周末，学校布置了一篇作文，名为《我的爸爸》，晓东可犯了愁。这个周五的晚上，晓东决定等爸爸回来，好好问问爸爸，好完成这篇作文。

可爸爸回来之后，不是接电话，就是发微信。晓东着急了，干脆把作文本放在了爸爸面前："爸爸，你来写吧，老师让周一交，题目就是《我的爸爸》。"

爸爸一看，笑了，赶紧放下了手机："好吧，我的乖儿子，你说，你想问爸爸什么，爸爸配合你完成这篇作文。"

晓东这才松了口气。他先写了几个字"我的爸爸是"，然后问爸爸，"爸爸，你要先告诉我，你是做什么工作的？同学们的爸爸有的是老师，有的是律师，有的是作家，有的是工人，那你是什么？难道我就写：我的爸爸是顾问？"

爸爸一听，笑了，"我的乖儿子，怪爸爸没跟你说清楚，爸爸是证券投资顾问。"

"什么？证券投资顾问？"

"对，爸爸的工作，就是专门提供证券投资建议。爸爸之所以很少跟你聊工作，就是因为爸爸的工作比较特殊、不能公开客户的任何信息。"

"哦？那爸爸的工作内容是什么呢？"

"哦，爸爸的工作内容就是帮助客户进行证券投资啊，爸爸的工作可是以绝对的投资能力和投资业绩回报为标准的。爸爸要按照按照约定，接受客户委托，向客户提供证券及证券相关产品的投资建议，帮助客户直接或者间接获取利益哦。"

"爸爸，这个听起来好复杂，你能告诉我该怎么写你的工作吗？"

"好，你就写：我的爸爸是证券投资顾问，他有很多的朋友，也有很多的客户，大家都信赖他……"

职业小百科

证券投资顾问为客户提供投资建议，比如买卖时机、热点分析、证券选择、风险提示等，禁止代理客户操作。也就是说，投资顾问提供建议给客户参考，决策由客户自己做。赢亏均由客户承担，证券公司可能就投资顾问服务收取费用，形式包括差别佣金、按资产额或服务期收取单项顾问费用等。

职业领路人

张春林：知名证券投资顾问，湖北卫视《天生我财》栏目人气嘉宾。10余年证券从业经验，多年实盘分析心得，百万字研究成果，曾在交易日、深圳电视台等多家媒体担任财经评论员。

职业生涯思考

● 优秀的证券投资顾问，在客户眼里就是财神爷。不过要成为优秀的证券投资顾问，光有专业知识还是不够的，需要有大量的实战经验，还要胆大心细。你愿意成为一名证券投资顾问吗？

● 证券投资顾问也不一定每次投资都会成功，所以作为证券投资顾问，一定要有极大的抗压能力，在压力面前不气馁，不投降，不妥协，才能真正成为一名优秀的证券投资顾问。

证券分析师
——分析证券一把手

职业·小·故事

马琳的妈妈在证券交易所工作，她经常出差，这让马琳非常不满意。虽然马琳的爸爸是全职老爸，天天送她上下学，给她做饭，陪她去上兴趣班，陪她去游乐场，可她还是对妈妈非常不满意，甚至都不知道做证券分析师的妈妈天天为什么那么忙。这一天，马琳生日，她拿出了自己存的零花钱，递给了妈妈，对妈妈说："妈妈，我存了1000元钱了，都给你，你能请一天假，陪我一天吗？"

马琳的妈妈叹了口气，眼圈红了，抱着马琳说："琳琳，妈妈知道，妈妈很少照顾你，陪你，可妈妈的确工作太忙了，你要理解妈妈。"

马琳问妈妈："你告诉我你的工作为什么那么忙，我帮你工作好不好？"

妈妈叹了口气，打了个电话，然后对马琳说："好吧，宝贝，我请了一上午假，今天妈妈陪你一上午，好不好？你的零花钱，还归你。"

马琳听了开心地欢呼："耶！"

这个上午，马琳终于和爸爸妈妈一起，去了游乐场，还一起在肯德基吃了汉堡包和炸鸡。

马琳也终于知道，妈妈的工作是多么忙。

马琳的妈妈告诉马琳，证券分析师是指依法取得证券投资咨询执业资格，并在证券经营机构就业。主要就与证券市场相关的各种因素进行研究和分析，包括证券市场、证券品种的价值及变动趋势进行研究及预测，并向投资者发布证券研究报告、投资价值报告等，以书面或者口头的方式向投资者提供上述报告及分析、预测或建议等服务的专业人员。

职业·小百科

证券分析师是指依法取得证券投资咨询执业资格，并在证券经营机构就业，主要就与证券市场相关的各种因素进行研究和分析，包括证券市场、证券价值及变动趋势进行分析预测，并向投资者发布投资价值报告等，以书面或者口头的方式向投资者提供上述报告及分析、预测或建议等服务的专业人员。

在中国，证券分析师又被称为股评师、股票分析师，是以口头、书面、网络或其他形式向社会公众或投资机构提供分析、预测或建议等信息咨询服务的专家。

证券分析师是一个高智慧、高挑战的职业，执业资格方面"门槛"非常高。从业需拥有会计学、审计学和法律知识，能对年度报告、中期报告、招股说明书等指标和数据进行多方面的对比分析。

当下，中国的证券分析师结结非常紧缺。

职业领路人

严为民：著名证券分析师，新浪财经网全国评选之冠军分析师。

熊旭春：著名证券分析师，1991 年浙江大学本科毕业，1998 年对外经贸大学金融学研究生。先后在广东、江苏、北京、湖南、山东等电视台长期担任主讲分析师，以对大盘的精准把握、荐股的可操作性和成功率享誉全国。

梁祖芝：著名证券分析师，1997 年毕业于重庆工商大学，从事证券工作 8 年，中国证券监督委员会首批执牌证券分析师，有 6 年的电视媒体经验，是国内证券分析师中少有的女性分析师。

职业生涯思考

● 证券行业风险高，收入高，需要有缜密的思维和巨大的耐心，还需要有强大的心理素质，证券分析师这个行业极具挑战性。你愿意成为一名证券分析师吗？

保险精算师
——保险业的顶尖专业人才

职业·小·故事

聪聪的爸爸原来是一名小学教师，后来转行做了保险。如今，聪聪的爸爸还是做保险行业，可他已经不卖保险了，聪聪的爸爸现在是保险精算师。

聪聪对于保险精算师这个职业，也算是非常了解了，对于爸爸从一个保险业务员，变成保险精算师，聪聪非常满意。上幼儿园的时候，聪聪的爸爸每天都早出晚归，连见到聪聪的老师，都忍不住要推销保险产品。可如今，聪聪的爸爸再也不用外出推销保险了，而且每天也能按时回家了。虽然爸爸经常还会在书房的电脑前熬夜加班，可爸爸能按时回家，能常常和自己和妈妈一起吃晚饭了，聪聪对此非常满意。

这天，聪聪下学回家，路上遇到了自己在幼儿园的老师，老师突然问聪聪："你爸爸还卖保险吗？我想找你爸爸买保险。"

聪聪笑着对幼儿园老师说："闫老师，我爸爸现在不是保险业务员了，他是保险精算师了。"

"保险精算师？"闫老师不解地问。

"保险精算师是做保险产品开发和核算的，也就是说，我爸爸现在是开发保险产品的，不是卖保险产品的了。"

"哦，聪聪，这些你都知道啊！"

"那当然，我爸爸现在可是非常专业的保险精算师，他每天可忙了。"

职业小百科

　　精算师是运用精算方法和技术解决经济问题的专业人士，是评估经济活动未来财务风险的专家，是集数学家、统计学家、经济学家和投资学家于一身的保险业高级人才。总之，精算师是同"未来不确定性"打交道的，宗旨是为金融决策提供依据。精算师在世界各国都是一种热门而诱人的职业，根据美国1999年的职业评级对250种职业进行的评定，精算师被评为最好的职业。精算师被称为"金领中的金领"。

职业领路人

　　帕　哲：国际精算大师，现为加拿大滑铁卢大学精算科学系教授、精算专业的掌门人。他在保险精算领域取得了令人瞩目成就。在著名专业学术期刊上发表了重要学术论文60多篇，以及学术价值极高的《保险风险模型》《精算数学》《损失模型》等专著。他创造性地提出的"帕哲递归"算法，被公认为是20世纪80年代对风险理论研究中最有价值的突破，也奠定了帕哲在精算界中的地位。2002年当选为北美精算学会的主席，目前还是《风险与保险》和《北美精算通讯》等重要学术期刊副主编。

❓职业生涯思考

　　●保险精算师是一个高薪职业，在全世界都备受重视，然而要成为保险精算师，要学习的知识也非常多，要成为一名好的保险精算师也非常难。你愿意做一名保险精算师吗？

保险经纪人
——保险推销高手

职业小·故事

"请各位同学回家后通知家长，下周学校要统一给大家办理意外保险，需要缴纳保险费 XX 元，老师也会在家长群里告知……"王老师在周五放学前，特地来到班里通知。

6 岁刚上一年级的高乐一回家就和爸爸妈妈说了这件事，为了避免半路上忘了"意外保险"这个"新名词"，他还专门写了一个小纸条。"妈妈，意外保险是什么呀？为什么要花钱买呢？"

妈妈耐心的回答道："每个人都可能遭遇疾病、意外事故、财产损失等意外。一旦遭遇这些意外，往往会给生活造成重大影响，比如因病致贫等。为了更好地应对这些可能发生的风险，我们就可以购买保险。购买保险后，如我们遭遇了意外，则可以获得保险公司给予的经济赔偿。保险的种类很多，比如寿险、车险、大病险等，意外保险，顾名思义就是针对意外事故的保险。"

高乐接着问："保险听起来似乎很不错，可为什么在超市、商场里从没见过卖保险的呢？

"保险和普通的商品不同，它并没有实物，而是投保人与保险公司的一份保险合同，所以不会在超市、商场等地售卖，而是由专门的保险经纪人来推销、售卖。保险经纪人都是推销保险的高手，一般就职于各大保险公司，他们通常会通过电话、上门拜访、邮件、庆典活动等多种方式挖掘潜在客户，帮助不同的客户办理所需的各类保险。"

职业小百科

保险经纪人，即基于投保人的利益，为投保人与保险人订立保险合同提供中介服务，并依法收取佣金的工作人员。

保险经纪人的工作内容包括：发现潜在客户的保险需求；对客户面临的风险进行调研、查勘，提供风险评估报告；为客户制定风险管理方案和保险方案；协助或代表客户进行保险采购；协助客户办理投保、缴费等手续；审核保险协议、保险合同、保险单等技术文件；对客户保险相关人员进行保险培训，告知保险方案内容、被保险人义务、保险报案方式、保险公司及经纪公司联系人等重要保险事宜；发生保险事故后，协助客户报案、收集报案材料、查勘现场、代表客户与保险公司谈判等；日常联系、定期报送保险服务情况等其他工作。

职业领路人

原一平：日本保险行业的"推销之神"，非常优秀的保险经纪人。从事日本寿险业，近百万的寿险从业人员没有一个人不认识原一平。原一平曾是被乡里公认为无可救药的小太保，但他用自己的汗水和勤奋、韧力和耐心走过了这条保险销售的荆棘路，创造了世界奇迹，最后成为日本保险业连续15年全国业绩第一的"推销之神"。这种精神，值得所有后来人学习和敬仰。他的座右铭是"失败其实就是迈向成功所应缴的学费"。

❓ 职业生涯思考

● 学校每年都会给学生办理"意外险"，马路上奔驰的每一辆汽车都买了"交强险"，保险与人们的生活息息相关，但不少人很厌烦保险经纪人的推销。对此你怎么看？

投资分析师
——与风险抗争的人

职业·小故事

山山的爸爸是一位业余股民，非常喜欢看财经新闻，几乎每天都会关注投资分析的各种消息或节目。可已经三年级的山山，还是不太明白"投资"是怎么一回事。

"爸爸，你天天都在看各种投资分析的新闻，投资究竟是怎样一回事啊？"山山好奇的问道。

爸爸回答道："投资，是一个金融概念，简单地说，就是用钱生钱的过程，比如咱们家有暂时用不到的余钱，那我们就可以用这些闲置资金购买国债、理财产品、股票、贵金属等金融产品，并从中获得利息等收益，这个过程就是投资。不过投资的收益越丰厚，往往面临的风险也就越多，如果投资不当，不仅没有收益，反而还可能血本无归。"

山山接着问："既然风险这么大，为什么还要投资呢？"

"投资的成功与否可不只是碰运气这么简单，而是有一定的规律可循，投资分析师就是专门从事投资研究的专业人员。他们会尽可能收集更全面、更详细、更具体的各种行业信息，对投资的不同行业情况作出分析和判断，从而为投资人提供一定的投资信息参考。所以爸爸每天都在关注财经、投资等信息，毕竟对投资项目了解的更多一点，所面临的投资风险就会相对少一些。投资可是一门非常复杂的大学问，要想成为一名出色的投资分析师，不仅要有金融、投资等教育背景，还要有很强的学习和研究能力，总的来说投资分析师是一个很有挑战性的职业。"

职业小百科

投资，即货币转化为资本的过程，又分为有实物投资和证券投资。投资是为了在未来一定时间段内获得某种比较持续稳定的现金流收益，是未来收益的累积。投资分析师，顾名思义是指从事投资工作的专业人员。

投资分析师的工作内容包括：根据客户确定的投资方向，开展市场及行业研究，深入了解行业现状，判断行业走势；分析客户正在进行的投资行业，出具分析报告；根据客户业务的发展收集行业信息；配合对投资目标公司管理层的访谈、尽调等；负责 BP 撰写、财务模型搭建；收集研究投资领域资料及最新变化情况，建立较为全面详实的研究信息资料库等。

职业领路人

沃伦·巴菲特：全球著名投资专家、企业家、慈善家，专门从事股票、电子现货、基金行业。2006 年 6 月，巴菲特承诺将其资产捐献给慈善机构，其中 85% 会交由盖茨夫妇基金会来运用。2016 年 10 月，位列《福布斯》杂志"美国 400 富豪榜"第 3 名；12 月 14 日，获"2016 年最具影响力 CEO"荣誉。2017 年 3 月 21 日，位列《福布斯 2016 全球富豪榜》第 2 名；7 月 17 日，以净资产 734 亿美元位列《福布斯富豪榜》第 4。2018 年 10 月，福布斯发布美国 400 富豪榜，巴菲特以 883 亿美元财富排名第 3 位。

 职业生涯思考

• 收益和风险同时存在，所以人们常说入市有风险、投资需谨慎。如果你是一名投资分析师，你会冒着风险追逐更多收益，还是尽量选择收益相对较少风险也较小的投资项目呢？说一说你的理由。

外汇经纪人
——买卖外汇的中介

职业·小·故事

随着中美贸易战的不断加剧，"外汇"成为大众关注的重点和焦点，连 7 岁的小莫都多次听到新闻以及大人们说到"外汇"。可是"外汇"究竟是什么呀？7 岁的小莫并没有弄明白这是怎么一回事。

小莫好奇地问："爸爸，外汇是怎么一回事呀？"

爸爸回答道："外汇是中央银行、财政部等以银行存款、财政部库券、长短期政府证券等形式保有的在国际收支逆差时可以使用的债权。比如外国货币、外币有价证券、外币存款、外币支付凭证等。我们国家要从美国进口一批物品，那么直接给对方人民币，对方往往是不接受的，通常需要用美元支付，如果没有外汇储备，交易就无法达成。要想顺利进行外汇交易，肯定少不了外汇经纪人的身影，他们是介绍客户进行外汇交易的中介人。"

"外汇经纪人？"小莫依然疑惑的看着爸爸。

爸爸摸了摸小莫的头，然后说道："还记得咱们家去年到欧洲旅行吗？我们专门去银行用人民币换了欧元。实际上，换汇的过程就属于外汇交易，不过咱们的金额少，在银行就能完成。对于那些大额的外汇交易，就需要寻求外汇经纪人的帮助了。外汇经纪人自己不会买卖外汇，而是作为中介，连接买卖双方，促成他人的交易，他们从中收取手续费来赚钱。大部分人在日常生活中，很少会见到外汇经纪人，所以人们对这一职业的认识普遍并不深入。"

职业小百科

外汇经纪人，即介绍客户进行外汇交易的中介人。外汇经纪人自己并不买卖外汇，只是连接外汇买卖双方，促成交易，其收入主要是靠收取外汇买卖点差和手续费来获得的，他们自身不承担交易风险。

外汇经纪人的工作内容包括：通过客户来访、来电、电话销售、拜访、研讨会、专业讲座、金融展会等途径向潜在代理商及个人推介公司的金融产品及交易平台；协助客户掌握对国际金融产品的下单程序，以及对交易平台的使用；拓展外汇保证金业务；向客户提供高质量服务，以科学专业的知识和技术为其提供专业的理财投资规划；跟代理商建立稳固长期发展的关系；收集并处理客户的反馈意见，服务和维护存量客户，定期回访客户。

职业领路人

王　洋：中国著名外汇专家，1993 年开始从事外汇行业，先后在多家国内外金融机构专职外汇交易、并进行相关理论的研究。中央人民广播电台经济之声"汇通天下"、北京城市广播"国际汇市报道"特约外汇分析师、新华社电视台外汇分析师、CCTV 证券资讯频道特聘外汇讲师；获得 2004 年北京人民广播"最受欢迎外汇分析师""2011 年度最佳外汇分析师"等称号。曾任中国金融衍生品研究院（中金院）筹委会主任、中金院外汇（专业）研究院筹备组组长。

 职业生涯思考

● 每个国家都有外汇储备，中国也有不少美元、欧元等外币的外汇储备。请你站在外汇经纪人的角度，说一说你对外汇储备功能、用途等方面的理解。

期货经纪人
——买卖期货的中介

职业·小故事

期货是现代新出现的一种"金融产物"，从专业角度来说，期货是指期货合约，也就是由期货交易所统一制定的、规定在某一特定时间和地点交割一定数量标的物的标准化合约。

投资者可以对期货进行投资或投机，并从中获得收益，当然投资期货的风险也不小。由于交割标的物的时间都是未来的某天，一周后、一月后、三个月后，甚至一年后，而未来又充满了不确定性，一旦届时无货可交割，那么就容易造成金融市场的动荡。

我国的期货行业出现的时间并不长，是改革开放后逐步出现的"新行业""新事物"，随着期货行业发展而出现的期货经纪人，也是一个现代新出现的"时髦"职业。不过，国外的期货经纪人这一职业，也有很长的历史了，从业人数也比较多。

期货经纪人是一个高薪职业，只要做得好，收入十分可观，不过要想做好这份工作，并不是一件容易的事。

首先，要具备一定专业学历并考取专业资格证。对于期货经纪人来说，业绩直接关系着自己的收入，因此要敢于迎接工作上的挑战。

其次，必须了解自己的行业，了解期货产品、期货知识以及投资趋向等。纸上谈兵不可取，要实事求是地去进行期货操作，熟悉资金操作，才能更深入地了解期货市场。

最后，还要具备良好的适应性。如今期货交易的方式正在不断发生变化，比如从现场交易到网络交易等，期货市场也越来越正规，期货经纪人要适应这些变化。

期货经纪人，即专门从事商品期货、金融期货、期权等品种交易的中介人员，他们以自身名义介入期货交易或代客买卖期货（包括出市代表和其他从事客户开发、开户、执行委托、结算等业务）。在期货交易中进行分析、判断，通过价格涨跌波动赚钱，但不能直接代表客户投资。

期货经纪人的工作内容包括：市场开发和业务拓展，招揽客户、吸纳资金；为委托人办理期货合约买卖的各项手续；向委托人详尽介绍期货合约的内容、交易所的交易规则及相关法律法规；及时向委托人报告市场信息，提交市场研究报告，充当委托人的交易顾问，向委托人提供有利的交易机会；维护委托人的利益，按委托人的指令进行期货合约买卖。

职业领路人

威廉·江恩：美国证券、期货业最著名的投资家，最具神奇色彩的技术分析大师，20 世纪 20 年代初期的传奇金融预测家，20 世纪最伟大的投资家之一，纵横投机市场达 45 年。他一生中经历了第一次世界大战、1929 年的股市大崩溃、20 世纪 30 年代的大萧条和第二次世界大战。在这个动荡的年代中赚取了 5000 多万美元利润，相当于现在的 10 多亿美元。他不仅是一位成功的投资者，还是一位智者和伟大的哲学家。

 职业生涯思考

● 期货是一个很抽象的金融概念，聪明的你通过上述内容，对期货是不是多了一些了解和认识呢？结合你的理解和认识，说一说期货经纪人是怎样一种职业吧！

出纳
——专业的管钱能手

职业·小·故事

语文老师给同学们布置了一道周末作业题，以爸爸或妈妈的职业为题，写一写自己爸爸或妈妈的职业。班上的学霸甜甜，写的作文十分精彩，还被老师选作范文，在班集体里一起分享学习。

听了学霸甜甜的范文，小雨这才知道了甜甜的妈妈是一家公司的"出纳"。让小雨郁闷的是，他不太清楚"出纳"是怎样的一个职业，所以打算回家后向妈妈求助。

"妈妈，出纳是干什么的呀？"

妈妈一边忙家务一边回答道："出纳是专业的管钱能手，属于财会人才，一般都在公司、企事业单位等机构的财务部门任职，简单来说就是负责企业收入、支出等款项管理的人。比如爸爸出差回来要报销差旅费，车票、住酒店的发票等因公消费的票据都要收好，并按照财务部的要求，将报销表格、发票等交给公司出纳，出纳则会给爸爸办理报销，将之前垫付的出差费用支付到爸爸的银行卡上。"

小雨忍不住感叹道："哇，出纳的工作原来是和钱打交道啊，岂不是像财神爷一样？"

妈妈说道："没错，出纳确实是一份和钱打交道的工作，但出纳所管理的钱财，并不是自己私有的，而是属于公司的财产，不可随意挪用，更不能占为己有，对于公司的收入和开支情况要保密，除了向领导、老板汇报外，不可随意宣扬。而且每一笔支出，尤其大额支出，必须征得领导或老板的同意，不能私自做主。"

出纳

职业小百科

出纳，是指按照有关规定和制度，办理现金收付、银行结算及有关账务，保管库存现金、有价证券、财务印章及有关票据等工作的专业人员。

出纳的工作内容包括：定期核对银行存款账面余额与银行对账单，并按月编制银行存款余额调节表；设置"银行存款日记账"，及时存入各种汇票、支票等；建立健全现金账目，逐笔登记现金收付，账目日清月结，每日结算，账款相符；负责处理人员工资发放、采购付款、办公用品购买支出、出差人员差旅费报销等日常开支；向付款方开具发票或收据；做好银行存款余额、收付业务的保密工作，只向公司领导提供银行存款余额情况等。

职业领路人

陈菊芬：工商银行中山分行第二营业部出纳，女，1963 年生，广东东莞人，虽然只有大专文化，但凭借爱岗敬业、专业进取、认真仔细的工作精神，被评为全国劳动模范。

李爱红：登封市纺织品公司出纳，她自从 1982 年开始担任出纳时，就一直严格落实《会计法》及各项财务制度，原则性问题从来不妥协，坚持把好现金收支，使公司资金的管理逐步走向正规化，提高了企业的经济效益。2001 年以来，李爱红连续六年被登封市妇联评为"三八红旗手"，2003 年被登封市总工会授予"登封市劳动模范"荣誉称号。

 职业生涯思考

● 出纳的工作非常琐碎，需要细心、耐心、谨慎心。你接触过出纳这一职业或从事出纳工作的人员吗？结合自家的经济收支情况，说一说谁是家中的"出纳"，都是怎样安排家庭开支的吧！

会计师
——算账专家

职业·小故事

金豆今天有点咳嗽，妈妈上午给她请了假，带她去医院开了止咳糖浆，然后金豆就跟着妈妈去了公司。金豆的妈妈在会计师事务所上班，是一名会计师。金豆上幼儿园的时候，就开始偶尔跟着妈妈到会计师事务所来了。金豆最喜欢干的事情，就是帮妈妈整理会计账簿，将它们分门别类归类。

金豆听妈妈说过，妈妈是在上大学的时候就考了注册会计师证书。妈妈说，当时还不像现在，只考3个科目，当时的科目比现在多，题目也比现在难。毕业后，金豆的妈妈到一家工厂做了会计，再后来，她就开了自己的会计师事务所。

这一天，金豆的妈妈还要面试一名应聘者。金豆事先问妈妈："妈妈，你能问问来应聘的大姐姐，什么是会计吗？"

后来，金豆在妈妈办公室的里间看书，听见外间前来应聘的那位大姐姐说，"会计是以货币作为主要计量单位，运用一系列专门方法，对企事业单位经济活动进行连续、系统、全面和综合的核算和监督，并在此基础上对经济活动进行分析、预测和控制，以提高经济效益的一种管理活动。"

金豆伸手从妈妈的书架上抽出了《基础会计》，翻开一看，和这位姐姐答的果真一模一样。金豆心想，妈妈应该会录用这位姐姐吧？可没想到，妈妈又问了好多问题，金豆不仅感叹，要做一名会计师，也不是一件容易的事情啊！

职业小百科

会计师指具有一定会计专业水平，经考核取得证书、可以接受当事人委托，承办有关审计、会计、咨询、税务等方面业务的会计人员，如中国的注册会计师，美国的执业会计师，英国的特许会计师，日本的公认会计师等。在西方国家，会计师是自由职业者。在中国，会计师又是会计干部的技术职称之一。

职业领路人

全世界有四大著名的会计师事务所，世界优秀的会计师都云集在这四大会计师事务所中。这四大会计师事务所分别是普华永道、毕马威、德勤和安永。普华永道国际会计公司现全球共有合伙人 8979 人、专业人员 42,954 人，在全球共有办事机构 1183 个。毕马威国际会计公司在全球共有合伙人 6561 人、专业人员 59,663 人，办事机构 844 个。德勤会计公司全球共有合伙人 5145 人、专业人员 52,520 人，办事机构 695 个。安永会计公司在全球共有合伙人 6000 人、专业人员 57,000 人，办事机构 674 个。

❓ 职业生涯思考

● 会计师是一份天天和数据、报表打交道的工作，需要严谨、仔细、细心、耐心。你愿意成为一名会计师吗？

● 会计师是一份非常严谨的工作，需要和大量数字打交道，不能害怕枯燥。你能做到吗？

税务专员
——企业税务规划员

职业·小故事

这天下学，小麦和几个同学边一起往家走，边一起聊天。一位男同学说："我的爸爸是运动员。"一位女同学说："我的爸爸是面点师。"另一位男同学说："我的爸爸是警察。"轮到小麦说了，小麦说："我的爸爸是税务专员。"

其他几位同学一起看向小麦，"什么？税务专员？税务专员是做什么的？"

"是报税的啊！你没看新闻，有一个大明星，偷税漏税多少个亿，要是她聘用我爸爸这样的税务专员，肯定就不会出现这样的问题了！"小麦骄傲地说。

"哦？报税？"那位女同学问道。

"是啊，我爸爸要协助财务及公司的管理人员，对整个公司的整体税务进行规划，还要指定税务计划。我爸爸还要收集、整理、研究税收法律法规，为业务部门提供涉税咨询，以免他们出现税务问题。我爸爸还要负责给公司的管理人员提供税务成本的信息和分析，尽量让公司实现合理报税。我爸爸还要常常去税务局报税，协调总公司和分公司的税务对接，协调公司和税务局、财政局的关系。我爸爸可忙了！"

"哦，这么说，你爸爸在公司里有很大作用喽！"一位男同学问小麦。

"那当然！你们不看新闻吗？常常会有公司偷税漏税，那都是不懂税法，要是多一些我爸爸这样的税务专员，就不会出现这样的问题了！"

职业小百科

税务专员主要负责企业与税务机关相关事务的处理，如税收申报、与专管员的沟通，发票的领购，会计事务中涉及税收方面问题的咨询，最新税收政策的上传下达，税务检查方面的沟通协调等，需要对税务政策熟悉，有沟通能力的人员担任，是企业财务对外沟通的一个窗口。

税务专员不是税务局的工作人员，税务专员是为专门企业服务的，他是沟通企业和税务机关之间的桥梁。

职业领路人

刘国东：资深税务专家，企业财务系统建设专家，中国财务技术网创始人，中国注册会计师、中国注册税务师、中国注册资产评估师。长期致力于中国企业财税管理实践，专注于财务技术开发及应用，曾为多家企业提供财务、税务咨询服务，培训人数超过 20,000 人。服务过的企业包括：惠普中国、中粮集团、诚通集团、首创集团、新浪网、中石油、仁和药业、中煤集团等上市公司及 1000 多家民营企业，培训效果显著，是目前仅有的讲财税课程能讲出"粉丝"学员的优秀讲师。

 职业生涯思考

• 税务专员需要具备专业的税务知识，还需要懂得财务、会计的相关知识，并且具备相应的协调和沟通能力，是一个需要综合能力的职业，既要有技术，又要懂交际。你愿意做一名税务专员吗？

你喜欢的职业是它么？

人力资源总监
——为企业招兵买马

职业·小·故事

佳佳的爸爸最近正在找工作，佳佳也帮爸爸留心各种求职网站。这一天，他从公交车的车体广告上看到了一个求职网站的名字，就告诉了爸爸。爸爸下载了这个网站的APP之后，就开始了一次又一次的面试。

每次爸爸面试回来，佳佳都会问爸爸："爸爸，你今天见了谁？谁面试的你呢？"

每次爸爸的回答差不多都是6个字："人力资源总监。"

佳佳对爸爸的这个回答很好奇，有一天，佳佳问爸爸，什么是人力资源总监？

佳佳的爸爸告诉佳佳，人力资源总监是指企业人力资源管理系统的主要负责人；人力资源总监不是一个部门负责人，而是企业经营管理的核心领导成员之一，承担着把人力资源纳入企业运作体系之中，使之支持企业发展的任务。

佳佳听不明白，最后妈妈告诉佳佳，人力资源总监就是管面试招人的人。

佳佳一听，满脸美慕："妈妈，我长大了也当人力资源总监好不好？这个工作多牛啊！能够决定到底谁能工作谁不能工作！"

佳佳的爸爸听了就笑了，"佳佳，人力资源总监可不是那么好当的，他要进行人才的战略规划组织建设……"

佳佳听的一头雾水，最终，她笑着对爸爸说，"反正是个管面试的职位，以后我长大就当人力资源总监，到时候，爸爸要面试，佳佳第一个就选爸爸来工作！"

134

职业小百科

人力资源总监，是现代公司中最重要、最有价值的顶尖管理职位之一，CEO的战略伙伴、核心决策层的重要成员。作为一名人力资源总监，必须从战略高度努力构建高效实用的人力资源管理系统，成功进行人才选拔，建立科学的考核与激励机制，最大限度地激发人才潜能，创建优秀团队，塑造卓越的企业文化，推动组织变革与创新，最终实现组织的持续发展。

人力资源总监要通过人力资源战略规划、组织建设、人事政策制定、人力资源管理工具、方法和手段运用，把企业的战略目标转化为全体员工的共同目标与行动。人力资源总监要通过自己的判断，打造优秀的员工队伍，来形成企业核心竞争力。通过员工职业生涯规划，实现员工与企业的共同成长。通过人力资源管理技术和手段来为企业创造价值。

职业领路人

要成为人力资源总监，就要考取人力资源师资格认证。当下，人力资源总监的工作越来越倾向于提示企业的人力资源管理效率，减化人事管理流程，减少人事管理办公时间。

中国著名的人力资源管理专家有：彭剑锋，毕业于中国人民大学，中国人民大学教授。张守春，3E薪资设计创使人，"美国薪资协会"会员。张晓彤，清华远程学堂课程主讲。

职业生涯思考

• 人力资源总监就像企业里的伯乐，要担当为企业寻找千里马的责任，什么样的人适合这个企业，怎样才能为这个企业打造更好的团队，这是人力资源总监的责任。

• 你将来愿意做一名人力资源总监，成为优秀人才的伯乐吗？

猎头顾问
——优秀人才的伯乐

职业·小·故事

翔翔的妈妈是开猎头公司的，她还写了一本书，叫做《猎头》。而当翔翔在学校里和同学们说到"猎头"一词的时候，很多同学都不明白翔翔在说什么。

这天，老师让同学们上台演讲，演讲的题目是："我所了解的一种职业"。翔翔决定讲一讲妈妈的职业，也就是"猎头顾问"。

翔翔告诉大家：

差不多每一家企业，都有自己的人力资源总监，但是企业的人力资源总监，很难在短期内找到合适的核心人才，所以他们常常会选择通过猎头公司来快速地找到合适的人才。所以猎头公司的工作，就是帮助企业快速完成招聘工作。

寻找人才的工作，就由猎头公司的猎头顾问来完成。

但是猎头顾问也不是好当的。

猎头顾问开始寻找人才的时候，常常会遇到企业人力资源总监的各种不配合，比如不回馈候选人的情况，没有详细提供招聘职位的相关信息，对猎头推荐的人选过于苛刻。因为人力资源总监并不了解这些人才的长处，所以就需要猎头顾问从中沟通和协调。

前几年，猎头顾问并不受重视。可这几年，随着企业对猎头公司的了解，也随着优秀人才对猎头顾问的了解，越来越多的优秀人才，以被猎头介绍为荣，而企业也越来越信任猎头的推荐。

最后，翔翔告诉大家，猎头顾问，就是人才的伯乐，就是千里马，也需要伯乐来发现。

职业小百科

　　猎头顾问是一种于欧美十分流行的人才招聘方式，意思即指"网罗高级人才"。猎头与一般的企业招聘、人才推荐和职业介绍服务的不同是，猎头追逐的目标都盯在高学历、高职位、高价位"三位一体"的人身上，它搜寻的是那些受教育程度高、实践经验丰富、业绩表现出色的专业人才和管理人才。猎头顾问是专为客户提供中、高级职位及特殊职位人才招聘及相关咨询服务的专业服务人员，是猎头公司必须拥有的高级成员。

职业领路人

　　世界著名的猎头顾问，都集中在世界著名的猎头公司里，最著名的是麦肯锡公司。麦肯锡是现代猎头、现代管理咨询的双重鼻祖，发行《麦肯锡季刊》。掌门人马文·鲍尔被誉为"全球 CEO 的导师"。

　　海德思哲公司是全球"五大"猎头之一，占全球猎头业务75%以上，号称"最纯净的猎头公司"。董事会终身主席杰拉德·罗谢被誉为20世纪"最伟大的猎手"。

　　史宾沙公司，全球"五大"猎头之一。长期占据财富500强企业的董事寻聘市场的50%以上，全球业务标准化、统一化的倡导者。

　　亿康先达公司。全球"五大"猎头之一。全球猎头行业2010财年总收入冠军。合伙人管理体制，自成体系、独步天下，被誉为"全世界（入伙）门槛最高的公司"。

 职业生涯思考

　　●猎头顾问就是求职者的伯乐，猎头顾问发现人才，推荐人才，为企业和人才牵线搭桥，很多大公司的重要职位，都是依赖猎头顾问来推荐人才的。

　　●你愿意做一名出色的猎头顾问吗？

市场销售人员
——推销员

职业·小·故事

　　淼淼的爸爸是一名推销员。在淼淼家的书架上有一本书，爸爸不知道翻看了多少次，那就是《世界上最伟大的推销员》。这本书讲述了一个名叫海菲的牧童，从他的主人那里幸运地得到十道神秘的羊皮卷，遵循卷中的原则，他执着创业，最终成为了一名伟大的推销员。

　　爸爸每次被客户拒绝的时候，都会拿起这本书。而爸爸也跟淼淼讲过很多次这本书的故事，教淼淼坚持自信，永不放弃。

　　爸爸还给淼淼讲过家庭近乎赤贫、又生于惨淡的大环境中的著名推销员乔•吉拉德的故事。乔•吉拉德从擦鞋童一路走来，成为最强销售员！在长达15年销售生涯中，总共销售出13,000千辆汽车，平均一年最多销售1425辆！

　　每当淼淼在生活中遇到困难，就会想起爸爸讲给自己的乔•吉拉德的故事。乔.吉拉德出生于美国的底特律，父亲是四处打零工的移民，生活困顿。在乔•吉拉德出生不到一年的时候，当时的华尔街股市突然大崩盘，全球经济大衰退，当时美国的失业率甚至达到了25%。也就是在这样的情况下，16岁那年，乔•吉拉德放弃了自己的学业，开始工作。

　　乔•吉拉德曾经认为，自己是全世界最糟糕的失败者！然而他却凭着自己的坚持和毅力，成为一名最伟大的市场销售人员。

　　在淼淼家的书架上，还有《羊皮卷》《把信寄给加西亚》等书籍，淼淼都看过，她和爸爸一样，坚信只要有自信、勇气和毅力，就能够实现自己的梦想。

市场销售人员是指直接进行销售的人员，包括业务经理、市场经理、区域经理、业务代表等。销售是创造、沟通与传送价值给顾客及经营顾客关系，以便让组织与其利益关系人受益的一种组织功能与程序。销售就是介绍商品提供的利益，以满足客户特定需求的过程。

职业领路人

弗兰克·贝特格：他是20世纪最伟大的销售大师之一、美国人寿保险创始人、著名演讲家。他自幼饱受艰辛，赤手空拳踏入保险业，凭着激情与执著，开创出人寿保险业的一片新天地，成为世人瞩目的骄子。他29岁时还是一个失败的保险销售员，但40岁时就已成为美国收入最高的销售员了。他曾创下15分钟签下25万美元保单的最短签单纪录。

乔·吉拉德：美国著名的推销员。他是吉尼斯世界纪录大全认可的世界上最成功的推销员，从1963年至1978年总共推销出13,001辆雪佛兰汽车。连续12年荣登世界吉尼斯记录大全世界销售第一的宝座，他所保持的世界汽车销售纪录—连续12年平均每天销售6辆车，至今无人能破。

原一平：在日本寿险业，没有一个人不认识原一平。他的一生充满传奇，从被乡里公认为无可救药的小太保，最后成为日本保险业连续15年全国业绩第一的"推销之神"。

 职业生涯思考

• 市场销售人员是一个艰难而极具挑战的工作，然而却又是最锻炼人的职业，如果能够成为一名优秀的市场销售人员，那么必然能够在万变的市场经济中赢得不败之地。

物业管理人员
——为业主服务的"大管家"

职业·小故事

又到了供暖季，物业开始供暖试水了，可小刚家的暖气片不知道怎么回事，一点温度也没有，于是小刚妈妈在接小刚放学回家后，顺便去物业管理办公室寻求帮助。

"您好，我家暖气不知道怎么回事，一点温度也没有，可能是哪里的管道出现了什么问题，能否给上门检修一下？"

负责接待的姑娘，身穿职业制服，待人十分亲切友好，她留下了小刚家的单元号和房间号，并记录了小刚妈妈留的电话，回复说："我们会尽快安排检修人员上门的，请您保持手机畅通，届时检修的师傅会主动联系您的。"

办完了这件事，妈妈带着小刚往自己家走去。

"妈妈，刚才那个阿姨是干什么的？"小刚问。

妈妈回答道："那是物业管理人员，他们是为业主服务的大管家，暖气不热、没水、断电、楼下垃圾箱没人清理、夏天楼顶漏雨、小区绿化带花花草草的灌溉、修剪等都归物业管。物业管理人员就是帮助业主解决这些问题，负责建筑的维护使用以及修缮的专业人员。比如奶奶家住的老小区，前阵子不是加装了电梯吗？加装电梯这件事，就是由小区的物业管理人员牵头主持完成的。"

小刚若有所思地点了点头，接着又问："妈妈，为什么我有的同学家的小区就没有物业管理人员呢？"

"物权法有规定，除了委托给物业公司外，业主也可以自行管理物业。所以小区里没有专门的物业管理人员也很正常哦！"

职业小百科

物业管理是指业主对区分所有建筑物共有部分以及建筑区划内共有建筑物、场所、设施的共同管理或者委托物业服务企业、其他管理人对业主共有的建筑物、设施、设备、场所、场地进行管理的活动。物业管理人员，顾名思义就是从事物业管理的专业人士。

物业管理人员是业主最贴心的"管家"，一般来说工作内容包括：保证业主的人身、财产安全，对进出入的陌生人员进行登记检查；为业主提供停车管理、绿化管理、垃圾处理、公共设施维修、供水供电系统维护等多种服务等。我国物权法规定，业主有权选择委托物业服务的企业，因此物业管理人员必须不断提升物业服务水平，只有这样，才能赢得更多业主的认可和信赖。

职业领路人

申成明：内江市市中区钟鼓楼社区的物业管理人员，坚持在物业管理的岗位上工作二十余年，先后获得市劳模、省劳模、全国劳模等荣誉。申成明待人非常热心，为广大业主提供水电费代收、天然气管道维修等服务。虽然获得了不少荣誉，但他并没有因此而骄傲自大，反而更加谦虚低调地为大家服务。"有事就找申劳模"，这已经是社区居民的一种"口头禅""惯性做法"，由此也能看出广大业主对他工作的认可和信赖。

 职业生涯思考

• 你家所在的社区有物业管理人员吗？你和物业管理人员是否有过什么接触呢？结合自己的认识，说一说你对物业管理人员的印象。

育种专家

——培育优良种子的人

职业·小·故事

周末，晨晨和妈妈一起去逛菜市场，让他大跌眼镜的是，菜市场里有很多非常稀缺的蔬菜：外表是黑色的胡萝卜，深紫色和白色的柿子椒，黑色的玉米……这些蔬菜的颜色简直完全颠覆了晨晨对于蔬菜的认知。

"妈妈，那是柿子椒吗？为什么会有深紫色的、白色的？辣椒难道不是要么绿色、要么红色吗？"看着五颜六色的柿子椒，晨晨实在是抑制不住自己的好奇心，向妈妈说出了自己的疑问。

妈妈笑着回答说："没错，确实是柿子椒，有红、黄、绿、紫、白多个颜色，属于杂交新品种。这一品种果大肉厚，甜中微辛，汁多甜脆，色泽诱人，含有丰富的维生素和微量元素，有消暑、补血、消除疲劳、预防感冒和促进血液循环等功效。"

晨晨一听竟然有这么多颜色，忍不住感叹到："这也太神奇了吧，竟然这么多颜色，这些辣椒究竟是怎样长出来的呢？"

"这都是育种专家的功劳，育种专家是专门从事动植物新品种培育工作的人，正是他们运用杂交技术，培育出了现在咱们看到的这种五颜六色的彩椒。不光是这种蔬菜，咱们经常吃的大米很多也是杂交水稻，棉被中使用的棉花也是育种技术的产物。育种专家们开发出的棉花新品种，可以避免棉花植株被棉铃虫吃掉，大大增加了棉花的产量。育种专家的辛勤工作，使得农作物产量不断增加，人们有了更充足的食物，他们可是全人类的大功臣。"

职业小百科

　　育种，即通过创造遗传变异、改良遗传特性，以遗传学为理论基础，并综合应用生态、生理、生化、病理和生物统计等多种学科知识，从而培育出优良的动植物新品种的活动。育种对于种植业和畜牧业的发展具有非常重要的意义。

　　育种专家，即从事动植物优良新品种培育、研发工作的高级技术人员。育种专家的工作内容大体包括：育种新技术的研究和探索；研究动植物的繁殖特点、繁殖规律，熟悉多种"选优""杂交"等育种方法；主持开展各类育种实验，管理并记载好实验田或实验体的生长发育情况等。

　　育种专家需要熟练掌握很多知识，包括农学、作物栽培与耕作、植物科学与技术、种子科学、种子生产与经营、遗传学、生物科学、生物科学与生物技术、植物生物技术、生物资源科学等。

职业领路人

　　袁隆平：中国杂交水稻育种专家，中国研究与发展杂交水稻的开创者，被誉为"世界杂交水稻之父"，1995年被选为中国工程院院士。杂交水稻研究领域的开创者和带头人，致力于杂交水稻的研究，先后成功研发出"三系法"杂交水稻、"两系法"杂交水稻、超级杂交稻一期、二期。2018年10月，袁隆平及其团队培育的超级杂交稻品种"湘两优900（超优千号）"再创亩产纪录：经第三方专家测产，该品种的水稻在试验田内亩产1203.36千克。2000年度获得国家最高科学技术奖，2006年4月当选美国国家科学院外籍院士。

职业生涯思考

　　●如今，随着科学技术的发展，育种也越来越科技化、现代化，发展出了"太空育种"技术等多种新技术，对此育种专家也做出了伟大贡献。试想一下，如果没有育种专家，我国的农业将会是怎样的情形。

水产养殖技术员
——养殖水产的＂技术帝＂

职业·小·故事

虽然是一个生活在内陆的孩子，但小智是一个非常爱吃海鲜的孩子。鲜美的清蒸鱼、滋味醇厚的红烧鱼、油焖大虾、干炸带鱼、麻辣小龙虾、蒜蓉扇贝、清蒸大闸蟹……都是小智非常喜欢的食物。

中秋正是吃蟹的好时候，一家人围坐一桌共品大闸蟹，小智吃的不亦乐乎。这时爸爸提了一个问题："你这么喜欢吃大闸蟹，知道这些大闸蟹是哪里来的吗？"

小智洋洋得意的回答道："当然知道啦，这些大闸蟹都是人工养殖的，是阳澄湖养出来的。"

"那你知道是谁养的吗？"爸爸又问。

这回可难住了小智，想了又想还是找不到答案，小智只得向爸爸请教。

爸爸接着说道："水产养殖和鸡、鸭、猪等家禽家畜的养殖有一定的共同点，鸡鸭猪会生病，养不好会长得慢，鱼虾螃蟹也是一样，它们也会生病。如果没有一定的知识和养殖技术，那么死亡率会很高，螃蟹也不容易养肥。你吃的这些肥美的大闸蟹背后，可少不了水产养殖技术员的辛勤工作。"

"水产养殖技术员？他们是专门养殖各种鱼虾螃蟹的人吗？"小智问。

"没错，水产养殖技术员是养殖水产的'技术帝'，他们精通各种水产品的生活习性，熟悉水产品的繁殖方式及繁殖条件等，拥有专业的养殖技术，知道如何喂养、怎样喂养，鱼虾螃蟹等水产才能长得又快又好。正是他们的辛勤工作，人们餐桌上才能有丰富多样的海产品。"

鱼类等水产是日常餐桌上不可缺少的美味，水产养殖技术员满足了人们这样的需求。由于海洋和内陆水产打捞受到季节的限制，而且经过多年的滥捕，水产的产量正在逐渐减少甚至枯竭。因此，人工饲养水产成为保证供需平衡的最佳选择，这为水产养殖技术员创造了广阔的发展前景。他们通过研究水生动植物亲体培养、繁殖、苗种培育和成体养殖的规律，为人们提供物美价廉，营养丰富的水产。水产技术员也是水产食品方面的质量把关者，从科学用药到科学生态养殖，保护一些濒临灭绝的水生动物方面作出了相当大的贡献。

职业领路人

陈立侨：华东师范大学终身教授、博士生导师，水生生物学学科带头人。多年来一直致力于水生动物营养学和种质遗传学的教学与研究，在科研上求新求精，成果卓著，取得了多项国际领先（或先进）的科研成果。先后入选国家首批"百千万人才工程"第一、二层次，获得教育部"跨世纪优秀人才培养计划"、上海市优秀学科带头人计划、上海市青年科技启明星计划、上海市曙光计划和霍英东优秀青年教师等各类人才培养基金的资助。荣获上海市优秀青年教师和上海市"十大"杰出青年等荣誉称号。1998 年享受政府特殊津贴。

 职业生涯思考

• 夏季夜市烧烤摊上，十分常见的小龙虾、田螺、扇贝等都是人工养殖的，水产养殖也是一门技术活。你认为水产养殖技术员在养殖各类水产的过程中，会遇到哪些挑战？

食品检验员
——美味食品守门人

职业·小·故事

　　宁宁的妈妈在食品药品监督局工作，工作内容就是检验食品。很小的时候，宁宁就和妈妈一起去过办公室。妈妈的办公室里有很多试管、试剂、天平，还有化验设备、显微镜。宁宁非常喜欢在妈妈的实验室里看妈妈做实验，她觉得很有趣。

　　妈妈告诉宁宁，食品检验非常重要，现在很多蔬菜水果有农药残留，很多食品添加剂、防腐剂超标，严重危害到消费者的身体健康。妈妈告诉宁宁，食品检验室是食品安全的最后一道防线，把好这道防线，才能够让人们吃上健康的食品。所以从小，宁宁就懂得防腐剂、添加剂这些名词，而且她每次去超市，都会很小心地选择，选择没有防腐剂、添加剂的食品。

　　中秋节这天，学校动员同学们一起来做月饼，宁宁就告诉老师和同学们，自己做的月饼是最健康的，没有防腐剂和添加剂。

　　这天，宁宁的同学带了一袋五颜六色的糖果，宁宁告诉这位同学，这样的糖果最好不要吃，因为这样的糖都有太多的色素！

　　正因为宁宁经常在学校里宣传食品安全卫生常识，老师让宁宁当校园里的加餐卫生安全员，宁宁非常开心。她告诉妈妈，她一定要和妈妈一样，管好学校里的食品卫生，让大家吃的健康，吃的安全。

职业小百科

食品检验员是指主要从事食品、乳品、热带作物初制品、饮料、食品添加剂和食品包装材料的成品、半成品及原辅料检验的人员。食品检验员的工作是采集样品；配制标准溶液；使用培养箱、显微镜等仪器设备检验样品的微生物含量；检验样品的微量金属元素、微量非金属元素及理化指标；记录、计算、判定检验数据；协助主检人员完成检验报告；检查、维护仪器设备；负责检验室卫生、安全工作。

职业领路人

袁　璐：食品药品检验检测工作一线工作人员，黄石食品药品检验所工作人员。她从采集样品、查找标准、核对仪器试剂、优化方法到检测，与时俱进，开拓创新。她参与的"二氧化硫快速检测方法在食品药品中的应用"在湖北省黄石市科技立项，并申请国家专利；2014年她撰写的论文《6S管理在食品药品检测实验室的应用》在全国药学会上做论文交流。

职业生涯思考

● 食品检验员的工作，不仅仅是面对美味的食品，还要面对各种实验，各种检测，所以并不是想象中那么美好。不过食品检验员责任重大，担负着食品的安全卫生和健康。你愿意做一名食品检验员吗？

食品研发员
——美味食品缔造者

职业·小·故事

　　玛卡的姐姐玛路最近换了新工作，这份工作，让玛路特别开心，因为她的工作是做食品研发，每天上班只有两件事，那就是做好吃的，吃好吃的。

　　玛路每天上班第一件事，就是吃。把前一天制作的样品拿出来，大家一起品尝，讨论还有什么地方需要改进的，然后制定当天的试验方案。

　　食品研发部的工作约有70%是在实验室内完成的，当整理配方、撰写实验报告或是写总结的时候，才会用到电脑。

　　玛路是理科生，不但在食品界术业有专攻，也把工作习惯带入生活。比如买东西前一定要看食品标签，生产日期、营养成分表……来考察食物的新鲜程度、营养成分和能量密度。看到食品广告和宣传软文，会认真研究功效是否被夸大。

　　就连在家里吃下午茶，也会对食物的软硬度、甜度等进行点评。

　　如果要做饭做菜，使用佐料也要用天平来称量，这简直让玛卡感到郁闷。

　　不过姐姐有一双火眼金睛，什么"塑料紫菜""有毒大米"这种吓人的谣言，第一时间就被姐姐戳破。

　　此外，影视剧中"尝一口就知道配方"的情节可不是杜撰，玛路就有这种"绝活"。她有敏锐的味觉和嗅觉，可以分辨出50多种奶粉！

　　玛卡也想像姐姐一样，将来做一位食品研发员！

职业小·百科

　　食品研发员就是从事食品的新产品研究与生产工艺的技术员。不仅要研发新产品的生产工艺流程，调配配方添加比例，还要注意生产人员的安排调度。

　　食品研发人员需要掌握基础生物学、微生物学专业知识，食品营养与食品卫生、食品管理化微生物检测、农产品储藏加工、食品添加剂使用卫生标准等。

职业领路人

　　陶华碧：女，1947 年 1 月出生，贵州省湄潭县人，老干妈麻辣酱创始人。现任贵州省人民代表大会常务委员会代表、贵阳市政协常务委员、贵阳市南明区政协副主席、贵阳南明老干妈风味食品有限责任公司董事长、贵阳南明春梅酿造有限公司董事长等职。

职业生涯思考

　　• 食品研发员是一份看起来非常美好的职业，但并不是所有的食品研发过程都是快乐的，有时候研发出的食物可能并不好吃，这时候，就需要不断地调整食品的配方和制作方法。你愿意做一名食品研发员吗？

　　• 食品研发是创造的艺术，需要兼有自然，科学的素养、物理、化学、生物学等基础知识，还要了解不同消费者的文化、风格、习惯。这些你能做到吗？

农业技术员
——用农业技术守卫健康生活

职业·小·故事

冬冬的爸爸是农业技术员，冬冬一直很嫌弃爸爸，因为他每晚回家的时候，总是一身泥。不过这个秋天，冬冬却越来越喜欢爸爸。因为爸爸给冬冬和冬冬学校的同学们带来了一种非常好的食物，那就是秭归脐橙。爸爸说，这是他和他的同事们栽培的新品种脐橙，请大家试吃。冬冬和同学们，还是第一次吃到这种像果冻一样非常多汁、非常甜的脐橙。

很多同学对冬冬爸爸的工作产生了极大的兴趣，有的同学问冬冬爸爸："叔叔，你天天都在果园里吃水果吗？"

有的同学问冬冬爸爸："叔叔，你还培育了其他更好吃的水果么？"

还有同学问冬冬："冬冬，你真幸福，天天能吃到这么好吃的东西。"

冬冬一咧嘴，笑着说："我可不是总能吃到这么好吃的东西，我的爸爸也不是天天吃这么好吃的果子哦！他天天回家都一脚泥，像从泥塘里回来一样！"说着说着，冬冬笑了，大家也笑了。

冬冬的爸爸说："我的工作啊，就是负责照顾那些可爱的植物。就像地上这片树叶，这片树叶的背面的叶脉又细又软，说明这棵树缺少微量元素，如果是一棵果树，那么这棵果树可能就会因为缺少某种微量元素而结出难吃的果子。"

"哇，原来植物也和人一样，需要这样那样的营养啊！"同学们不禁感叹。

"是啊，所以需要我们这些农业技术员，来照顾这些植物，这样，才能保证植物们结出好吃的果实哦！"

职业·小百科

　　农业技术员是技术员的一种，需对农业生产过程很熟悉。农业技术员对蔬菜生产过程中的各个环节都相当精通，他们掌握的技术主要包括：实际操作过大棚种植，对作物的日常管理特别精通；精通温室的规划建造，会指导机械施工，棚内及棚面的安装，熟悉各类温室机械的使用等；还要擅长病虫害防治，能较准确地分清各类病害，能对症下药；并能够根据当地的土壤情况科学施肥、合理搭配。

职业领路人

　　袁隆平：中国最著名的农业技术员，世界级农业科学家。1930 年 9 月生于北京，江西省九江市德安县人，中国杂交水稻育种专家，中国研究与发展杂交水稻的开创者，被誉为"世界杂交水稻之父"。1995 年被选为中国工程院院士，1999 年中国科学院北京天文台施密特 CCD 小行星项目组发现的一颗小行星被命名为"袁隆平星"，2000 年度获得国家最高科学技术奖，2006 年 4 月当选美国国家科学院外籍院士，2010 年荣获澳门科技大学荣誉博士学位。

 职业生涯思考

　　●农业是立国之本，农业技术员的工作是非常重要的，不过做一名农业技术员，就要经常深入田间地头，种植、浇水和培育新品种。你愿意做一名农业技术员吗？

成本管理师
——企业成本控制家

职业·小·故事

果果的爷爷已经65岁了，可还是被单位返聘，做了单位的成本管理师。看着爷爷每天朝九晚五的上班，果果忍不住问爷爷："爷爷，你都退休了，为什么还要工作呢？"

爷爷笑着回答："因为爷爷的工作很重要哦，单位离不开爷爷！"

果果好奇地问爷爷："爷爷，你做什么工作，这么重要？"

爷爷告诉果果，自己是单位的成本管理师。

"成本管理师？"果果问爷爷："成本管理师是做什么工作的呢？"

"简单地说，成本管理师是为企业做成本管理，控制企业的成本，整合企业的资源，使得企业的资源使用最大化。"

"哦？就像妈妈一样，尽量让家里的钱花在有用的地方，花在刀刃上？"果果问爷爷。

"对的，爷爷给你举个例子。爷爷在的工厂是生产香皂的，生产线有时候会出问题，有些香皂放不到香皂盒子里去，也就是说，生产线出来的香皂盒子，有的时候里面并没有香皂。那么为了改进技术，让所有的香皂盒子都装上香皂，就需要引进新设备，可引进新设备需要好多好多钱。那么爷爷考虑到成本管理，就给出了一个简单的方案，降低了成本，实现了预期的目的。"

"爷爷，你给出了什么方案？难道要人来挨个检查香皂盒子么？"果果问道。

"不，爷爷在生产线上安排了几台风扇，如果盒子是空的，那么就会被风扇的风吹走，几台风扇成本并不高，但是却解决了问题，实现了成本控制。"

"哇，爷爷好棒哦！这就是成本管理！"

职业小百科

成本管理师就是指为企业进行成本管理的人员。成本管理就是企业为达到优化、整合企业资源，控制企业资源使用成本的这一目的，而进行的计划、组织、领导、控制、协调、统筹、沟通等一系列的管理活动。制造业里的每一家公司都少不了一个职位，即生产计划员，负责生产计划的称为生产管理师，或称生管工程师、生管计划员，俗称生管；负责物料计划的就称为物料管理师，或俗称物控，有的公司沿用中国台湾地区的名称就叫作资材管理员。

职业领路人

蒙炳华：建造成本管理专家，资深成本管理专家，同济大学工程经济管理工程硕士。2008到2009年万科集团十大明星讲师，万科集团专业成就奖获得者、万科集团卓越贡献奖获得者，在万科负责操控的项目荣获万科集团"项目工程管理评估优秀奖"。2002—2009年历任万科深圳区域成本管理部副经理、经理、部门总经理，是万科成本管理资格认证课程体系的专业讲师之一。近年来一直负责完善万科一线公司的成本管理体系，为万科成本管理作出了非常杰出的贡献。

职业生涯思考

● 每个行业都需要成本管理，成本管理是企业成功的坚实基础，也是每个行业在发展的同时需要时刻重视的一个问题。你愿意成为一名成本管理师吗？

皮影戏木偶戏作家
——非物质文化遗产的创作者

职业·小·故事

六一儿童节，爸爸妈妈带齐齐去看木偶戏，这是齐齐第一次看木偶戏，他感到兴奋极了。

木偶戏是由演员在幕后操纵木制玩偶进行表演的戏剧形式。根据木偶的结构和演员操纵方式等的不同，分为提线木偶、托棍木偶、手套木偶等三种艺术形式。

提线木偶是在木偶的头、背、手臂、手掌等重要关节系上细线，演员通过拉动细线来操纵木偶。托棍木偶是在木偶的头部和双手部位装上操纵杆，头部为主杆，双手为侧杆。表演时，演员手持杆子，举起木偶来做出各种动作。手套木偶的脖子下面缝上布内袋，用来连接四肢，演员把手伸入布内袋相互协调，操纵木偶做各种动作。

看完木偶戏回家的路上，齐齐的爸爸告诉齐齐，还有一种戏叫做皮影戏。聪明智慧的古人，将很多神话传说、历史故事中的人物用兽皮雕刻出来。通常，人们在皮革上刻好图案，再用红、黄、绿、黑等透明质地的颜料上色，表演时，在后背光的照耀下，皮影人物和和道具投在布幕上的影子就会显得非常艳丽，晶莹别透。再配以当地流行的曲调说唱故事，同时配以打击乐器和弦乐，将古老艺术代代传承。

和中国的其他剧种一样，皮影人物也被划分为生、旦、净、丑等类别。每个人物都由头、上身、下身和两手等几部分连缀组成。表演者通过控制人物脖颈处和两手处的杆子，来使人物做出各种动作。

皮影戏是一门综合性的民间艺术，在中国流传区域非常广泛，受各地民俗风情的影响，形成了各自的地方特色。比较著名的有陕西皮影、河北皮影、浙江皮影等。

听完爸爸的讲解，齐齐非常惊讶，他问爸爸，那谁来创作皮影戏和木偶戏呢？爸爸说，皮影戏木偶戏作家。

职业小·百科

皮影戏和木偶戏是中国民间珍贵的非遗文化。中国民间有许多广为流传的民间艺术形式，其中最具代表性的就是皮影戏和木偶戏。皮影戏，又称"人头影子戏"，起源于西汉时期，在我国民间有两千多年的发展历史。它是一种用兽皮或纸板做成的人物剪影，在灯光的照射下用亮布进行表演。在兽皮中，驴皮和牛皮的坚固性和透明性最好，所以也叫驴皮影。木偶戏是中国古代非常著名的傀儡戏，起源于三国时期的木偶杂技表演，隋代开始用木偶表演故事。20世纪后，木偶戏的演出形式逐渐丰富，剧目也不断增加。30年代后，木偶戏进入电影和电视。

职业领路人

木偶戏是我国的国家级非物质遗产，皮影戏是世界级的非物质文化遗产，针对这两个非物质文化遗产，我国执行了针对这两个戏种的扶持发展计划，将和非遗保护政策一起，共同推进木偶皮影戏的传承和发展。

中国各地都有皮影戏，最为著名的有陕西渭南的陕西皮影戏。而在中国各地也有一些皮影戏博物馆，比如杭州的中国美院皮影戏博物馆，中国台湾高雄的皮影戏馆等。

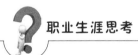职业生涯思考

- 你看过皮影戏吗？
- 你看过木偶戏吗？
- 你愿意做一名皮影戏木偶戏作家吗？

"报考一起走"升学服务中心简介

自 2009 年踏入高考报考这个行业以来，截至 2021 年，由《高考报考专业指南》《美术报考指南》《高中生生涯规划指南》等系列图书编辑人员组建的"北京高考资讯编委会"团队，以及由 300 余名咨询师组建的"报考一起走"团队，线上采用直播的方式，线下携手全国近千所高中，成功地帮助近千万考生踏入理想的大学校园。

随着我们报考产品的使用量增加，在每年的高考志愿填报期间，我们的网站、微信公众号、QQ 群、小鹅通、千聊等平台都有数以百万计的考生和家长进行咨询。

尽管我们投入了大量的人力，在线上进行详尽的志愿填报咨询服务，但是仍有广大考生和家长希望我们能提供面对面的线下报考辅导。

所以，从 2019 年起，为了让考生更好地使用我们的报考产品，以及解决考生和家长在填报志愿过程中遇到的各种问题，"报考一起走"的咨询师团队将联合我们全国的图书销售机构和著名的学科辅导机构，共同打造集高考报考、生涯规划、高中选科、职业体验等为一体的高考升学服务中心。

服务中心的主要功能：

1. 提供由省考试院和全国各大院校公布的最新招生信息；
2. 普及高中选科、生涯规划和高考志愿填报的知识、方法与技巧；
3. 为考生提供霍兰德职业兴趣和 MBTI 性格特长的测评服务；
4. 为购买《高考报考专业指南》或《高中生生涯规划指南》的考生提供产品的使用方法；
5. 对有个性化报考需求的考生和家长，提供专业的咨询和方案的定制；
6. 寒暑假期间，根据考生的职业兴趣，提供职业体验服务等。

服务中心的师资简介：

服务中心的主要师资均由"报考一起走"咨询师团队选拔，并经过了强化培训，具有丰富的高考报考实战经验。

特别提醒：考生在升学服务中心进行咨询前，请要求咨询师出示"'报考一起走'咨询师"资格证书，并按证书上的编号，在"www.bk179.com"进行查询。如若没有，可拨打举报电话：010-61805641，或者是 15611788816 进行投诉。

各地服务中心地址及咨询流程详情请关注官方网站 www.bk179.com 及公众号"报考一起走"的公告和通知。

"报考一起走"升学服务中心，祝您早日获得心仪大学的录取通知书！

《高考报考专业指南》系列图书简介

如果说高考是人生命运的一场比赛，那么分数只是比赛的入场券，接下来的志愿填报才是真正决定命运的时刻。志愿填报成功与否，不仅关系到你能否被录取，还关系到你未来的职业发展，乃至影响到你未来整个人生的发展。所以，如何选择一所适合自己的大学和专业，已成为考生和家长最大的难题！

为了让考生选择一所适合自己的大学和专业，今特为考生提供由北京高考资讯编委会编写的《高考报考专业指南》图书，供考生和家长参阅！

书名	功能	章节	主要内容	定价
《高考报考专业指南》（模块一）	选院校	第一章：××省高考志愿填报须知	让你了解最新的招生政策有哪些？什么是平行志愿？平行志愿的风险有哪些？如何填报平行志愿等。	90元 注：不同年份和省份，价格略有差异
		第二章：××省普通批次各分数段对应可报考院校及专业统计表	根据招生专业的类别，以5分一段进行排序，让你快速找到哪些院校适合"冲一冲"？哪些院校适合"稳一稳""保一保""垫一垫"？	
《高考报考专业指南》（模块二）	选专业	第一章：全国院校现状及报考分析	让你了解什么是985大学？什么是211大学？什么是双一流大学？什么是省部共建大学？什么是中外合作办学？什么是跨校辅修院校？等等。	100元 注：不同年份和省份，价格略有差异
		第二章：全国本科院校招生专业解读	详细介绍了每个招生专业的专业背景、学习门槛、主要课程、毕业去向、毕业生规模、就业率统计、开设院校等，让你清楚的了解每个专业能学什么？将来能干什么？	
		第三章：全国本科院校介绍及招生录取	详细介绍了本科院校的发展历史、基本概况、优势专业、特色办学项目、加分政策、特殊要求、转专业政策等招生信息，让你清楚了解每个大学的办学实力、研究方向以及录取要求等。	
《高考报考专业指南》（模块三）	选专业	第一章：知识要点篇	让你了解什么是专科？如何选择高职高专院校？如何选择专科专业？等等。	100元 注：不同年份和省份，价格略有差异
		第二章：全国专科院校招生专业解读	详细介绍了每个招生专业的培养目标、主要课程、职业方向、院校推荐，以及未来专升本的专业等，让你清楚地了解每个专业能学什么？将来能干什么？	
		第三章：全国专科院校介绍及招生录取	详细介绍了本科院校的院校概况、优势专业、录取原则等招生信息，让你清楚了解每个大学的办学实力、研究方向以及录取要求等。	
bk179高考志愿填报卡			是考生身边的报考专家，其主要功能有：①性格测评系统。通过性格测评系统，可以测评出考生的性格特长、职业兴趣等，从而为考生推荐适合从事的职业和建议报考的专业等。②模拟填报系统。通过模拟志愿填报系统，可以让考生查询自己的模拟成绩适合报考的院校范围。③智能报考系统。通过智能报考系统，输入真实高考成绩，可以为考生推荐冲一冲、稳一稳、保一保、垫一垫的院校有哪些？④志愿检测系统。志愿填报好后，通过检测系统，就可以检测你的志愿合不合理？有没有失误的地方等。	360元 注：不同年份和省份，价格略有差异

志愿填报是关乎每个考生前程非常重要的一个环节。由于时间紧、任务重，希望大家能认真对待！本套图书既不会让你的分数吃亏，又不会让你出现退档或滑档！使用起来就像"查字典"一样，简单，易用！

最后，祝广大考生都能选到自己喜欢的院校和专业！

《高中生生涯规划指南》图书简介

2014 年，教育部《关于加强和改进普通高中学生综合素质评价的意见》中指出："全面实施综合素质评价，有利于促进学生认识自我、规划人生，积极主动地发展；有利于促进学校把握学生成长规律，切实转变人才培养模式；有利于促进评价方式改革，转变以考试成绩为唯一标准评价学生的做法，为高校招生录取提供重要参考。"

所以，开展生涯规划教育，就是要落实这三个"有利于"，改变当前学生只是被动地学习，对自我兴趣和发展方向并不了解，对社会发展与职业需求一片茫然的现状；转变学校以应试教育为中心，不顾学生需求和成长规律的办学模式；转变以考试成绩为唯一评价标准的做法，建立以学生自我认知、自主选择为基础的适应学生全面且富有个性地发展的学校课程结构、管理机制和评价体系。

今为了各高中学校更好地开展生涯规划课程，特推荐由北京高考资讯编委会编写的《高中生生涯规划指南》图书。该书的主要特色是从探索社会和行业需求出发，结合学生的兴趣、性格及价值观等，从而确定最终的奋斗目标。

书名	章	节	定价
《高中生生涯规划指南》-上册、下册	第一章　正确地认识自己	第一节　高中生需要生涯规划吗？ 第二节　高中生该怎样做生涯规划？	150 元
	第二章　认真地研究行业	第一节　行业决定方向 第二节　行业解读（IT、电子、制造、建筑、能源、钢铁、材料、化工、纺织、环保、包装、农业、海洋资源开发、食品、医疗交通运输、文化娱乐、金融、咨询、会计、律师、会展、广告、动漫、旅游、物流等行业）	
	第三章　仔细地研究专业	第一节　哲学 第二节　经济学 第三节　法学 第四节　教育学 第五节　文学 第六节　历史学 第七节　理学 第八节　工学 第九节　农学 第十节　医学 第十一节　管理学	

没规划的人生是拼图，有规划的人生叫蓝图；没目标的人生叫流浪，有目标的人生叫航行！

蜜蜂忙碌一天，人见人爱；蚊子整日奔波，人人喊打！多么忙不重要，忙什么才重要！

一次重要的抉择胜过千百次的努力！今天的生活是由三、五年前的选择决定的，而三、五年后的生活是由今天的选择决定的！

通过本书，希望广大考生能成功找到自己的人生赛道，书写精彩人生故事！

青少年"创梦"生涯系列丛书

你喜欢的职业是它么？

③

北京华智创梦生涯编委会　编著

主　编：丁　磊

编　委：王春明　王选丽　王荣静　安　子　李　敬

　　　　宋　阳　唐明宏　丁　浩　王选丽

中国原子能出版社

图书在版编目（ＣＩＰ）数据

你喜欢的职业是它吗？ / 北京华智创梦生涯编委会编著 .
-- 北京：中国原子能出版社，2021.8（2023.1重印）
ISBN 978-7-5221-1542-9

Ⅰ . ①你... Ⅱ . ①北... Ⅲ . ①职业选择 - 青少年读物
Ⅳ . ① C913.2-49

中国版本图书馆 CIP 数据核字 (2021) 第 174101 号

内 容 简 介

　　《你喜欢的职业是它吗？》是一本让青少年认识职业、了解职业，然后选择职业的工具书。本套图书共计有 220 余个常见职业，每一个职业分别从"职业小故事""职业小百科""职业生涯思考"等三个方面介绍，让青少年学生能简单筛选出自己感兴趣的职业，并且为感兴趣的职业做个简单的职业规划。通过本书的阅读，让青少年学生有个明确的目标发展方向，是青少年规划人生前行方向必备的工具书！

你喜欢的职业是它吗？

出　　版	中国原子能出版社（北京市海淀区阜成路 43 号　100048）	
责任编辑	王　青	
责任印制	赵　明	
印　　刷	河北宝昌佳彩印刷有限公司	
经　　销	全国新华书店	
开　　本	787mm×1092mm　1/16	
印　　张	30	
字　　数	944 千字	
版　　次	2021 年 8 月第 1 版　2023 年 1 月第 2 次印刷	
书　　号	ISBN 978-7-5221-1542-9	
定　　价	168.00 元	

目　录

系统安全工程师
——网络安全守卫者

职业·小·故事

"爸爸，爸爸，你快来看看，电脑不知道怎么了？"

一年级小男孩，好不容易完成了周末作业，得到家长允许，可以用电脑看20分钟的动画片，可谁知道电脑却突然出了状况，无法正常操作，一直在警报有木马入侵。

束手无策的男孩，赶紧向比较懂电脑的爸爸求助。

爸爸闻声而来，查看后说道："不是什么大问题，是中病毒了，咱们只要杀毒就可以了。"

男孩好奇地问："中病毒是怎么一回事？"

爸爸摸着男孩的头耐心解答："生活里有坏人，网络世界也有坏人，他们为了自己的私利，会在电脑程序中插入破坏电脑功能或者数据的程序代码，也就是病毒。计算机病毒能自我繁殖、互相传染，具有非常大的破坏力。"

男孩接着又问："要怎样杀毒呢？"

爸爸回答："生活里遇到坏人，我们可以找警察叔叔，网络上遇到病毒攻击，我们可以找系统安全工程师来帮忙，他们是网络安全的守卫者，专门对付各种各样的计算机病毒。你看，电脑上安装的360安全卫士，这就是系统安全工程师们专门开发出来的保护电脑安全的小工具，我们只要打开它，点击木马查杀功能，就能解决电脑中毒的问题啦！"

看着恢复正常的电脑，男孩惊呼："哇，好神奇，系统安全工程师叔叔们可真厉害。"

"是啊，在互联网时代，如果没有系统安全工程师，上网安全可是一个大问题。"

职业小百科

系统安全工程师是网络安全的守卫者，他们能够预防和保护电脑不受病毒攻击，对被攻击的电脑有一定的救护能力，属于计算机软件方面的人才。

他们的工作内容主要包括：设计并实施网络安全解决方案，降低被病毒攻击的风险，减少因此造成的损失；遇到各类网络安全故障时，能准确诊断、精准定位、迅速排除故障；不断开发电脑安全的新技术，提高安全保护等级，以应对不断升级的各类病毒；向大众提供关于电脑安全方面的咨询和培训，普及网络安全常识；还可以帮助个人或企业解决病毒入侵的问题，并快速恢复电脑功能。

职业领路人

尤金·卡巴斯基——全球著名信息安全专家，卡巴斯基实验室创始人，开发的卡巴斯基反病毒软件是世界上拥有最尖端科技的杀毒软件之一。

郑文斌——国内外知名安全专家，国家信息安全漏洞库特聘专家，360首席安全工程师，设计开发了360XP盾甲、360云安全体系等。

李铁军——金山毒霸反病毒工程师，与病毒木马作战长达十几年。了解病毒木马的演化进程，熟悉黑色产业链，一直在与病毒作战。

职业生涯思考

● 你遇到过电脑、平板或手机中病毒的情况吗？最后怎样解决的呢？

● 系统安全工程师一直在与病毒作战，与网络犯罪作斗争，你怎样看待这个职业？

● 你觉得系统安全工程师与网络黑客有相似之处吗？两者的相似点有哪些，不同点又有哪些？

软件工程师
——便捷生活创造者

职业·小·故事

"妈妈，爸爸已经出差一周了，我想和爸爸视频通话。"

"可以呀，晚上爸爸正好有时间。"妈妈说着便拿出手机，点开微信，发送了视频邀请。

女孩和爸爸开心地聊了好一会儿，才恋恋不舍地挂断。

妈妈拍了拍女孩的肩膀问："你知道，我们为什么可以和爸爸视频吗？"

女孩想了想说："是因为手机有摄像头？好像光有摄像头也不行，还得用微信或QQ才能通视频？哎呀，我也想不明白具体为什么。"

妈妈笑着说："对呀，要用到微信或者QQ，其实微信、QQ都属于软件，手机拍照的美颜功能就是软件实现的，手机、电脑打字也是因为装了输入法的软件，校讯通也是软件，这些各种功能的软件都是软件工程师们开发的哦！"

"妈妈，你说的软件我都会用，QQ和微信很方便，打字也比用笔写字快多了。如果没有这些软件，是不是就不能和爸爸视频，只能打电话了？"

"没错，各类软件给我们的生活带来了很多便利，还简化了不少工作呢，比如Excel表格，让数据计算和统计变得简单了，PS设计软件，让平面设计变得轻松了，

你能在手机上看动画片，也是因为装了播放器的软件……软件工程师的辛苦工作，让我们的生活和工作变得越来越便捷，他们是当之无愧的'便捷生活创造者'。"

"妈妈，软件工程师的工作好酷啊，他们的工作能改变生活、改变世界。"女孩的眼里亮晶晶的，对软件工程师无比崇拜。

职业·小·百科

　　软件工程师，英文为Software Engineer，是指从事软件开发相关工作的人。不管是从事软件设计、软件架构的工作，还是从事软件工程管理、编写程序的工作，只要工作内容与软件的开发生产相关，就都可以统称为软件工程师。

　　软件工程师是一个对技术有比较全面要求的职业，首先要精通编程语言，比如C语言、C++、JAVA等，其次要懂数据库技术，比如SQL、Oracle、DB2等，还要紧跟行业发展，不断学习新的前沿技术，比如JavaScript、AJAX、Hibernate、Spring等。除此之外，还需涉猎一些网络工程以及软件测试等其他技术。

职业领路人

　　比尔·盖茨——软件工程师，13岁就开始计算机编程设计，与好友保罗·艾伦一起创办了大名鼎鼎的微软公司，开发了全世界都在用的主流系统软件——Windows。

　　马化腾——第十三届全国人大代表，腾讯公司的主要创办人之一，先后打造了QQ和微信，并以此为依托发展为庞大的商业帝国。

　　李彦宏——百度创始人，所持有的"超链分析"技术专利，奠定了所有搜索引擎的发展方向。20世纪90年代设计的《华尔街日报》信息系统，至今仍在使用。

职业生涯思考

　　• 如果你是一个软件工程师，你想开发一个什么功能的软件呢？

　　• 你觉得软件工程师的工作会不会很枯燥？

　　• 软件工程师要学会的东西可真多啊，而且要与时俱进不断学习，你怎样看待这样的学习精神？俗话说"见贤思齐"，你的学习能力如何呢？

机器人研发工程师
——人类劳动的解放者

职业·小故事

"表哥，机器人下围棋很厉害吗？最近，同学们都在讨论，围棋天才少年柯洁输给了人工智能机器人。"四年级的小强看着表哥说。

正在就读机器人工程专业的表哥回答道："机器人可不光下围棋厉害，它还能模拟人类行为或思想，商业机器人可以迎宾签到，工业机器人可以替代人做危险、繁重的工作，医疗机器人可以帮助医生做手术，家用机器人可以做家务……我的理想就是毕业了成为一个机器人研发工程师，天天研发各种各样的机器人。"

小强兴奋地说："我知道，机器人还能当服务员，妈妈带我去过机器人餐厅，就是机器人来送菜，我还看见过机器人削面。机器人研发工程师，听起来很厉害，不知道能不能做出像变形金刚那样的机器人来呢？"

"机器人研发可不是一项简单的工作，涉及非常多的知识，如传感器、图像识别、语音识别、激光原理、编程、软件系统、定位模块、人机互动、自动化、机械等，这可是一个非常庞大的工程，虽然人工智能技术发展得很快，不过目前还不能制造出像变形金刚这么厉害的机器人，我相信以后一定可以的。"

"如果能研发出各种各样的机器人，岂不是很多事都由它们代劳了？"

表哥点点头说道："没错，机器人研发工程师担负着解放人类劳动的重任，是帮助人们实现真正自由劳动的天使。"

职业小百科

机器人研发工程师，是从事机器人产品设计、研发的工作人员的统称，又细分为机器人结构研发、机器人视觉研发、机器人软件研发、机器人应用开发、机器人算法研发等多个技术领域。

机器人研发工程师需要掌握四大核心领域的知识：一是感知，也就是视觉、图像、触觉等各类传感器、惯导等专业知识；二是认知，即我们常说的人工智能、机器学习，以及任务调度、知识表达、规划等知识；三是行为，机器人需要做出各种动作，所以必须懂运动学、力学、控制等方面的知识；四是坚实的数学基础，需掌握最优估计、运筹学、算法等专业知识。

职业领路人

杰米斯·哈萨比斯——人工智能企业家，与英国企业家穆斯塔法·苏莱曼和计算机科学家谢恩·列格共同创办了DeepMind（现已被谷歌收购），是阿尔法狗人工智能机器人的核心研发设计人员。

吴恩达——华裔美国人，斯坦福大学计算机科学系和电子工程系副教授，人工智能实验室主任，研究领域为机器学习和人工智能，重点研究深度学习，是国际上最权威的学者之一，曾担任百度公司首席科学家。

 职业生涯思考

- 你觉得人工智能机器人会不会产生自己的意识？他们会打败并取代人类吗？
- 一名类人机器人Sophia，在英国著名的电视节目《早安英国》中亮相，有网友惊叹"太逼真、太聪明、太可怕"，你怎样看待类人机器人？

技术支持工程师
——随时待命的好帮手

职业·小故事

和爸爸一起逛电子城时，三年级的女孩小萌听到一位姐姐抱怨道："好郁闷，为什么手机系统升级会失败呢？现在居然都不能正常开机了。"

"爸爸，手机系统升级失败了，就无法使用只能换新手机了吗？"

一旁的手机售货员听到了小萌的问题，微笑着解答道："手机系统升级失败，不等于手机完全坏了无法再使用，遇到这种情况，我们只需要寻求技术支持工程师们的帮助，一般情况下都能解决问题。"

小萌听完若有所思："技术支持工程师？去哪里能找到他们呢？他们都能解决哪些问题呢？"

"不管是手机、平板，还是电脑，系统软件的问题或者硬件损坏了无法使用，都可以找技术支持工程师们帮忙，他们是随时待命的好帮手，我们既可以通过网络或电话联系到他们，也可以直接到产品的售后服务中心去寻求帮助。比如华为手机需要更换电池了，我们直接联系华为售后，到指定的服务中心去更换就可以了。"

小萌一脸释然道："我明白了，之前邻居爷爷的电脑坏了，就是快递回厂家，修好后又寄回来的，原来真正解决问题的人就是技术支持工程师呀！"

爸爸点了点头，说道："没错。生活里可少不了技术支持工程师的帮忙，因为有了他们，我们的生活才能更便捷、更美好。"

售货员接着对小萌说道："除了手机、电脑、平板，其他诸如相机、电视机等数码产品出现了问题，也可以找相关的技术支持工程师帮忙哦！"

职业·小百科

技术支持工程师，英文为 Technical Support Engineer，缩写为 TSE，他们的主要工作是在软件或硬件方向从事售前或售后技术维护、应用培训、升级管理、解决投诉工作，以便提升客户满意度，扩大用户群体对自有品牌的良好口碑。

要想成为一名专业的技术支持工程师，不仅需要有够硬的技术能力，可以快速及时帮助客户解决各种各样的问题，还要有丰富的行业经验，对企业的产品线以及用户群体有深入的全面了解。

总的来说，技术支持工程师是接触客户和具体应用的排头兵，也是一个科技企业探知产业实际需求的触角，他们的工作不仅能帮助广大客户解决问题，还能够为新产品的设计研发等提供宝贵的应用参考。

职业领路人

周俊——14 年以上的 Oracle 数据库技术支持经验，在 IBM 的 7 年间担任华东区非 IBMlogo 产品技术支持领导，同时是 IBM 中国区 Oracle 软件支持服务的技术负责人，目前任职于 Oracle 公司专注于 Oracle 数据集成方案设计和实施。

高斌——Oracle 首席技术支持工程师，出版图书《Oracle RAC 核心技术解密》，擅长在压力环境下处理复杂的数据库技术问题，多次成功解决国内外客户重要系统的技术问题。目前，主要致力于知识分享和技术支持工作。

 职业生涯思考

- 你能给电脑重装系统吗？可以试试看，从中感受一下系统支持工程师的工作。
- 系统支持工程师这一职业的工作压力，你认为都有哪些，会来自哪里？

平面设计师
——他们是创造美的人

职业·小·故事

"妈妈，我听同学说《摔跤吧！爸爸》这个电影非常好看，我们周末可以去电影院看吗？"放学刚回家的男孩小亮问。

妈妈一边准备晚饭，一边说道："可以呀，不过你怎么知道周末电影院会放映这个电影呢？"

小亮一脸得意地说："我当然知道周末会放映啊，因为爸爸接我回家的路上，我看到公交车站的电影海报了，上边写了放映时间和地点。"

"电影海报是不是很吸引人？所以你才想去看。"妈妈又问。

小亮答道："对啊，看海报的样子就觉得电影好看，再说我同学已经看过了，也说好看。"

"那你知道，海报是什么人做的吗？"

小亮想了想，还是很疑惑："我知道是工作人员把海报放在公交站的展示栏里的，难道是图文店做的？大街上有很多图文制作店，都可以印海报、传单之类的。"

妈妈笑着说："海报确实是印刷出来的，不过图文店只负责把设计好的海报文件制作成实物，海报的设计可是另有其人哦！我们日常生活中看到的海报、传单、商品的包装袋、包装盒、书籍封面、杂志等，这些都是由平面设计师专门设计出来的。"

"妈妈，这也是平面设计师设计出来的吗？"小亮举着自己最喜欢的《人类未解之谜》，向妈妈问道。

"没错。"

小亮低头看着书的封面，不禁感叹道："平面设计师可真厉害呀！"

平面设计，即在二度空间的平面材质上，运用各种视觉元素的组合及编排来表现其设计理念及形象的方式。一般来说，平面设计师就是把文字、照片或图案等视觉元素加以适当的影像处理及版面安排，最终表现在报纸、杂志、书籍、海报、传单、标志、VI 等纸质媒体上，也就是在纸质媒体上进行美术设计及版面编排的人。

千万不要认为平面设计师的工作很简单，要想成为一名合格的平面设计师，必须要有深厚的美学基础，对色彩、风格、布局、搭配等有一定见解，掌握 PS、AI、数码照相处理等技术，还要有成本意识，能结合行业背景、专业知识和经验等，有效控制设计和制作的成本。

职业领路人

陈绍华——中国著名平面设计师，曾在西安美术学院工艺系任讲师。深圳市陈绍华设计有限公司的创始人，深圳市平面设计协会常务理事，是当代中国最有个性、最有成就的设计大师之一。

叁品松——牛势广告创办人之一。我国新锐一代知名平面设计师，曾在南京、上海、深圳任职设计总监，多家上市企业品牌设计者。将艺术与商业结合，在平面、广告、多媒体等不同领域，为商业赋予了极具品牌个性的视觉表现方式。

？ 职业生涯思考

● 拿起你的画笔，给你的家庭设计一张展现日常生活的海报吧！

● 每个设计师都有自己的设计理念，如果设计师的想法与客户相背，你觉得设计师怎样处理更合适？

动画设计师
——童话世界的造梦者

职业小·故事

在家庭聚会上，6岁的月月和表姐坐在一起聊天，她津津有味地和表姐说："昨天学校拓展课上，老师专门给我们放了动画片《狮子王》，实在是太好看了，表姐，你有没有看过？"

表姐也很感兴趣地说道："我知道《狮子王》，确实很好看，不过你知道这些好看的动画是谁制作出来的吗？"

月月努力想了又想，最后还是摇了摇头。

表姐接着说道："我们喜欢的各种动画，都是动画设计师们制作出来的，狮子王辛巴、喜羊羊、灰太狼、熊大、奥特曼、小猪佩奇……这些大家喜爱的动画角色，也是动画设计们专门设计出来的哦！他们用自己的手，给小朋友们搭建了一个童话世界，是童话世界的造梦大师。"

"动画设计师们可真厉害，可是他们是怎样把动画做出来的呢？"月月好奇地问。

表姐回答道："大名鼎鼎的迪斯尼动画导演亚伦·布莱斯，把动画的制作过程总结成了七大步骤：一是观察并记录生物的外在特征，这样才能积累动画形象设计的素材；二是了解生物的内部结构，为后续的动作设计打下坚实的基础；三是明确影片需求，一定要根据需求来设计角色和动作等；四是领悟要讲述的整个故事，明白动画形象如何运作；五是开始设计画图，简单勾勒出角色的姿势与表情；六是创作动画的模型表和动画形象的关键姿势；七是让角色最终动起来，一部动画也就完成了。"

职业小百科

动画设计师的工作内容包括：设计制作动画图案、角色造型、上色、动画制作、部分后期处理工作，还要参与动画的创意策划，测试动画场景，组织协调同期动漫音效、书写测试报告等。

动画按照表现形式的不同，又分为二维动画（平面动画）和三维动画（3D动画），如果是3D动画设计师，还要负责建模等一系列工序，建模可是三维动画设计制作的灵魂。要想成为一名动画设计师，不仅要有丰富的想象力，还要有坚实的美术功底，能够运用各种设计软件。此外，还要了解观众们的口味，只有这样才能设计制作出广受欢迎的动画作品。

职业领路人

亚伦·布莱斯——动画长篇电影导演，动画师，曾在迪斯尼任职，创作了很多经典动画电影，如《美女与野兽》《救难小英雄》《阿拉丁》《狮子王》《风中奇缘》等。2003年参与制作的《熊的传说》获得奥斯卡最佳动画长片提名。

黄伟明——中国著名原创动画创作人。曾创作电视动画作品《宝贝女儿好妈妈》、500多集《喜羊羊与灰太狼》、156集《开心宝贝》，2017年9月29日，获得第14届中国动漫金龙奖中国动漫杰出贡献奖。

❓ 职业生涯思考

● 你喜欢看动画吗？你喜欢的动画形象都有哪些？说一说你为什么喜欢它们。

● 假设你现在是一位动画设计师，你想设计一个怎样的动画人物呢？

网络工程师
——不可或缺的网络技术员

职业·小·故事

这天，爸爸去接8岁的小丁放学，回家路上，小丁看到一栋大楼下围了很多人，原来是新开了一家培训机构，正在宣讲"网络工程师是高薪职业，只需学习2年就能顺利就业……"

小丁好奇地问爸爸："网络工程师是做什么的？为什么可以拿高薪呢？"

爸爸答道："网络工程师，通俗来说，就是网络技术人员，他们可是当今社会不可或缺的人才，管理数据库、数据库应用、网络开发、计算机系统的运行和开发、网络架构、网站开发运营、网络安装布线、计算机系统检测等，这些都是他们的工作内容。小区里各家各户都安装了互联网宽带，如果没有网络工程师的话，咱们就没有网络可用了。"

小丁听得云里雾里，他接着问："网络工程师要做的工作都好抽象啊，互联网、宽带我明白了，可其他的是什么意思呢？"

爸爸很耐心的再次解释道："比如计算机，既有硬件，也就是我们能直接摸到的显示屏、主机等，也有软件，如播放器可以看动画片，办公软件可以办公。网络工程师就是基于硬件和软件两方面的工程师，所以也分成硬件网络工程师和软件网络工程师。硬件网络工程师主要负责网络硬件等物理设备的维护和通信；软件网络工程师则负责系统软件、应用软件等的维护和应用。"

听完解释，小丁忍不住说道："网络工程师可真厉害，不管是硬件还是软件，都能搞定，难怪是个高薪职业呀！"

职业小百科

网络工程师，即通过学习和训练，掌握网络技术理论知识以及操作技能的网络技术人员。网络工程师的工作内容非常广泛，比如计算机信息系统的设计、建设、运行和维护，规划、组建、管理、维护网络，运行维护数据库以及业务系统，网络架构，网站开发运营等。由于工作内容庞杂，因此在实际工作过程中，人们往往又把网络工程师细分为网络设计师、系统集成工程师、网络安装工程师、综合布线工程师和系统测试工程师等。

几乎所有 IT 企业都需要网络工程师来设计和建设信息系统，并承担系统的运行和维护工作。因此，网络工程师的就业机会多，薪酬也非常不错。

职业领路人

思科创始人夫妇——莱昂纳德·波萨克（Leonard Bosack）与桑蒂·勒纳（Sandy Lerner）。思科是 IT 和网络行业的全球领导者，是全球领先的网络解决方案供应商，依靠技术和对网络经济模式的深刻理解，成为网络应用的成功实践者之一。莱昂纳德·波萨克和桑蒂·勒纳可以说是网络工程界的鼻祖，两人都是斯坦福大学的研究生，毕业后留校任职，合作构建了局域网，设计了"多协议路由器"联网设备，创办了思科。早在 1986 年，他们就做起了出售路由器的生意。

职业生涯思考

- 你家有路由器吗？如果需要重启路由器并重新设置密码，你会怎么做？
- 和你周围的小伙伴们讨论：局域网是怎么一回事，它和互联网有什么不同？

网络编辑
——网络内容的编写者

职业小·故事

周末，爸爸妈妈带 10 岁女孩小雅自驾游，爸爸开车，妈妈和小雅坐在后排，她抱着自己的毛绒玩具，妈妈则在看手机。

百无聊赖的小雅发现妈妈看手机看得非常投入，于是调皮地贴到妈妈身边问："妈妈，你用手机在看什么，怎么这么入神，都不和我说话？"

妈妈把手机拿给小雅，告诉她："你看，妈妈正在今日头条上看新闻，你知道这些新闻是怎么来的吗？"

小雅聪明的答道："我知道，是记者去采访得来的。"

妈妈说："没错，新闻是需要记者去采访，但我们要想用手机在网络上看到新闻，还需要网络编辑们的辛苦劳动哦！"

"网络编辑？"小雅十分疑惑地看着妈妈。

"网络编辑是一个新兴职业，是伴随着互联网的发展而出现的，他们的主要工作就是进行互联网网站内容的建设。我们在网络上能够看到的新闻、电子杂志、娱乐消息、体育动态、明星要闻等，都是网络编辑们的劳动成果，他们是网络内容的编写者，如果没有他们的劳动，那网上就会没多少内容可看，就像沙漠一样贫瘠，正是他们的辛苦付出，让今天的互联网世界变得丰富多彩。"

小雅又问："抖音那些非常有趣的短视频，都是大家自己录了上传的，这和网络编辑没关系吧？"

妈妈答道："当然有关系，网络编辑还担负着信息审核的任务，上传的视频都会经过他们的审核，这也是他们的工作内容之一。"

职业小百科

网络编辑，属于互联网时代的新兴职业，2006年首次被列入国家职业大典。网络编辑主要是指利用相关专业知识及计算机和网络等现代信息技术，从事互联网网站内容建设的人员。

从工作内容来看，网络编辑既是网站内容的设计师和建设者，需参与网站栏目的策划、内容板块的设计以及信息的收集、分类和编辑，又是网络内容信息的审核者、把关人，他们会对信息进行审查、筛选、过滤，从而把合格、优质的内容通过网络向世界范围的网民进行发布。此外，网络编辑还要接收网民的反馈信息，并与广大网民进行互动。

职业领路人

吴晨光——知名媒体人，移动客户端一点资讯副总裁、总编辑，搜狐网前总编辑。曾在中央电视台《南方周末》《中国新闻周刊》《博客天下杂志》任记者、编辑、副主编等职，《中国新闻周刊》新媒体创始人。

张辅评——《京华时报》原副总编辑，现今日头条总编辑。在他看来，权威媒体是社会最宝贵的内容生产力量，影响越大，责任越大，必须坚持反低俗原则，才能营造健康、清朗的网络空间。

 职业生涯思考

● 假设你现在是一名网络编辑，你想给广大网民奉上怎样的内容呢？

● 互联网的传播速度很快，信息更新也非常快，你觉得网络编辑的工作是否也会因此而比较繁重呢？

网络营销人员
——网络上的宣传员

职业·小·故事

8岁的男孩小猛非常喜欢吃汉堡、炸鸡，但考虑到这些食品不够健康，爸爸妈妈很少带他去吃。

期末的考试成绩出来了，聪明好学的小猛考得非常不错，爸爸妈妈决定满足小猛的一个愿望作为奖励。当爸爸问小猛想要什么的时候，小猛毫不犹豫地回答："我想去吃麦当劳。"

爸爸答应了小猛的要求，并说道："你最喜欢吃的麦当劳改名字了哦，麦当劳的中国公司名称，现在改成金拱门（中国）有限公司啦。"

小猛非常吃惊并追问详细消息，于是爸爸便拿了手机给小猛看麦当劳的官方微博。

有意思的是，小猛除了看到麦当劳的改名消息外，还看到了不少特别有意思的消息，比如同样是经营汉堡、薯条的肯德基"KFC"，被戏称为"开封菜"，众所周知的星巴克咖啡，因其标志性的白色人像，和"白毛女咖啡"画上了等号……

独乐乐不如众乐乐，小猛和爸爸分享了这些有意思的段子。

不过爸爸哈哈一乐之后，提了一个问题："麦当劳改名，为什么会有这么多品牌出来凑热闹呢？"

小猛百思不得其解。爸爸解释道："这些有趣的段子可都是网络营销的经典例子，是网络营销人员的杰作，他们是网络上的宣传员，趁着麦当劳改名事件，诸多品牌纷纷跟风调侃自己的名字，这些段子非常火，阅读量很高，起到了很好的宣传作用。"

职业小百科

营销即挖掘消费者需求，宣传推广产品，从而促使消费者了解并购买产品的过程。网络营销人员，也就是网络上的宣传推广人员，他们面对的工作对象主要是广大网民，工作目标是通过宣传推广等手段将网民转化为自身产品的购买者。

网络营销人员的工作内容包括：制订网络营销计划并执行；明确推广宣传目标；负责与搜索引擎相关的工作，比如关键词竞价排名、SEO 优化；及时更新信息和动态；与相关网站建立友好关系，尽可能提升浏览量；收集竞争对手信息，了解行业动态；收集客户资料，为公司提供尽可能精准的消费者信息等。

职业领路人

石建鹏——著名网络营销专家，清华大学、北京大学等高校 MBA 或 EMBA 班授课专家；搜狐营销堂特聘专家；主讲的《网络营销执行系统》在 CCTV 教育频道、数字频道职业指南、澳门莲花卫视等全国上百家电视台播出。

刘东明——2010 十大网络营销专家，清华大学总裁班特聘网络营销专家，曾就职于全球最顶尖传播公司奥美、国内 DM 网络整合营销机构，并带领 DM 荣获艾瑞中国最佳网络广告创意奖、2009 中国十大网络营销案例奖、易观国际网民最佳认知奖。

❓ 职业生涯思考

● 互联网上有海量的信息，怎样才能让自己的宣传信息脱颖而出，被更多人看到呢？

● 网络营销也有一定规则，如不能虚假宣传，你还知道哪些规则。

游戏策划师
——他们是创造游戏的人

职业·小·故事

一年级正是学习识字的时候，爸爸为了调动小树的识字兴趣，鼓励小树主动多认字，每天允许小树玩10分钟的熊猫识字游戏。

充满童趣的彩色画面，可点击的动态演示，加上耐心清晰的解说，连学习识字都变得轻松起来了。小树很喜欢这款识字游戏，每天都会非常主动提醒爸爸：游戏时间到了。

这天，小树的识字游戏刚结束，爸爸问："识字游戏是不是很有趣？"

"对，真是超级棒，又好玩又能学习。"

爸爸接着问："那你知道这类益智游戏是谁做的吗？"

小树摸了摸脑袋，想了一会儿，还是想不出。

爸爸解释道："有一种职业叫游戏策划师，他们就是创造游戏的人，你每天都玩的熊猫识字游戏，妈妈爱玩的消消乐，爸爸玩的王者荣耀，都是游戏策划师们的杰作。"

小树若有所思地问："爷爷经常用手机玩的斗地主，也是他们做出来的吗？"

"对，推箱子、俄罗斯方块、连连看、找茬、卡丁车、涂鸦画板、泡泡龙……所有的网络游戏都少不了游戏策划师们的参与和工作。他们给我们的娱乐休闲生活带来了更多的欢乐。不过在实际工作当中，游戏策划往往被细分成了更多具体工作，比如游戏主策划、游戏系统策划、游戏数值策划、游戏关卡策划、游戏剧情策划、游戏脚本策划等。要开发设计一款游戏，可是一项大工程哦！"

职业小百科

　　游戏策划师，是游戏开发公司中的一种职称，也被称为游戏企划或游戏设计师。游戏策划师的最核心工作是将一个想法变为可以实现的设计，目的是给玩家带来前所未有的快乐。

　　具体来说主要是以游戏创建者和维护者的身份参与到游戏世界中，搭建游戏世界的场景，设计游戏世界中的角色，并赋予角色性格和灵魂，创设有趣的故事和事件，丰富游戏世界的内容，制作多样的游戏技能，设定数值以及关卡，使游戏世界平稳等。同时还要把自己的想法和设计传递给程序设计人员和美术设计人员，和整个团队一起合作完成游戏的制作。

职业领路人

　　史玉柱——创办上海征途网络科技有限公司，开发了知名网游《征途》《征途2》《巨人》网络游戏。他非常喜欢玩网游，调侃自己是"骨灰级玩家"，因为热爱网游，所以萌生了"还不如我自己开发一个游戏"的想法，并最终通过努力成为"游戏界"的大佬。

　　陈天桥——中国网络游戏产业的奠基人和领军人物，盛大网络发展有限公司董事长兼CEO，陈天桥1999年创办盛大，缔造了一个白手起家创业的神话。

 职业生涯思考

　　● 你玩过网络游戏吗？你最喜欢玩的一款游戏是什么？说一说你喜欢的理由。

　　● 俗话说"玩物丧志"，过于沉迷网络游戏也不是一件好事，你觉得应该如何平衡学习、生活、工作与游戏的关系呢？

电子商务工程师
——网上商务活动的协助者

职业·小·故事

课外绘画班上，小娟发现同桌新买了一套彩铅笔，颜色很全，有36种颜色，她也很想要一套，所以打算用零花钱购买。可她连续去了几家文具店，竟然都没找到36色的成套彩铅笔，于是小娟询问同桌是从哪里买的，这才得知同桌的彩铅笔是父母从淘宝网上挑选购买的。

小娟回到家，便向妈妈求助："妈妈，我想要一套36色的彩铅笔，可文具店里都没有，你能帮我从淘宝网上买吗？"

妈妈答应了小娟的请求，拿出手机点开了淘宝，然后交给小娟让她自己挑选，没一会儿小娟就挑好了，妈妈爽快地付款下单，接下来就等着在家收快递了。这时，妈妈问小娟："网上购物很方便，商品全，样式多，还不用出门挑选，不过你知道我们为什么可以在网上购物吗？"

小娟想了很久还是想不出为什么，于是摇了摇头。

妈妈解释道："这可都是电子商务工程师的功劳，是他们借助互联网技术，架构设计开发了在网络上进行商务活动的数据信息工程，所以我们才可以借助互联网完成淘宝购物、团购景区门票、订外卖、买生鲜等各种各样的消费活动，电子商务工程师是网上商务活动的协助者，正是他们的辛苦工作和付出，让大家享受到了便捷的网络购物。"

小娟恍然大悟道："原来便利的网购背后，是电子商务工程师的辛苦工作，他们真是非常值得敬佩的人。"

职业小百科

电子商务工程师，英文名为 Certified Electronic Business Engineer，简称 CEBE，是指利用计算机技术、网络技术、电子信息交换相关技术等电子技术手段，通过专业的网络商务平台等现代信息技术，帮助商家与个人或商家与商家或个人与个人之间从事各类商务活动或相关工作的人员。

电子商务工程师是现代企业从事商务活动及企业内部财务、统计、人事、项目、流程等数据信息工程管理相关系统的架构设计开发者和主要参与者。他们除了要熟悉电子商务的通信技术和安全技术外，还要负责与供应商沟通、协调、谈判等商务工作以及电子商务营销等。

职业领路人

马云——阿里巴巴集团主要创始人，中国电子商务领域的领军人物。早在1995年，他就成立了中国第一家互联网商业公司，1995年5月，中国黄页正式上线，1999年创办阿里巴巴，2003年创立淘宝网，2004年12月创立支付宝。

李国庆——中国最大网上商城当当网创始人。如今当当网已经成为全球最大的中文网上书店。面向全世界，为中文读者提供30多万种中文图书及音像类商品，每天为成千上万的网上消费者提供方便、快捷的服务，给网上购物者带来极大的方便和实惠。

❓职业生涯思考

● 你体验过网上购物吗？说一说，自己哪些物品是网上买来的。

● 在电子商务发达的今天，电子商务工程师可是一个不可或缺的职业，你对这一职业怎么看？

半导体技术工程师
——电子时代的"芯"

职业·小故事

一家出游当然十分开心，可想拍全家福的时候，相机却坏了。出游回家后，妈妈带着 11 岁的小阳前往维修服务中心修理相机。

技术人员一番检查后说："是集成电路出现了故障，换一块新的就好了。"

小阳还是第一次听到"集成电路"，好奇的他询问妈妈："什么是集成电路？"

妈妈解释道："集成电路，英文为 Integrated Circuit，简称 IC，这是 20 世纪 60 年代初期发展起来的一种新型半导体器件。集成电路的应用非常广泛，电视机、手机、计算机、照相机、音响、录像机、电子琴等都要用到这种半导体器件。你知道集成电路是谁做出来的吗？"

小阳摇摇头，妈妈又接着说："集成电路是由半导体技术工程师设计出来的，除了集成电路，他们还会设计、测试半导体分立器件、混合集成电路等，是非常专业的技术人员。"

小阳若有所思地说："听起来他们的工作很有难度，是不是要学习很多知识才能成为一个半导体技术工程师？"

妈妈耐心地回答道："没错，要想成为一个半导体技术工程师，不仅要精通半导体、薄膜、凝聚态、物理学、精密仪器、测量控制等知识，还要懂生产工艺、实验室测量等实践类知识。目前，半导体行业人才匮乏，尤其是中、高级的半导体技术工程师非常短缺，所以就业非常容易，而且薪酬待遇也比较可观，总的来说，这是一个相当不错的职业。"

半导体技术工程师，简单来说就是设计、测试半导体分立器件、集成电路、混合集成电路的专业技术人员。一般需要坚实的物理学及数学理论基础，具备微电子、材料、机电一体化等相关专业教育背景。

工作内容主要包括：规划芯片规格与方案设计；进行芯片集成设计、综合与仿真验证；进行 IP 算法研究与数字模块设计；测试半导体分立器件、集成电路、混合集成电路的半成品、成品；解决半导体、集成电路生产过程中的技术难题；半导体器件制造设备的维护、制造和流程监督；产品生产线上流程设计；半导体生产设备的组装、运行、维护，MES 系统的过程的设定、控制等。

职业领路人

杰克·基尔比——微电子时代的先行者之一。他发明了第一块单片集成电路，为微型化和集成化奠定基础。凭借发明集成电路所取得的成就，他于 2000 年获得诺贝尔物理学奖。

肖国伟——半导体照明专家，2006 年在广州成立晶科电子，在实验室中反复做实验进行技术攻关，其中"倒装焊大功率 LED 芯片、高压芯片和芯片级模组技术"获得广东省政府颁发的广东省科学技术奖二等奖，彻底打破了欧美在这一领域的垄断。

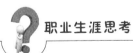
职业生涯思考

• 你知道"半导体"是怎么一回事吗？它具备哪些性能？和小伙伴们一起查找资料吧！

• 斯坦福大学的研究人员制备出一种像人体皮肤一样可以拉伸、形成褶皱、自我愈合的半导体，你觉得这种半导体材料可以用来做什么呢？

仪器仪表工程师
——帮你认识世界的人

职业·小·故事

班主任周老师带领三年级全体同学一起去"天文博物馆"参观，大家都非常高兴。等到了"传说"中的"天文望远镜"面前，同学们很兴奋，围着转了好几圈，并开始你一言我一语地交流起来。

"这台天文望远镜可真大啊，肯定能看到更多天体。"

"不知道在望远镜没发明以前，古代的人们都是怎样观察星星的。"

……

这时，爱思考的江同学向老师提问："周老师，这么大的天文望远镜是怎么设计制造出来的呀？"

知识渊博的周老师答道："天文望远镜的背后可少不了仪器仪表工程师的身影，不光是望远镜、显微镜、高温计、酸度计、电表、水表等仪器仪表，都离不开他们的辛苦工作。他们是专门从事仪器仪表的设计、安装、保养等工作的专业技术人员。"

又有同学问："仪器仪表都有哪些用途？"

周老师耐心地答道："人们通过看、听、尝、摸等感觉器官来认识世界，可人的感官有局限，比如我们不能用肉眼看到细胞，但借助显微镜就可以看到，仪器仪表可以扩展人的感官，帮助我们去观察记录那些感官无法触及的信息。著名科学家王大珩先生就曾说：'机器是改造世界的工具，仪器是认识世界的工具。'仪器仪表可以推动工业生产，促进科学研究，提升军事上的战斗力。仪器仪表工程师们的工作非常重要，而且很有价值。"

职业小百科

仪器仪表工程师，即在工业自动化仪表与控制系统、科学仪器、电子测量与电工测量仪器、医疗仪器、各类专业仪器、传感器与仪器仪表元器件及功能材料等行业从事仪器仪表的设计、安装、保养等工作的专业技术人员。

其工作内容主要有：确定工程项目中的仪器仪表方案，并按照相应的规范进行设计；指导并进行仪器仪表的现场安装；对现有的仪器仪表进行维护、保养；参与仪器仪表事故的调查，实施整改防范措施；协助进行仪器仪表成套合同的执行及商务谈判。

职业领路人

李天初——中国仪器仪表学会理事长，1997年以来主持研制2型3台激光冷却-铯原子喷泉钟，复现秒定义，作为中国秒长基准，同时为北斗导航／授时系统的地面时间提供计量溯源支持等，2011年当选中国工程院院士。以第一获奖人获国家科技进步一、二、三等奖各1项。

王雪——中国仪器仪表学会理事、清华大学仪器科学与技术研究所所长。技术特长：精密仪器测试、电工仪器仪表、网络化测量技术等。申请获得国家发明专利4项，曾获国家科技进步奖二等奖，国家教育部科技进步奖一等奖、部级科技进步奖等4项。

 职业生涯思考

- 说一说你所知道的仪器仪表都有哪些，它们都有什么用途？
- 你认为仪器仪表工程师的工作场景是怎样的，快和小伙伴们一起来描述吧！

数码产品开发工程师
——生活方式的创造者

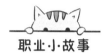
职业·小故事

爷爷奶奶的电视机坏了，趁着十一假期，爸爸带着小闯去逛数码大厦，替爷爷奶奶选购新的电视机。

数码大厦的商品真多啊！有卖手机的，华为、VIVO、苹果等品牌一应俱全；有卖U盘、移动硬盘的；有卖数码照相机的；有卖电脑以及平板电脑的……

好奇的小闯问爸爸："数码产品的种类可真多呀！这些数码产品都是谁设计制造出来的呢？"

爸爸回答道："有一种职业，名叫数码产品开发工程师，小到MP3、耳机，大到电视机、户外广告屏幕等，还有你眼前看到的这些各式各样的数码产品，都是他们的杰作。数码产品开发工程师，是伴随着互联网、数字与编码技术的发展而出现的一种新型职业，他们是生活方式的创造者，通过深度挖掘人们的生活工作需求，设计开发出各种满足人们便利工作生活需求的数码产品，是21世纪不可或缺的技术人才。"

小闯虽然经常听到"数码"一词，可具体"数码"是什么，数码产品又都包括哪些，却不是很明白，所以他向爸爸提出了自己的疑问。

"数码，英文为digital，数码系统又叫数字系统，也就是使用离散（即不连续的）0或1来进行信息的输入、处理、传输和存储等处理的系统，该系统的最鲜明特征是可以把真实世界的信息转化成二进制的数字形式，因此运行起来更有效率。我们平常所说的数码产品，就是使用数码系统的产品。"

职业小百科

数码产品开发工程师，即开发设计 MP3、U 盘、智能手机、数码相机、摄像机、扫描仪等可以通过数字和编码进行操作并可以与电脑连接的机器的专业技术人员。

工作内容主要有：一是探索消费者需求，并依据行业规范开发新产品；二是要编制新产品的投产方案以及生产工艺等，保证开发出的新产品可以实现批量生产；三是监督、跟踪试生产过程，协助产品生产工艺的文件编制；四是处理生产中的异常情况，负责产品原料的检验；五是编制配方相关的采购技术资料、原料检验标准、检验方法、产品内控标准；六是试生产时，负责对生产工人进行技术培训。

职业领路人

吕正彬——哈尔滨朗科科技有限公司创始人，闪存盘全球基础性发明专利的持有者，此专利是 20 年来中国在计算机存储领域唯一属于中国人的原创性发明专利成果。闪存盘也就是我们日常所用的 U 盘。

史蒂夫·乔布斯——苹果公司联合创办人，数码产品开发专家，先后领导和推出了麦金塔计算机、iMac、iPod、iPhone、iPad 等风靡全球的电子产品，深刻地改变了现代通讯、娱乐、生活方式。

 职业生涯思考

• 说一说，你家正在使用的数码产品都有哪些？

• 假设你是一名数码产品开发工程师，你想开发一款怎样的数码产品呢？

音响工程师
——声音的美容师

职业·小·故事

刚进入一年级的小可非常喜欢学校里每天的广播体操活动，伴随着动感美妙的音乐和有规律的节拍，整个人心情都好了。

"妈妈，为什么家里的电视、手机播放的声音和学校里播放的听起来不一样呢？"

妈妈耐心地回答道："当然不一样了，因为学校里使用了专业的音响设备，所以声音更有穿透力和感染力。音响是由专业的音响工程师设计的，他们的工作很有技术性，可以让传播的声音呈现出高品质、清晰的完美效果，是当之无愧的声音美容大师哦。"

小可还是第一次听到"音响工程师"这个职业，她接着问："妈妈，我都没听过音响工程师，音响的用途很广泛吗？我只知道学校里还有广场舞时会用到音响。"

妈妈回答道："从广义上来说，电脑、VCD、DVD、家庭影院、电视机等使用的音箱也属于音响设备哦，还有歌手使用的各种电子乐器，多种多样的音响、扬声器等，这些声音设备的设计都离不开音响工程师的辛苦工作。"

"为什么音响能让声音变好听呢？"

"因为音响工程师们都有非常好的"声音"审美，对声音很敏感，加上他们又精通声学、电子等专业知识，能够利用现代通信技术、数字技术等手段，设计出产品的结构以及电路系统等，再辅以后期的声音效果测试以及音质品鉴等，当然能够让声音更美妙、更动听了。"

职业小百科

音响工程师，即主要负责音响相关产品、微型电声器件开发、生产和品质检验，绘制产品的草图与结构，与电路工程师合作完成产品详细的结构及电路设计，建立产品的声学分析模型，进行产品原型的声学测量及验证，评估产品的电声功能，对电声性能进行调试，负责有关电声基础技术的开发，负责音响设备的保养和故障排除的专业技术人员。

要想成为一个音响工程师，必须有电子产品声学的专业基础，还要熟悉音箱以及各类音响产品的原理、设计规范等，具有较高的音响鉴赏水平，熟悉相关音响产品的标准和认证要求。

职业领路人

爱迪生——发明家，他发明了留声机，开启了储存声音的领域。在后来的 100 多年里，这项技术不断推陈出新。1972 年，四声道立体声系统产生，随后发展出现代的镭射影音储存软体 DVD，到了 21 世纪已经发展到无比伦比的影音境界。留声机是现代音响系统的鼻祖，爱迪生可以称得上是音响工程的奠基人。

彼得·杜米尼——拥有 30 年音响设计经验，曾就职于 BBC（英国广播公司）扬声器研发部。英国顶级音响品牌 B&W 和季风音频（Monsoon Audio）。无论是在高保真，还是多媒体行业，他始终工作在研发的前沿。

 职业生涯思考

● 你会使用音响设备吗？如果有条件，请用音响设备播放一首你喜欢的歌曲。
● 音响工程师是与声音为伴的人，你怎样看待他们的工作。

光电工程师
——技术魔法师

职业·小·故事

小鹏家所住的小区，最近安装了太阳能路灯。这种路灯不用连接电线，上面只有一块黑色的板子，用来收集太阳能，可以把太阳能转化为电，让路灯亮起来。让小鹏感到非常神奇的是，太阳能路灯白天不亮、晚上亮，而且一块小小的黑色板子，竟然能让路灯亮一整个晚上，非常不可思议。

疑惑的小鹏向爸爸求助："爸爸，太阳能路灯的那块收集太阳能的黑色板子好厉害啊，阴天的时候，路灯都能亮一整个晚上！"

爸爸答道："你说的黑色板子，专业名称叫光伏电池板，为了捕捉更多的太阳能，现在的光伏电池板都添加了'自动追光'设计，使用自动追光传感器，这类光伏电池板叫光电式光伏电池板，简单说就是太阳能路灯会根据阳光的强弱进行自我调整，以保证高效的吸收阳光，所以即便是阴天，它们也能吸收到很多太阳能。"

听完爸爸的解释，小鹏忍不住惊叹："自动追光，好高科技啊！"

"这个独特的设计来自于光电技术，是光电工程师们辛苦劳动的成果。光电技术是一种多学科的综合技术，涉及光学、光电子、微电子等学科，研究光信息的辐射、传输、探测以及光电信息的转换、存储、处理以及显示等。除了刚才说到的追光传感器，光电开关也是一种很实用的光电产品，比如地铁上的自动门传感，就是因为有了光电开关这一核心部件，所以才能实现自动开门、关门。"

光电工程师，即从事光电产品的研究、开发和设计的从业人员。千万不要以为这是一个小众职业，近年来，光电技术依靠其快速的响应速度、极宽的频宽、极大的信息容量以及极高的信息效率和分辨率推动着现代信息技术的发展。在技术发达的国家，与光电技术相关产业的产值能占到国民生产总值的一半以上，从业人数可想而知。

光电工程师的工作内容包括：开展半导体激光器应用的各种实验，并对实验数据进行分析研究；负责提出应用需求的产品解决方案，以及产品的应用验证要求等。要想成为一个光电工程师，就一定要熟练掌握激光器、光电传感器、光纤器件的原理及应用知识等。

职业领路人

赵连城——中国工程院院士，光电信息科学与工程专家。1994年获国务院颁发的有特殊贡献专家政府津贴。目前正承担红外探测和红外微辐射成像系统、3D非线性光学成像系统、宽带玻璃光纤与器件等项研究高科技产业化。

姜文汉——中国工程院院士，中国光学学会常务理事、美国光学学会高级会员。1979年在我国开拓自适应光学研究方向，建立整套基础技术，并主持研制多代具有国际先进水平的自适应光学系统，使我国在此领域的研究跃居世界先进行列。2000年被评为全国先进工作者，2002年荣获第四届光华工程科技奖。

 职业生涯思考

● "光电技术"非常抽象，好学的你赶紧查看更多资料，加深对"光电技术"的认识吧！

电力工程师
——传递电力的使者

职业·小·故事

暑假，高温浪潮袭来，人都快要热化了，开学就要升三年级的阿敏开着空调，在家里写作业。可谁知，突然就毫无征兆的停电了。没了空调制造凉气，室内很快就热起来。阿敏热得心烦气躁，根本没办法再专心写作业。

"妈妈，这么热的天，没有空调可怎么办，为什么会突然停电呢？"

妈妈一边把买来的冰糕递给阿敏，一边解释道："夏天，大家都开空调，尤其这两天，正是用电的高峰，电网的供电压力很大，自然容易出现故障。不过不用担心，电力工程师们会很快进行检修的，相信一会儿就能恢复正常。"

阿敏又接着问："电力工程师？他们能把故障修好吗？"

妈妈回答道："当然，电力工程师是专门从事发供电运行、检修、修造、电网调度、用电管理等工作的电力专业工程技术人员，他们是传递电力的使者。国家的整个电网都是他们搭建的，解决电网运行中的故障当然不在话下。"

"妈妈，我看新闻上说，不光是城市、农村，非常偏远的地方也都实现了通电，咱们国家有十几亿人，有那么多地方，人人都有电可以用，电力工程师们是不是非常辛苦？"

"当然辛苦，电力分配可不是一件简单的事情，为了解决供电的问题，很多地方都安装了变电设备，还修建了变电站。正是电力工程师们的辛苦付出，才让全中国的人都享受到了电带来的便利生活。"

电力工程师是电力专业工程技术人员，是指从事勘测、规划、设计、电力工程建筑、安装、调试、技术开发、试验研究、发供电运行、检修、修造、电网调度、用电管理、电力环保、电力自动化、技术管理等工作的人。

电力工程师的主要工作包括：研究、制定电力系统的规划立项，进行投资概算；负责电力设备的设计工作；研究、开发电力设备安装施工方案及施工技术；负责相关发电设备运行的技术督导工作；分析和处理电力设备安装、调试、检修和改造中的技术问题。电力行业是国民经济的一个重要行业，电力工程师也是现代社会不可或缺的重要技术人才。

职业领路人

迈克尔·法拉第——1831 年 10 月 17 日，他首次发现电磁感应现象，并进而得到产生交流电的方法，随后发明了人类历史上的第一个圆盘发电机，被人们誉为"电学之父"和"交流电之父"。

李崇坚——高级工程师，2002 年承担中高速磁悬浮交通技术重大专项的高压大功率变流技术的研究项目，在国内首次采用新型电力电子器件 IGCT 研制了国产高速磁悬浮牵引 5MVA 大功率高压变流器，驱动 3.6MW 同步电机成功，达到国际先进水平，为磁浮、牵引、船舶推进、油气输送、节能等大功率变频装置的国产化奠定了基础。

 职业生涯思考

● 如果生活中没有了"电"会怎么样？说一说电力工程师的工作有多重要。

● 如今，"电动汽车"的研究很火热，你觉得"电动汽车"的研发需要电力工程师吗？

风力发电工程师
——巨型风车的创造者

职业·小·故事

十一假期，爸爸妈妈带 6 岁的明成去坝上草原玩，一家三口坐旅游大巴从北京出发，明成很兴奋，他坐在窗户边一直朝窗户看去。在路过官厅水库时，明成突然激动地和旁边的爸爸说道："爸爸快看，那边有好多大风车啊，每一个都在转。"

爸爸摸了摸明成的头，波澜不惊地说："你知道那些转动的风车是干什么的吗？"

明成想了想说："难道是专门供游人观赏的景观？"

爸爸回答道："那些巨型风车可不是景观，它们是风力发电机，转动的'叶子'叫风机叶片，一台 2MW 的风机，一小时可以发 2000 度电，足够一个家庭用上整整一年。"

"哇，这些风机好厉害，这么厉害的发电机是谁做出来的呢？"明成继续问道。

"当然是从事风力发电站以及风力发电系统的研发、设计、安装、维护的技术人员，也就是风力发电工程师。我们日常生活中使用的电，绝大多数都是通过燃烧煤炭来发电的火电。可煤炭资源是有限的，一旦煤炭枯竭，人们就会面临电力短缺的困境。要想长久解决人们的用电问题，就必须要寻找可持续开发的新能源，大自然中的风能取之不尽用之不竭，是清洁无污染的可持续能源。风力发电工程师们用自己的专业技术，创造出了能发电的（巨型风车），顺利将风能转化为电能，他们的工作对全人类都有非常重大的意义和价值。"

职业小百科

风力发电工程师，即从事风力发电站与风力发电系统的研究、开发、设计、安装、运行、检修、管理的工程技术人员。

具体工作内容主要包括：研究、制定风力发电站规划立项，进行投资概算；进行风力发电站设计与勘测；研发、设计、升级风力发电设备，了解行业动态，不断开发新技术、新产品；研究、开发设备安装施工方案及施工技术等；负责相关发电设备运行技术督导工作，研究、开发、试验发电厂生产自动化技术；研究、开发设备检修技术；分析和处理设备安装、调试、运行、检修、改造的技术问题等。

职业领路人

曹志刚——风力发电高级工程师，现任新疆金风科技股份有限公司执行副总裁。从1998年起一直从事风力发电机现场调试、运行维护、风电场的建设、电控研发。先后作为主要技术负责人之一参加国家《863计划》、国家级火炬计划、国家重点科技攻关项目等多项技术攻关项目。参与的国产化600kw风力发电机组项目的开发研制，该项目在1999年12月通过国家科委鉴定验收，并填补了国内空白，整机性能和引进的风力发电机组相当，属国内领先水平。

 ## 职业生涯思考

● 你认为风力发电好，还是用煤炭火力发电更好，两者有哪些不同，都有什么特点，说一说你的理由。

● 目前风力发电行业的瓶颈是电力无法存储，只能即发即用，你认为未来这一技术瓶颈可以突破吗？

太阳能工程师
——追逐太阳的"夸父"

职业·小故事

　　小琴与妈妈一起坐车去看望外地的姥姥和姥爷，路上，善于观察的小琴透过窗户看到了一个奇怪的现象：山坡上摆放着一大片黑色的板子，一片接着一片。

　　"妈妈，你看那边的山坡上，有很多奇怪的黑板子，那是干什么的？"小琴问。

　　妈妈回答道："那些都是太阳能光伏发电板，属于太阳能光伏发电设备，可以将太阳能转化为可供家庭和各种电器使用的电力。你看那些板子都摆放在山坡上的向阳处，就是因为那些位置太阳光照的时间更好，可以采集到更多的太阳能。"

　　聪明的小琴举一反三，她紧接着说："妈妈，我知道太阳能，我见过太阳能热水器，能给人们提供热水，还有太阳能音乐播放器，有阳光的地方就可以播放音乐。这些太阳能发电设备，是不是和太阳能热水器、太阳能音乐播放器一样，都是利用了太阳能呢？这些有意思的东西，都是什么人做出来的？"

　　看着一脸求知欲的小琴，妈妈非常欣慰，她缓缓地解释道："你说的没错，它们都是运用了太阳能，这些与太阳能有关的产品都是太阳能工程师们做出来的。太阳能工程师是专门从事太阳能开发、利用的技术人员，他们负责太阳能产品的设计开发、应用以及技术维护等工作，比如我们刚才看到的太阳能光伏发电设备。如果设备出现了故障或问题，就需要寻求太阳能工程师的帮助。"

职业小百科

太阳能工程师，即负责太阳能产品设计、安装、施工以及维护等工作的技术人员。一般需要具备光电子、光伏、自动控制、电力电子、电力推动、机电一体化、电气工程等方面的专业背景，熟悉太阳能方面的国际标准，能胜任太阳能集成设计，具备一定的太阳能应用经验，懂得太阳能转化的理论与原理，具备规划企业太阳能产品线的能力。

太阳能是可持续开发的清洁能源，不管是光伏发电还是其他太阳能相关产业，都属于朝阳产业。未来，太阳能工程师的人才需求会不断增加。

职业领路人

邓勋明——太阳能光伏行业元老，光伏及高端真空镀膜设备领域的国际权威。创办了迅立光电设备有限公司，成功研发并制造了我国首台高效PERC太阳能电池"二合一"PECVD量产设备。该设备每小时可完成4000个156毫米硅片的PERC镀膜，预计可帮助用户将量产太阳能电池的转化率提高到22%，产能大大超过欧美PERC电池量产设备，堪称我国光伏行业重大装备制造的一座里程碑。

朱敦智——国家标准委太阳能专委会委员、中国太阳能热利用协会专家委员会主任教授。主要从事太阳能和节能技术领域的研发及科研管理工作。

职业生涯思考

● 你知道哪些太阳能产品，说一说它们都有哪些作用，好用不好用。

● 假设你是一名太阳能工程师，发挥你的想象力，你打算设计一款怎样的太阳能产品呢？

给排水工程师
——城市"血管"的设计者

职业·小·故事

一场特大暴雨袭来，很快城市里的路面上就出现了积水。一些地势低洼的路段，积水甚至超过了20厘米，给雨天出行的人们和车辆都带来了非常大的不便。

小思是一个爱思考的二年级姑娘，放学路上因为路面积水，一双鞋子都湿透了。于是她就开始思考：明明路上有下水道，为什么雨水不能立即流走，而是在地面上形成了积水呢？难道是下水道设计的不合理？下水道是谁设计的呢？……

回到家洗过热水澡，小思一边喝着妈妈准备好的姜糖水，一边向妈妈说出了自己的疑惑。

妈妈说道："城市里的下水道等排水系统，都是由给排水工程师设计的。不光如此，每栋大楼里都有供水、排水的管道系统。正是因为有了供水系统，所以我们打开水龙头就会有清洁的水可以使用，而用过的脏水、污水又会顺着下水道流走。这些流走的脏水、污水会被收集到污水处理厂，经过一定处理后会用于对水质要求不高的洗车、浇花等。"

"为什么给排水工程师们设计的排水系统，一到下暴雨，还是会让路面上积水呢？"小思又接着问。

"一座城市的水供给、水排放、水处理可不是一个简单的问题，给排水工程师们的工作面临很多不确定的因素，比如按照城市现有规模设计的水排放系统，过了几年，因为城市爆炸式发展，所以就变得无法满足需要了。城市路面积水，还会受到降水量的影响，气候异常，降水量突破历史记录，那么也可能造成积水问题……"

职业小百科

给排水工程师，即与住宅、建筑群、城市等的水供给、水排放、水处理等相关联的从业者。水是生命之源，城市离不开水，所以也不能离开给排水工程师。

给排水工程师的主要工作内容包括：给排水方案的设计以及审核；负责给排水施工技术及现场管理；协调给排水施工和管理的方方面面，保证项目的顺利实施；对给排水相关项目的招投标进行技术评审；配合工程预算，并组织专业工程验收等。

要想成为一名给排水工程师，就必须精通建筑给排水的设计，熟练使用相关设计软件，熟悉给排水的各项规范及最新技术发展动态，还要细心严谨，有良好的职业素质以及沟通能力。

职业领路人

侯锋——国家城市污水处理及资源化工程技术研究中心主任，第二届邓稼先青年科技奖第一名，拥有三项专利，作为第一发明人主持研发了城市污水处理一体化工艺技术（LIER-POOLK）。该工艺采用自行研发的高效全悬浮生物膜填料、新型过流器、恒水位滗水器、先进可靠的控制系统，克服了国外 UNITANK 工艺技术存在的不足，技术水平居国内领先地位。2000 年获实用新型专利，2001 年完成了工业化中试，被评为科技部创新基金 5 年成果优秀项目。

 **职业生涯思考**

• 你觉得给排水工程师在工作过程中，都需要注意哪些细节和问题呢？

• 水是生命之源，为了保护地球，对污水进行处理是非常必要的，关于污水处理你了解多少呢？

核电工程师
——核电的守护者

职业小·故事

三年级的男孩小兵，虽然年龄不大，但可是一个新闻迷，只要有空闲时间，就会看新闻。这天，他在新闻上看到了大亚湾核电站，利用核裂变反应竟然能发电，这让小兵感到非常神奇。

"爸爸，大亚湾核电站好厉害，2015年一年的发电量就有453.78亿度，能满足深圳1893万个家庭一年的基本用电需求。这么厉害的核电站，究竟是怎么建成的呀？"

知识渊博的爸爸答道："大亚湾核电站是我国第一座大型商用核电站，这座核电站的建设和运行实现了中国核电建设的跨越式发展。这座核电站的建立，背后有无数核电工程师的汗水和付出。与水力发电、火力发电相比，核电对从业人员的要求更高，没有一支够专业、有技能、能奉献的技术队伍，也就没有如今的大亚湾核电站。"

小兵接着问："爸爸，我看新闻上说，核反应堆会产生辐射，辐射对人体有害，核电工程师工作的时候会不会遇到辐射？那他们岂不是很危险？"

"没错，核反应堆确实会产生辐射，但有各种各样的应对措施，比如穿防护服、有一定防辐射作用的铅衣、佩戴辐射剂量检测表等。大然放射性对人体造成的辐射被称为天然本底照射，世界上的平均值为2.42毫希／（人·年），而核电站工作人员人均年剂量约为0.5毫希，低

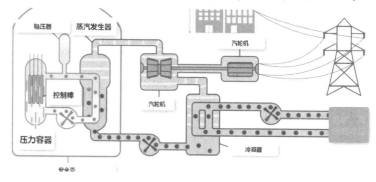

于天然本底照射剂量，因此核电站从业人员是安全的。"

核电工程师，即研究核工程问题，应用核科学的原则和理论来解决核能释放、控制和使用以及核废物处理等方面问题的工程师，需掌握核工程、核物理、数学等方面的专业知识。

核电工程师的工作内容主要是：设计、监督核反应堆、电厂、核燃料和开发系统的建设与操作；指导核燃料、机器和设备性能的研究，优化现有工厂的性能；设计、开发核设备和相关控制机器；设计和指导核研究，以发现事实、测试或更改理论模型、建立新的理论模型、发现现有理论模型的新用处；调查事故，以获得设计预防措施的资料；阐述核燃料裂变期间的反应方程式，开发基于方程式的研究模型等。

职业领路人

昝云龙——中国广东核电集团有限公司（简称"中广核集团"）党组书记、总经理、董事长。享受国务院政府特殊津贴，2010年世界核电营运者协会授予其"核能卓越奖"。参加了大亚湾核电站的筹建工作，在他主持领导下，中广核集团以建设大亚湾核电站为基础，形成"以核养核，滚动发展"的良性循环机制，为该集团发展成核电开工机组数量和容量全球第一的清洁能源集团奠定了基础。

❓ 职业生涯思考

• 与火电相比，核电属于高效能源，消耗资源少，但同时也存在一定的危险性。对于核电的优点和缺点，你怎样看？

• 如果你是一个核电工程师，你愿意去做诸如核泄漏等充满危险性的工作吗？

纳米材料工程师
——微观世界的探索者

职业·小·故事

为了更好地保护孩子们的眼睛，倩倩所在的学校采购了智能互动教学设备——纳米黑板。倩倩的座位在靠窗处，看黑板时的视线是斜的，因此离得远的字迹就会时而看不清，或因为黑板反光看不到。自从换了纳米黑板，不管从什么角度看黑板，都比原来清楚不少，这让倩倩感到非常开心。

"妈妈，为什么纳米黑板那么厉害！自从老师用了这个黑板，我再也没有看不清的问题了。"倩倩问妈妈。

妈妈解释道："我们先来说'纳米'，纳米实际上是一个长度单位，和厘米、米一样，不过纳米可要小得多，它的英文是nanometer，译名为毫微米。假设一根头发的直径是0.05毫米，沿头发长度平均剖成5万根，每根的厚度大约就是1纳米。也就是说，1纳米就是0.000,001毫米。纳米黑板是用纳米材料制作而成的，而这种神奇的纳米材料背后则是纳米材料工程师们的辛苦付出。"

倩倩接着问："纳米材料除了可以制作成黑板，还有什么用途呢？"

"纳米材料的应用非常广泛，比如纳米级的硅、钛、镁、银等材料，早已融入人们的生活，衣物、鞋、手机显示屏、液晶电视等都有纳米材料的影子。此外，纳米技术的发展带动了与纳米相关的很多新兴学科。有纳米医学、纳米化学、纳米电子学、纳米材料学、纳米生物学等。如今随着纳米技术的不断发展，纳米材料的应用也越来越广泛，所以纳米材料工程师的人才需求也越来越旺盛。"

纳米材料工程师，是指从事纳米材料开发、合成、应用、生产和制备等工作的专业技术人员。一般需要具备材料、物理、化学、高分子材料、无机非金属等专业背景，需要有良好的教育背景。

纳米材料工程师的工作内容包括：开发新型纳米材料，研究纳米材料的应用；对研发出的纳米新产品建立评价和检测方法，并对数据进行分析；收集、学习纳米相关的科研文献、最新行业动态；协助专利部门申请专利，了解专利申请流程；配合产品经理一起评估纳米产品的可行性。协助进行纳米材料的研发、制备；完成工艺条件对纳米材料的性能、尺寸、形貌、结构的影响的观察、记录和研究等。

职业领路人

范守善——中国科学院院士，清华 - 富士康纳米科技研究中心主任。主要研究纳米材料与低维物理，新型功能材料制备与物性研究等。1999 年获得教育部首届"长江学者成就奖"二等奖；2003 年当选为中国科学院院士。

杨培东——国际顶尖的纳米材料学家，主要研究 一维半导体纳米结构及其在纳米光学和能量转化中的应用，包括纳米线电池、纳米线光子学、纳米线基太阳电池、纳米线热电学、低维纳米结构组装、新兴材料和纳米结构合成及操控等。

职业生涯思考

- 说一说为什么纳米材料会与众不同呢？可查找资料或向师长请教。
- 纳米材料工程师的工作场景会是怎样的呢？请大胆发挥你的想象力畅所欲言。

水处理工程师
——净化水源的卫兵

职业·小故事

小婷每天放学回家的路上，都会路过一家工厂，这家工厂离河不太远，在河边能看到工厂排污水的大管子。可令小婷感到困惑的是，每次路过，看到管子里排出的水都是清澈的，看起来和干净的河水没有什么不同，而且也闻不到臭味。

"爸爸，电视上不是都说工厂排放的是污水、废水吗？怎么这家工厂排放的水看起来这么干净？"

爸爸先是表扬了小婷爱观察的好习惯，然后不急不缓地答道："工厂用过的水当然都是污水、废水了，不过这种被严重污染的水可不能直接排放到河道里，否则会污染更多的水源。你看到的清澈的水，是经过污水处理后合格的水，因为已经过了特殊处理，所以水质当然不会又脏又臭。这可都是水处理工程师的功劳。"

小婷接着问："水处理工程师，就是处理工厂污水的人吗？"

"没错，不过水处理工程师不光处理工厂污水，人们生活生产过程中都会制造各种各样的污水，他们可是担负着整个人类社会的污水处理工作，是净化水源的卫兵，正是他们的辛苦工作，才大大减少了水污染，最大程度上保护了人类的用水安全以及食品安全。试想，如果人人都随便乱排污水，那么江河湖泊将没有干净水，很多干净的水源都会被污染，到时候人们又去哪里寻找可以饮用的安全水源呢？水是生命之源，污水处理关系人类的生存，水处理工程师们的重要程度不言而喻。"

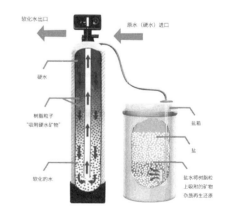

水处理工程师，也被称为污水处理工程师，主要是指负责工程项目中有关水处理的设计、咨询工作，包括生活污水、部分高浓度有机废水的工艺设计，以及进行相关设施的建设、运营和调试的技术人员。

水处理工程师的工作内容包括：负责完成水处理项目的需求调查及方案编写；依据制定的水处理方案，对水处理工程项目的实施进行管理和控制；指导水处理工程设备的现场安装、调试，解决技术难题；对水处理所用的药剂进行现场技术指导；负责编制水处理工艺的指导手册，配合其他部门进行技术支持工作；协助商务人员进行水处理项目的技术交流与谈判。

职业领路人

陈繁荣——中科院教授，水处理专家，高负荷地下渗滤污水处理复合技术的创始人。该技术获 5 项中国发明专利授权，2009 年入选住建部"全国农村生活污水处理优秀案例"，2010 年入选住建部和科技部"村镇宜居型住宅技术推广目录"，并先后入选环保部 2010 年度和 2012 年度"国家鼓励发展的环境保护技术目录"。

顾夏声——1995 年当选为中国工程院院士。发展了处理高浓度有机废水的理论，提出对升流式厌氧污泥层（UASB）反应器处理啤酒等废水的新工艺，达到国际先进水平。参与氧化塘处理废水的科技攻关，在废水生物脱磷方面有突出研究成果。

职业生涯思考

● 减少水污染，每一个人都应行动起来，从自我做起，说一说我们都可以做些什么。

● 一些工业生产废水含有不少重金属以及化学有害物质，如果你是水处理工程师，你会怎么做。

环保工程师
——保护环境的带头人

职业·小·故事

一年一度的植树节到了，东东所在学校组织全校师生到郊区参加了义务植树活动。学校给每一位同学都派发了印有"保护环境，人人有责"的文化衫，作为植树活动的统一着装。

刚进入一年级的东东，虽然平时没少听到"保护环境"，可"环境保护"具体是怎么回事，他却还是有一些疑惑，因此他虚心地向老师请教："老师，我们植树就是在保护环境吗？环境保护是不是还包括少用塑料袋、减少白色污染？到处都在说保护环境，可大家说的为什么都不太一样呢？"

领队的王老师耐心的回答道："对，植树、减少白色污染都是在保护环境。具体来说，环境保护是一个涉及范围很广、综合性的问题，保护环境的方式也是多种多样，比如采取法律、经济、技术、民间自发环保组织等方式来改善环境，此外合理利用自然资源，比如制订休渔期，保护野生动物，拒绝购买动物皮毛制品等，这些也属于环境保护。社会上，有专门从事环境保护工程设计以及相关业务活动的技术人员，也就是环保工程师，他们可是环境保护的带头人和模范，非常值得我们学习哦！"

东东接着说："我有点明白了，节约用水、用电也是在保护环境，不用一次性筷子也是在保护环境，环境保护和我们的生活息息相关。每个人都应该向环保工程师学习，大家一起来保护环境，地球才会变得越来越好。"

 职业小百科

　　环保工程师，是指经考试取得《中华人民共和国注册环保工程师资格证书》，并依法注册取得《中华人民共和国注册环保工程师注册执业证书》和执业印章，从事环保专业工程设计及相关业务活动的专业技术人员。

　　环保工程师的工作内容包括：识别获取适用的环境法律法规及其他要求，并贯彻落实；制定环境保护工作计划；针对存在的环境保护问题，制定详细可行的防控措施；对可能发生环境污染或破坏事件的场所要制定应急预案；负责环境保护和水土保持的教育培训工作；负责环境管理监督检查；负责环保、水保记录资料的管理；进行环境审计监察，作出环境评估，多所发现的环境问题提出治理建议等。

职业领路人

　　邹首民——参加工作后至1997年，就职于中国环境科学研究院，先后任环境标准研究所副所长（主持工作）、所长，高级工程师。在废水处理、水环境管理、环境标准、环境规划、环境监察等领域发表多篇文章，曾获部级科技进步奖二等奖。

　　蕾切尔·卡逊——最早提出保护环境的人，她在自己创作的《寂静的春天》一书中阐释了农药杀虫剂DDT对环境的污染和破坏作用，随后美国政府开始对剧毒杀虫剂进行调查，并于1970年成立了环境保护局。该书被认为是20世纪环境生态学的标志性起点。

? 职业生涯思考

● 如果你是一名环保工程师，面对如今很多城市都饱受困扰的雾霾问题，你打算怎样治理？

● 环境保护人人有责，说一说我们可以为环保做哪些力所能及的事情。

水质化验员
——检测水质的人形"试纸"

职业·小·故事

家住长江边的阿中，最近连续几天都在江边看到了一个令人疑惑的景象：三、四个大人都穿着统一的制服，拿着一些奇奇怪怪的工具，从长江中取水……

阿中把这件"怪事"说给了爸爸听，结果爸爸哈哈大笑，然后摸着阿中的头缓缓解释道："这可不是什么奇怪的事，再正常不过。你看到的那些穿制服取水的人，是水质化验员，他们的工作就是对水质进行化验、检测，以判定水质情况。咱们每天都喝的桶装水、开水龙头后流出的自来水，也都会经过水质化验员的采样、检测。"

"哦，原来是这样啊。不过，水质化验员是怎样化验、检测水质的呢？为什么咱们普通人就没办法判断水质呢？"阿中又接着问。

"水质化验员和普通人一样，如果仅凭眼睛看、鼻子闻、嘴巴尝，也很难准确的判断出水质的情况，他们是凭借技术和工具来实现水质检测的，所以需要掌握不少专业知识和实操技能。比如供人们饮用的水源水，常规的检测项目就有氨氮、色度、浑浊度、臭和味、细菌总数、总大肠菌群等，每天都要检测一次，这些检测项目，基本上都需要用到相应设备和工具，没有一定的技能和知识是不行的。"

举一反三的阿中说："爸爸，游泳池里的水是不是也要经过检测？"

"没错，自来水水厂、酿酒厂、煤矿、化工厂、环保部门等，都有水质化验员的身影，他们堪称检测水质的行走的人形'试纸'。"

职业小百科

　　水质化验员，即从事检测与水相关的各种水质指标并管理用水设备的工作人员。水质化验员的主要职责：了解城市供水水质标准（CJ/T206—2005）等法律法规等，并严格按照规定的检测频率和合格率计算方法执行；安全、规范采集所需的水样；熟练使用各种化验、检测药品、工具等；可以借助技术手段与专业设备，对水样进行多项指标的检测，并对化验、检测数据进行分析记录；对化验、检测结果负责；清洗、保管化验和检测工具；水质不合格时，要及时上报领导，分析不合格的原因，并提出可行的处理办法；不断学习新的检测手段和技术等。

职业领路人

　　佩林——全球知名水质监测专家，曾就职于英国百灵达公司，发明了DPD余氯检测法和折点加氯法，这两种方法目前已经成为国际和中国通用的标准检测方法。DPD余氯检测法是目前最快速、准确的现场检测余氯的方法，适合于现场检测水中余氯含量，广泛用于自来水公司、食品企业、制药企业、水处理工程公司和物业管理公司的水质检测和日常水监测，能有效保证用水的安全健康。

 职业生涯思考

　　● 南方某湖泊，盛夏时节突然红藻大爆发，原本清澈的水变成了锈红色，你觉得这种情况是否需要水质化验员对水质进行检测？

　　● 如果你是一名水质化验员，发现自己的化验结果有问题，这时你会怎么办？

岩土工程师
——研究岩土的技术帝

职业·小·故事

　　语文老师给大家布置了一道作文题，要求是写一写自己爸爸或妈妈的职业，小阳的同桌丫丫写的是自己爸爸是一名岩土工程师，一年级的小阳还是第一次听说"岩土工程师"，虽然问了丫丫不少信息，可岩土工程师具体是干什么的，丫丫知道的也不多。

　　于是，小阳回家后便向爸爸求助，"爸爸，岩土工程师是干什么的？是那种在大山上四处寻找矿藏的工程师吗？"

　　"在山上找矿物的叫地质勘探员，岩土工程师的工作与地质勘探员可有非常大的不同。岩土工程师是各项建筑工程都不可缺少的技术人员，不管是建设高楼大厦、打地基，还是修建大坝、隧道等，可都需要和岩土打交道。"

　　小阳还是有些疑惑，接着问："岩土工程师具体都要干什么呢？"

　　爸爸耐心地回答："建筑工程在施工前，岩土工程师会到现场去采集岩土样本，然后对岩土样本进行研究分析，并依据分析结果计算出工地上的建筑需要怎样的格局和构造。他们的工作可是非常重要的，地基、水坝、防空洞、隧道的建筑设计可都要参考他们的研究和计算结果。比如要建一座大楼，没了解岩土结构就开始设计建筑并施工，结果打地基时才发现，岩土结构松散，承重能力不好，建成大厦后很可能会造成建筑物沉降，这时再推翻建筑设计方案，重新再来一遍，岂不是会造成很大的损失？由此可见岩土工程师工作的重要性。"

职业小百科

岩土工程师，即研究岩土构成物质的工程技术人员。具体工作内容包括：精通各种岩土工程检测方法的操作规程及技术规程；熟悉常见的地基处理设计及施工方法，独立组织施工并出具检测成果报告；参加岩土工程（包括基坑工程、地下洞室工程、边坡工程等）项目的勘察与设计；对已有的岩土工程设计方案进行审查，并提出合理的优化方案；利用岩土和结构计算软件，对工程建设中的工程数据进行分析；编写岩土工程计算分析报告；解决施工中遇到的设计技术问题。

要想成为一名岩土工程师，需要岩土工程、土木工程、结构工程等相关的教育背景，还要通过注册岩土工程师考试。

职业领路人

周与诚——教授级高级工程师，国家注册岩土工程师，北京市住房和城乡建设委员会科学技术委员会委员，北京市危险性较大的分部分项工程专家库岩土工程专家。

金淮——教授级高级工程师、注册岩土工程师，现任北京城建勘测设计研究院有限公司董事长、党委书记，获国家、建设部级优秀工程奖全国优秀工程勘察银奖3项、铜奖2项，省部级优秀工程勘察奖2项。

 **职业生涯思考**

- 一高速公路在建设中要修隧道，如果你是一名岩土工程师，你觉得自己都需要做哪些工作呢？
- 你觉得岩土工程师中有女性吗？男性多，还是女性多，说说你的理由。

55

工程监理
——建筑质量的监督之眼

职业·小·故事

去年妈妈给上二年级的小野生了一个小妹妹，小野非常高兴。考虑到家里增加了人口，现在居住的房子有点不够住，所以爸爸妈妈又购买了一套面积更大的房子。

"妈妈，咱们什么时候带着妹妹一块搬新家呀？"

妈妈说："还要等很久，现在房子虽然已经建好了，但还没验收呢，等验收完交房后，装修好晾几个月，咱们才能搬家。"

小野疑惑地看着妈妈接着问："验收？这是什么？是要检查房子建的合格不合格吗？要怎样检查呢？"

"对，验收就是检查房子的各方面是否符合国家的建筑标准和要求，有专门从事这类工作的人，叫工程监理。他们是建筑质量的监督之眼，会依据国家批准的工程项目建设文件、有关工程建设的法律、法规和工程建设监理合同及其他工程建设合同，代表甲方对乙方的工程建设实施监控，可以有效地保证工程建设质量和安全，提高工程建设水平。只有经过了他们的验收，咱们才能放心收房、领钥匙。"

聪明的小野又问："妈妈，万一工程监理的工作不认真怎么办？"

妈妈先是夸奖了小野的聪明机智，接着解释道："监理的工作准则是守法、诚信、公正和科学，为了保证工程监理在工作中坚持严谨公正，《中华人民共和国建筑法》专门做了相关规定，工程监理弄虚作假、降低工程质量，属于违法行为，会视情节严重程度，受到一定惩处。"

职业小百科

工程监理，是指通过考试，取得国务院建设行政主管部门与人事行政主管部门共同颁发的监理工程师执业资格证书，并经监理工程师注册机关注册，从事建设工程监理工作的人员。我国从 1988 年开始实行工程建设项目监理制度以后，工程监理这一职业才得以迅速发展。

在实际工作当中，工程监理又细分为总监理工程师、专业监理工程师、监理员等。工程监理的主要工作内容有：工程建设的投资控制、建设工期控制、工程质量控制、安全控制；进行信息管理、工程建设合同管理；协调有关单位之间的工作关系，即"四控、两管、一协调"。

职业领路人

张忠财——海南交通工程监理公司总经理。该公司主营公路及城市道路、桥梁、港口、航道、铁路、机场等工程监理、试验检测、技术咨询服务。先后承担了海南东线高速公路海口至琼海（右幅）、海南西线高速公路及各市、县出口路、海南海口至文昌高速公路、海南琼州大桥、海南三亚南山海上观音圣像敬造工程等施工监理服务。近年来该公司承担监理的工程项目均达到优良等级。2002 年 4 月，朱镕基总理视察了该公司承担监理的海南琼州特大桥施工现场，并给予参建各方良好的评价。

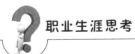 **职业生涯思考**

● 如果你是一名工程监理，建设承包方给你送贵重礼物或红包，你会怎样处理呢？

● 工程监理就是建筑界的"黑脸包公"，工作中难免为了坚持公正而得罪人，你怎样看待他们的工作。

宠物医生
——宠物眼里的白衣天使

职业·小故事

　　阿黄是一条宠物狗，也是小新家里的重要家庭成员之一，已经陪伴小新度过了三个春秋。小新每天放学回家都会和阿黄玩一会儿，吃饭时也不忘喂阿黄，一人一狗感情十分亲厚。

　　这天，小新照旧拿了阿黄爱吃的狗粮喂阿黄。往常阿黄早就十分欢快地来进食了，可今天却蔫蔫的一动不动，把狗粮送到阿黄嘴边，阿黄都不为所动。"妈妈、妈妈，阿黄怎么了，它怎么不吃饭？是你和爸爸之前喂饱了吗？"

　　妈妈一边走过来一边回答道："我和爸爸晚上都没喂他吃东西，阿黄是不是生病了啊？"

　　小新一听阿黄可能是生病了，急得都快哭了，"那怎么办？医院能给阿黄看病吗？咱们怎么才能治好它？"

　　"不要着急，医院只给人看病，不能给宠物看病，不过咱们可以带阿黄去宠物医院，找宠物医生帮阿黄看病。宠物医生是专门给宠物看病的医生，医术很厉害的，阿黄肯定能康复。"

　　很快，妈妈抱着阿黄，带着小新一块来到了最近的一家宠物医院。宠物医生温柔地接过阿黄，做了一系列检查。原来阿黄是消化出了问题，所以才会蔫蔫的不进食。紧接着宠物医生给阿黄开了药，并喂给了阿黄喝，嘱咐每天喂药两次，如果2天内病情没有任何缓解，再带阿黄来复查。

　　果不其然，第二天，阿黄的精神就有好转，到了第三天就又和平常一样蹦蹦跳跳了。小新十分开心，也十分感谢宠物医生叔叔。

职业小百科

宠物医生，即从事宠物疾病临床诊断、治疗以及宠物传染病、人畜共患病预防和控制的专业人员。

宠物医生的工作内容包括：询问宠物主人或看护人关于宠物的病史，进行医学检查、书写病历、记录病案；实施化验、影像、穿刺技术以及其他诊断程序；对化验和检查报告及结果进行分析，作出诊断，确定并实施宠物医疗方案；开具处方，向宠物主人或看护人员讲明宠物的喂药要求和护理方法；利用必要的医疗设备、器械、药物、输氧、补充营养物质、输血、替代治疗等手段治疗宠物疾病；观察宠物术后病情变化并治疗；隔离感染传染病或人畜共患病的宠物并上报疫情，采取措施；开展宠物疾病诊疗技术的研究等。

职业领路人

潘庆山——中国农业大学动物医学院高级医师，中国十佳杰出兽医获得者，中国农业大学动物医院特需专家，潘氏（北京）动物医学研究院院长，中国兽医协会理事，中国兽医协会宠物诊疗协会副会长、北京小动物诊疗行业协会副理事长。

邱志钊——中国农业大学临床兽医博士、北京小动物医师大会特邀讲师、北京小动物诊疗行业协会宠物医师继续教育讲师、美联众合动物医院技术总监、内科专家。

 职业生涯思考

- 宠物和人一样也会生病，站在宠物的角度，你怎样看待宠物医生的工作呢？
- 如果你是一位宠物医生，生病的宠物不配合治疗，你打算怎么做？

59

殡葬业美容师
——帮助死者的神秘人

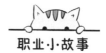

职业·小·故事

小晚正在教室里上课时，突然被班主任叫了出去，原来是小晚的外婆车祸去世了。妈妈直接来向老师请假接她，要带她去和外婆做最后的告别。

突如其来的消息让小晚的心沉沉的，她茫然而不知所措，五年级的她对"死亡"还没有很深入的认识。她跟随妈妈一起到了殡仪馆，看着殡仪馆里安静躺着的外婆，面容和印象里一样慈祥，活生生的，和平常似乎并没有什么两样，仿佛只是睡着了。小晚拉着妈妈的手，小声问道："妈妈，外婆这不是好好的吗？她只是睡着了，为什么要躺在这里？咱们带外婆回家吧！"

听着女儿的童言童语，妈妈哽咽地告诉小晚："外婆是车祸去世的，送到医院的时候脸上都是伤口，很多血，没多久医治无效走了。还要多谢殡仪馆的美容师，让外婆现在可以干干净净、整整齐齐地和大家告别……"

看着妈妈泪如雨下的脸，小晚一边帮妈妈擦眼泪，一边学着自己伤心时妈妈安慰自己时的样子，抱着妈妈轻拍妈妈的背部。

很多亲属都来了殡仪馆，和外婆告别，最后小晚跟着妈妈爸爸送外婆火化，捧回了外婆的骨灰盒，安葬在墓地中。

后来，小晚在网上搜索，才知道妈妈曾经说的"殡仪馆的美容师"原来就是殡葬业美容师，也叫入殓师，是专门给去世的人化妆美容的人。想到他们每天都面对死人，小晚佩服他们的胆量，但想到告别时外婆慈爱的模样，小晚十分感谢他们能让外婆体面地离开这个世界。

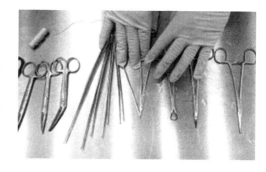

职业小百科

　　殡葬业美容师，即从事遗体清洁、美容、按摩、穿衣等，为逝者提供最后关怀和服务的工作人员。这是一项十分崇高的工作，他们尊重遗体，善待遗体，把死者当成自己的亲人来服务。此外他们还拥有高超的技艺，即便是损坏情况严重的遗体，也可以凭借高超的技术将其恢复到最佳状态。他们的工作内容还包括了解逝者生前的生活和故事，然后制作 DVD，并根据家属要求定制追思会流程等。

　　在实际生活中，殡葬业美容师这一职业，往往会被家人或者朋友不理解。但仍然有一批爱岗敬业的殡葬业美容师，十年如一日坚守在岗位上，为逝者服务，他们是最值得敬佩的人。

职业领路人

　　张宏伟——上海龙华殡仪馆整容化妆技师，被誉为"殡葬美容金状元"，被评为 2010 年全国劳动模范。曾为政界要人陈国栋、汪道涵，著名作家巴金、数学家苏步青、艺术家杨丽坤、陈逸飞，飞车超人柯受良……的遗体防过腐，整过容。在 20 年的殡葬职业生涯中，他凭借勤学苦练、无私精神和高超技能，不仅在专业技术上取得了目前全国仅有的四位防腐整容技师之一的资格，成了殡葬行业的著名技术骨干，还获得了多项荣誉和奖项。

职业生涯思考

- 人都有生老病死，你怎样看待殡葬业美容师这个职业呢？
- 你看过《入殓师》这部电影吗？请认真观察这一影片，说说自己的认识和感想。

药剂师
——最熟悉药物的人

职业·小·故事

寒流袭来，阿宇早晨起来突然发现自己不舒服，嗓子痛得，说话都费劲，于是赶紧把自己的异状告诉了妈妈。妈妈查看了阿宇的状况，发现不是很严重，就是扁桃体红肿发炎了，于是决定带阿宇去离家很近的社区门诊看病。

医生让阿宇去做了一个血常规检查，然后依据检查结果给开具了药物处方，并告知妈妈去交费，然后去药房领取药物。

虽然每次看病都是这样的流程，但阿宇突发奇想地问："妈妈，为什么都要单独去药房领药？医生怎么不直接给拿药呢？"

妈妈回答道："医学诊断和药物可不是一回事，医生擅长的是怎样诊断病情，并根据病情制订不同的治疗方案，他们并不是对药物最熟悉的人。药物是一门大学问，比如不同药物的成分、副作用、服用禁忌、服用方法、判断药物是否失效等，而且不同药厂生产的药品也会有成分或剂量上的差别，这些都需要专门进行系统地学习，可不是随随便便什么人都可以胜任的。药房的工作人员，被称为药剂师，他们主要在医院药房、零售型的药店、药厂、医药公司等地方工作，是最熟悉药物的人。有专业的药剂师给配药，自然不用担心拿错药、吃错药。"

阿宇恍然大悟道："药房和药店的人看起来普普通通，我一直以为都是没什么技术含量的服务型工作，原来他们这么厉害，精通那么多药物方面的知识。"

职业小百科

　　药剂师，也叫执业药师或药师，是负责提供药物知识及药事服务的专业技术人员。药剂师是药物方面的专家。工作内容主要包括：研究、开发并参与医药产品的生产制作，负责新药产品的医效实验，对新药进行生产质量监控等；审核医生处方的数种药物中是否有出现药物相互作用；根据病人的病历、医生的诊断，为病人建议最适合他们的药物剂型（如：药水、药丸、塞肛药等）、剂量；教导病人服用药物时要注意的事项和服用方法；解答大众有关药物的问题；检查毒、麻、限、剧、贵重药品和其他药品的使用、管理情况。另一方面，药剂师负责核实医生的处方，与医生起相互监察的作用。

职业领路人

　　翟所迪——北京大学第三医院药剂科主任，教授，主任医师。中国执业药师协会理事，中国药学会医院药学专业委员会委员，中国医院协会药事管理委员会委员，北京市药学会医院药学分会副主委，北京市药师协会药物使用委员会主委等。2003年北京大学医学部防治非典工作优秀共产党员；2005年北医三院优秀共产党员；2006年度荣获北京大学医学部师德先进个人奖，北京大学优秀共产党员；2007年荣获北京大学优秀临床科主任奖。

？ 职业生涯思考

● 感冒后，家里有之前剩下来的感冒冲剂，你觉得可以直接拿来喝吗？

● 药物事关生命，不可儿戏，更不容一丝差错，你怎样看待药剂师这项工作？

造价师
——计算成本的高手

职业·小·故事

为了满足人们出行的需要，芳芳家附近正在修建新的地铁线路，连新闻上都报道了这件大事。

爱思考的芳芳记得自己在电视上看到，修建一条地铁线路要花很多钱，她突发奇想的向爸爸提问道："爸爸，咱们家附近修建的这条地铁线路，需要花多少钱才能修好呢？"

爸爸先是对芳芳的问题大加赞赏，接着回答道："爸爸也不知道要花多少钱，这个问题只有修建地铁项目的造价师最清楚。像修建地铁这样的大工程，计算造价也不是一件简单容易的事情，不同路段施工难度、施工进度各不相同，所以修建成本也会存在差异，加上人员工资开支、购买各类建材、租用不同的施工设备、遇到技术难题时聘请专家……造价师是专门计算工程造价的技术人员，他们是计算成本的高手，可以把修建地铁线路的费用算得清清楚楚。"

听了爸爸的解说，芳芳内心惊叹不已，"天啊，造价师也太厉害了吧，连这么复杂繁琐的问题都可以计算得清楚明白，他们究竟是怎样做到的呢？"

爸爸解释道："现代社会，当然很多事情都离不开计算机，造价师也是，他们可以使用预算软件、工程量辅助计算软件、钢筋辅助计算软件等工具，来降低计算的难度，提高自己的计算效率和准确率。熟练掌握各种辅助软件和计算工具，也是造价师必须具备的基本功之一。"

职业小·百科

造价师，即持有造价工程师执业资格，在工程建设活动的建设、设计、施工、工程造价咨询、工程造价管理等单位和部门，从事计价、评估、审查（核）、控制及管理等工作的专业技术人员。分为一级造价师和二级造价师。

国家在工程造价领域实施造价工程师执业资格制度。造价师的工作内容包括：建设项目投资估算的编制，审核及项目经济评价；工程概算、预算、结（决）算、标底价、投标报价的编审；工程变更及合同价款的调整和索赔费用的计算；建设项目各阶段工程造价控制；工程经济纠纷的鉴定；工程造价计价依据的编审；与工程造价业务有关的其他事项等。

职业领路人

柯洪——资深造价师，研究国内外工程管理问题多年，经验丰富，参与完成了若干项国家、省部级研究课题；主持编写了全国造价工程师执业资格考试培训教材，同时主编、参编各种教材和专著7本。

王双增——造价工程师、监理工程师、注册咨询工程师；参与过施工管理、造价咨询、现场监理等工作。有丰富的实践经验，多次受邀在搜狐等媒体进行网络辅导，接受中国教育电视台等多家媒体采访，目前国内工程类教育的领军人物之一。

 **职业生涯思考**

● 你觉得造价师除了具备扎实的数学基础外，还需要掌握哪些技能？为什么？

● 假设现在你家需要手工制作一个猫爬架，请你充当造价师，算一算大概要花多少钱，都需要花在哪里吧！

结构工程师
——建筑骨骼的设计者

职业·小·故事

一直生活在内陆平原城市的兰兰，没见过多少结构迥异的大桥。暑假她参加了学校里组织的夏令营活动，与大家一起前往海滨城市天津。

到了天津后，兰兰兴奋极了，她看到了金钢桥。这座桥看起来形状像彩虹一样，奇怪的是桥下不像普通桥有很多柱子，但桥面稳稳当当的，无数车辆如流水般穿行。疑惑的兰兰向随行的老师提问："老师，这座桥看起来随时都会倒掉，可为什么能稳稳当当的正常使用呢？"

老师解答到："金刚桥属于拱梁式桥梁，采用的是中承式受力结构，钢结构的拱柱内灌混凝土，上方钢拱与桥采用拉杆相连接作为受力体系，与主拱桥相连接的两侧引桥由四分之一圆弧的钢管支撑，其间的一些立柱将桥上方的压力传递给拱和圆弧，进一步传递给地基。虽然看起来不太安全，实际上非常牢固安全！"

"这么奇特的结构，究竟是谁想出来的呀？"兰兰接着问。

"这是结构工程师们的杰作，结构工程师是专门研究、设计建筑承重体系的技术人员，是各种建筑骨骼的设计者。不仅是造型各异的桥梁，包括我们日常居住的房屋，看到的各种造型的高楼大厦，背后都有结构工程师们的汗水与付出。正是他们的辛苦工作，才能保证建筑安全、稳固，人们才能放心的居住、使用，即便是遭遇狂风、暴雨、小地震等也不必担惊受怕。"

结构工程师，即从事建立和布置建筑物的结构承重体系（包括水平承重体系的楼、屋盖等和竖向承重体系的砌体、柱子、剪力墙等），以满足房屋的承载力、安全、稳定和使用等方面的专业技术人员。结构工程师需取得相应资质，分为一级注册结构工程师和二级注册结构工程师。

结构工程师的工作内容包括：负责结构专业前期技术调研；编写各阶段结构设计任务书；参与扩初设计和施工图设计的审核工作，参加施工图会审，审查施工单位基坑开挖，基础施工方案和施工组织设计，跟踪检查基础、主体结构的工程质量；解决施工中碰到的结构设计技术难题。

职业领路人

孙钧——工程力学家，隧道与地下结构工程专家。长期从事高校地下建筑工程专业教学，进行地下结构理论研究，对发展地下结构流变力学、粘弹塑性理论和防护工程抗爆动力学等学科有重大贡献。出色地完成了多项重大工程、国家基金和科技攻关任务

聂建国——中国工程院院士，现任清华大学土木工程系教授，博士生导师，教育部长江学者特聘教授，结构工程与振动教育部重点实验室主任、中国工程院土木、水利与建筑工程学部院士。

 职业生涯思考

● 你知道哪些结构会更稳固吗？和小伙伴们一起讨论，说一说自己的理由。

● 球形结构很坚固，比如看似脆弱的蛋壳，其实外部的承重能力就很不错，但现实生活里，圆形的建筑顶端设计却很少见，你觉得是为什么呢？

建筑设计师
——建筑之"魂"

职业·小·故事

你知道著名的悉尼海上歌剧院吗？它是澳大利亚的地标建筑，也是20世纪最具特色的建筑之一，贝壳形屋顶充满了海洋风情，也使这座建筑显得如此与众不同。

你知道上海东方明珠吗？这座建筑高468米，塔内有太空舱、旋转餐厅、上海城市历史发展陈列馆等景观和设施，早在1995年就被列入上海十大新景观之一。

你知道北京故宫吗？它是明清两个朝代的皇宫，又被称为紫禁城，是世界上现存规模最大、保存最完整的木质结构的宫殿型建筑。

你知道印度的泰姬陵吗？这座建筑被评为"世界新七大奇迹"，是一座由白色大理石建成的巨大陵墓清真寺，由殿堂、钟楼、尖塔、水池等构成，用玻璃、玛瑙镶嵌，具有极高的艺术价值。

大到电视、媒休上的全球著名建筑，小到我们生活身边的每一个普通建筑，以及城市的地标性建筑，这些形态各异、功能不同的建筑都是建筑设计师的杰作。

建筑设计师，顾名思义就是专门设计建筑的人，他们用不同的建筑材料、不同的设计理念、不同的设计风格等，给我们呈现出一个精彩纷呈的建筑世界：郊外漂亮的田园别墅、CBD城市中心的现代化摩登大楼、旅游景区充满特色的异型建筑、整齐漂亮的一栋栋居民楼、古色古香的仿古式建筑、宏大壮观的剧院、宽敞的体育场馆……只要是有建筑的地方，就有建筑设计师们流下的汗水。

职业小百科

建筑设计师,泛指建筑专业的设计师,是建筑行业的多个工种的统称,简称建筑师,包括建筑主体设计、外墙设计、景观设计、室内设计等。建筑设计师通过与工程投资方和施工方的合作,在技术、经济、功能和造型上实现建筑物的营造。

建筑设计师的工作包括:根据设计要求完成建筑风格、外形等总体设计;提供各种建筑主体设计、户型设计、外墙设计、景观设计等;协助解决施工过程中的各种施工技术问题;参与建筑规划和设计方案的审查,建筑图纸修改等。普利兹克奖被认为是建筑界的诺贝尔奖,也是众多建筑设计师极为看重并努力追求的终身荣誉。

职业领路人

梁思成——著名建筑设计师,对北京市的城市规划和建筑设计提出了很多重要的建议,并参加了北京市城市规划工作,参加了国徽的设计和人民英雄纪念碑、扬州鉴真和尚纪念堂等建筑的设计工作,对建筑设计的民族形式进行了探索。

张开济——新中国第一代建筑设计师,曾任北京建筑设计研究院总建筑师、北京市政府建筑顾问。1990年被建设部授予"建筑设计大师"称号。他曾设计天安门观礼台、革命博物馆、历史博物馆、钓鱼台国宾馆、北京天文馆等建筑。

? 职业生涯思考

• 每个人心目中,都有一座理想的房屋,说一说你心目中最美的房屋是什么样的?

• 如果你是一名建筑设计师,你打算设计建造一座什么样的建筑,为什么?

布线工程师
——专业的"结网人"

职业·小故事

小云家正在装修新房子，妈妈专门联系了一个施工队，这天妈妈带着小云一起去看装修进度。一进门，小云看见水泥的地面和墙面上，有不少各种各样的管线，她好奇极了，问装修的叔叔那些管线都是干什么用的。

一位负责布线的叔叔回答道："这些管线的用处可大了，这里头有电线，如果不提前铺设好，没有线路，家里的各种电器会无法使用；有宽带线路，只有提前铺设了线路，等装修好入驻后，才能顺利便捷地安装宽带，才能有网可用；有漏电保护线路，这样一旦发生漏电、短路现象，漏电保护开关就会自动跳闸，避免危险情况的发生……"

小云听完忍不住惊叹道："原来这些管线这么重要！"

在离开的路上，小云和妈妈说："那个布线的叔叔好厉害，那么多线都布置的整整齐齐的。"

"负责布线的叔叔是布线工程师，每一栋建筑里都有非常庞杂的综合布线系统，这些系统就好比是大楼里的高速公路，连接着每家每户，连接着整个小区，连接着楼与楼。布线系统让大楼实现了智能化，只要有了路，想连接网络就可以连接，想安装固定电话时电话线可以连接，想安装烟雾警报器也能顺利连接。布线工程师是专业的（结网人），可以把各种线路都设计的整齐美观。千万不要小看综合布线系统，一般来说布线系统的投资能够占到建筑总投资的3%～5%，布线工程师可是一个高薪有前途的职业。"

职业小百科

布线工程师，即从事楼宇自动化、防火自动化、通信自动化、办公自动化、信息管理自动化等所有系统布线工程的专业技术人员，他们在土建阶段就要连接 3A 的线缆，综合布线至建筑物内。

布线工程师的工作内容主要有：为客户提供技术支持服务，解决线路使用过程中出现的问题；负责有关网络布线的技术支持、安装指导、产品培训；负责建筑智能化综合布线项目方案的撰写、产品配置、图纸绘制等。

要想成为一名布线工程师，不仅要了解综合布线或通信类电缆连接器等产品的相关标准，熟悉综合布线产品与系统集成施工，还要精通 Linux/Unix/Windows 操作系统，熟悉 TCP/IP 协议、路由器、交换机等，同时具有动手能力和设备软硬件排障能力。

职业领路人

田添谷——专业布线工程师。擅长现代家庭综合布线，可统筹安排家庭音响、宽带、电话、电视视频、安全防护报警、智能遥控线路等，形成家庭智能线路系统，能做到房间内看不见任何裸露线路。即使几年后，房主增改线路或者新添家电，也无需新拉明线，或者敲墙打洞换线，破坏原有装修。有效避免了乱拉线、乱复接等问题。

职业生涯思考

● 线路的功能能不能正常使用很重要，也是要最先考虑的问题，其次布线的美观性也不容忽略。请你用毛线、耳机线、跳绳等作为道具，尝试一下怎样把线整理美观吧！

路桥工程师
——路与桥的设计者

职业·小故事

一年一度的春节到了，8岁的洋洋跟随爸爸妈妈一起回老家过年。汽车奔驰在高速公路上，坐在后座的洋洋朝着车窗外望去。

不远处的一幕吸引了洋洋的目光，只见：一处高架桥正在修建当中，天寒地冻马上就要过春节了，居然也没有停工，高大的塔吊正在把预制好的桥面往桥墩上放，下方还有工作人员在地面遥控指挥……

"妈妈，你看，那些叔叔现在正在架桥，原来汽车走的高速公路是这样建成的呀。"

妈妈摸了摸洋洋的头，耐心说到："没错，叔叔们正在架设高架桥，这可不是一项简单容易的工作，需要具备过硬的专业素质。从事路、桥设计施工的工程技术人员叫路桥工程师，不管是公路、高速公路，还是我们坐火车时走的铁路，包括遍布在全国各地大大小小的桥梁，都少不了他们付出的辛勤汗水。而且，路桥工程师是一个特别值得我们尊敬、佩服的职业，他们工作的环境相对比较恶劣，时常驻扎在人迹罕至的地方。为了赶工期，不管是刮风下雨还是过年过节，往往都会坚守在岗位上，与家人也是聚少离多。"

妈妈的话让洋洋很触动，他看着妈妈问："这些路桥工程师叔叔是不是不能像我们一样回家过年？"妈妈点点头。

洋洋短暂的沉默了一小会儿，禁不住感叹道："路桥工程师叔叔们真伟大，他们牺牲自己，只为让大家有更宽阔的路可以走，能更方便的出门、回家。"

职业小百科

路桥工程师，即从事公路、铁路、桥梁施工的设计，组织并监督施工的工程技术人员。他们熟悉路桥工程相关国家规范规程，熟知相关专业施工流程，能熟练运用测量仪器；能独立处理施工现场常见技术问题。

具体来说，路桥工程师的工作内容包括：编写施工组织设计及施工方案；负责图纸会审及计算详细工程量；负责对劳务施工队进行现场技术指导及交底，监督及有效控制施工过程；和监理工程师保持沟通协作，推动工程正常进行；负责提供当月所完成的工程量；向材料部门提供详细材料计划，督促材料进场；合理安排各种大型施工设备，比如吊车、铲车、挖掘机等；合理安排下属施工技术人员的工作。

职业领路人

刘伯莹——国家道路工程专家，曾任交通部公路规划设计院标准规范室主任工程师、中交公路规划设计院道路设计室主任、中交路桥公司副总经理。参与中华人民共和国行业标准《公路排水设计规范》的起草工作，2003 年，被建设部评为全国工程建设标准定额工作先进个人。

康斯坦丁·西林——世界著名桥梁专家，苏联人，曾于 1948 年至 1957 年来中国工作，指导并参与建造中国第一座跨越长江大桥——武汉长江大桥。他用精湛的专业知识和伟大的奉献精神，使工程提前 2 年完工，为国家节约了大量资金。这座倾注了他无数心血的长江大桥，也因此成为纪念中俄两国人民友谊的丰碑。

？ 职业生涯思考

● 高速公路上的很多路桥工程，都处在没有人烟的偏僻之处，路桥工程师们为了早日建成通车，常会在远离人烟的地方安营扎寨，一干就是一年甚至更久，你怎样看待他们的敬业精神？

电气工程师
——电力的传输者

职业·小故事

青青跟着爷爷奶奶在老家小镇上读书，这阵子爱观察的她突然发现，小镇上来了不少"面生"的人。他们穿着统一样式的制服，戴着安全帽，衣服背后写着"电气"字样，上学路上经常会看到他们三三两两地在买早餐。

又到了课间游戏时间，青青没和同学们一块去玩，而是找到了老师，想解答自己的疑惑。

"张老师，我发现镇上来了不少穿制服、戴安全帽的人，他们是什么人？来干什么？他们衣服上的'电气'又是什么意思呢？"

张老师遇到爱学好问的学生自然十分高兴，他说道："咱们镇旁边，有处高山正在开发景区，为了满足未来景区的用电需要，比如缆车、路灯等都需要用电，当然要安装电力设备。你看到的那些穿'电气'衣服的人，应该是前来安装调试电力设备的电气工程师。"

"电气工程师？"青青还是有些疑惑的看着张老师。

"电气工程师是一种职业，是指专门从事电力专业的工程技术人员。我们生活中看到的高压电塔就是电气工程师们的杰作。此外，家里使用的各种电器，比如电冰箱、电磁炉、电视机等，以及粉碎机、水泵、电动三轮车等生产工具，这些电器的设计生产也离不开电气工程师的帮助。"

青青听完老师的讲述，终于明白了，原来电气工程师就是爷爷奶奶总告诫要远离的高压电塔的主人。正是有了他们专业的工作，电力才得以顺利传输到每一个需要电的家庭中。

职业小百科

电气工程师，即从事勘测、规划、设计、电力工程建筑、安装、调试、技术开发、实验研究、发供电运行、检修、修造、电网调度、用电管理、电力环保、电力自动化、技术管理等工作的电力专业工程技术人员。

工作内容包括：参与工程的初步设计的审定及施工图纸的会审，主要审查电气设计是否符合该项工程的要求及电气设计是否合理；参与审查施工单位的施工组织设计及施工方案，主要审查施工单位施工人员的技术素质及施工力量，能否满足该项工程的技术及进度要求；施工过程中抓好质量及工程进度；验收及后续的技术服务。我国电气工程师实行执业资格注册管理制度。

职业领路人

汤广福——著名电气工程专家，中国工程院院士。在电源理论研究领域有创新和发展，在电机瞬变和变流技术上有重要革新，获国家科学技术进步奖一、二等奖各1项，国家技术发明二等奖1项，省部级科技进步奖6项等众多奖项。

张仁豫——我国电气工程领域著名专家，清华大学电机系教授，中国高电压学科的创始人和奠基人之一。主持完成的"沿染污介质表面放电的研究"获1993年国家自然科学奖三等奖；"高海拔外绝缘及电晕特性研究"获1992年国家科学技术进步奖三等奖。"超高压合成绝缘子"获1997年国家科学技术进步奖二等奖。

 职业生涯思考

● 电线等设备随着春夏秋冬的交替，会受到热胀冷缩的影响，如果事先没考虑到这一点，很可能会因温度变化而影响设备的正常运行。如果你是一名电气工程师，你有办法解决这个问题吗？查查看，专业的电气工程师们是怎样解决这一问题的。

飞机维修师
——飞机的专属"医生"

职业·小·故事

"啊啊啊，第一次坐飞机好开心啊，飞机那么重，肚子里又要坐很多人，它竟然能飞起来，实在太神奇啦！"6岁的乐乐一听到爸爸订好了机票，要带他坐飞机出去玩，整个人都乐开了花。

终于如愿坐飞机飞到了天上，兴奋过后的乐乐开始脑洞大开，向坐在旁边的爸爸不停小声提问。

"爸爸，飞机会不会突然在天上坏掉？万一哪里出故障了可怎么办？飞机会不会掉下去？"

爸爸故作玄虚地说道："飞机和汽车一样，使用时间久了肯定多少都会出故障的，比如有些零件老化需要更换，有些螺栓松动了需要拧紧。不过不用担心，飞机一般是不会在天上突然出故障掉下来的。因为每一架飞机落地后起飞前，都有专门的飞机维修师来给它们做体检。飞机维修师是飞机的专属"医生"，他们会仔仔细细的排查飞机的每一个地方，发现问题或故障后，会及时地进行维修、养护。有了他们保证飞机的'健康'，我们自然就不用担心飞机会在天上坏掉了。"

乐乐小声惊叹道："飞机维修师听起来好厉害，可是我见过维修汽车的4S店，怎么从没见过飞机维修师呢？他们在哪里修飞机？"

"飞机维修师是一个很冷门的工作，首先从业人员并不像汽车维修人员那么多，二是他们的工作通常都是在机场的幕后。我们出行的旅客在乘坐飞机的过程中不会接触到他们，所以绝大部分普通人自然见不到他们，也不太清楚他们的工作。"

职业小百科

飞机维修师，也被称为飞机的保养师、维护师，即从事飞机故障诊断、维修、日常检查等保障飞机安全飞行的专业技术人员。他们就像飞机的专属"医生"，运用自己高超的技术为飞机诊治一个又一个疑难杂病，为飞机安全飞行的捍卫者。

飞机维修师的工作内容包括：负责检查飞机各组成部分、装备、零件的齐全；负责飞机的维修工作，确保航行安全。这是一项非常特殊的冷门工作，从业门槛高，待遇很好，必须持有CAAC飞机维修基础执照，还要掌握多种机型的维修技术，具备丰富的工作经验。资料显示，一架飞机飞行一小时，即需要五个小时的维修时数，足以见得飞机维修的重要性。

职业领路人

邓韵——90后女工程师，就职于吉林省福航航空学院有限公司维修工程部，是飞机维修行业少见的女性工程师。她与9位同事在吉林松原查干湖机场为飞行员培训用教练飞机进行检修和维护保养工作。虽然是女性，但她工作起来毫不逊色，飞机航前，从飞机外观到内部机械工作状态，有超过100个项目都需要检查，每一项她都会认真排查，在她看来"安全是头等大事，一个螺丝都马虎不得"。

芮银超——20世纪末某陆航团招收的第一批新兵。入伍25年来，只做了一件事：维护飞机。他先后维护过6种机型的直升机，熟练掌握500多类直升机"疑难杂症"的诊治办法，排除直升机故障和事故隐患700多起，安全保障飞行2000多个场次，是一名自学成才的出色维修师。

职业生涯思考

● 你坐过飞机吗？你觉得飞机维修师的工作为什么非常重要，说一说自己的想法。

● 说一说你知道的飞机机型有哪些，对于飞机维修师要掌握多机型维修技术，你怎么看？

汽车设计师
——设计汽车的人

职业·小·故事

别看小军只是一个 8 岁的男孩，他可是一名资深的"汽车发烧友"。喜欢车、爱玩车是绝大多数男孩子的天性，但小军可不仅仅是喜欢，他从 3 岁开始就非常热衷于各种汽车知识。为了满足孩子的爱好，爸爸给他添置了很多仿真款汽车模型，如今小军的"收藏"已经十分丰富了。

从各式各样的拖拉机、铲车、挖掘机、重型卡车，到吉普车、越野车、轿车、老爷车、古董车等，小军很为自己的"收藏"骄傲，专门把这些形形色色的汽车摆放在一排展示架上。每次和小伙伴们介绍自己的"收藏"和汽车知识，他总是信心满满、如数家珍。

"哇，汽车居然有这么多种类和样子！这两个我在大街和马路上从来没看到过。这都是谁做出来的，也太有才了吧！"路路受邀到小军家，一看到整个展示架上的各类汽车模型，便忍不住惊叹起来。

熟知不少汽车知识的小军回应道："当然有才啦，这都是汽车设计师的杰作。汽车设计师可是很厉害的存在，他们不仅像美术大师一样对美有执着的追求，而且还是熟知机械、动力、结构、制造等专业知识的技术人才。他们是设计汽车的人，也是用金属、机械、制造等呈现美、创造美的人。设计汽车是一个巨大的工程，既美观好看，又要满足人们的使用功能，还要在当前技术条件下能制造出来，汽车设计师的工作难就难在要在这三者中找到一个最好的平衡点。"

汽车设计师，即根据对目标市场和车型定位的考虑，提出具有市场竞争力的产品方案的设计者。必须掌握汽车设计绘画表达和汽车工业曲面理论及汽车工程基础。

汽车设计师是一个对综合素质要求很高的职业，既要具备市场时代的眼光，有艺术家的气质，又要像工程师一样理性，具备宣传家的口吻，还要有市场与消费、人文艺术、汽车工程与制造基础等观念。这远远不够，还要懂得产品消费心理学、产品与市场、图形符号寓意、审美文化与时尚、美术绘画表达、工程图学、产品工程基础、工业制造常识。一个优秀的汽车设计师，需要形成自己的风格，并与所服务的汽车品牌形成相互支持的良性合作关系。

职业领路人

马克·纽森——著名汽车设计师，设计了福特021C汽车，这款汽车内部充满了好玩的色彩，就像儿童画的汽车。尽管纽森的概念车只是昙花一现，但新千年以来，包括Smart和新款Mini在内的许多畅销城市汽车都遵循了这样的理念：从美学角度看，汽车仍然可以是有趣的。

乔治亚罗——意大利人，著名汽车设计师，参与了玛莎拉蒂全新轿跑系列的设计。他塑造了汽车的经典外形线条，内部集合了高性能跑车技术的应用，将自己的传统风格与流行款式相结合，在运动车领域独树一帜。

职业生涯思考

• 你有喜欢的汽车吗？描述一下你喜欢的汽车外形是怎样的，有哪些吸引你的设计元素。

• 如果你是一名汽车设计师，充分发挥你的想象力，说说你打算设计一款怎样的汽车？

汽车维护工程师
——汽车的专属"医生"

职业·小·故事

爸爸开车送萌萌上学的路上,看到了一辆越野车拖着一辆车祸后破损非常严重的车辆,只见整个车头有三分之一的部分都凹陷进去了,车身也有不少刮蹭的痕迹。萌萌随口问道:"爸爸,这辆车是发生了车祸吗? 整个车都变形了。"

爸爸肯定得说:"看样子,肯定是发生了很严重的车祸。"

萌萌又问:"越野车要把这辆车拖到哪里去? "

"肯定是汽车修理厂或者4S店啊,那里有专业的汽车维护工程师,也就是咱们平时说的汽车修理师傅,他们会从专业角度对破损的汽车进行评估,然后对其进行修复。只要不是太严重的问题,汽车经过了汽车维护工程师的手,都能恢复正常形态并正常使用。"爸爸耐心的回答道。

"哇,汽车维护工程师也太厉害了吧,这么严重的破损都能修好吗? "

爸爸说:"这辆车能不能修好,爸爸不是专业人员,所以也不知道。汽车维护工程师是汽车的专属'医生',能诊断、评估汽车的损伤程度,制订维修、养护方案,可以给车主提供技术咨询、技术支持等服务。当然汽车维护工程师也不是万能的,如果汽车的核心部件或整体框架都严重损坏了,那么汽车基本上也就丧失了维修的价值,车主还是选择直接报废掉更好。"

随着经济的发展,人们的出行越来越频繁,私家车也越来越多了,因此市场对汽车维护工程师的需求也随之增加,这可是个挺热门的职业呢!

职业小百科

汽车维护工程师，又叫汽车技术支持工程师，即负责汽车市场支持性技术资料的收集，为经销商、服务商、销售部门以及终端消费者提供技术咨询、技术支持服务，并对客户提出的汽车测试标准进行可行性评估的专业技术人员。

汽车维护工程师的工作内容包括：跟踪、协调汽车的测试进程；与汽车研发部门和汽车生产车间进行技术方面的对接，实时掌握汽车产品与汽车技术的最新状况；编制公司内部汽车产品知识及汽车技术的培训资料；建立和维护汽车技术文档体系；熟悉汽车零部件物理化学性能检测，负责提供汽车售后关于技术上的支持等工作。

职业领路人

李东江——河南延津人，高级工程师，汽车维修领域 SAE-CHINA 资深工程师。曾任南京农业大学农业工程学院拖拉机汽车教研室主任、讲师。现任交通运输部《汽车维护与修理》杂志社执行主编。每年在全国举办电控汽车故障检测方面的讲座 100 多场，足迹遍布全国。

贾亮——汽车维修工技师、高级考评员，中国大能手第三季汽车维修项目比赛冠军。2014 年 9 月被阜阳技师学院聘为教师，后担任阜阳技师学院汽车工程系副主任、钣金与涂装专业部学科带头人，阜阳正通集团和阜阳雪峰集团技术总监。

❓ 职业生涯思考

• 汽车可是构造复杂的庞然大物，说一说汽车上都有哪些部件，各自都发挥什么作用呢？

• 假如你是一名汽车维护工程师，客户对你的工作不认可、不接受，甚至愤怒，你会怎样处理呢？

你喜欢的职业是它么？

汽车电机工程师
——控制汽车"心脏"的人

职业·小·故事

你听说过电动汽车吗？当前，"电动汽车"行业可是十分火爆，除了比亚迪、一汽等传统的汽车制造企业，连格力等公司也开始跨界进入"电动汽车"行业。

虽然"电动汽车""新能源汽车"的名号，很多人都不陌生，不过亲爱的青少年朋友们，你知道"电动汽车"的工作原理吗？它究竟是怎样依靠电力来实现行驶的呢？

说到"电动汽车"，就离不开它的"心脏"，也就是"电动汽车"的核心部件——电机。所谓电机，即将电池电能转换成机械能，驱动电动车车轮旋转的部件。电机性能的好坏，直接影响着"电动汽车"的速度、使用寿命等。

也许好奇的你会问："这些关系电动汽车核心性能的电机都是谁做出来的呢？"

答案是汽车电机工程师，他们是控制汽车"心脏"的人，拥有丰富的技能知识，不仅熟知各种各样的电机型号、性能，对国内外的电机新材料、新工艺、新技术也是如数家珍，同时他们还是制图、3D等软件的使用高手。仅具备以上条件，可不足以成为一个汽车电机工程师，还需要具备机电、电机与电器类的高等教育背景，拥有扎实的专业技术基础。

汽车电机工程师的工作很复杂，他们在设计制造电机时，要考虑到各种恶劣天气下的使用情况，让电机耐温、耐潮，能长时间稳定运行，还要尽可能的让结构简单。如此一来才能做到低成本批量生产，维修也会更容易、更便宜。

职业小百科

电机工程师，即具有机电、电机与电器类专业学历，有丰富电机设计经验、电机独立开发经验或生产制造经验的中高级人才。

要想成为一名电机工程师，必须熟悉 ERP 系统，会使用各种 2D、3D 及数据库软件，能熟练使用 AutoCAD 制图，了解国内外电动机、发电机及特种电机的新技术、新工艺、新材料，能对电机方面技术问题进行咨询、解答、指导和培训。

在实际工作当中，电机工程师按照工作内容又细分为：电机总工程师、电机研发工程师、电机开发工程师、电机控制工程师、电机设计工程师、电机工艺工程师、电机制造工程师、电机测试工程师、电机项目工程师、电机结构工程师、电机销售工程师、电机采购工程师等。

职业领路人

蔡蔚——全球知名新能源汽车电机专家，被雷米国际誉为"混合动力汽车用驱动电机产品之父"。精进电动创始人兼首席技术官、国家"千人计划"专家、我国新能源汽车"十三五"科技发展规划起草组成员之一。2010 年，他先后入选北京市朝阳区"凤凰工程"海外高层次人才、中关村高聚工程，第二批北京"海聚工程"高层次人才和第四批中央"千人计划"国家特聘专家。目前，精进电动的驱动电机产销和出口均居我国新能源汽车电机领域首位，并已成为全球产销量领先的独立驱动电机供应商之一。

 职业生涯思考

● 你了解电机的构造吗？你见过真实的电机或者电机仿真模型吗？说一说你对电机都有哪些直观的认识，不妨在父母或老师的陪同下，一起上网搜索学习一下关于电机的知识吧！

飞行器设计师
——飞行的实践者

职业·小故事

这天，小玖所在的学校组织同学们一起去参观中国航空博物馆。

航空博物馆可真大啊，馆区竟然有 72 万平方米；展出的飞机真多啊，各式各样的竟然有 800 余架。

到达博物馆后，同学们都很兴奋。有的同学围着毛泽东座机，有的则对"长征二号"F 火箭的残骸更感兴趣，还有一些"军迷"一直围着战机打转。

小玖被如此众多的飞机震撼了，喷气式飞机、螺旋桨式直升机……博物馆中不仅有中国的飞机，还有不少苏联、美国、法国、日本、加拿大等国家的多种型号飞机。

"老师，这么多飞机，各有各的不同，真是太震撼了！"小玖忍不住和带队的田老师感叹道。

田老师回应道："是啊，这些各式各样的飞行器都是无数飞行器设计师们的心血，是不同时代航天事业的印迹与见证。"

"飞行器设计师？"小玖还是第一次听到这样一个职业。

"飞行器设计师，通俗来说就是设计飞机、滑翔机、热气球、火箭等飞行工具的专业技术人员，正是有了他们的智慧与付出，人类才能实现从陆地到天空的飞翔梦，我们今天才能乘坐客机、小飞机等出行。如今，航天工程越来越发达，飞行器的种类和用途也越来越多，比如无人机，不仅可以航拍，还能用来播种、撒农药等。"

职业小·百科

　　飞行器设计师，即从事飞行器（包括航天器与运载端）总体设计、结构设计与研究、结构强度分析与试验，精通通用机械设计及制造的高级工程技术人员和研究人员。要想成为一个飞行器设计师，必须拥有扎实的数学、力学基础知识，精通飞行器工程基本理论，拥有飞行器总体结构设计与强度分析、试验能力。

　　飞行器设计师的工作内容包括：熟悉航空航天飞行器设计的方针、政策和法规；熟悉航空航天飞行器设计的理论前沿、应用前景和发展动态；研究并解决有关前沿基础理论与应用课题，提出新设计概念、进行关键技术攻关、系统整合等。

职业领路人

　　莱特兄弟——美国飞机发明者威尔伯·莱特和弟弟奥维尔·莱特。他们从小就对机械装配和飞行怀有浓厚的兴趣，从 1896 年开始就一直热心于飞行研究。1903 年 12 月 17 日，莱特兄弟设计制造的第一架飞机"飞行者"1 号　在美国北卡罗莱纳州试飞成功。1904 年，莱特兄弟设计制造了装配有新型发动机的第二架"飞行者"，最长的持续飞行时间超过了 5 分钟，飞行距离达 4.4 千米……莱特兄弟对飞机发明的贡献很大，是现代飞行器设计的鼻祖。

职业生涯思考

　　● 我们平常乘坐的客机与军事节目中的直升机、战斗机是不是都很不一样呢？说一说它们都有哪些区别，为什么不同飞机的外形上有那么大的差别呢？
　　● 运载火箭、"神州"五号、滑翔机、热气球属于飞行器吗？说一说你的理由。

铁路车辆工程师
——高铁的缔造人

职业·小·故事

暑假，爸爸妈妈带6岁的小鹏去外地旅行，高铁站的人可真多呀！小鹏和爸爸妈妈排在长长的队伍中等待安检进站，好不容易终于进了候车大厅，不一会儿就开始检票进站了。

只见长长的站台上，驶入了一列火车，列车宛如一条快速滑行的蛇，顺着铁轨而来并停靠在站台边。第一次乘坐高铁的小鹏十分兴奋，跟随爸爸妈妈上车落座后，小鹏开始兴致勃勃地提各种各样的问题。

"爸爸，听说高铁非常快，究竟能有多快呀？"

爸爸耐心地回答道："没错，高铁的速度非常快，每小时能行驶300千米左右，部分高铁的速度每小时可以达到350千米。比如：从首都北京到广州，乘坐高铁最快只需要8个小时左右就能到达，在没有高铁之前，乘坐普通的特快列车，可要花上将近30个小时，一天一夜都不止。不过，你知道如此高速、方便、安全的高铁，究竟是谁设计修建的吗？"

听了爸爸的详细解说，小鹏被高铁深深震撼了，可爸爸的问题，他却一点头绪都没有，只能疑惑地摇摇头。

"高铁的诞生离不开铁路车辆工程师们的劳动。铁路车辆工程师是高铁的缔造人，他们是专业的铁路设计人员，不管是列车还是铁轨，都属于他们的工作范畴，正是他们的勤劳和智慧，让火车一代代升级。从速度慢的绿皮火车到今天全封闭式的高铁，从原来以柴油为燃料的柴油机车到今天使用电力的电力机车……"

小鹏忍不住感叹道："铁路车辆工程师们真厉害呀！"

职业小百科

铁路车辆工程师，即从事设计铁路机车车辆以及研究进行铁路机车车辆的轮轨关系、动力、信息技术、牵引自动化等方面的专业技术人员。

要想成为一名铁路车辆工程师，首先要有铁路机车或者车辆专业等方面的良好教育背景，拥有扎实的理论知识和基础知识，其次还要经历实践的打磨与历练，只有经验丰富的铁路机车或车辆设计人员，才能逐渐成长为一名优秀的铁路车辆工程师。

在火车轨道上飞驰的机车，是铁路车辆工程师智慧的结晶。他们凭借过硬的理论知识和丰富的机车设计经验，攻克一个个设计难题，让人们享受到"高铁"的安全、方便与快捷。

职业领路人

詹天佑——12岁留学美国，1878年考入耶鲁大学土木工程系，主修铁路工程。他是中国近代铁路工程专家，被誉为中国首位铁路总工程师，有"中国铁路之父"、"中国近代工程之父"的美称。1905—1909年主持修建了中国自主设计并建造的第一条铁路—京张铁路；创设"竖井开凿法"和"人"字形线路，震惊中外；在筹划修建沪嘉、洛潼、津芦、锦州、萍醴、新易、潮汕、粤汉等铁路中，成绩斐然。著有《铁路名词表》《京张铁路工程纪略》等。

❓ 职业生涯思考

• 从速度很慢的绿皮火车，到特快列车、动车，再到如今的高铁，火车的运行速度是越来越快了。虽然提升速度能给人们带来方便，但与此同时也会增加很多安全风险，你觉得铁路车辆工程师是怎样解决"提速"带来的安全隐患的呢？

87

船舶工程师
——与海洋共存的"舞"者

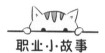

职业·小故事

退休的爷爷奶奶准备赶时髦去体验一下邮轮，深受爷爷奶奶喜爱的方方正好十一假期，于是和爷爷奶奶同行。

三人先是前往天津登船，一看到港口停靠的巨大邮轮，方方就被惊呆了，虽然平时和爸爸妈妈出游也乘坐过游船，但那些游船与眼前的巨大邮轮相比可是小巫见大巫。邮轮非常大，而且还有好几层，等到了船上，方方兴奋地拉着爷爷奶奶在船上四处闲逛。这艘邮轮简直就是一个小型闹市，船上有可供睡觉休息的房间，有餐厅、咖啡厅、酒吧、赏景的甲板，还有表演可以看。

更让方方感到震撼的是，当船驶入大海远离陆地后，海面上的浪也随之越来越大，可船却一种稳稳当当的在航行之中，非常有安全感。

"爷爷，这艘船可真大啊！船上还有这么多东西，肯定很重，现在却能完好地浮在海面上，即使这么大的风浪都能正常航行。这实在是太厉害了！"方方忍不住感叹道。

爷爷回答道："那当然啦，这可是船舶工程师们的杰作。他们是专业的船舶设计人才，不管是咱们现在乘坐的这艘邮轮，还是大大小小的渔船，包括巡逻舰、驱逐舰、海监船等各种海上军事船只，都少不了船舶工程师们的努力工作。船舶工程师是一个充满海洋情怀的职业，没有对海洋的热爱，对茫茫海域的探索好奇心，是很难成为一名船舶工程师的。除此之外还要学习很多专业知识，比如船舶动力学、船舶构造、船舶外形与浮力关系等。"

船舶工程师，即研发设计船舶的专业技术人才。要想成为一名船舶工程师，首先必须掌握船舶构造、外形等方面的基础理论和知识，其次必须熟悉船舶的动力系统，对船舶在海上的航行条件及意外情况有深刻的认知，精通浮力与船舶的关系等。

地球上的海洋面积远比陆地面积大得多，浩瀚的海洋既神秘又充满了吸引力，船舶工程师是人类实现遨游大海梦想的实践者和推动者。他们一般在船舶生产、制造或技术开发公司任职，也可以在研究院或是设计院等研究机构任职。

船舶工程师是高级技术人才，他们的技术高低直接影响着我国船舶设计制造业的发展，影响着我国海军装备的好坏，其重要程度不言而喻。

职业领路人

许学彦——船舶设计专家，新中国造船事业的重要奠基人，中国船舶工业集团公司第七〇八研究所前总工程师，中国科学院院士。先后主持和参与了六、七十种型号船舶的设计工作，填补了中国船舶设计的许多空白。他主持设计了我国第一艘万吨级远洋货船"东风"号，性能指标达到了当时国际先进水平；主持设计了中国长江第一艘大型豪华客轮"昆仑"号；主持设计国家重点"718工程"中的主要三型船舶：即远洋跟踪综合测量船队的主测量船"远望"号、海洋调查船"向阳红"10号和远洋打捞救生船"J121"号等三型船舶；主管设计了我国第一批万吨级出口船。为中国船舶事业的发展和海军装备现代化建设做出了重要贡献。

职业生涯思考

• 随着我国船舶技术的不断进步，从没有航母，到第一艘航母下水，再到第二艘航母下水，海军的装备越来越先进了，说一说船舶工程师在航母的设计制造中承担着怎样的角色。

废气处理工程师
——净化空气的环保使者

职业·小故事

这天，爸爸接放学的小雅回家。学校离家不远，走路10分钟左右，需穿过两个十字路口。

当小雅和爸爸在路口等绿灯时，马路上堵车了，一长排汽车一动不动。小雅觉得空气糟糕透了，到处都弥漫着一种略带汽油味的怪味。她忍不住用袖子捂住口鼻，并和爸爸抱怨道："爸爸，空气好差，味道好难闻啊！"

爸爸说："这是汽车尾气的味道，堵车了，这么多车都在一起，每一辆都在排放尾气，空气当然不怎么好。"

终于等到了绿灯，小雅和爸爸快速通过了人行横道，远离了堵车的马路，空气终于清新起来了。小雅问爸爸："老师说，汽车排放尾气会污染环境，有没有什么办法可以净化这些污染气体呢？"

"当然有，废气处理工程师就是专门从事各类污染气体净化工作的人。其实人们不光排放汽车尾气污染环境，很多工厂也会排放废气，人类排放的各类废气中含有二氧化硫等有毒、有害的气体。长期呼吸被污染的空气，很容易导致鼻炎、喉癌等各类呼吸道疾病，对人体健康有非常严重的负面影响。废气处理工程师是净化空气的环保使者，除了处理净化各种生产废气外，他们也在积极解决汽车的尾气污染问题。原来的汽车尾气可都是肉眼可见的"黑烟"，而且味道也更加刺鼻，如今的汽车尾气污染要轻得多，其中就有废气处理工程师们的功劳。相信有一天，随着技术的发展，汽车尾气的问题可以得到彻底解决。"

职业小百科

废气处理工程师，即负责环保废气工程项目的设计、调试工作，操作废气处理专用设备，除去废气中有害污染物和颗粒物的专业人员。他们熟识国家与地方环保法律法规，熟悉脱硫除尘、有害气体治理技术；有废气处理工艺设计、工艺改进的能力。

一般来说，废气处理工程师的具体工作内容包括：废气处理项目技术方案的编写与工程图纸的审核；承担、组织废气处理项目的设计和实施工作；指导、解决工程中存在的实际技术问题；主持工艺调试，编写工艺运行报告、工艺调试报告；及时把握行业内的动态及废气处理新工艺、新设备，并能应用到工程实践当中；向政府相关部门申报资料及协助审核。如今，人们越来越重视空气质量，废气处理工程师是废气处理工程必不可少的核心人员，未来发展空间很大。

职业领路人

张仁熙——复旦大学环境科学研究所所长，复旦-大恒 VOCs 废气治理研究中心主任。致力于环保技术研发与应用长达 20 余年，申请发明专利 16 项，获上海市科技进步奖二等奖 2 项，上海市科技进步奖三等奖 1 项。其中开发的 CPP 光耦合等立体技术入选国家重点环境保护技术实用技术名录、国家先进污染防治示范技术名录。

候惠奇——复旦大学博士生导师，"低温等离子体异味气体治理技术"发明人，江苏大恒环保科技有限公司专家顾问。获国家教委科技进步奖二等奖 1 项，上海市科技进步奖二等奖 2 项，获专利十余项。

 职业生涯思考

● 近几年，不少地区都遭受了雾霾的袭击，在雾霾的影响下，饱受鼻炎等呼吸道疾病困扰的人群也逐渐增多。你认为雾霾与废气的排放有关系吗？废气处理工程师能为减少空气污染做些什么？

大气污染控制工艺设计师
——大气污染的拦路人

职业·小·故事

康康虽然只有7岁，但已经算得上是一名资深鼻炎患者，他已经有长达3年的鼻炎病史。一到雾霾多发的冬季鼻炎就会犯病，每次感冒鼻炎也会如期而至，实在是给生活和学习带来了很多不便。

冬季取暖季到了，康康所在的城市接连几天都是空气重度污染，连太阳都是若隐若现。果不其然，康康的鼻炎又来了，头昏脑涨、鼻塞、不停流鼻涕。

康康觉得难受极了，妈妈带康康看完病回家的路上。被鼻炎折磨的康康忍不住和妈妈说："妈妈，要是没有雾霾，每天都是空气清新的好天气，我是不是就可以远离鼻炎的魔爪了？"

妈妈摸了摸康康的头，耐心回答道："空气质量好的话，鼻炎的发作次数肯定能相对少一些。康康长大了，可以做一名大气污染控制工艺设计师，他们是大气污染的拦路人，能够通过工作和智慧减少大气污染，提高空气质量，减少污染气体的排放，从而为整个地球的环保事业做贡献。"

"好呀！"康康双眼发亮地说，"可是，怎样才能成为一名大气污染控制工艺设计师呢？"

"首先，一定要好好学习，取得本科、最好研究生的学历；其次要精通环境和气象、环境和规划、生物和调查技术、经济和环保、专业和工艺等；还要熟知各种清洁生产技术、节能减排技术等，积累一定的实际工作经验。要想成为一名优秀的大气污染控制工艺设计师，可不容易，康康要加油哦！"

大气污染控制工艺设计师，即对大气污染控制工程等环境污染预防和控制工程等进行工艺设计、改进、设备研制、改装、调试运行的工程技术人员。这一职业需要通晓环境和气象、环境和规划、生物和调查技术、经济和环保等知识，具备环保设备的设计与制造、操纵与维护、设备功能的改进和完善、环保设备的科技开发、应用研究和运行管理等能力。

经济的快速发展带来了富裕的生活，同时也带来了工业生产废气的排放以及汽车尾气的排放等空气污染，近年来随着人们对空气质量的重视，大气污染控制行业繁荣发展，大气污染控制工艺工程师十分短缺抢手。

职业领路人

朱廷玉——中科院大气污染控制技术专家，申请国内外专利 17 项，其中授权美国发明专利 1 项，中国发明专利 4 项。自主开发的"内外双循环流化床烟气脱硫技术""电石渣湿法喷雾烟气脱硫技术"已在国内数十家企业的工业锅炉／窑炉脱硫工程中实施，取得了良好的社会效益和经济效益。作为第一完成人，研究成果先后获得 2009 年第十一届中国专利优秀奖、2009 年北京市科学技术奖二等奖、2010 年环境保护科学技术奖二等奖。2003 年入选"北京市科技新星计划"，并获第六届北京技术市场金桥奖个人三等奖。

 职业生涯思考

• 大气污染会造成哪些负面影响？说一说你的切身感受和认识。你如何看待大气污染控制工艺设计师们的工作。

你喜欢的职业是它么？

测绘员
——丈量地球的高手

职业·小·故事

陌生城市，走在街头突然发现迷路了怎么办？当然是用手机开导航啦！

开车外出，四通八达的马路，该走哪个路口呢？当然是跟着导航走喽！

……

如今，地图导航可是人们出行的必备法宝，有了它再也不用为"是不是向行人问路"而纠结了。不过，你知道如此方便好用的带有导航功能的地图究竟是怎么来的吗？

不管是百度地图，还是高德地图、腾讯地图等，这些地图的功能都非常强大，我们可以借助它们查看任何一个城市的交通路线。不仅如此，还能在地图上清晰地看到乡镇、农村、高山、湖泊等。这些地图上的丰富信息可都不是凭空而来，而是由专业的测绘员完成的。

测绘员是丈量地球的高手，他们采用实地走访、GPS 定位、遥感技术、航拍等各种各样的手段，对地面上的人工设施如道路、村庄、大厦等，以及地面上天然形成的自然景观如山、河、湖等进行测定、数据采集。

正是因为无数测绘员的辛苦、细致的工作，今天的我们才能用上如此详细、方便、快捷的电子地图。要知道，古代的地图可都是关系军国大事的机密，普通百姓很难接触到地图，而且那时候测绘技术比较落后，加上交通不便，测绘人员实地走访测绘也受到很大限制，因此地图往往不够详细、完整。

GPS 卫星定位系统、遥感技术等的发明，使得测绘效率大大提高，精准率也获得了很大程度的提高，街景地图也逐渐普遍起来。

测绘，指对自然地理要素或地表人工设施的形状、大小、空间位置及其属性等进行测定、采集、表述以及对获取的数据、信息、成果进行处理的活动。测绘员，顾名思义，就是从事测绘工作的人员。

如今的测绘员，主要是依托计算机技术、光电技术、网络通讯技术、空间科学、信息科学等，以全球定位系统（GPS）、遥感（RS）、地理信息系统（GIS）为技术核心，将地面已有的特征点和界线通过现代高科技的多种测量手段，如航拍，来获得反映地面现状的图形和位置信息，测绘结果可供工程建设的规划设计和行政管理等使用。

职业领路人

刘先林——中国摄影测量与遥感专家、测绘专家，被誉为测绘界的"工人师傅"。1962年毕业于武汉测绘学院；1987年成为国家测绘局测绘科学研究所教授级工程师；1994年当选为中国工程院首批院士。一直致力于航空摄影测量理论与航测仪器的研究工作，并取得了一系列重大科研成果，多项成果填补国内空白，结束了中国先进测绘仪器全部依赖进口的历史。他通过仪器研制有力地推动了整个行业的发展，大大加快了中国测绘从传统技术体系向数字化测绘技术体系的转变。

 职业生涯思考

• 刚进学校的新生，对学校的整体环境都会很陌生，为了方便新生们更快了解学校，请你测绘一张学校的路线图，简单体验一下"测绘员"的工作吧！

• 测绘结果除了用于工程规划和行政管理，尽情打开你的脑洞想一想，是否还可以有哪些其他的用途呢？

勘探工程师
——专业寻宝人

职业·小·故事

煤炭、石油、铁、铜、金……我们日常生活中的很多物品都与各类矿藏有着分不开的密切关系，比如家家户户使用的"电"很大一部分就来自于煤炭，石油更不用多说，满大街的汽车大部分都是以石油为能源，钢铁、铜、金等金属在生产生活中的应用也十分广泛。

不过，你知道这些矿藏都是哪里来的吗？没错，很多矿藏都是从地下挖出来的。中国有九百六十万平方公里，如此大的面积，究竟哪里才是矿藏的埋藏之地呢？

人类毕竟不是孙悟空，也没有"火眼金睛"的本领，凭借肉眼的能力，是无法穿透地面直接看透地下的情况的。但我们又不可能把所有的地面都挖开来寻找矿藏，这样费时费力成本高，效果实在不好。那么，究竟怎样才能高效、快速地把埋藏在地下的矿藏找出来呢？

不用着急，勘探工程师们有自己的绝招。勘探工程师，顾名思义就是专门负责各类矿藏、地质勘探的专业技术人员，他们对不同矿藏的分布规律、周围的地质结构、矿床位置、地层分布等有着十分深入的研究，凭借这些知识与智慧，加上现代化的勘探工具、勘探技术等，勘探工程师们就能够在特定区域找到有价值的矿藏。

别看勘探工程师们都是专业的寻宝人，但他们的实际工作并没有那么听上去那么炫酷。这份工作需要长时间在野外作业，需要良好的体力、耐得住寂寞的性格，而且要能吃苦。总的来说，勘探工程师是一个很有挑战性的职业。

职业·小百科

勘探工程师，即从事探测地球的内部结构、组成、构造特征和地层分布，绘制地质图件，确定石油、天然气、煤及其他金属与非金属矿床位置、储量及开发价值的工程技术人员。

一般来说，勘探工程师的具体工作内容包括：在预选的地区勘查矿物资源；协助编制勘查计划、钻探设计和勘查报告；参与野外地质矿产填图、物化探勘查、岩矿采样、槽探和钻探等地质工程编录和管理；负责详勘、初勘的组织安排及实施工作；针对开发过程中出现的地质和工程问题，提出解决的具体措施和建议。

要想成为一名勘探工程师，除了要熟悉地质的分析、采样等工程工作，还要有良好的地质勘探技术，熟练运用相关仪器。更重要的是，必须有过硬的身体素质，能适应野外的工作条件。

职业领路人

李庆忠——石油勘探专家，中国工程院院士，目前工作于中国海洋大学。提出两步法偏移技术，研制的"绕射波扫描叠加偏移"技术得到广泛应用。作为主要完成者的科研成果—"数字地震勘探技术的应用与发展"获国家科学技术进步奖一等奖。"陆相沉积地震地层学的若干问题"的研究成果是对现代地震地层学的一个重要补充。研究的"地震子波零相位化方法""用剔除拟合法求取纵波正波入射剖面"技术获得高分辨率地震勘探的剖面。

职业生涯思考

• 在人迹罕至的荒山野地里开展勘探工作，可不是一件轻松容易的事情。如果你是一名勘探工程师，奉命勘探铁矿，可连续一个月工作都没进展，你会怎么办呢？

水利水电工程师
——水系魔法师

职业·小·故事

　　小宁爸爸有每天早起看新闻的习惯，这天小宁吃早饭时，听到新闻中说"三峡工程"，她看着电视里的宏伟画面不禁有些好奇。

　　爸爸送小宁上学的路上，小宁不禁好奇地问："爸爸，新闻中说的三峡工程是怎么一回事啊？"

　　知识渊博的爸爸缓缓道来："三峡工程，全称是长江三峡水利枢纽工程，也叫三峡水电站。这座水电站位于中国湖北宜昌境内的长江西陵峡段，是世界上规模最大的水电站，也是中国有史以来建设的最大型工程项目之一。除了可以用来发电之外，还有航运、种植、防洪、蓄水等十多种功能和用途。这座水电站从1994年就开始动工，一直到2009年才全部完成，历时15年，工程规模十分浩大。"

　　听了爸爸的详细讲述，小宁忍不住感叹道："三峡工程可真厉害呀，这么大的工程究竟是谁设计、建造出来的呢？"

　　爸爸回答道："参与三峡工程设计、建设的人非常多，其中最重要的当属水利水电工程师。他们是专门从事水利水电工程设计、研究、施工的工程技术人员，不光三峡工程，我们日常生活中见到的水库、灌溉系统等也都少不了他们的参与。因为工作中一直与水打交道，水利工程能让洪水变害为宝，还能抗旱灌溉，所以水利水电工程师又被人们成为'水系魔法师'，他们用自己的专业知识技能和智慧，让江河湖泊的水资源变得安全无害，从而更好的为人类服务。"

职业小百科

　　水利水电工程师，即从事水利水电研究、设计、施工等工作的专业技术人员。具体来说，他们的工作内容包括：设计水库、水电站、水利枢纽、灌排系统等水利、水电建筑，负责相关的施工工作；研究江河湖海水文、水力情况及水利建筑特性；研究水能利用、农田水利运用；制定水利设计技术指标、操作方法、技术规程；进行水利、水电设施的运行调度；分析处理各种技术问题，指导操作人员作业等。

　　水利水电工程师是一个充满"魔法"的职业，他们能把一些有限的建筑材料构建成各式各样的水利建筑奇观，水库、水电站、水利枢纽、灌排系统等。一般就职于水利水电研究所、各个水利水电站以及水利水电方面的建筑施工公司等。

职业领路人

　　张超然——水利水电工程专家，中国工程院院士，现任中国长江三峡工程开发总公司总工程师，参与了三峡工程重大技术问题的决策，为三峡工程作出了重大贡献。先后主持过金沙江溪洛渡、四川锦屏一级高坝、桐子林、沙牌、小关子、东西关、冷竹关、西藏金河等大中型水电站的可行性论证研究和勘测设计工作。先后获得"成都市优秀党员""先进生产者""有突出贡献的中青年专家""湖北省劳动模范"等称号，2000年荣获全国五一劳动奖章称号。

职业生涯思考

　　● 长江、黄河中下游每到夏季暴雨时节，就容易出现洪涝灾害，从古至今"治水"一直是个大问题。古有大禹治水，今有水利水电工程师。说一说水利水电工程师对于防洪的重要性。

印刷技术工人
——知识的复刻者

职业·小故事

月月是个非常爱读书的姑娘，别看才8岁，识字量已经和成人相差无几，她最喜欢的周末活动就是让妈妈带自己去图书馆看书。

图书馆的书真多啊！一排排书架上都摆满了书，书的种类也是五花八门。有趣味十足的各类绘本故事，有充满艺术氛围的各种绘画类册子，有种花、养宠物、做菜、编织等各类生活图书，还有历史、科技、计算机、经济、军事、政治等各种各样的图书。月月到图书馆看书，不知不觉就是一整天。

心满意足的看了一天书，月月和妈妈一起回家。路上，妈妈提了一个问题："月月啊，你这么喜欢看书，你知道图书馆的那么多书都是怎样制作出来的吗？"

月月胸有成竹地答道："我当然知道啦，它们都是印刷出来的，中国古代就有了印刷术，这可是我国古代的四大发明之一呢！"

"那你知道是谁印刷的吗？"妈妈接着问。

这回月月可被难住了，只能求助于妈妈。

"从事印刷工作的人，叫印刷技术工人，他们不仅印刷图书，我们平时生活中看到的宣传单、杂志、作业本、笔记本、台历、带有各种图案的纸箱、纸盒等也都是印刷出来的哦！印刷是一个相对比较小众的行业，而且也属于幕后工作，平常我们普通人是很难接触到印刷厂和印刷技术工人的。虽然小众，但他们却是知识的复刻者，如果没有他们，那么知识的积累以及传播、传承必然会受到影响，印刷技术工人的工作可是非常有价值的，是一个非常值得尊重的职业。"

职业小百科

　　印刷技术工人，即从事与印刷相关工作的专业技术人员。具体来说，他们的工作内容主要包括：探索新的印刷技术与方式；熟练使用各种类型的印刷机器；负责印刷产品品质，满足客户需求；控制印刷的得率、产量、工时、物耗在标准范围内；负责生产设备的维修保养；负责印刷各类表单、流程的稽核；依各项生产规定保质、保量完成生产务等。

　　相对来说，印刷技术工人是一个比较小众的职业，但对于整个社会的文化积累与发展却非常重要，他们是知识的复刻者，在知识的传播与积累方面，扮演着非常重要的角色。

职业领路人

　　毕昇——中国古代发明家，活字版印刷术发明者，印刷技术工人中的佼佼者。北宋蕲州（今湖北英山县）人，初为印刷铺工人，专事手工印刷。他发明的胶泥活字印刷术，被认为是世界上最早的活字印刷技术，为古代文字与知识的大范围传播做出了突出贡献。

　　谷腾堡——德国金银匠、印刷商、欧洲活版印刷术发明者。1438年同几名金银匠订立研究活版印刷术的合同，秘密制作金属活字。1448年返回美因茨，改进自己研制的字模浇铸铅合金活字的发明。从1450年起，与J富斯特合伙经营印刷所。他的发明包括：铸字盒、冲压字模、铸造活字的铅合金、木制印刷机、印刷油墨和一整套印刷工艺。

 职业生涯思考

　　• 我们日常生活中接触到的图书、海报、卡片等都是印刷品，你知道这些东西是怎样印刷出来的吗？说一说你对印刷过程的理解。

　　• 你会制作"橡皮章"吗？试着在一块橡皮上刻自己的名字，然后刻好后再粘上印泥，把名字盖在纸上，体验一下印刷的乐趣。

油藏工程师
——专业找"油"人

职业·小·故事

石油在人们生产、生活中的应用十分广泛。从遍布全国各地的加油站到随处可见的沥青马路，石油已经成为生产、生活必不可少的能源。此外，化肥、杀虫剂、各种塑料制品、服装鞋帽等，这些看似与石油没有什么关系的产品，实际上其生产原料里也有着石油的影子。

汽油、柴油人们都比较熟悉，可你知道原油是什么样子的吗？最原始的、刚开采出来的石油是一种粘稠的、深褐色液体，主要成分是各种烷烃、环烷烃、芳香烃的混合物。一般来说，石油大部分都分布在地壳上层部分，要想在广袤的地壳中找到石油，可不是一件容易的事情。

不过石油有"隐身大法"，人类也有专业的找"油"人，他们就是油藏工程师。油藏工程师十分擅长石油矿藏的勘探，可以通过特殊岩心的分析、油藏流体 PVT 分析、测井分析等多种技术和手段，准确找到油藏所在地，模拟计算油藏的数值、开发价值等，从而为石油的开采工作提供重要的信息数据。

大庆油田、辽河油田、克拉玛依油田、大港油田、玉门油田……这些我们耳熟能详的油田，为全国各地源源不断地输送着"工业血液"。其实，这些油田的发现以及开采等都离不开油藏工程师们的辛苦工作。

油藏工程师是一份比较辛苦的工作，需要四处勘探石油资源，驻守油田、油井等采油地开展工作，但他们的辛劳与汗水是值得的。正是他们的存在，让中国摘掉了"贫油国"的帽子。

　　油藏工程师，顾名思义就是主要从事石油勘探工作的工程技术人员。具体工作内容包括：估算油气藏的储量，预测生产动态；负责勘探开发钻井和资产收购及剥离有关的经济评价；起草预算、预测、储量等报告文档；协助钻井方案编制与实施；建立油藏模型，通过数值模拟研究开发方案和产量剖面；进行详细数值模拟研究，分析流体运动主要控制因素，优化井的生产和设计；通过分析研究，掌握油藏流体流动特征；开发和维护油田盈利能力标准模型；进行勘探开发钻井和完井项目的储量估算和经济分析；分析测井、地层压力、流体等资料；研究和提出现有资产的开发潜力。

职业领路人

　　张志东——油田开发专家，现任中国石油辽河油田分公司总经理、党委副书记、辽河石油勘探局局长。实施的葡北油田注气混相驱现场试验，填补了国内开发技术的空白，受到学术界的关注，为吐哈油田及我国相似油田实施水气交替混相驱开发，提供了理论依据和矿场经验；提出了适合吐哈低渗透油田以注气为主的多元化三次采油战略主攻方向，开辟了油区"2+3"提高采收率综合技术应用前景；取得了3500米超深稠油井筒降粘举升工艺的突破。

 职业生涯思考

　　● 石油是当今世界十分重要的能源，在没有找到足够的新的可替代能源之前，石油的重要性不言而喻。请你谈一谈油藏工程师们工作的重要性。

勘探分析师
——矿业集团的灵魂

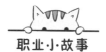

职业·小·故事

小岚家住山区某小镇上，附近有一处大型铁矿，小镇上随处可见铁矿上的外地工作人员前来购买各类生活用品。善于思考的小岚不禁想，铁矿都埋藏在大山里头，里边人迹罕至、植被茂密，连当地人都很少会去的地方，铁矿究竟是怎么被发现的呢？

听了女儿的疑惑，爸爸说道："矿业可是一个国家工业化的重要基石，不管是人们生活中用到的不锈钢器皿、铝合金窗户、彩钢板、太阳能热水器等，还是工业生产中用到的大型塔吊、挖掘机、车床等，都离不开各种各样的矿藏。矿业对于一个国家的重要程度不言而喻，其中最重要的当属矿物勘探，而矿业要想发展，就离不开矿业集团的灵魂——勘探分析师。"

小岚还是不太明白："勘探分析师？"

"勘探分析师是专门从事矿产勘探、矿产开发分析等工作的专业技术人员。这是一种工作辛苦而繁琐的职业，既要细致耐心，又要有很强的责任心，健康的体魄也非常重要。他们需要出差去各地勘探矿产，咱们这边的大型铁矿就是勘探分析师发现的，后来经过几轮的勘探分析后，断定这处铁矿的含铁率高，蕴藏量也很大，非常有开采价值。随后不久就开始开采了。对矿藏的开发价值进行分析也是勘探分析师的重点工作，并不是所有的矿产都值得开采，比如开采难度过大、开采成本很高、矿产蕴藏量很少等情况，是不是有开采价值就需要勘探分析师们来进行综合判断。"

职业小百科

勘探分析师，即从事地质、矿产资源勘查、分析的专业技术人员。具体工作内容主要包括：负责确定地质、矿产等相关项目的系统体系结构和系统应用功能框架；负责组织实施项目应用需求分析、系统应用设计、数据库编码和系统测试等工作；负责跟踪行业的最新数据库技术进展情况；参与调研、分析和咨询工作，并撰写咨询调研报告；负责组织项目开发方案、详细设计、数据库设计等工作及相关文档的编写；指导项目成员进行工作，并解决相关业务问题等。

勘探分析师不仅要精通勘探类业务专题的研究与管理，还要对勘探业务流程有较深入研究或深刻理解，此外还要熟悉某一个或多个专业的勘探业务。

职业领路人

刘益康——全球勘查专家。毕业于中国科学技术大学，从事矿产地质勘查工作，历任四川冶金地质勘探公司技术员、603地质大队技术负责、公司总工程师，西南冶金地质勘查局总工程师，冶金工业部地质勘查总局总工程师，中国冶金地质勘查总局总工程师，中国矿业联合会副秘书长。现任 Silvercorp Metals Inc 董事和中矿资源勘探股份有限公司董事。

王思德——全球矿业专家，中铝资源公司副总经理。从事地质找矿三十年，专注于全球矿业投资价值、机遇及风险的跟踪研究，具有在十余个国家开展勘查与投资的丰富经验。

职业生涯思考

● 勘探分析师是一个既考验脑力又考验体力的工作。结合自己的认识说一说，勘探分析师在开展矿山现场勘查时都会考虑哪些问题。

麻醉师
——手术中的生命保护神

职业·小·故事

6岁的小静终于做姐姐啦！前不久妈妈在医院中剖腹生下了一个小妹妹，妈妈出院带着妹妹回家后，小静非常好奇，除了对出生不久的小妹妹好奇外，她对妈妈的剖腹产也感到好奇。

"妈妈，我听奶奶说，小妹妹是医生在妈妈的肚皮上开刀，然后拿出来的。这是真的吗？用刀把肚皮划开，肯定会很痛吧？"

妈妈躺在床上，拉着坐在床边的小静，微笑着回答道："没错，小妹妹长得太胖了，自己出不来，所以医生就给妈妈做剖腹产手术，把妹妹拿出来了。手术当然会痛，不过幸好有麻醉师，在手术前，麻醉师会给病人做全身或局部麻醉，这样一来，医生开刀手术就不会有很痛的感觉了。"

小静听完又对麻醉师产生了好奇心，"麻醉师怎么这么厉害？我平时不小心摔倒，被磕到的膝盖都要疼很久呢！妈妈开刀手术，那么大那么深的伤口，怎么会感觉不到痛呢？"

妈妈耐心回答道："麻醉师是手术中的生命保护神，可以让患者在无痛的情况下接受手术，这样一来患者就不会因为疼痛而四处乱动，主刀医生在手术的过程中不受患者干扰，自然就能顺利得多。全麻是现今普遍广泛采用的麻醉方式。患者完全处于麻醉状态时是无意识、无痛的，浑身肌肉松弛。不过麻醉也是有时效的，等手术结束，麻醉药效过去后，伤口当然会很痛，所以妈妈现在要卧床休息，这样伤口才能慢慢地一点点长好。"

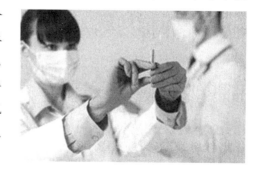

职业小百科

麻醉师，即从事人体麻醉，监控并保证被麻醉人在手术中的安全，减少病人痛苦的专业医生。现代麻醉师的工作范畴已不局限于手术室内，还包括特殊临床麻醉、急慢性疼痛诊疗及门诊、ICU、心肺脑复苏和癌痛治疗及血管痉挛性疾病的治疗麻醉等。

虽然现代麻醉技术已经很完善，但不同病人的病情不同，对麻醉药的耐受程度和生理反应也不同，这就增加了麻醉的风险。因此麻醉师必须具备过硬的素质，能随时采取应急措施，从术前探视、协议书签署、麻醉实施到术后镇痛、术后随访等每一个步骤都必须严谨认真，要有防控麻醉风险的意识以及较强的心理承受力。只有这样才能成为一名优秀的麻醉师。

职业领路人

华佗——东汉末医学家，麻沸散的发明者。麻沸散是世界最早的麻醉剂，比西方早 1600 多年，由华佗创制用于外科手术。《后汉书·华佗传》载："若疾发结于内，针药所不能及者，乃令先以酒服麻沸散，既醉无所觉，因刳破腹背，抽割积聚（肿块）。"华佗所创麻沸散的处方后来失传，传说是由曼陀罗花（也叫闹羊花、万桃花、醉心花、狗核桃）1 斤、生草乌、香白芷、当归、川芎各 4 钱，天南星 1 钱，共 6 味药组成；另一说由羊踯躅 3 钱、茉莉花根 1 钱、当归 1 两、菖蒲 3 分组成。据考证，这些都不是华佗的原始处方。麻沸散是外科手术史上一项划时代的贡献，它对后代有很大的影响。

❓ 职业生涯思考

• 古有"关云长刮骨疗伤"，但并不是每个人都能像关云长一样，能够在没麻醉的情况下忍住手术时的疼痛。试想如果没有麻醉师，人们在接受外科手术时会怎样。

（医学）影像师
——透视病变的"眼"

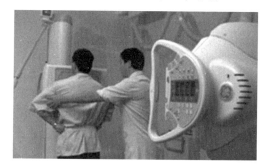

职业·小·故事

学校里每年一次的体检又来了，蒙蒙和其他同学一样，都接受了皮试注射。可等到皮试复查时，蒙蒙被医生单独留下来了，医生还通知了蒙蒙的班主任，并打电话通知了家长，要求家长带蒙蒙去医院里做一个肺结核筛查。

爸爸带着心里忐忑不安的蒙蒙来到了当地医院。开好检查单后，蒙蒙被带到了一个有仪器的房间。检查的医生还专门嘱咐蒙蒙要把外套脱掉，因为蒙蒙外套上有扣子，可能会影响检查结果。紧接着蒙蒙按照医生的指示站在一台仪器前，只见隔着玻璃窗的另一个房间医生似乎是操作了什么，蒙蒙前边的仪器开始左右移动起来，就像扫描机扫描一样，很快医生拍出了胸片。

爸爸带着蒙蒙拿着拍出的胸片找医生查看，医生认真地看了胸片后，在诊断结果上写了"肺部未见异常"，并和善地告诉蒙蒙没什么问题。这时蒙蒙一颗心才落地。

在离开医院的路上，蒙蒙比来的时候开心了不少，她好奇地问爸爸："爸爸，刚才医生让我照的那个仪器是干什么的？为什么操作仪器的医生要让我脱掉外套呢？"

"那是X射线机，能够通过射线检测身体内部的情况，操作仪器的医生也叫（医学）影像师。之所以要脱掉外套，是因为外套上的扣子在检查时会在胸片上形成黑点，容易造成误诊。（医学）影像师可不仅能操作这一种仪器，医院里的CT、心电图、B超等检查都需要（医学）影像师的协助才能完成哦！"

职业小百科

　　（医学）影像师，即操作医学成像设备为诊断提供病人身体内部结构影像的技术人员。一般来说，他们的工作内容包括：使用普通X射线机、血管造影机和CT机等成像设备，提供病人身体内部结构影像；操作核磁共振成像仪，提供病人身体内部结构影像；操作超声成像机提供病人身体内部结构影像；使用核医学成像设备提供病人身体内部结构影像等。

　　要想成为一名（医学）影像师，首先必须有影像学专业或临床医学专业教育背景。其次要熟悉医学成像、医学图像网络、计算机辅助诊断和治疗等方面的理论和方法。还要精通三维医学影像基础，熟悉医学图像处理开发所使用的开发工具，对图像编码、压缩、识别有一定的研究基础，要有DSA处理经验。

职业领路人

　　豪斯菲尔德——CT的发明者，诺贝尔奖获得者。CT是现代医学应用非常普遍的医学检查手段。这项技术是由豪斯菲尔德和科马克共同发明的，两人也因此而获得了1979年度的诺贝尔生理学和医学奖。1975年和1976年，豪斯菲尔德还分别获得巴塞尔大学、伦敦大学等校授予的名誉医学博士学位、名誉理科博士学位和名誉工程学博士学位。1976年，成为英国皇家内科医师学会和外科医师学会的荣誉会员。

职业生涯思考

　　●你在体检的时候或去医院就医的时候，有没有注意到（医学）影像师的工作呢？请你结合自己的认识谈谈他们的工作是怎样的，有什么价值或意义。

儿科医生
——儿童的专属医生

职业·小·故事

小壮的弟弟刚满6个月，一阵流感袭来，弟弟不幸中招感冒了。因为弟弟还不会说话，生病难受只能哭。弟弟一生病，全家人都急坏了，爸爸妈妈带着弟弟前往儿童医院看病，小壮也一块随行。

儿童医院的"小病人"可真不少，此起彼伏的哭闹声不绝于耳。小壮跟着爸爸妈妈到了医院的诊室，看诊的医生非常有耐心，一边冲弟弟微笑着打招呼，一边十分轻柔耐心地检查弟弟的情况。随后医生又问了爸爸妈妈不少关于弟弟病情相关的情况，最后给开了药，并向父母仔细交待了服药的剂量和方法。

看完病，一家人终于回到了家。妈妈去给弟弟冲药，爸爸抱着弟弟坐在沙发上，小壮也陪在左右，"爸爸，儿童医院的医生好和善呀，就像幼儿园的老师一样，还会哄小朋友，感觉和其他的医生有一些不一样呢。"

爸爸一边哄着弟弟一边和小壮说道："当然会有点不一样了，儿童医院是专门给儿童看病的医院，里边的医生基本上都是儿科医生。儿科医生的诊断、治疗对象都是儿童，因此除了要有精湛的医学知识和诊治技术外，还要有亲和力，能和不同年纪的小朋友友善的交流、沟通。所以儿科医生比普通给成人看病的医生，性格更温和，待人更有亲和力。此外，由于年龄小的孩子生病后会哭闹，所以儿科医生都非常的有耐心。作为儿童的专属医生，儿科医生是儿童健康的守护者。"

职业小百科

儿科医生，顾名思义就是主要针对儿童疾病进行治疗的医生。儿科医生的诊断治疗对象是小孩，因此与普通医生不同的是，他们还要与患病孩子的父母、家人做好沟通工作，及时了解小孩的身体状况。儿科医生的工作内容通常包括：利用药物、手术及其他医疗手段对婴幼儿常见病、多发病及先天性疾病进行治疗；医嘱或实施化验及其诊断程序；结合化验检查结果，确定治疗方案，施行治疗措施；询问和检查病人的病情，书写病历，记录病案。

中国儿童总数超过2亿，而儿科医生仅有十几万人，每一千名儿童平均下来只有0.53名医生，远远不能满足儿童的医疗卫生需求。据相关统计数据，我国儿科医师的缺口至少有20万，国家也采取了一系列措施来加大儿科人才培养工作的力度，未来就业形势良好。

职业领路人

李成荣——主任医师，享受国务院政府特殊津贴。现任远东妇儿科医院院长。主持完成国家级科研项目9项，在国内外专业期刊发表学术论文235篇，曾获省部级科技进步奖一等奖、二等奖和三等奖9项。主要研究领域为小儿肾脏疾病学和免疫性疾病。熟悉儿科疾病的诊断处理，擅长诊治难治性肾病、反复呼吸道感染、免疫缺陷病、川崎病、系统性红斑狼疮、幼年类风湿性关节炎等免疫相关性疾病的诊治。

❓ 职业生涯思考

• 你觉得给成年人看病与给儿童看病都有哪些区别和不同？结合儿童诊断治疗的特殊性，谈一谈儿科医生在工作当中都会遇到哪些问题或情况。

你喜欢的职业是它么？

妇产科医生
——女性健康、生产的守护人

职业·小故事

阿凤已经8岁了，爸爸妈妈决定给阿凤生一个弟弟或者妹妹，阿凤对此也非常高兴。自从妈妈怀孕后，每次妈妈去医院产检，阿凤也要坚持和爸爸妈妈一起去。

医生需要借助B超查看胎儿的发育情况。阿凤和爸爸陪着妈妈一起来到了B超室，医生先是在妈妈的肚皮上涂了一层液体，接着便用仪器贴在妈妈的肚皮上来回移动。随着仪器的移动，电脑的显示屏上呈现出了胎儿的影像，能清清楚楚地看到胎儿的头和四肢。阿凤和爸爸还很幸运地看到了胎儿的手脚在动来动去。

医生检查后说，胎儿的发育情况良好，一家人高高兴兴地回家。一路上，阿凤就像十万个为什么一样，不停地问妈妈各种各样的问题。

"妈妈，你肚子里的是弟弟还是妹妹？他什么时候才能出生呢？妈妈的肚子鼓的好大，是不是肚子里的弟弟或妹妹长得很大，怎样才能生出来呢？"

妈妈一边抚摸着大肚子，一边回答道："阿凤肯定是个好哥哥，这么关心妈妈的肚子。现在谁也不知道肚子里的是弟弟还是妹妹，等出生的时候才知道。人类整个孕期有280天，妈妈现在怀孕已经8个月了，再过一个多月，你就能当哥哥啦！至于肚子里的弟弟或妹妹出生，阿凤不用担心，有妇产科医生来帮助妈妈顺利生产，他们是女性健康、生产的守护人，你出生的时候也有妇产科医生帮忙，妇产科医生可是迎接新生儿来到这个世界的友好使者哦。"

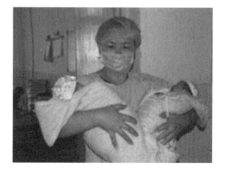

职业·小百科

妇产科医生，即专门守护女性健康，迎接一个个新生命降生的专业医生。妇产科医生是一个比较广义的概念。事实上医院里往往又将妇产科分为妇科（包括妇科肿瘤、感染、内分泌等）、产科、生殖医学（不孕症、优生优育）、计划生育等部分。妇产科医生面对的病人，不仅仅是病人本身，更是关系到病人整个家庭，因此需要承担的责任和风险也更加重大。

妇产科医生是未来人口身体质量把关的第一人，他们不仅需要过硬的专业医学知识，还需要有充沛的体力、良好的心理素质，动手能力也必须很出色，只有这样才能更好地胜任本职工作。值得一提的是，妇产科医生并非都是女医生，还有不少的男医生哦！

职业领路人

潘凌亚——北京协和医院妇产科主任医师、教授、博士生导师，科副主任。长期从事妇产科及妇科肿瘤的临床工作，具有丰富的治疗妇产科，特别是妇科肿瘤疾病的临床经验和熟练的手术技巧。致力于妇科肿瘤、卵巢癌的应用基础研究。先后承担国家自然科学基金5项，国家卫生部基金1项，北京协和医院重点基金1项。有数十篇文章在SCI收录期刊和国家核心期刊发表。

 职业生涯思考

● 现代社会，绝大部分小朋友都是在医院妇产科降生的。问一问自己的爸爸妈妈，看看自己是在哪一家医院降生的，妇产科医生为此都付出了哪些劳动。

骨科医生
——与"骨"为伴的人

职业·小·故事

10岁的阿龙是一个热爱运动的小学生，他尤其喜欢玩篮球。凭借着拔尖的身高、对篮球的由衷热爱以及不错的篮球技术，阿龙顺利加入了学校的篮球队。

加入了篮球队，自然少不了练球、打比赛。在一次与其他学校篮球队的友谊赛中，阿龙在投篮跳起落地时不慎摔倒，非常不幸的是，阿龙伤得很重，当时就无法正常站立了。学校老师立即通知了阿龙的爸爸妈妈，并征得他们同意后，带阿龙前往当地的医院治疗。

阿龙挂的是骨科的号，到达医院后不久，爸爸妈妈也火速赶到了医院。拍片检查后，医生诊断为脚踝有轻微骨裂。听从医生的治疗建议，阿龙需要打石膏对伤处进行固定，以免动来动去影响伤势的恢复。

打好石膏开完药后，爸爸妈妈带阿龙回了家，两周后再去医院复查即可。虽然受了伤，但乐观的阿龙似乎没受什么影响，他乐呵呵地和爸爸说："爸爸，刚才医生的诊室里好奇怪啊，我还看到了尺子、螺丝、电锯、钳子……医生竟然也要用到这些工具吗？"

爸爸回答道："我们在医院挂的是骨科的号，给你看诊的医生是专门的骨科医生，骨科医生顾名思义就是专门看各类骨骼相关疾病的医生，比如骨骼损伤无法修复时需要截肢，就需要用到电锯，比较严重的骨折就需要用钢板和螺丝把骨头固定起来……此外，骨科医生还要很有力气，毕竟正骨等治疗可是一个力气活。"

职业小百科

骨科是各大医院最常见的科室之一，主要研究骨骼肌肉系统的解剖、生理与病理，运用药物、手术及物理方法保持和发展这一系统的正常形态与功能。骨科医生即在医院骨科任职的医生，主要负责各类骨科疾病，如骨折、脱臼、骨关节结核、半月板损伤、腰椎间盘突出、颈椎病、脊柱肿瘤等疾病的诊断和治疗。

随着时代和社会的变更，骨科医生所面对的伤病谱也发生了明显的变化，比如小儿麻痹症等疾病明显减少了，而因为各种交通事故引起的骨折等创伤明显增多，电脑与手机的普及，也让颈椎病、肌腱炎等疾病越来越普遍。这就要求骨科医生必须不断学习、不断进步，以满足人们不断变化的医疗需求。

职业领路人

杜鹏——主任医师，教授，骨科疾病治疗领域泰斗，现任乌鲁木齐爱德华医院骨科首席专家。从事骨科疾病诊疗 30 余年，擅长采用微创技术治疗颈、腰椎疾病，椎间盘突出等疑难病症，尤其对风湿病、关节炎、股骨头坏死等疾病的诊疗有深入研究。曾多次出国留学访问，在国内外核心期刊上发表论文数十篇，参与、主持了多项国家重点课题的研究，在国内骨科疾病领域享有绝高的声誉。

 职业生涯思考

• 骨骼支撑着人的身体，保护着人体的器官，一旦骨骼受损或病变，直接会影响到人体的正常行动，如果你是一名骨科医生，你会怎样告诫人们保护自己的骨骼呢？

眼科医生
——眼睛的守护神

职业·小故事

又到了一年一次的体检时间。小海所在学校是分批由班主任带领，前往当地医院的体检中心进行学校的例行体检。

小海和同学们分成了几组，分别轮流体检不同的项目。在测视力的时候，小海遇到了麻烦，负责视力检查的医生在视力表上接连指了好几次，可小海都看不清。最后检查结果是小海的裸眼视力为0.7，明显是近视，需要佩戴眼镜以矫正视力。

回到家后，小海把自己近视需要配镜矫正视力的事情告诉了妈妈。虽然近视并不是一件好事，但也算不上太糟糕的事。第二天，妈妈便带小海去医院的眼科挂号。虽然到处都有眼镜店，但妈妈还是觉得找眼科医生验光更可靠，顺带还可以仔细检查一下小海的眼睛是否还存在其他方面的问题。

接待小海的眼科医生非常专业，接连给小海做了几项测试，结论是小海的眼睛除了近视并没有其他问题。接下来是验光，左右两只眼睛分别进行检查，原来小海两只眼睛的近视程度并不相同。随后，眼科医生结合小海的视力情况给小海配了一副近视眼镜。

拿到眼镜后，小海第一时间就戴上四处看，果然整个世界都清晰明亮了很多。眼科医生真是视力问题的大救星，这下子再也不用担心看不清黑板上的字了。眼镜的框架也很合适，佩戴起来不紧也不松，框架很轻，即便戴的时间长也不会感觉到负担。小海和妈妈对此都很满意，果然视力问题还是要找正规专业的眼科医生，比普通眼镜店配镜更周到科学。

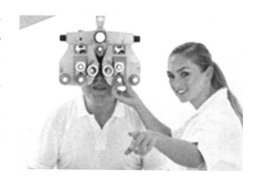

眼睛是心灵的窗户，是我们观察认识世界的重要器官，但眼睛也会"生病"，常见的眼病有结膜炎、角膜炎、白内障、角膜破损、视网膜脱离、视网膜穿孔、晶状体浑浊、晶状体脱位、晶状体破裂、晶状体纤维、近视、散光、弱视、远视、花眼等。眼科即研究发生在人类视觉系统，包括眼球及其相关联组织的有关疾病的学科，眼科医生也就是在医院眼病专科就职的医生。

通常来说，眼科医生又细分为眼科医师和视光医师。眼科医师主要进行眼部疾病的详细诊断和治疗，视光医师则主要进行眼部基本检查、眼病初步诊治、复杂眼屈光和双眼视觉问题的处理。

职业领路人

陈有信——北京协和医院眼科主任医师、眼科副主任、教授，博士生导师。1995年在国内率先开展脉络膜血管的临床及研究工作。在脉络膜血管造影及疑难眼底病的诊治方面积累了丰富经验。近年开展了光动力学治疗，为脉络膜新生血管的治疗提供了新的治疗手段，取得了很好的效果。合作完成的"泪液学临床及实验研究"获得国家科学技术进步奖二等奖、《脉络膜循环时间测定》获全国中青年眼科学术会议优秀论文二等奖、《肝细胞生长因子对 RPE 细胞的调节》获全国中青年眼科学术会议优秀论文一等奖、"吲哚青绿血管造影的临床及实验研究"获得北京协和医院科研奖励。

? 职业生涯思考

● 电视、手机、平板等电子产品的普及，使得现在近视的发病率越来越低龄化，你的眼睛近视吗？请你站在眼科医生的角度，说一说我们应该怎样保护自己的眼睛。

牙医
——牙齿的专属医生

职业小·故事

　　7岁的小灿最近非常烦恼，令人尴尬的"换牙期"到了。她最显眼的门牙掉了，一开口说话都漏风，连说话声音都变了。有些恶作剧的同学，还会因此而笑她。屋漏偏逢连夜雨，更糟糕的是有一颗乳牙，继承的恒牙都冒头了，可这颗乳牙丝毫没有脱落的迹象。

　　一直留心女儿换牙情况的妈妈，很快便发现了小灿牙齿的异常情况，于是趁着周末带小灿去看牙医。

　　看着穿白大褂，旁边工具盒里镊子、钳子等一堆冷冰冰的金属工具，第一次来看牙医的小灿，内心里充满了不安以及对未知的恐惧。按照牙医的指示，她坐到了椅子上，张开了嘴巴，牙医拿着小手电查看了一会儿后，最后确诊为乳牙滞留，需要把迟迟未脱落的乳牙尽早拔除。

　　一听要拔牙，小灿十分担心地问牙医："一定要拔吗？拔牙会不会很痛，可不可以不拔？"

　　牙医微笑着回答道："乳牙滞留如果不进行治疗，残留的乳牙会导致恒牙萌出位置异常，甚至恒牙无法长出，还容易形成龋齿，影响颌骨发育以及面部美观等。如果你想长成一个漂亮姑娘，现在就要配合医生拔牙哦！不用担心痛的问题，拔牙会进行局部麻醉，拔的时候感觉不到痛。"

　　小灿最后还是配合医生，把迟迟不脱落的乳牙给拔掉了。牙医不愧是牙齿的专属医生，拔掉乳牙后，继承的恒牙长得整整齐齐，这让小灿十分感激牙医。

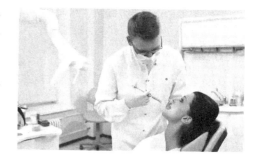

职业·小百科

牙医，全称牙科医生，牙科是医学学科分类之一，在大医院一般并入口腔科。牙医是主要治疗牙齿、牙周相关疾病的专业医生，可以诊断治疗龋齿、牙周炎、牙龈炎、牙龈出血、牙齿缺损等各类牙齿、牙周疾病。

此外，牙医还担负着牙齿健康知识的科普教育工作，告诉人们怎样保护牙齿和齿龈，不过牙医最主要的工作还是治疗牙齿疾病。病人有蛀齿时，牙医要清除牙齿腐烂的部分，然后填补。牙齿破损严重难以修复时，牙医便会拔掉整颗牙，再用假牙代替。牙医都必须经过专业系统的训练。中国最早的牙医学校是 1917 年由加拿大牙科医师林则在成都华西协合大学医科中设立的牙科系，1919 年扩建为牙学院。

职业领路人

王翰章——1949 年毕业于华西协合大学牙学院，获美国纽约州立大学博士学位。我国著名的腔颌面外科专家、口腔医学教育家。提出了在教学中"强素质、宽基础，重实践，求创新"的办学理念，是口腔颌面外科学教学实行"医学基础与口外专业并重，理论教学与实验教学并重"原则的积极倡导者和实践者。

岳松龄——口腔龋病专家。1946 年毕业于华西协合大学牙学院，获牙医学博士学位。曾任该院讲师。1948 年加入中国共产党。建国后，历任四川医学院讲师、副教授、教授、口腔内科教研室主任。从事龋病病因及牙菌斑的研究。著有《早期牙釉质破坏途径的研究》《龋病学》等。

 职业生涯思考

● 你换牙了吗？你身边的同学或小伙伴们有正在换牙的吗？在生长发育的过程中，乳牙会慢慢脱落，恒牙会逐渐长出。说一说你对换牙以及牙齿健康的认识。

呼吸科医生
——顺畅呼吸的好帮手

职业·小·故事

每年冬天都是流感的高发季，最近，阿华班上有好几个同学都因为感冒病倒了，本来他还在为自己的强健体魄而自豪，以为自己定然能在这波流感下幸免于难，谁知阿华高兴得早了点。没几天，他也感冒了。

感冒真是一件令人无比难受的事情，阿华起初是流鼻涕，但很快发展到头晕、打喷嚏、鼻塞，尤其是晚上睡觉的时候，鼻子根本不通气，只能张着嘴呼吸。因为不正确的呼吸方式加上病毒的扩散，阿华的扁桃体也随着发炎，嗓子痛的说不出话。

妈妈当机立断，马上带阿华去医院看病。挂号时，旁边的引导护士问是什么症状，阿华一一陈述了自己的症状，护士随即叮嘱道挂呼吸科的号。

挂号后，妈妈带着阿华来到呼吸科，找呼吸科医生看诊。来看病的人真多啊！善于观察的阿华发现，来呼吸科看病的人大多都是和自己一样感冒的人群。排了一会儿队，终于轮到阿华了。医生很认真地检查了阿华的情况，并让阿华去做了验血，最后确诊为上呼吸道感染，并给开了药，说明了服用方法和服用剂量。

吃了两天药后，阿华果然好多了，嗓子不痛了，鼻塞也缓解了很多。有了精神的阿华和妈妈说："妈妈，咱们去看病的时候，病房里怎么基本都是感冒的人啊！"

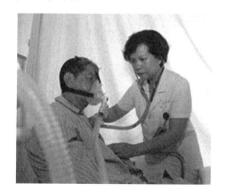

妈妈笑着答道："那当然了，呼吸科医生就是专门给人看呼吸系统疾病的医生。感冒是最常见的呼吸系统疾病，再加上现在是流感季，所以去找呼吸科医生看病的大部分都是感冒的病人。"

职业小百科

呼吸科，即医院专门针对人体整个呼吸系统，包括鼻、喉、气管、支气管、肺部等设置的科室，主要承担呼吸系统疾病的治疗，一些医院将其称为呼吸内科。常见的呼吸系统疾病有感冒、哮喘、咳嗽、肺结核、肺癌、肺炎、百日咳、呼吸衰竭、气胸、慢性支气管炎、肺心病、胸腔积液等。呼吸科医生，顾名思义就是在呼吸科就职，专门诊断、治疗呼吸系统疾病的医生。

除了常见呼吸疾病的诊断治疗外，呼吸科医生还要具备危重病人的抢救能力，要熟练运用定向透药治疗、胸腔穿刺术、微创胸腔置管术、无创及有创呼吸机通气技术等，不断丰富临床经验，学习新的医疗技术和方法，提高自身的专业水平。

职业领路人

张立强——北京大学第三医院主任医师，长期从事呼吸系统疾病的临床和研究工作，具有扎实的呼吸内科理论基础。对慢性阻塞性肺病、支气管哮喘、肺感染性疾病、胸膜疾病、肺间质疾病、睡眠呼吸疾患、内科危重症有较丰富的诊治经验，精通有创与无创机械通气技术。曾在美国哈佛大学医学院附属BIDMC医院呼吸科ICU和睡眠疾患中心做访问学者，从事睡眠呼吸暂停综合征致高血压发病机制的研究。

职业生涯思考

• 呼吸类的疾病很多，其中有一些疾病还带有传染性，比如肺结核、2003年爆发的"非典"等。根据自己的认识说一说，呼吸科医生在工作当中可能会面临哪些意外风险。

你喜欢的职业是它么？

心血管科医生
——心脏血管的监管员

职业·小·故事

——老头子，你今天吃了降压药没？千万别忘了吃啊。

——知道了，你都提醒好几遍了，放心吧，不会忘的，我每天都按时吃。

这是小静爷爷奶奶每天都会重复的对话。是的，小静的爷爷是一名高血压患者，还曾因为血压飙高而晕倒过，自此以后便需要长期吃药控制血压。

虽然对高血压并不陌生，可6岁的小静对心血管疾病的了解并不多。

"爷爷，高血压究竟是怎么一回事啊，为什么不吃药人就会犯晕呢？"小静好奇地问正准备吃药的爷爷。

爷爷回答道："高血压，实际上是一种心血管疾病，最主要的特征就是人体动脉血压增高，如果不加以治疗会引发更严重的问题，所以需要吃降压药。小静这么聪明，爷爷考考你，你知道爷爷的病需要找什么医生看吗？"

小静机灵地说："当然是找医院里的医生看呀！"

"真是个机灵鬼，医院里可是有很多医生，不同科室的医生看的病也是各不相同。高血压属于心血管疾病，所以当然要去心血管科看了。也叫心血管科医生，他们是心脏和血管的健康监管员，不管是高血压，还是血压过低，不论是心绞痛、心悸、心率失常，或者心肌梗死、心肌炎、心跳异常等，只要是与心脏、血管、血液循环有关的疾病，都要找心血管科医生来治疗。你看，我每天都在吃的这个降压药，就是心血管科医生给开的处方。"

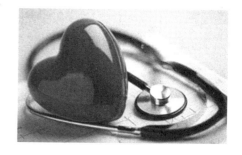

心血管科，也叫心血管内科，不少医院简称为心内科，是各级医院大内科为了诊疗心血管疾病而设置的一个临床科室。治疗的疾病包括心绞痛、高血压、猝死、心律失常、心力衰竭、早搏、心律不齐、心肌梗死、心肌炎等心血管疾病。心血管科医生，是专门诊断治疗各类心血管疾病的医生。

心血管科医生的主要职责包括：门诊诊断、急诊抢救；熟练运用医疗设备、器械、药物、化学疗法、输氧、补充营养物质、输血、止血、替代治疗等手段治疗内科疾病；分析化验和检查报告，做出病情诊断；开具处方，做出饮食、锻炼建议；书写病历，记录病案等。

职业领路人

陈纪林——主任医师，教授，心血管科专家，享受政府特殊津贴，2003年担任冠心病诊断治疗中心主任至今。从事冠心病领域的研究近三十年，先后荣获卫生部科技进步三等奖，国家科学技术进步二等奖和北京科技进步二等奖和三等奖各1项，荣获中国医学科学院医疗成就一等奖1项、二等奖2项、三等奖2项。中美施贵宝医学发展基金心血管病学一等奖1项，2002年度获卫生部颁发的优秀医师二等奖（吴杨奖）。2012年荣获"中国名医百强榜"上榜名医。

 职业生涯思考

● 心脏是人体的发动机，血液是人体的能量传送带，其重要程度不言而喻，近年来，高血压等心血管疾病越来越高发，你身边有高血压的长辈吗？你怎样看待心血管科医生这个职业。

护士
——友爱的白衣天使

职业·小·故事

说到护士，相信绝大多数人都不陌生，不过你知道护士也有男性吗？

护士这一职业自从诞生以来，似乎一直是女性的专利。女性温和、有耐心、有亲和力，与生俱来的母性，让女性更擅长照顾人。加上女性比男性更擅长繁琐、杂乱的工作，因此女性十分适合从事护士这一职业。

但女护士在实际工作当中也存在一些不足，比如女性体力差，尤其是遇到完全不能移动的危急重症病人时，女护士在移动病人时肯定会比较吃力。另外，病人有男有女，有时候女护士照顾男性病人并不是特别方便，比如泌尿外科的男性患者，很容易引起病人的尴尬，加重病人的心理负担，影响病情的尽快恢复。

如今，男护士已经不是什么新鲜事，男性学习护理专业，比女性更有就业优势。据卫生部注册护士信息库统计显示，目前我国的男护士数量已经超过了2万人，其中不乏一些十分优秀的男性护理人员，通过自己的努力晋升为护士长。

不过，我们在日常生活中，还是很少会见到男护士，这是因为男护士总体而言还是十分稀少的。中国注册护士多达200多万，男护士只有2万多，只占到全国护士数量的1%，所以自然不容易见到。

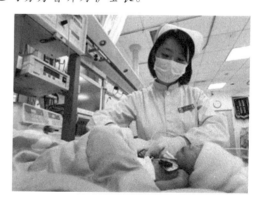

男护士也是友爱的白衣天使，他们体力强壮、精力充沛，更能吃苦，在遇到紧急情况时，也更沉着理性，更重要的是能更好地满足很多男性病人的护理需求。

职业·小百科

护士即在医院或野外按照法律法规和护理规范，从事与医疗有关的全项临床操作、护理活动的专业医护人员。

护士的常规工作内容有：引导病员、执行医嘱、护理操作、导尿插管、环境设备按期点检、取药配液、发药换药、穿刺进针、皮下注射、静脉输液、输液挂牌、输液观察、保管核对、接诊辅导、安排床位、铺床换被、登记看管、观察等候、病情速记、资料入卷、责任交接、操作存放各类医疗器械、采集标本、送标送检、医疗垃圾管理分类、数据统计、按时巡查、巡查登记、异常登记、情况评估、抢救急救、异常报告、出院核查、费用预算、5S实施、整理内务、晚间查房、故障排查、维修维护、学习考核和整理病历。

职业领路人

弗洛伦斯·南丁格尔——英国护士和统计学家。德国学习护理后，曾往伦敦的医院工作。于1854年10月21日和38位护士到克里米亚野战医院工作，成为该院的护士长，被称为"克里米亚的天使"，又称"提灯女神"。1860年6月15日，南丁格尔在伦敦成立世界第一所护士学校。为了纪念她的成就，1912年，国际护士会（ICN）倡仪各国医院和护士学校定每年5月12日南丁格尔诞辰日举行纪念活动，并将5月12日定为"国际护士节"，以缅怀和纪念这位伟大的女性。

 职业生涯思考

• 你在去医院就医时，一定碰到过护士，谈谈你对医院护士的印象。如今，护士的从业者可不全是女性，还有一些男性也加入了护士行列。对于男性选择护士这一职业，你怎么看。

皮肤科医生
——皮肤的专属医生

职业·小·故事

"妈妈，我浑身都痒，昨天还好好的，什么事都没有，今天起床就发现浑身都冒出了红疙瘩，我好像是生病了。"6 岁的小曹困扰极了，穿着短袖短裤的他一边和妈妈说话，一边把自己胳膊、腿上的红疙瘩展示给妈妈看。

妈妈仔细一看，小曹果然浑身都长了红疙瘩，于是立即决定带儿子去医院看医生。

在与妈妈一起去医院的路上，小曹感到浑身都瘙痒难忍，"妈妈，我是不是病得好严重，难过死了。"说着小曹便想拿手去抓。

妈妈赶紧拦住了小曹，"千万不要乱抓，有些皮肤病是带有传染性的，一旦破皮往往会感染，变得更严重，还有些用手抓了会留疤，咱们很快就到医院了，忍一忍，让皮肤科医生给看看，很快就会好的。"

挂了皮肤科后，小曹忍着百爪挠心的痛苦，终于见到了皮肤科医生，医生简单地检查过后，笑着说："没什么大问题，这是湿疹，现在正是梅雨季，比较潮湿，是很常见的皮肤科疾病。"随即，医生给开了两种药，一种是内服，而另外一种则是洗剂，需要兑在水中洗患处。

回到家后，小曹按照医生的叮嘱吃了药，并用药剂兑水清洗全身，果然好多了，浑身不再那么痒了，连睡觉都香甜了不少。只用了短短两天，小曹就痊愈了，浑身上下再也看不到红疙瘩的影子。他忍不住和妈妈说道："妈妈，皮肤科医生好厉害，我现在完全好了，好的这么快，真是让人不敢相信。"

职业·小百科

皮肤科医生，即专门治疗皮肤相关疾病，如病原体感染、职业性、物理性、光感性、神经功能障碍性、红斑性、结缔组织病及有关免疫性疾病的医生。皮肤科医生不仅要熟练掌握皮肤解剖结构以及皮肤病发生的病原学、遗传学、免疫学、分子生物学基础，还要熟悉皮肤疾病的诊治和中药辨证施治及物理治疗。

皮肤科医生的工作压力和工作强度都比较小，这是因为皮肤科的病人病情通常较轻，一般不会危及生命，没有心内科、呼吸科等科室那么多的危、重、急。近年来，皮肤科医生的发展前景非常好，随着人们生活水平的日益提高，爱美逐渐成为一种刚需，而皮肤科医生当然随之水涨船高。

职业领路人

李洪迥——皮肤病学家，一级教授，中国皮肤性病学奠基人之一。为中国皮肤病和性病的防治、专业干部的培养和科学研究辛勤工作了半个多世纪。他是中国皮肤性病科的一代名医。中华人民共和国建立后，由李洪迥主持恢复和发展的北京协和医院皮肤科是全国最知名、又深受患者信任的科室之一。他在恢复和组织中国协和医科大学的皮肤性病教学上起了主导作用。

 职业生涯思考

• 大部分皮肤疾病，不会直接对人体造成生命威胁，可患病后难受起来也是让人抓耳挠腮。你长过水痘或风疹、湿疹、荨麻疹吗？是否去看过皮肤科医生？皮肤科医生和其他医生有什么不同？

急诊科医生
——人类生命的守护神

职业·小·故事

最近，阿澈的妈妈迷上了一部新的电视剧——《急诊科医生》，每天晚上写完学校布置的作业后，他也偶尔和妈妈一起看上一会儿。

"妈妈，为什么急诊科医生天天都在抢救各种各样的病人？"6岁的阿澈问。一直身强体壮的阿澈很少生病，即使生病也不严重，所以他从没去过医院的急诊科。看着电视剧里，主角似乎总是在忙忙乱乱地抢救病人，他向妈妈提出了自己的疑惑。

妈妈笑着回答："那当然啦，急诊，顾名思义就是医院里专门接待各种突发疾病、病人情况危急、病情严重的部门，比如突发脑溢血、被毒蛇、毒虫咬、误食有毒食物、心肌梗死等。对于这类病人来说，时间就是生命，能早一分钟被救治就能多一分生的希望，如果和普通感冒、拉肚子的病人一样要排队就医的话，肯定会贻误最佳治疗时机，所以医院专门设立了急诊，为这些危、重、急的病人服务。急诊科医生，在急诊科工作，当然每天都要面对各种病情危急的人，快速参加抢救工作，正是他们无比敬业的表现。"

听了妈妈的话，阿澈若有所思，他接着问："妈妈，这样的话，急诊科医生每天上班岂不是和打仗一样？"

妈妈说道："没错。他们是人类生命的守护神，肩上担负的可是病人的生死。"

阿澈情不自禁地感叹道："急诊科医生真是好辛苦啊，也很值得钦佩。他们不光医术高明，内心也很强大啊！"

职业·小百科

急诊科，也叫急诊医学科、急诊医学室，有些医院还专门成立了急诊医学中心，这里是医院中重症病人最集中、病种最多、抢救和管理任务最重的科室，是所有急诊病人入院治疗的必经之路。急诊科医生，专门从事危重病人抢救工作的医生。

急诊科医生的职责包括：参加急诊接诊、检诊、诊断、急救处置和出诊工作；有疑难、重症病例，及时报告上级医师或会诊；负责分管留观病房伤病员，书写留观病历和病程记录，严密观察病情变化，及时进行诊治及抢救工作；在重大抢救或抢救中遇到困难时，应及时向上级医师和医务部报告，发现传染病时，应按规定立即向有关部门报告，并采取相应措施，进行消毒、隔离等。

职业领路人

马青变——北京大学第三医院急诊内科科主任，主任医师，副教授，医学博士，毕业于北京大学医学部，长期从事急诊急救临床领域的研究工作。对急性冠脉综合征、心力衰竭、急性肺动脉栓塞、主动脉夹层等心血管急症做过较细致而系统的研究。擅长各种内科急重症病人的诊断和治疗。特别擅长心脏、大血管急症和心律失常等的抢救治疗。

职业生涯思考

● 急诊科医生面对的都是突发急性症状、病情严重、情况危急的病人，因此对心理承受能力、快速诊断救治能力的要求更高。说一说急诊科医生与普通医生的工作有哪些不同之处。

康复科医生
——恢复健康的陪伴人

职业·小故事

前段时间，小盛班里有一位同学，不幸遭遇了一场车祸，一条腿骨折了，正在医院里接受治疗。

同学们十分担心这位同学的伤势，这时班长提出了一个好办法——"集体去看望这位同学"，大家都很赞同，于是委托班长向老师询问这位同学的住院地址。

老师很为同学们的有情有义感动，但考虑到受伤同学病情以及恢复的情况，特地叮嘱大家，最好等对方伤势好一些的时候再去探望，以免影响病人的休养。

半个月后，小盛和同学们一起去医院看望骨折同学，按照老师给的地址，他们一路到了医院的康复科。到达时，看到一位穿着白大褂的医生正扶着受伤同学练习走路。

"骨折了，不是要打了石膏，一动不能动吗？"

"你现在走路是不是很吃力？"

"康复科，我还是第一次知道医院有这样一个科室呢？"

……

一时之间，大家叽叽喳喳、七嘴八舌地关心着这位同学。

"医生说，我骨折的部位恢复得不错，现在需要开始做复健了，每天都要活动活动，练练走路，这样才能恢复得更快、更好。康复科的医生都非常好，很耐心地指导我做恢复训练，他们可是我恢复健康的陪伴人。大家来看我，我真高兴，你们放心，用不了多久，我就能回学校去啦！"

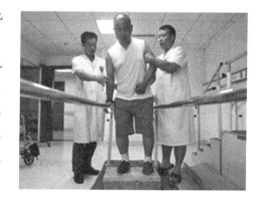

职业小百科

康复科与一般的医院科室有所不同，它并不是直接针对某一疾病治疗的科室，而是主要针对功能障碍。康复科的治疗通常有三大类：一是诸如红外线、超声波、按摩等物理治疗，可缓解疼痛、改善循环，促进关节、肌肉、肢体的康复；二是作业治疗，如中风上肢功能训练、儿童感觉统合训练等；三是语言治疗，针对口吃、语言障碍等。康复科医生，顾名思义就是在康复科任职的医生。

康复科医生的看诊范围很广泛，包括退化性关节炎、类风湿性关节炎、椎间盘突出等肌肉骨骼酸痛，诸如韧带拉伤、肌腱炎等运动造成的伤害，中风、肢体麻痹等神经系统疾病，骨科或外科手术后的康复以及口吃、声带结节等语言障碍等。

职业领路人

周谋望——主任医师，运动医学研究所康复医学中心主任。1984 年毕业于中山医科大学医学系，1990 年在解放军总医院获医学硕士。先后在美国芝加哥伊利诺依大学医学院、香港中文大学威尔斯亲王医院、荷兰 HvA 大学任访问学者。特长：骨关节疾病的围手术期功能康复、运动损伤及其功能康复；脊髓损伤后病人膀胱功能康复及重建；骨质疏松症的治疗等。为全国骨科康复学术带头人。获得国家自然基金 2 项。获中国人民解放军科学技术进步奖二等、三等奖各一次。

职业生涯思考

• 骨折的病人，到了恢复后期，就会拆掉石膏、钢板等，为了恢复肢体的正常运动功能需要进行科学复健，这时就需要康复科的医生来帮忙了。说一说康复科医生都能发挥哪些作用。

精神科医生
——最特殊的医生

职业·小故事

"哲学家与疯子的区别在于：一个只是在想，一个真的去做了。"

"时间不是流逝的，流逝的是我们。"

"如果有一天你看到我疯了，其实就是你疯了。"

"我想起了N个精神病医师告诉我的：千万千万千万别在意精神病人说的话、别深想他们告诉你的世界观，否则你迟早会疯的。"

……

最近，三年级的小敏正为《天才与疯子》一书着迷，透过这本书，她似乎若隐若现地看到了一个完全不一样的世界。天才与疯子真的只有一线之隔吗？疯子、精神病是需要治疗的疾病，还是少数真理的掌握者，只是因不被大众所接受和理解，便被扣上了"精神病"的帽子呢？

"爸爸，既然天才和疯子只有一线之隔，为什么疯子要接受精神科医生治疗，天才就不用接受治疗呢？精神科医生是怎样治疗病人的呢？"小敏好奇地问爸爸。

爸爸十分耐心地回答道："有相关研究确实发现，天才和疯子之间的差异非常小，你看的《天才与疯子》一书并不是精神病人的全貌。在现实生活中，这些病人都有各种各样的问题，比如连续几天亢奋不睡觉，感知不到冷热疼痛，容易伤到自己，怀疑其他人要谋害自己而攻击他人等。这都严重影响了他们的正常生活，所以需要寻求精神科医生的帮助。精神科医生的治疗方法分为两大类，一是依靠药物，二是通过心理辅导。目前，精神类疾病的发病原因还不明确，治疗方法还有待于进一步研究、探索。"

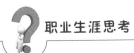

职业小百科

精神科，即专门诊断治疗以行为、心理活动紊乱为主的神经系统疾病的科室。精神科的常见疾病包括神经衰弱、癔症、焦虑症、强迫症、恐怖症、抑郁性神经症、疑病症、精神病等。精神科医生，专门从事各类神经系统疾病诊断治疗的医生。

精神科医生不仅经过生物精神医学、心理治疗、动力取向心理治疗、认知行为治疗、团体心理治疗等训练，还要能够使用包括药物与心理治疗等方式来协助精神疾患。与其他医生不同的是，精神科医生要接受生物医学以及精神药理训练，并能够将其运用到临床服务当中去。随着医学的发展，精神科医生的分工也越来越细化，比如专门服务儿童、青年、老人或成瘾者等不同群体的精神科专科医生。

职业领路人

杨西宁——曾于西安交通大学医学院第一附属医院、北京军区总院、北京协和医院等多家三级甲等医院精神科从事临床诊疗工作，有30余年治疗精神疾病、脑神经疾病经验。擅长精神障碍、精神分裂、心境障碍、神经症以及睡眠障碍等多种疾病的研究与临床诊疗。能够根据患者具体的病情病症，在查明病因的基础上精确诊断病症，制定科学、规范、个性化的治疗方案，并应用中西结合的方法辨证论治，擅长运用各种国内外先进治疗仪器。

职业生涯思考

• 精神类疾病会遗传吗？说一说你对这类疾病的看法。精神科医生每天都要面对各种行为或表现异常的病人，你觉得他们在工作中面临的最大挑战是什么？

心·理咨询师
——知心的倾听者

职业·小·故事

人类不仅身体会生病，心理也会生病。近年来，随着经济的快速发展，人们的精神压力也随之增加，抑郁症、强迫症、自闭症等心理类疾病也有所增加。身体生病了，我们可以去医院找医生寻求帮助，但如果心理生病了，我们又该怎么办呢？

如果你经常会莫名其妙地哭泣、低落、绝望，自己也说不出原因；如果你长期焦虑失眠，只能长期靠安眠类药物入睡；如果你感到与他人相处非常艰难，只想一个人躲在家里，谁都不见，谁都不理；如果你因为考试成绩不好，担心无法和父母老师交待，多次生出不如自杀了断的想法……那么，你正走在一条通向"心理疾病"的路上，非常有必要寻求心理咨询师的帮助。

心理咨询师是最知心的倾听者，他们会无条件地接纳你。不管你是一个怎样的人，犯了什么错，他们会运用沟通、交流、共情等多种技巧，结合每一个采访者的具体情况，为来访者制定出最合适的治疗方法，帮助人们恢复心理健康。

此外，心理咨询师还能帮助人们降低焦虑、减轻压力。当面临诸如升学、重大考试、重大抉择、遭遇重大挫折时，人往往会处于一种焦虑不安的状态，茫然无措，不知道该怎样做，这时也可以寻求心理咨询师的帮助。

在我国，心理咨询师是一个挺新潮的职业，随着人们对心理健康越来越重视，心理咨询师也逐渐走入千家万户，被大众所接受和认可。

职业小百科

心理咨询师，即协助求助者解决各类心理问题的专业人员，其服务对象主要是健康人群或存在心理问题的人群。

工作内容包括：从来访者及家属等信息源获得有关来访者的心理问题、心理障碍的资料；对来访者的心理成长、人格发展、智力、社会化及家庭、婚姻生活事件等进行全面评估，概括心理和生理测查；根据心理发展史和心理生理测查的结果，对来访者作出心理诊断，制定心理治疗计划，并指导实施；如发现来访者有精神障碍或躯体疾病，应及时请求会诊或转其他专科。

要想成为一个心理咨询师，一定要熟练掌握人格心理学、变态心理学和精神诊断的理论知识，有扎实的心理学基础，还要熟悉森田疗法、精神分析、脱敏疗法、催眠等多种心理治疗方法和手段，并能够将理论知识运用到实际的咨询工作中。

职业领路人

李子勋——中国心理学专家，中日友好医院心理医生，毕业于华西医科大学，首届中德高级心理治疗师培训项目学员，心理协会北京心理咨询与治疗专业委员会成员。中央电视台《心理访谈》《实话实说》，北京电视台《心理时间》，中央人民广播电台《星星夜谈》《情感世界》特约心理专家，汇名家网特约讲师。《父母必读》《女友》《时尚健康》等健康与时尚杂志的专栏作家。

李舜伟——北京协和医院心理医学科主任医师、教授、博士生导师。1992年被批准享受政府特殊津贴。

 职业生涯思考

● 在生活或学习中，你有什么特别困扰的事情吗？是否向学校的心理咨询室老师求助过呢？谈一谈你与心理咨询师近距离接触的过程吧！如没有接触过，请说一说对心理咨询师这一职业的了解和认识。

针灸科医生
——最懂穴位的人

职业·小·故事

　　小田退休的爷爷，非常喜欢研究各种养生保健之道，还买了不少相关书籍。这天，小田在爷爷家里看到了一本非常有意思的书。书中每一页都画着人体，上边标注了不少小黑点，写着各种穴道的名字。更让人惊奇的是，随书还附送了一个缩小版的真人人偶，大概有30厘米高，上边也是布满了很多黑色的标注点。

　　"爷爷，这本书好有意思啊，居然还有一个人偶，就是人偶一点也不可爱，能用来干什么呢？"小田问爷爷。

　　爷爷笑眯眯地回答道："这可不是你的芭比娃娃，当然不可爱，它是用来帮助认穴位的道具。"

　　机灵的小田说："啊，我知道了，看电视上的神医都随身携带着银针，用银针扎到人体不同的穴位上就能治病。"

　　"没错，针灸之术是中医的重要治疗方法和手段，现在的中医院里也有针灸科，也不乏经验丰富的针灸科医生。针灸，实际上是两种治疗方法。针，也就是针灸科医生用的毫针，通过扎在不同的穴位上实现治疗目的。灸与针不同，主要是用烧灼、熏熨穴位的方法来治病，比如艾灸。"

　　小田若有所思地问道："爷爷，我明白了，不管是用针还是用灸，都要对人体穴道非常熟悉，针灸科医生是不是都是穴位高手？"

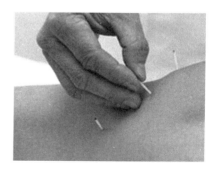

　　爷爷拍了拍小田的肩膀，笑着说："小田可真是聪明，很多针灸科医生的病房里，都贴着穴位图，像爷爷这样协助认穴的人偶也很常见，不过针灸科医生用的穴位人偶可比爷爷这个大得多。"

职业小百科

　　针灸是中国医学的重要组成部分，分为"针"和"灸"两部分：针法是指把毫针按照一定的角度刺入患者体内，运用捻转与提插等针刺手法来达到治疗目的；灸法则以预制的灸炷或灸草在体表一定的穴位上烧灼、熏熨来预防和治疗疾病。

　　针灸科医生，即主要运用各种针具刺入或按压腧穴和病变部位、或用燃烧着的艾绒或其他可燃材料烧灼或温烤腧穴和病变部位、或者进行腧穴电疗、磁疗、激光照射、微波照射、水针疗法等来治疗疾病的医生。针灸科医生会运用望、闻、问、切等医学手段进行诊断；能熟练运用体针、耳针、火针、电针、微波针等针刺或艾灸方法并配合用药等，对人体进行整体治疗。

职业领路人

　　贺普仁——首届国医大师、"人类非物质文化遗产代表作名录——中医针灸"代表性传承人、首都医科大学附属北京中医医院针灸中心教授、中国科协全国委员、中国针灸协会高级顾问、北京针灸学会会长、北京针灸三通法研究会会长、中国国际针灸考试中心原副主任。14 岁从师于京城针灸名家牛泽华，深得老师真传。八年后，以精湛的医术独立应诊，解放后声名鹊起。1956 年，调入北京中医医院，任针灸科主任达26 年之久。

 职业生涯思考

　　●你亲身经历过针灸治疗吗？你看到过他人接受针灸治疗吗？给病人下针可不是一件简单的事情，你认为针灸科医生需要学习多久才能出师？说一说你的理由。

中医
——悬壶济世的医者

职业小·故事

笑笑放学回家一进门，一股浓浓的药味扑面而来，"妈妈，我和爸爸回来了，咱们家怎么有这么浓的药味，哪里来的味道？"

"有药味就对了，妈妈正在厨房里熬中药。"

笑笑闻声放下书包就往厨房里走去，果然燃气灶上放着一只正在咕嘟咕嘟冒泡的砂锅，看不出里头都有什么药材，药汤黑乎乎的，比门口闻到的药味更浓郁了很多。笑笑忍不住和妈妈说道："天啊，这个药的味道这么夸张，怎么能喝得下去？为什么在熬中药，是谁生病了吗？"

妈妈摸了摸笑笑的头，回答道："中药确实味道比较怪，喝起来也难喝，不过中药都是天然药材，没副作用，这点可比西药要好得多，良药苦口呀！也不算生病，妈妈最近多梦，虽然睡的时间不少，可做梦做得很累，每天醒来比没睡还累，所以今天去看了中医，中医说妈妈脾虚，需要调理调理身体，这是中医给妈妈开的中药。"

笑笑虽然对"中医""中药"不陌生，可这还是她第一次近距离看到中药呢，"妈妈，你一会要喝熬的中药吗？味道肯定很销魂。现在闻着味道就觉得像生化武器一样，喝下去简直不敢想象。中医开的药都这么难喝吗？"

"中医可是咱们中国流传几千年的医学精华，今天妈妈去看的老中医，经验丰富口碑好，虽然药难喝些，但效果肯定差不了。夏天的防暑神药藿香正气水，也是中医出的方子哦！"

职业小百科

中医有两层含义：首先中医是一门学科，指以中国汉族劳动人民创造的传统医学为主的医学，研究人体生理、病理以及疾病的诊断和防治等；其次中医是一种职业，是指依据传统中医理论对病患进行诊断、治疗的专业医生。

作为一种职业，中医的主要工作内容包括：采用望闻问切的四诊合参方法，探求病因、病性、病位、分析病机及人体内五脏六腑、经络关节、气血津液的变化、判断邪正消长，进而得出病名，归纳出证型，以辨证论治原则，制定汗、吐、下、和、温、清、补、消等治法，使用中药、针灸、推拿、按摩、拔罐、气功、食疗等多种治疗手段，使人体达到阴阳调和而康复。

职业领路人

扁鹊——战国时期医学家。善于运用四诊：望闻问切，尤其是脉诊和望诊来诊断疾病。精于内、外、妇、儿、五官等科，应用砭刺、针灸、按摩、汤液、热熨等法治疗疾病，被尊为医祖。

华佗——东汉末医学家，与董奉、张仲景并称为"建安三神医"。少时曾在外游学，行医足迹遍及安徽、河南、山东、江苏等地，钻研医术而不求仕途。他医术全面，尤其擅长外科，精于手术。并精通内、妇、儿、针灸各科。被后人称为"外科圣手""外科鼻祖""神医华佗"。

 职业生涯思考

● 对于中药，相信每一个中国人都不陌生，你或身边的人看过中医、喝过中药吗？当前，有不少人对中医持否定态度，认为能治好的病都可以靠人体自愈，纯属巧合。对于中医的诊断方法以及治疗效果，你怎样看？

整形科医生
——帮人变美的魔术师

职业·小·故事

　　瑶瑶这周一直住在大伯家，爸爸妈妈因为工作事务去外地出差，又不放心7岁的瑶瑶一个人在家，于是便把她托付给了住在同一个小区的大伯。虽然爸爸妈妈都不在，但瑶瑶和堂姐住一个房间、一起玩一点也不孤单。

　　堂姐比瑶瑶就大五岁，俨然一个亭亭玉立的少女，不仅十分爱美，还很热爱"明星八卦"。听着堂姐一边看娱乐新闻一边和自己唠叨，哪位女明星肯定整容了，谁谁很大方承认自己整容了，小花旦整容整残了……

　　7岁的瑶瑶实在是有点跟不上堂姐的节奏，她听说过整容，但整容具体是怎么一回事，却不甚清楚，于是好奇地问堂姐："整容是怎么回事？打瘦脸针、割双眼皮吗？我在大街上看到过美容整形的广告，可一直不太懂。"

　　看着瑶瑶求知的小眼神，自诩博学多才的堂姐解释道："整容是大家的普通叫法，实际上在医学上这叫整形。整形包含的项目非常多，你说的打瘦脸针、割双眼皮只是小意思，还有很多整形大手术，比如隆鼻、隆胸，还有人为了让脸变小，把下颌骨切掉一块。"

　　瑶瑶被震惊到了，接着问："听起来好吓人，这些明星都是让谁做的整形手术呀。"

　　"当然是整形科医生了，不过整形也有不小的手术风险，有些人手术失败会面瘫、左右脸不对称等，所以明星们都会找最专业、经验丰富、医术高明的整形科医生。整形科医生就像魔术师一样，能帮人变得更美。"

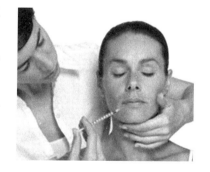

职业小百科

　　整形科，也叫整形外科，即针对皮肤、肌肉以及骨骼的先天性生长不良以及后天创伤等进行修复治疗的医学专修学科。整形科医生，顾名思义就是在整形科或整形医院任职，专门从事整形工作的医生。

　　从专业角度来说，整形科医生的工作分为两大类：一是修复，前提是损伤或畸形，比如大面积烧伤、无鼻症等，整形科医生会以手术的方法进行自体的各种组织移植，也可采用异体、异种组织或组织代用品来修复各种原因所造成的组织缺损或畸形；二是再造，病人通常并不存在组织损伤或畸形，而是为了让自己变得更完美，整形科医生会根据病人的诉求结合实际情况，采用"隆胸""隆鼻""割双眼皮"等手术方法，帮助病人实现变美目的。

职业领路人

　　宋业光——中国吸脂整形教父，多项吸脂整形仪器发明者，其科研成果曾获中国医学科学院及北京市科技成果奖。中国医学科学院整形外科医院原院长、中华医学会整形外科学会原主任委员。1993 年 5 月至 1998 年 12 月担任中国医学科学院协和医科大学整形外科医院院长。在非手术注射整形、内窥镜面部年轻化手术、丰胸术、一次成形全耳再造术方面有深厚造诣；精通唇腭裂早期修复术、皮肤软组织扩张术、游离皮瓣大面积皮肤缺损修复术等。

 职业生涯思考

　　●如今，整形早已经不再是明星、模特、演员等娱乐圈人士的专利，而是走进了寻常百姓家，去整形的年轻姑娘们也是越来越多。你怎样看待为了变美而去做整形手术这件事？整形科医生这个职业是否有"助纣为虐"的嫌疑呢？

防疫医生
——消灭传染病的勇者

职业·小·故事

强强家住山东黄河入海口，从小到大他从没遇到过"水灾"。但这年夏天连降暴雨，原本预留的泄洪区域早已经变成了水产养殖、人类房屋等人工建筑。为了避免上游大坝垮塌，造成更严重的后果，上游决定泄洪，并通知相关人员撤离，强强家就在此列。

几天后，洪峰终于过去，强强跟随爸爸妈妈才终于回到了自己家，到处都是洪水流过的痕迹。但不幸中的万幸是，情况并不算严重，家中的房屋完好无损，只是一些来不及带走的生活用品遭了殃，地面上堆积了淤泥等，只需修整一番就可以正常居住了。

爸爸妈妈忙着收拾家中物品，强强和邻居家的小伙伴们四处玩耍，这时他们碰到好几个穿着白大褂、戴着口罩拿着喷雾器四处喷东西的人。"这些人是哪里来的，他们在干什么？"小伙伴摇摇头也不知道。

好学的强强随即回到家问自己的爸爸，"外边来了好几个穿白大褂的人在四处喷东西，爸爸，他们是干什么的呀？"

爸爸回答道："那是防疫医生，一般来说水灾过后容易出现瘟疫等传染病。为了防患于未然，充分保证大家不受传染类疾病的困扰，所以需要在所有受灾地区进行传染病预防。他们在喷的东西是药剂，能起到消毒杀菌的作用。防疫医生是奋战在传染病防治第一线的医生，他们是消灭传染病的勇者，非常值得敬佩啊！"

职业·小百科

防疫，是防止、控制、消灭传染病措施的统称，包括接种、检疫、普查和管理传染源、传染途径和易感人群等。

防疫医生即专门从事传染病防治工作的医生，工作职责主要包括：掌握《传染病防治法》等相关法律法规；掌握辖区传染病流行规律及免疫状况，提出并制定传染病的防治预案；收集传染病的发病情况，进行流行病学调查、分析、研究，建立疾病监测点，做好疫情预测预报以及防治；掌握人群免疫水平，制定年度预防接种计划并实施；加强传染病的管理力度，定期或不定期实行巡回性监督、指导，开展疫情监督监测工作，指导各类医疗机构　做好传染病登记、管理与报告，加强医疗器械的消毒消杀监督监测工作等。

职业领路人

侯希民——中国知名医学家、医学教育家和卫生防疫专家。1907年开始从事医疗、医学教育、卫生防疫和卫生行政工作。1916年1月，绥远（现内蒙古自治区）鼠疫流行，被任命为绥远防疫局会办（副局长），深入疫区积极防治。经一年多的努力，终于取得遏止流行的成果。1917年2月至1919年3月，被任命为新成立的中央防疫科科长，负责防疫业务工作，为当时我国生物制品的创始和研制，以及后来山东桑园地区发生鼠疫时的防治都作出了积极的贡献。

职业生涯思考

● 预防接种是保护儿童健康成长、免受传染类疾病困扰的重要手段。你一定打过不少防疫针，负责给儿童接种打防疫针的医生就是防疫医生，快来说一说你对防疫医生的印象吧！

母婴护理师
——母婴的守护之神

职业·小·故事

周末，格格跟随爸爸妈妈一起去看望姑妈，听爸爸说，姑妈前不久刚生了一个小妹妹，小妹妹已经满月了，长得非常可爱。

等到了熟悉的姑妈家，格格却发现姑妈家突然多了一个陌生阿姨。陌生阿姨忙前忙后，一会儿给小妹妹喂奶粉，一会儿给小妹妹换尿布。格格很有礼貌地问了阿姨好，并跟着妈妈去看了还在卧床修养的姑妈。格格对小妹妹很好奇，趁着小妹妹醒着的时候，还友好的和她打招呼。

等离开姑妈家，格格终于问出了憋了很久的疑惑，"妈妈，刚刚姑妈家的那个陌生阿姨是谁啊？我经常去姑妈家，怎么从没有见过，也不认识呢？"

妈妈拉着格格的手一边往家走一边说："那是姑妈专门花钱聘请来的母婴护理师。姑妈生完宝宝后，身体会虚弱很长一段时间，需要好好休养，没太多精力照顾小妹妹，所以姑妈便请了母婴护理师。一来可以更好地照顾小妹妹，二来自己也可以安心养好身体。"

"母婴护理师？"格格疑惑地看着妈妈。

"母婴护理师，也就是人们平常说的月嫂，是母婴的守护之神。不过现在从事母婴护理师的人不光有女性，也有男性哦，男性一般大家称为男月嫂或者月哥。母婴护理师不仅要掌握新生儿的喂养呵护、洗澡、换尿布等生活护理常识，还要掌握宝宝按摩、测体温、观察大小便、脐带护理、臀红、尿布疹处理。此外，还需指导产妇科学哺乳、协助产妇做保健操以恢复体形等工作。"

职业·小百科

　　母婴护理师，是专门服务产妇和新生儿的高级家政类工作人员，在日常生活中人们往往将其称为月嫂，不过也有一些男性加入了这一职业，一般被称为男月嫂或月哥。

　　母婴护理师的工作内容主要分为两块：一是产妇的照料和护理，主要包括生活上的照顾、月子餐制作、新生儿喂养等，一般会占到全部工作的 20% 左右；二是新生儿的护理，这是母婴护理师的重点工作，占到全部工作的 80%，包括新生儿的吃喝、洗澡换衣等生活照料、新生儿的启蒙开发以及各种异常情况的应对等。总的来说，母婴护理员是集护士、营养师、新生儿护理工作性质于一身的职业，工作时间长，工作地点一般是在客户家中或月子会所等地。

职业领路人

　　鲍凤珍——金牌月嫂、全国劳动模范、北京安康乐月嫂服务有限公司员工。从业十几年，精心照料过 100 多名产妇和 100 多名新生婴儿。2010 年 4 月，鲍凤珍获得全国劳动模范称号，成为全国唯一获此殊荣的家政服务员。什么样的月嫂是"金牌"？就是再挑剔的客户、再难伺候的客户，都能把一切搞定，让客户满意。随着社会发展，婴幼儿服务等职业护理行业亟待规范化、产业化。鲍凤珍誓用自己的"经验和责任心回报社会，树立并维护家政行业的荣誉"。

❓ 职业生涯思考

　　● 母婴护理师的工作看起来似乎并不难，但实际上也要经过非常系统的培训、学习之后才能上岗胜任。大众普遍认为母婴护理师这一职业没什么技术含量，也没什么职业地位。对此说一说你的看法。

养老护理员
——老人的专属护理员

职业·小·故事

星期五，晓晓跟着同学们在老师的带领下，一起前往当地的一家敬老院，参加"给老人送温暖"的公益活动。

这还是晓晓第一次来敬老院，这里有很多上了年纪的爷爷奶奶，他们有的因为疾病行动不便，有些则拄着拐杖在院子里下棋或遛弯，但都十分慈祥。晓晓和同学们先是在工作人员的指导下，帮爷爷奶奶们的住所进行了大扫除。

到了下午，大家各显神通，给爷爷奶奶们表演了跳舞、合唱、绘画、魔术等各种各样的节目，给敬老院带来不少欢乐。

时间过得很快，转眼一天就过去了，晓晓和同学们和敬老院的爷爷奶奶们告别后坐上了回家的大巴车。

车上，晓晓好奇的问老师："张老师，刚才在敬老院，看到几个年轻的叔叔阿姨，他们是照顾老爷爷老奶奶的人吗？"

"没错，他们都是专业的养老护理员。老吾老以及人之老，敬爱老人、善待老人是中华民族的优良传统。但现代社会，因为种种原因，不少家庭子女都忙于工作，无暇细心地照顾老人，因此就有了养老护理员。他们是老人专属的护理员，一般在客户家中或养老院、敬老院等机构工作，既给老人们带来了贴心的照顾和陪伴，也给腾不出精力照顾父母的年轻人提供了帮助。养老护理员专业性强，是一个必须充满爱心的职业，也是一份又苦又累的工作，我们一定要尊敬他们。"

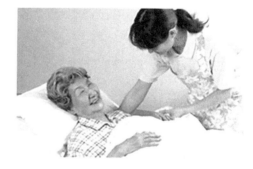

职业小百科

随着中国逐渐进入老龄化社会，传统的养老模式开始式微，养老院、社区养老、子女聘请他人协助照顾老人等开始成为当前的养老新方式，这就催生出了一个新的职业——养老护理员。

养老护理员是专门服务于老人的家政类工作人员，他们不怕苦、不怕累，非常有奉献精神。他们拥有专业的护理知识和技能，把老人视为亲人，把老人的需求放在第一位，主动扮演着"贴心儿女"的角色，不仅尽心尽力照顾老人的生活起居，还关心老人的情感和内心。

目前，社会对养老护理员这一职业的认知还不够，养老护理员往往要面对各种偏见和不解。但随着老龄化不断加剧，养老护理员这一职业的空缺将会越来越大。认可尊重养老护理员需要每一个人从自己做起。

职业领路人

秦翠慧——优秀的养老护理员，被评为山东省劳动模范，就职于济南阳光大姐服务有限责任公司，从业十几年。2013年正在山东考察工作的习近平总书记在济南与阳光大姐家政服务员交流时，有幸与习近平总书记面对面交谈，一直践行着习近平总书记提出的"坚持诚信为本，提高职业化水平，做到与人方便、自己方便"。一直"牢记总书记的嘱托，做好家政服务员这份工作，带动更多的姐妹们做好这份互利共赢的事业，把专业化服务带给更多人。"

❓职业生涯思考

• 敬老、爱老的孝道是中华民族的传统美德，但如今4个老人外加2个大人和1个孩子的家庭结构，使得子女直接陪护养老变得困难重重，这时寻求养老护理员的帮助不失为一个好方法。说一说养老护理员能给"421"家庭带来哪些变化吧！

医药研发员
——现代的神农氏

职业·小·故事

爸爸接云云放学回家的路上，专门绕远去了一家药店。云云的奶奶是一位糖尿病患者，需要长期摄入胰岛素控制血糖。原来是奶奶的药用完了，特地叮嘱了爸爸一定要记得去药店买。

药房的药可真多啊，和超市没什么差别的货架上，摆放的全是各种各样的药品。云云四处打量，发现长长的货架上都做了标注，一眼望去"感冒类""保健类""消炎类""过敏类""降压类"……药房的药真是齐全。爱思考的云云不禁想到，这么多治疗各种疾病的药品，这些药品都是谁发明出来的呢？

买完药回家的路上，云云向爸爸提出了自己的疑问。

爸爸回答道："古代有神农氏冒着生命危险尝百草，用自己的身体和反应来辨别每一种植物的药性、作用等。现代虽然不必再用"尝百草"的方法来找寻治疗疾病的配物了，但也有像神农氏一样的人哦，他们就是医药研发员。咱们在药店里看到的那么多的药品全都是医药研发员提供的配方。

医药研发员是现代的神农氏，他们通过现代的病毒、细胞培养技术、显微镜等仪器以及药物提纯等方式，能够更加高效地找到对付致病病毒的克星，从而研发出新的药品。现代医药研发技术，加上小白鼠动物实验等，人类再也不用像神农氏一样冒着生命危险去寻找治病的良药了。"

听了爸爸的解说，云云忍不住感叹道："医药研发员真是一个伟大的职业！"

职业小百科

医药研发员，即主要负责药物化学合成工艺的研究和研发新药等工作的专业技术人员。医药研发员必须具有医药、生物工程等专业知识，熟悉各种有机合成反应和机理，能熟练使用实验室常用制剂和分析的设备仪器，熟悉大生产设备、HPLC、紫外、红外等测定仪器的使用、熟悉报批流程及相关法规，有钻研精神和团队意识。

医药研发员的工作内容主要包括：新药开发前调研工作；制剂相关分析工作；制剂处方及生产工艺部分申报资料的撰写；与生产品种相关的原辅料质量标准、新品生产制造指示书及标准操作规程的制定及实施；新品工艺验证方案的制定、验证工作的展开及验证报告的总结；负责医院、公司内部及其他客户的技术支持和培训等。

职业领路人

屠呦呦——药学家，中国中医研究院终身研究员兼首席研究员，青蒿素研究开发中心主任。第一位获得诺贝尔科学奖项的中国本土科学家、第一位获得诺贝尔生理学成医学奖的华人科学家。2011年9月，获得被誉为诺贝尔奖"风向标"的拉斯克奖。2015年10月，因发现青蒿素治疗疟疾的新疗法获诺贝尔生理学或医学奖。2016年2月14日，荣获2015年度感动中国人物。2016年4月21日，入选《时代周刊》公布的2016年度"全球最具影响力人物"。2017年1月2日，被授予2016年度国家最高科学技术奖。这是国家最高科学技术奖首次授予女性科学家。

❓职业生涯思考

• 人生病后绝大多数都需要依靠药物来进行治疗，古有神农尝百草辨药效，今天则有医药研发员来开发新药。请你来说一说医药研发员的工作对于我们来说都有哪些价值和意义。

生物工程师
——生物世界的探秘人

职业·小·故事

"我妈妈是双眼皮、大眼睛，可我遗传了爸爸，长了一双单眼皮的小眼睛。"

"转基因究竟是怎么一回事啊，怎么到处都在说转基因，连新闻上也有。"

"克隆技术真的是太神奇了，为什么两个细胞就能孕育成一个完整的生命呢？"

"现代科学研究发现，人体的基因染色体是双螺旋状的，所有的基因遗传物质都在染色体中。"

……

上述这些信息看似杂乱无章、毫不相关，但事实上它们都属于生物工程的一部分。生物工程的涵盖范围很广，包括微生物学、遗传学、生物化学和细胞学等。

微生物学与人们的生活息息相关，我们日常吃的馒头、面包、甜面酱、豆瓣酱、酸奶、酸菜、豆腐乳、腊肉等都是经过发酵的食品，而发酵实际上就是食物与微生物之间发生化学反应的过程，微生物会让食物衍生出更多的风味，营养成分上也会发生一系列的变化。微生物学直接影响着食品、药品等多个行业的发展。

遗传学更不必多说，每个人的外貌、长相、性格等，都能从父母身上找到相似之处，这就是遗传的神奇力量。此外，还有一些遗传类疾病，研究遗传学对于人类摆脱遗传疾病具有重大意义。

生物工程的发展，离不开从业人员的付出与努力，他们就是生物工程师。进入21世纪，生物工程发展非常迅猛，而现有的生物工程师远远不能满足市场需求，未来生物工程师的就业前景不可限量。

生物工程师即运用工程学、生物学和生物力学的知识和原理设计、制作并评估生物和健康系统及产品的人。生物工程包括遗传工程（基因工程）、细胞工程、微生物工程（发酵工程）、酶工程（生化工程）和生物反应器五大工程。生物工程师的工作主要分为两大板块：一是宏观方面，需要研究生物各个层次的种类、结构、功能、行为、发育和起源进化以及生物与周围环境的关系；二是微观方面，要运用生物技术及其产业化的原理、工艺技术过程和工程设计等基础理论，在生物技术与工程领域从事设计、生产、管理和新技术研究、新产品开发。目前，生物工程的发展非常迅猛，可以预见的是，未来生物工程师的就业形势会非常乐观。

职业领路人

斯坦利·柯恩——美国生物学家。1973 年他从一种非洲爪蟾的染色体上切下一小段 DNA，组装进大肠杆菌的基因组中，制造出人类历史上第一个转基因生物。这件事说起来容易，做起来难度非常大，柯恩博士不但要掌握 DNA 分子的定点剪切和黏合技术，还要把经过处理的 DNA 分子导入大肠杆菌，并诱导母体接受这个外来基因，把它变成自己的一部分。柯恩博士的这一实验大大推动了粮食杂交育种以及生物制药、食品工业的发展。

？ 职业生涯思考

● 你听说过转基因食品吗？目前，关于转基因食品长期食用是否会给人体带来不可预知的危害，科学界和民间一直都有各种各样的争论与说法。对于转基因食品的安全性你怎样看？

法医
——法律的捍卫者

职业·小·故事

翔翔的爸爸最近迷上了一部电视剧——《法医秦明》。每天晚上都会雷打不动地追剧，这让翔翔对这部电视剧也产生了好奇。

"秦明听起来是一个人的名字，法医是什么？"6岁的翔翔好奇的问爸爸，因为爸爸说《法医秦明》不适合小孩子看，所以翔翔不知道这是一个什么样的故事，也不太清楚法医是什么。

爸爸回答道："法医，简单来说就是从事法律工作的医生。比如两个人发生纠纷，其中一个人把另一个人打伤了，被打伤的人报警后，警察就要对这起案件进行裁决。打人肯定是不对的，但已经把人打伤了那么就涉及到赔偿的问题，被打伤的程度以及治疗方案，双方责任判定等工作。警察叔叔不懂医学知识，是很难公正、准确地裁决的，这时候就需要法医对受伤者的伤情做出鉴定，为警察或法院判决提供支持。"

翔翔接着说："法医好像很厉害呀，比医生懂法律，比警察懂医学。"

"哈哈哈，翔翔真是聪明，法医确实是这样的存在。不过他们和医院里的医生并不相同，医院里的医生主要工作是救人，主要研究"活体医学"，而法医的工作范畴既包括"活体医学"，也包括"尸体医学"。比如发生凶杀等刑事案件后，法医就需要对死者进行检查，必要时甚至会进行解剖，以便找出死亡原因，推测出死亡时间，协助警察破案抓住罪犯，为死者伸张正义，捍卫法律的威严。"

法医，即运用基础医学、临床医学以及相关的刑事科学技术、司法鉴定技术对与法律有关的人体（活体、尸体、精神）和犯罪现场进行勘察鉴别并作出鉴定的科学技术人员。法医是国家司法鉴定人的一种，在公安机关是刑事侦查中必不可少的核心人员。

法医在古代被称为令史、仵作，到了现代，法医的鉴定方法更加多元化、科技化，其工作方法积极吸收了来自数学、物理学、化学、生物学、心理学以及计算机科学等。法医的职业目标是法治精神和人权意识，而医学科学则是实现目的的有力手段。法医的鉴定工作正朝着一条规范化、制度化、标准化的道路迈进，主要有司法鉴定、立法鉴定、行政鉴定三大领域。

职业领路人

宋慈——字惠父，生于南宋孝宗淳熙十三年（1186年），南宋著名法医学家。中外法医界普遍认为是宋慈于公元1235年开创了"法医鉴定学"，被尊为世界法医学鼻祖。代表著作《洗冤集录》，此书一经问世就成为当时和后世刑狱官员的必备之书，几乎被奉为金科玉律，其权威性甚至超过封建朝廷颁布的有关法律。750多年来，此书先后被译成朝、日、法、英、荷、德、俄等多种文字，影响非常深远，在中外医药学史、法医学史、科技史上留下了光辉的一页。其中贯穿着"不听陈言只听天"的求实求真的科学精神，至今仍然熠熠闪光，值得发扬光大。

❓ 职业生涯思考

● 你听过或看过《法医秦明》《大宋提刑官》《洗冤录》这类以法医为题材的电视或影视作品吗？结合你看过的此类文艺作品，谈一谈你对法医这一职业的印象和看法。

兽医
——给动物看病的医生

职业·小·故事

周末，小柳和爸爸妈妈一起去超市采购食物和生活用品。走到生鲜区时，妈妈准备挑一块五花肉回家做红烧肉，这时善于观察的小柳发现了一个令人费解的问题。

看着妈妈挑好的那块肉，小柳立即说道："妈妈，你看这块五花肉的肉皮上不干净，上边竟然有蓝色的圆形章，咱们还是另外挑一块猪皮干净的吧！"

谁知妈妈不仅没有重新挑肉，还笑了，"小柳不用担心，蓝色的圆形章正好说明这是放心肉，没任何问题，这个蓝色的章是检疫章，说明猪肉专门经过了兽医的检查，是合格的。所以我们不用重新挑了。"

"检疫？兽医？"小柳还是疑惑地看着妈妈。

妈妈说道："兽医，简单说就是给动物看病的医生，既包括人们饲养的各种家禽、家畜，也包括熊猫、老虎、狮子等野生动物。鸡、鸭、鱼、猪、羊、牛等家禽家畜，经过一系列加工后会走上人们的餐桌，一旦人吃了带有病菌的动物肉，很可能也会影响身体健康。兽医运用自己的专业技术，可以帮助各类畜牧养殖场减少因动物疾病而造成的损失，同时他们精通科学饲养技术、动物繁殖、动物饲料搭配等，可以协助各类养殖场实现产值最大化。此外他们还担任着各种肉类食品的检疫工作，保证市场上肉类食品的安全。肉皮上的蓝色圆形章是检疫合格章，可以放心食用，如果是X形章，则表示猪肉属于销毁肉，不能食用。"

"原来兽医不仅要给动物看病，还要负责肉类食品的检疫工作，他们的工作好繁忙啊！"小柳说。

　　兽医，即给动物进行疾病预防、诊断并治疗的医生。兽医属于利用医学方法促进动物（包括野生动物和家禽家畜水生动物）机体与微生物和自然环境相互协调的工作者，主要任务是研究和实施家畜家禽疾病的诊疗、防治、检疫及畜产品卫生检验等。

　　兽医不仅要熟练掌握动物饲料配制、繁殖技术、饲养管理的相关理论与技术，还要具备从事养殖场生产技术与管理、动物门诊、饲料及兽药营销等技能。此外，还需负责动物疫病防控工作，一旦出现疫情如猪瘟、鸡瘟等，要监督扑灭疫情，做好畜牧业动物的防疫、检疫工作。做好兽医实验室生物安全管理和动物产品安全监管等工作。

职业领路人

　　张子仪——畜牧学专家，研究员，博士生导师。第一届饲料工业标准化技术委员会副主任，1997 年当选为中国工程院农业轻纺环保学部院士。主持多项国家科技攻关项目，参与或主持国家畜牧、饲料科技规划的制定和论证，是动物营养学会的创立者之一。"六五"至"九五"期间主持或参加完成的研究成果，4 项获得国家级科学技术进步奖，15 项获得省级科学进步奖。先后十多次获得北京市人民政府、中国饲料工业协会、中国农学会等表彰和奖励。1998 年获中华农业科教基金杰出贡献奖。

 职业生涯思考

　　• 我们餐桌上的鸡鸭鱼肉背后，隐藏着无数兽医们的辛勤工作，正是他们的付出才能让人们吃到"放心肉"。想想看，兽医们的日常工作场景是怎样的？他们给大型动物看病要面临哪些困难？

"报考一起走"升学服务中心简介

自 2009 年踏入高考报考这个行业以来，截至 2021 年，由《高考报考专业指南》《美术报考指南》《高中生生涯规划指南》等系列图书编辑人员组建的"北京高考资讯编委会"团队，以及由 300 余名咨询师组建的"报考一起走"团队，线上采用直播的方式，线下携手全国近千所高中，成功地帮助近千万考生踏入理想的大学校园。

随着我们报考产品的使用量增加，在每年的高考志愿填报期间，我们的网站、微信公众号、QQ 群、小鹅通、千聊等平台都有数以百万计的考生和家长进行咨询。

尽管我们投入了大量的人力，在线上进行详尽的志愿填报咨询服务，但是仍有广大考生和家长希望我们能提供面对面的线下报考辅导。

所以，从 2019 年起，为了让考生更好地使用我们的报考产品，以及解决考生和家长在填报志愿过程中遇到的各种问题，"报考一起走"的咨询师团队将联合我们全国的图书销售机构和著名的学科辅导机构，共同打造集高考报考、生涯规划、高中选科、职业体验等为一体的高考升学服务中心。

服务中心的主要功能：

1. 提供由省考试院和全国各大院校公布的最新招生信息；
2. 普及高中选科、生涯规划和高考志愿填报的知识、方法与技巧；
3. 为考生提供霍兰德职业兴趣和 MBTI 性格特长的测评服务；
4. 为购买《高考报考专业指南》或《高中生生涯规划指南》的考生提供产品的使用方法；
5. 对有个性化报考需求的考生和家长，提供专业的咨询和方案的定制；
6. 寒暑假期间，根据考生的职业兴趣，提供职业体验服务等。

服务中心的师资简介：

服务中心的主要师资均由"报考一起走"咨询师团队选拔，并经过了强化培训，具有丰富的高考报考实战经验。

特别提醒：考生在升学服务中心进行咨询前，请要求咨询师出示"'报考一起走'咨询师"资格证书，并按证书上的编号，在"www.bk179.com"进行查询。如若没有，可拨打举报电话：010-61805641，或者是 15611788816 进行投诉。

各地服务中心地址及咨询流程详情请关注官方网站 www.bk179.com 及公众号"报考一起走"的公告和通知。

"报考一起走"升学服务中心，祝您早日获得心仪大学的录取通知书！

《高考报考专业指南》系列图书简介

如果说高考是人生命运的一场比赛，那么分数只是比赛的入场券，接下来的志愿填报才是真正决定命运的时刻。志愿填报成功与否，不仅关系到你能否被录取，还关系到你未来的职业发展，乃至影响到你未来整个人生的发展。所以，如何选择一所适合自己的大学和专业，已成为考生和家长最大的难题！

为了让考生选择一所适合自己的大学和专业，今特为考生提供由北京高考资讯编委会编写的《高考报考专业指南》图书，供考生和家长参阅！

书名	功能	章节	主要内容	定价
《高考报考专业指南》（模块一）	选院校	第一章：××省高考志愿填报须知	让你了解最新的招生政策有哪些？什么是平行志愿？平行志愿的风险有哪些？如何填报平行志愿。	90元 注：不同年份和省份，价格略有差异
		第二章：××省普通批次各分数段对应可报考院校及专业统计表	根据招生专业的类别，以5分一段进行排序，让你快速找到哪些院校适合"冲一冲"？哪些院校适合"稳一稳""保一保""垫一垫"？	
《高考报考专业指南》（模块二）	选专业	第一章：全国院校现状及报考分析	让你了解什么是985大学？什么是211大学？什么是双一流大学？什么是省部共建大学？什么是中外合作办学？什么是跨校辅修院校？等等。	100元 注：不同年份和省份，价格略有差异
		第二章：全国本科院校招生专业解读	详细介绍了每个招生专业的专业背景、学习门槛、主要课程、毕业去向、毕业生规模、就业率统计、开设院校等，让你清楚的了解每个专业能学什么？将来能干什么？	
		第三章：全国本科院校介绍及招生录取	详细介绍了本科院校的发展历史、基本概况、优势专业、特色办学项目、加分政策、特殊要求、转专业政策等招生信息，让你清楚了解每个大学的办学实力、研究方向以及录取要求等。	
《高考报考专业指南》（模块三）	选专业	第一章：知识要点篇	让你了解什么是专科？如何选择高职高专院校？如何选择专科专业？等等。	100元 注：不同年份和省份，价格略有差异
		第二章：全国专科院校招生专业解读	详细介绍了每个招生专业的培养目标、主要课程、职业方向、院校推荐，以及未来专升本的专业等，让你清楚地了解每个专业能学什么？将来能干什么？	
		第三章：全国专科院校介绍及招生录取	详细介绍了本科院校的院校概况、优势专业、录取原则等招生信息，让你清楚了解每个大学的办学实力、研究方向以及录取要求等。	
bk179高考志愿填报卡			是考生身边的报考专家，其主要功能有：①性格测评系统。通过性格测评系统，可以测评出考生的性格特长、职业兴趣等，从而为考生推荐适合从事的职业和建议报考的专业等。②模拟填报系统。通过模拟志愿填报系统，可以让考生查询自己的模拟成绩适合报考的院校范围。③智能报考系统。通过智能报考系统，输入真实高考成绩，可以为考生推荐冲一冲、稳一稳、保一保、垫一垫的院校有哪些？④志愿检测系统。志愿填好后，通过检测系统，就可以检测你的志愿合不合理？有没有失误的地方等。	360元 注：不同年份和省份，价格略有差异

志愿填报是关乎每个考生前程非常重要的一个环节。由于时间紧、任务重，希望大家能认真对待！本套图书既不会让你的分数吃亏，又不会让你出现退档或滑档！使用起来就像"查字典"一样，简单，易用！

最后，祝广大考生都能选到自己喜欢的院校和专业！

《高中生生涯规划指南》图书简介

2014 年，教育部《关于加强和改进普通高中学生综合素质评价的意见》中指出："全面实施综合素质评价，有利于促进学生认识自我、规划人生，积极主动地发展；有利于促进学校把握学生成长规律，切实转变人才培养模式；有利于促进评价方式改革，转变以考试成绩为唯一标准评价学生的做法，为高校招生录取提供重要参考。"

所以，开展生涯规划教育，就是要落实这三个"有利于"，改变当前学生只是被动地学习，对自我兴趣和发展方向并不了解，对社会发展与职业需求一片茫然的现状；转变学校以应试教育为中心，不顾学生需求和成长规律的办学模式；转变以考试成绩为唯一评价标准的做法，建立以学生自我认知、自主选择为基础的适应学生全面且富有个性地发展的学校课程结构、管理机制和评价体系。

今为了各高中学校更好地开展生涯规划课程，特推荐由北京高考资讯编委会编写的《高中生生涯规划指南》图书。该书的主要特色是从探索社会和行业需求出发，结合学生的兴趣、性格及价值观等，从而确定最终的奋斗目标。

书名	章		节	定价
《高中生生涯规划指南》-上册、下册	第一章 正确地认识自己		第一节 高中生需要生涯规划吗？ 第二节 高中生该怎样做生涯规划？	150 元
	第二章 认真地研究行业		第一节 行业决定方向 第二节 行业解读（IT、电子、制造、建筑、能源、钢铁、材料、化工、纺织、环保、包装、农业、海洋资源开发、食品、医疗交通运输、文化娱乐、金融、咨询、会计、律师、会展、广告、动漫、旅游、物流等行业）	
	第三章 仔细地研究专业		第一节 哲学 第二节 经济学 第三节 法学 第四节 教育学 第五节 文学 第六节 历史学 第七节 理学 第八节 工学 第九节 农学 第十节 医学 第十一节 管理学	

没规划的人生是拼图，有规划的人生叫蓝图；没目标的人生叫流浪，有目标的人生叫航行！

蜜蜂忙碌一天，人见人爱；蚊子整日奔波，人人喊打！多么忙不重要，忙什么才重要！

一次重要的抉择胜过千百次的努力！今天的生活是由三、五年前的选择决定的，而三、五年后的生活是由今天的选择决定的！

通过本书，希望广大考生能成功找到自己的人生赛道，书写精彩人生故事！